基礎からはじめる

楽しいてまり遊び

尾崎 敬子著

春への夢

樹氷や藍色の中に小さく見える赤。近づいて見ると春を待つ椿の花でした。凍るような寒さの中で可憐に咲く花は、訪れる春への希望と喜びを与えてくれます。

作り方／2枡椿 89ページ　解説／1樹氷 94ページ　3結び三つ羽根亀甲 92ページ

作り方／1トルコ桔梗 74ページ　2蝶の群れ 62ページ　3日光きすげ 62ページ　4水面の桜 66ページ　5蝶 47ページ
6黄水仙 76ページ　7紫蘭 74ページ　8ろうばい 76ページ　9垣根の梅 74ページ　10重ね菊 50ページ

花から花へ

早春、夏、爽やかな秋へと移りゆく季節。四季折々の可憐な花や、美しい花に舞う蝶を、てまりにかがり止める楽しみは喜びのロンドです。

4布と巻き星 72 ページ　5青の万華鏡 54ページ　6紡錘型菊 46 ページ　7のうぜんかづら 60 ページ　8巻きと重ね星花 72ページ

草木染の妙

草木染の持つ独特の色が醸し出す雰囲気と質感は、藍や花の色に趣きと味わいを持たせます。色選びも楽しくなり、てまりづくりの夢も、一層ふくらみます。

作り方／1織り樽型 54ページ　2かごめと小花 72ページ　3菱と五角の交差 62ページ

糸を楽しむ－お洒落な糸てまり－

花はさまざまな色で彩られています。それらの花々をリリヤン糸やぼかし糸など、お洒落で楽しい糸でかがってみましょう。てまりの上にきれいな花が咲きます。

作り方／1リボンと小花 88 ページ　6三つ羽根 88 ページ
解説／2雪花と星 94 ページ　3鉄線 94 ページ　4枡と菱 93 ページ　5白梅 93 ページ　7連続三つ羽根 94 ページ

布で遊ぶ ー布貼りてまりー

きれいな布、想い出のある布をてまりの上にのせてみては如何でしょう。布の持つ表情が新鮮で、てまりのイメージががらりと変わります。

作り方／1インドネシアの印象 85ページ　3大島と三角交差 84ページ　**解説**／2かまわぬ 93ページ

6虹星 68 ページ　8麻の葉とパッチワーク 52ページ　解説／1連続レースかがり 92 ページ　7ボヘミアングラス 92 ページ

細やかな糸の円舞

細い糸が廻りながら、さまざまな模様を描いていきます。花、虹、レースや麻の葉、織り模様などが次々とつくり出され、まるで夢のような世界です。掌の上でくるくると廻りながら、華麗な円舞が繰り広げられることでしょう。

作り方／2松虫草 58 ページ　3巻き織り模様 66 ページ　4交差花 50 ページ　5春 58ページ

モダンへの誘《いざな》い

モスクの空に星がまばたき、さまざまな紡錘型の中には、モダンな色彩が潜んでいます。てまりをひとつ手に取って見ましょう。配色の妙に驚かされます。

5花風車 60ページ　7紡錘型交差 52ページ　9連続菱 47ページ　**解説**／6ちぢみ花と紡錘型菊 92ページ　8紡錘菊 92ページ

作り方／1巻きと紡錘型のねじり 52ページ　2星と五角の花 58ページ　3モスクの星 48ページ　4まばたき星 56ページ

心和むてまり

くつろぎの部屋、お客さまを迎える玄関、お気に入りの書棚などにてまりを飾ってみましょう。心が和み、楽しい雰囲気が生まれます。

右　かごめと枡／参考作品・左　ねじり五角／解説 95 ページ

なでしこ／解説 95 ページ

亀甲麻となでしこ／解説 95 ページ

メリーゴーラウンド／参考作品

右　連続渦／解説 95 ページ・左　三角と三つ羽根亀甲／参考作品

上　追い羽根／作り方 64 ページ
下　赤の氷結／参考作品

左　雪の結晶／参考作品・右　紅葉／解説 95 ページ

舞千鳥／作り方 76 ページ

華やかに美しく

朱雀の幻想から大正ロマン。時間《とき》の流れの中で作り継がれていく華やかで美しいてまりは、大きな夢へと繋がってゆきます。

作り方／1かごめと菊 48 ページ　2華燭 70 ページ　3朱雀の幻想 54ページ　5亀甲交差 60ページ　6花と垣 68 ページ
8十角星の交差 70ページ　9バラとかごめ 70 ページ　10舞いちょう 68ページ　**解説**／4大正ロマン矢絣 93 ページ　7流れ 92 ページ

雅に –絹糸てまり–

古《いにしえ》から使われている絹糸の不思議な魅力。一度は手掛けてみたい素材です。心惹かれる独特の感触や色、風合い、てまりづくりを一層優雅で心豊かなものにしてくれます。

作り方／1・3・7巻きと亀甲 86 ページ　4・6渦巻き五角 87 ページ　**解説**／2麻とバラ 93 ページ　5桜花菊 93 ページ

小人の情景

小さくて可愛いてまりでお気に入りの小物を飾ってみましょう。ブローチや指輪などにアレンジしても素敵です。てまりかがりを生かした楽しい遊びです。

作り方／1ハサミケース　2ブローチ　3針刺し　4耳かき　5指輪 90・91 ページ

作り方／1網代とつむ型の交差 66ページ　2菱のねじりと三つ又 64ページ　4波 48ページ　5連続花と星 64ページ　6糸とんぼ 56ページ　8トロピカルフラワー 19ページ　9ねじり三角 46ページ　・**解説**／3寄木細工 94ページ・**参考作品**／7コスモス

てまり百選

網代模様や寄木細工など、伝統的な素晴らしい技がてまりの中で生きています。大きなまり、小さなまり、てまりづくりの醍醐味です。

願いを込めて－寿てまり－

てまりはさまざまなお祝いごとに用いられ、丸く
円満にと、それぞれの願いを込めて作られました。
祝う喜びと願いを、てまりに作り込めましょう。

作り方／1お正月 82ページ　3群れ鶴（赤）82ページ　4鶴と亀 83ページ ・ **参考作品**／2夫婦鶴　5群れ鶴（黒）

てまりに描く－刺繍てまり－

絵を描くようにてまりに刺繍をしてみましょう。
美しい花やお目出度い模様など。ちりめん布などをキャンバスに綺麗に華やかに描きます。

作り方／1松竹梅80ページ　3桜Ⅱ79ページ　4桜Ⅰ78ページ　5お月見81ページ・**解説**／2しだれ桜94ページ

◆カラープロセス◆ 円周25cmの土台まり
地割り糸／5番刺繍糸赤

4 等 分

■北極と南極を決める

1 土台まりの1か所に紙テープの端を待ち針で止め、北極の位置とする。

2 3 土台まりに紙テープを巻いて1周し、待ち針の根元で折って円周を測り、折った位置から余った紙テープを切る。

4 5 紙テープの端を待ち針の根元に当てて二つ折りにし、折り目の位置に待ち針を打って南極を決める。

★テープを当てる方向を変えて数回測り、正確な位置を決めます。

■赤道を決める

6 紙テープをさらに二つに折り(四つ折り)、赤道の位置を決める。

7 北極を中心として紙テープを回し、赤道上に4本の待ち針(青)を打つ。

8 北極の待ち針を刺したままにして紙テープを抜き取り、四つ折りをした位置に切り込みを山型に入れる。

9 10 青の待ち針に紙テープの端を合わせて切り込み位置に針を打ち直し北極、南極、赤道上の4等分の位置を決める。

★正確に4等分できたか確認をします。

■4等分の地割り線を入れる

11 北極から2～3cm離れた位置より針を入れ、北極の待ち針のきわに出す。

12 地割り糸の端の結び玉をまりの中に引き入れるようにして、針を入れた方向へ戻す。

★このような角度で糸を引くと、地割り糸が抜けません。

◆千鳥かがりの針運び◆

てまりかがりの基本は千鳥かがりです。ほとんどのかがり方は千鳥かがりによって構成されていますので最初に千鳥かがりの練習をしてからかがり始めましょう。イ～ロ～ハ～ニ～ホの順にすくっていきます。

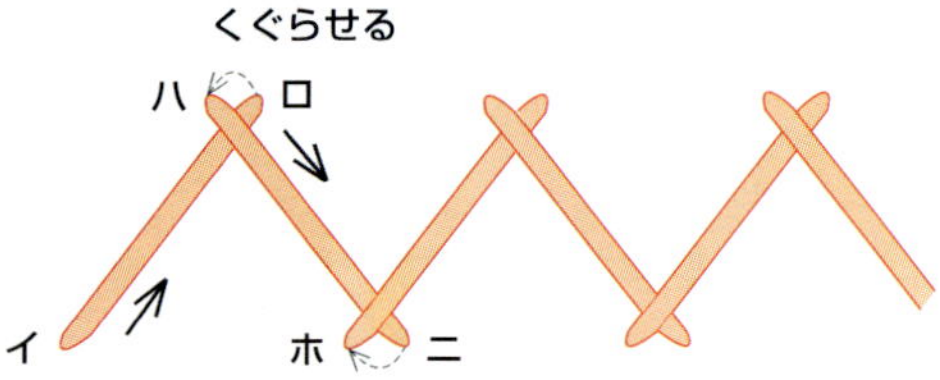

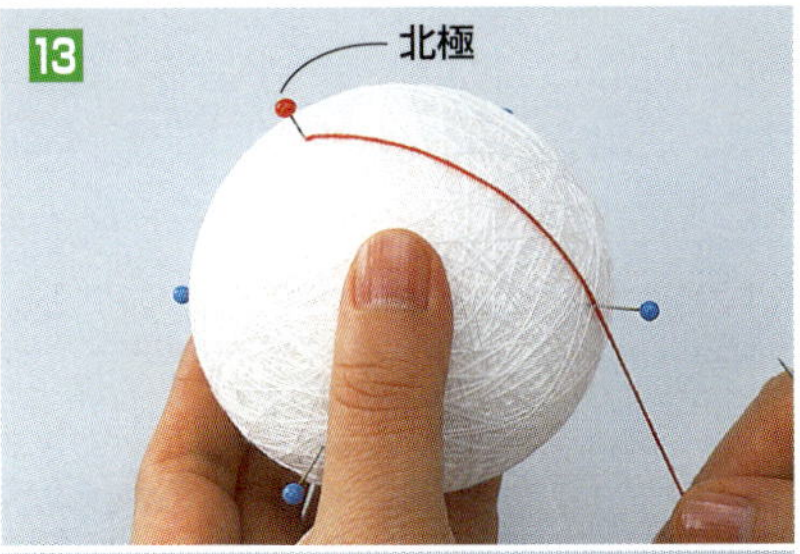

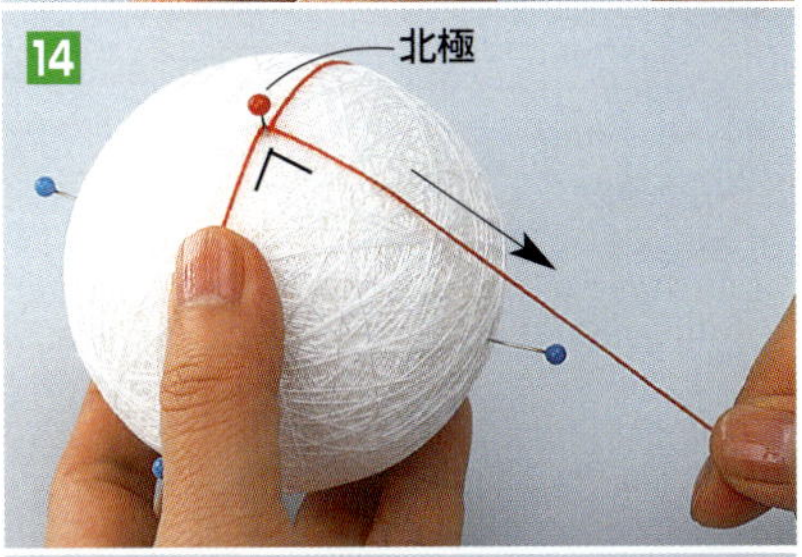

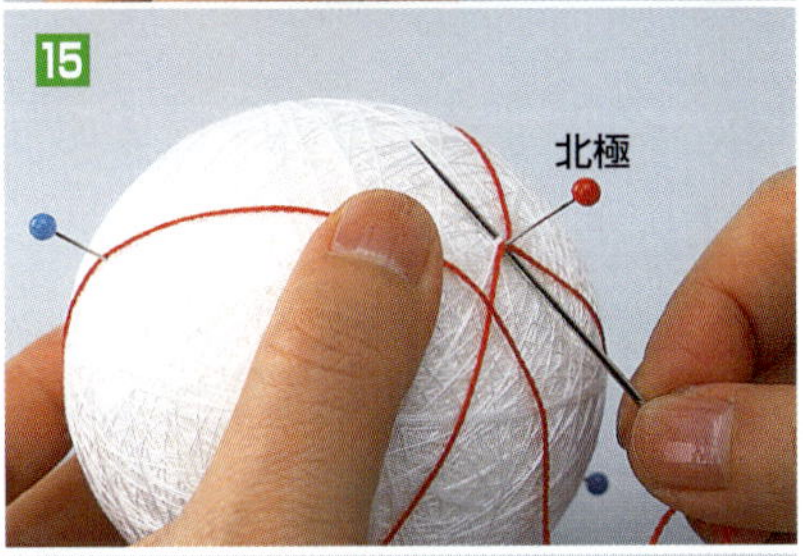

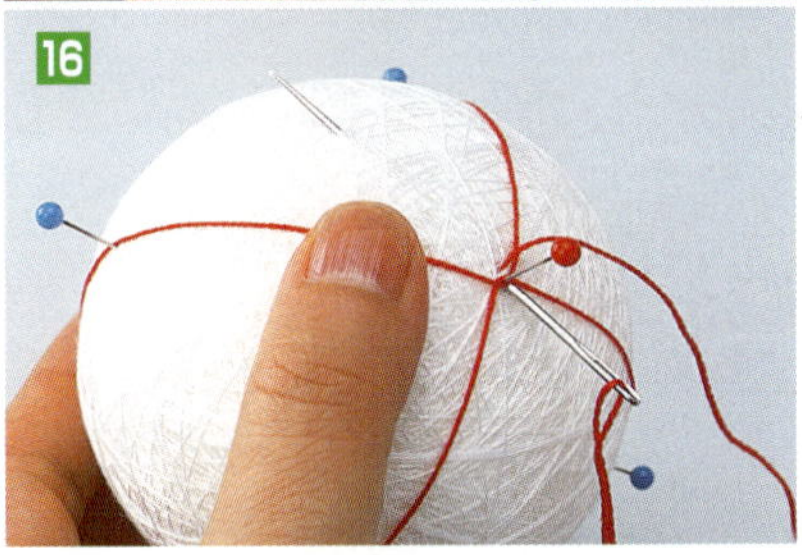

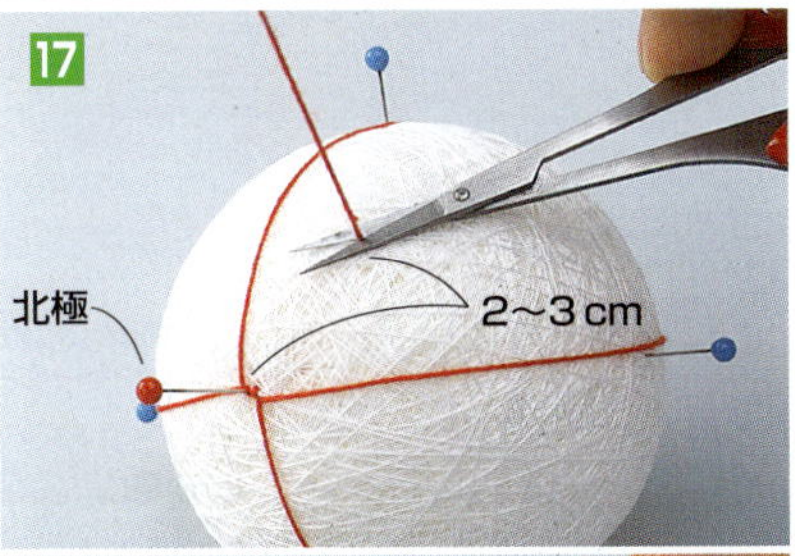

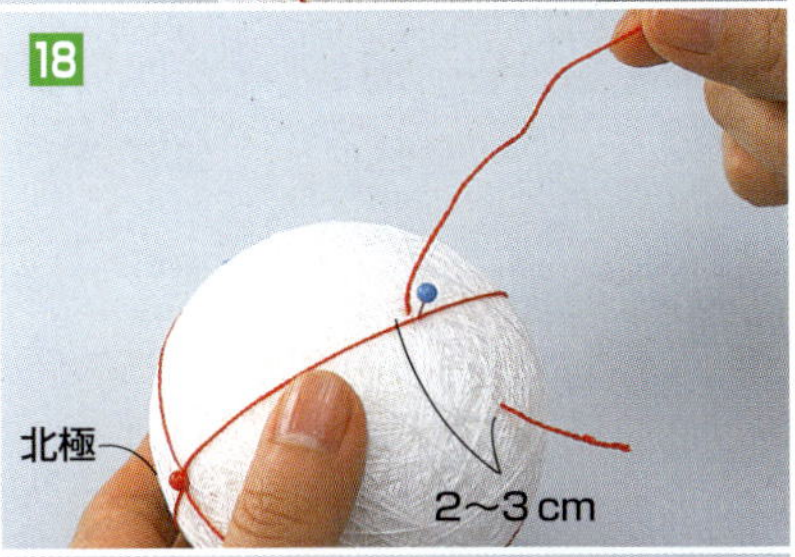

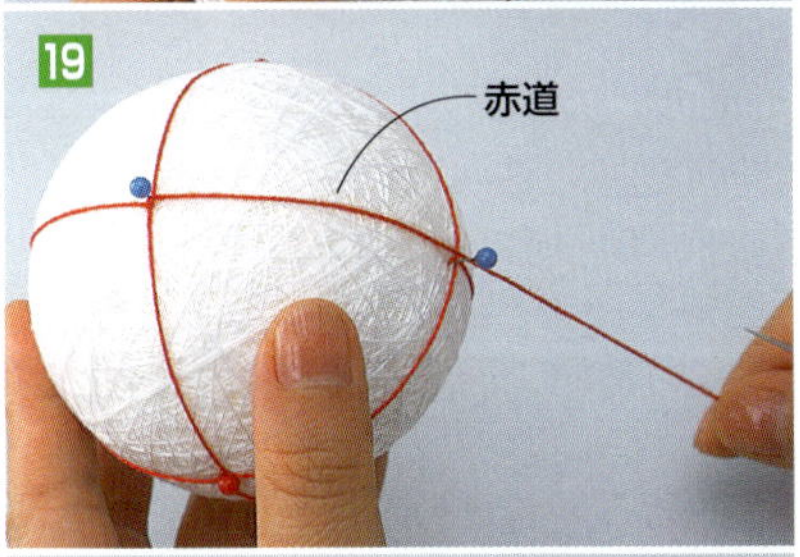

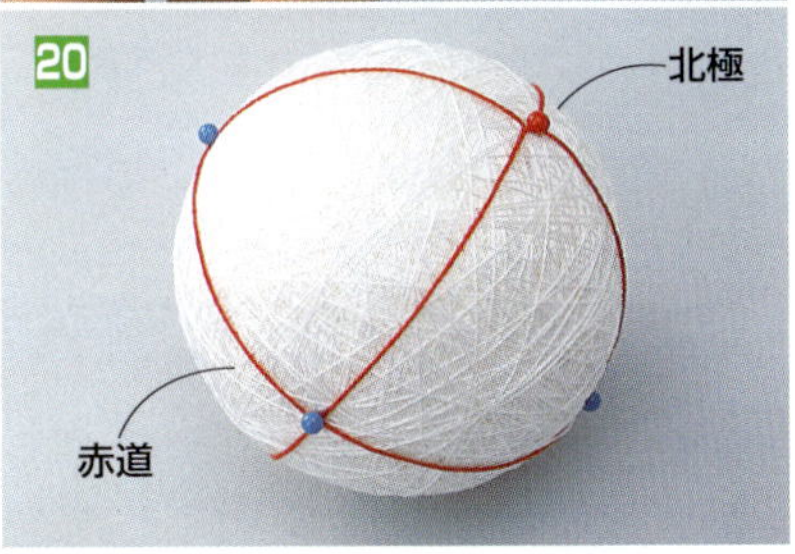

13 14 北極から赤道、南極、反対側の赤道の待ち針を通って1周し、北極で直角に曲がり、さらに1周する。

15 16 17 南極で地割り糸が交差したところを一針すくって止め、北極へ戻る。14で直角に曲げた糸を止め、針を入れて2～3cm離れた所から針を出して糸を切る。

★糸を引き気味にして根元を切ると、切り口がまりの中に入って糸端が隠れます。

■赤道線を入れる

18 19 20 赤道から2～3cm離れた位置より赤道の待ち針の根元に糸を出し、地割り線と交差した糸を一針ずつすくいながら止めてゆく。

★糸のゆるみやたるみ、待ち針から糸がずれていないか確かめます。

地割りの種類

4等分と同様にして赤道位置を5・6・8・10等分すると北極と南極も同様に等分され、いろいろな地割りができます。これらを単純等分といいます。8等分や10等分をさらに細かく三角や四角、五角や六角に分けると8等分の組み合わせや10等分の組み合わせができます。

5等分

6等分

8等分

10等分

8等分の組み合わせ／28ページ参照
10等分の組み合わせ／30ページ参照

枡かがり

4等分

かがり糸／黄色（743）、緑（907）、ピンク（352）黒（310）

■枡をかがる

1 かがり始めイより2～3cm離れた位置から地割り線の左に針を出す。(等分に地割りした交差点上の線にかがり始めのしるしの待ち針を打つとよい)

2 3 時計回りにまりを回して隣の地割り糸を直角にすくい、同様にして右隣の地割り糸をすくう(黄色で1段)。

4 2段目のかがり始めは、1段目との間に隙間ができないように、針先を斜めに出す。

5 6 黄色で11段かがり終えたら、糸を黒に替えて1段かがる。

★黒の1段目は黄色のかがり終わりの斜め際に出し、前段の糸に並べて隙間のないようにかがります。

7 各色のかがり終わりは、前段の糸に沿わせながら2～3cm針を戻して出し、糸を切る。

8 同様にして糸の色を替えながら計29段、赤道に4個の枡をかがる。

■松葉をかがる

9 両極に松葉かがりを7本ずつ入れて最後に中心を一針すくって束ねる。

★それぞれの幅 の1/2ずつ入れていくと間隔が揃います。

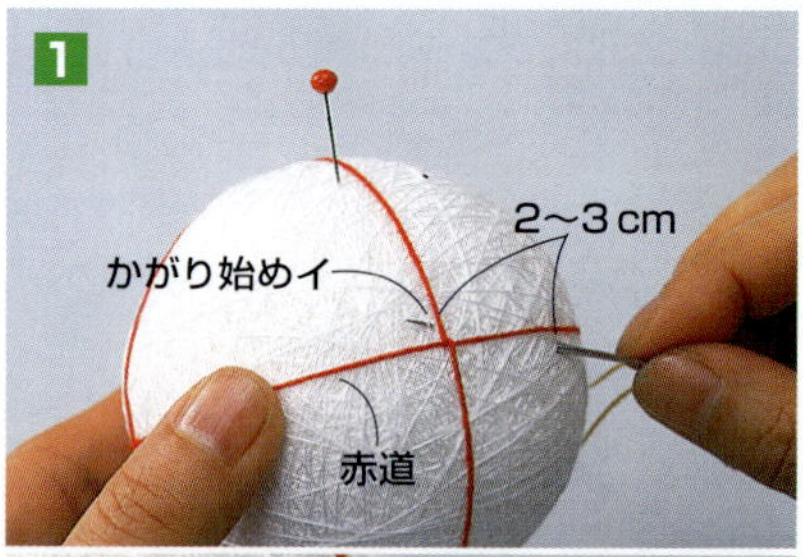

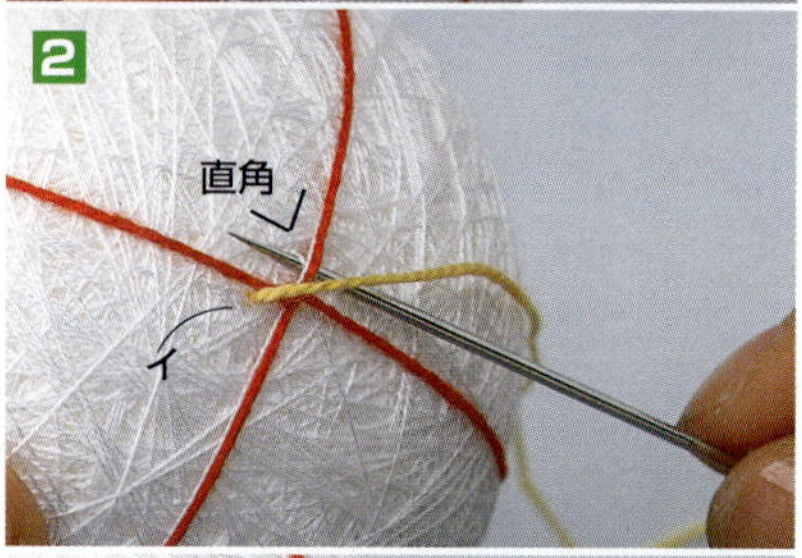

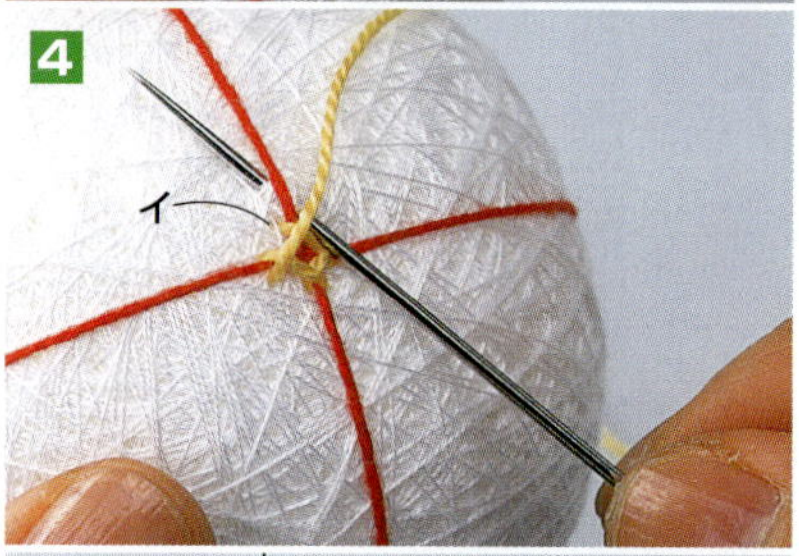

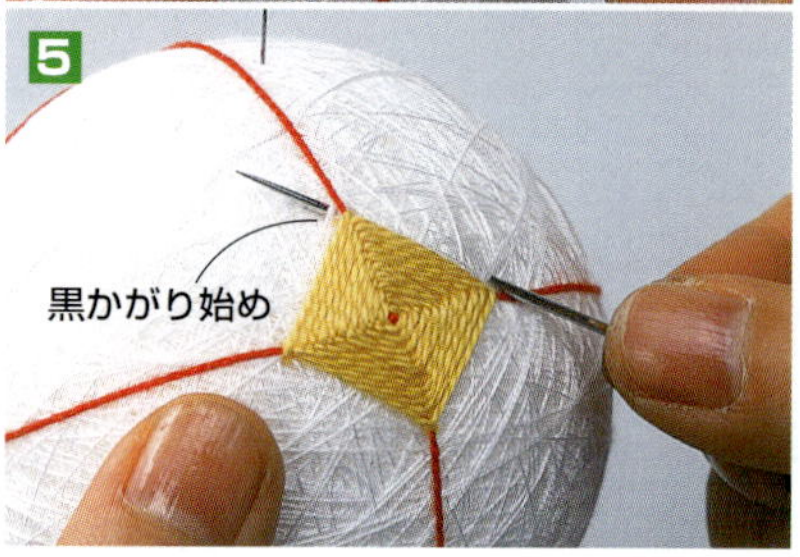

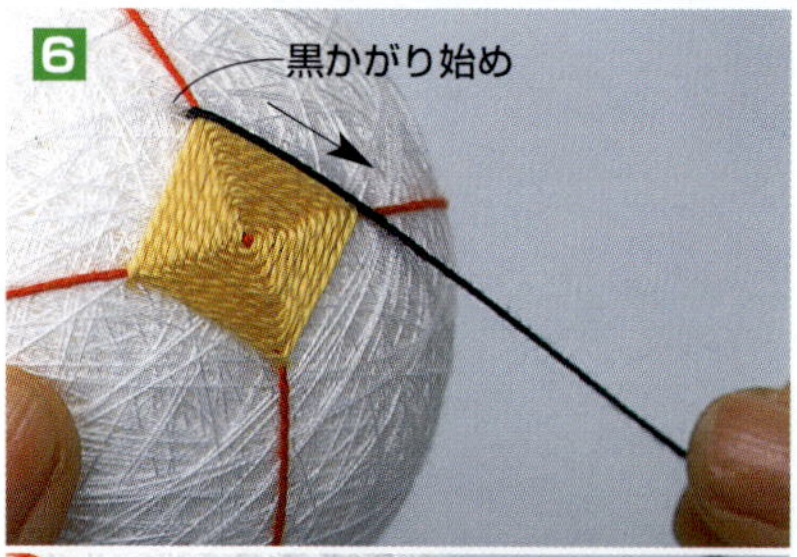

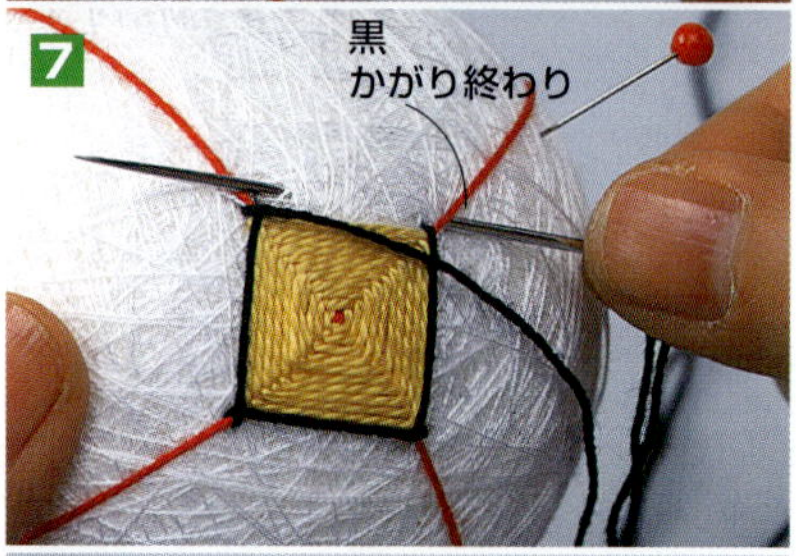

枡かがりのバリエーション

I- 六個の枡

II- 大きな枡の交差

作り方38ページ

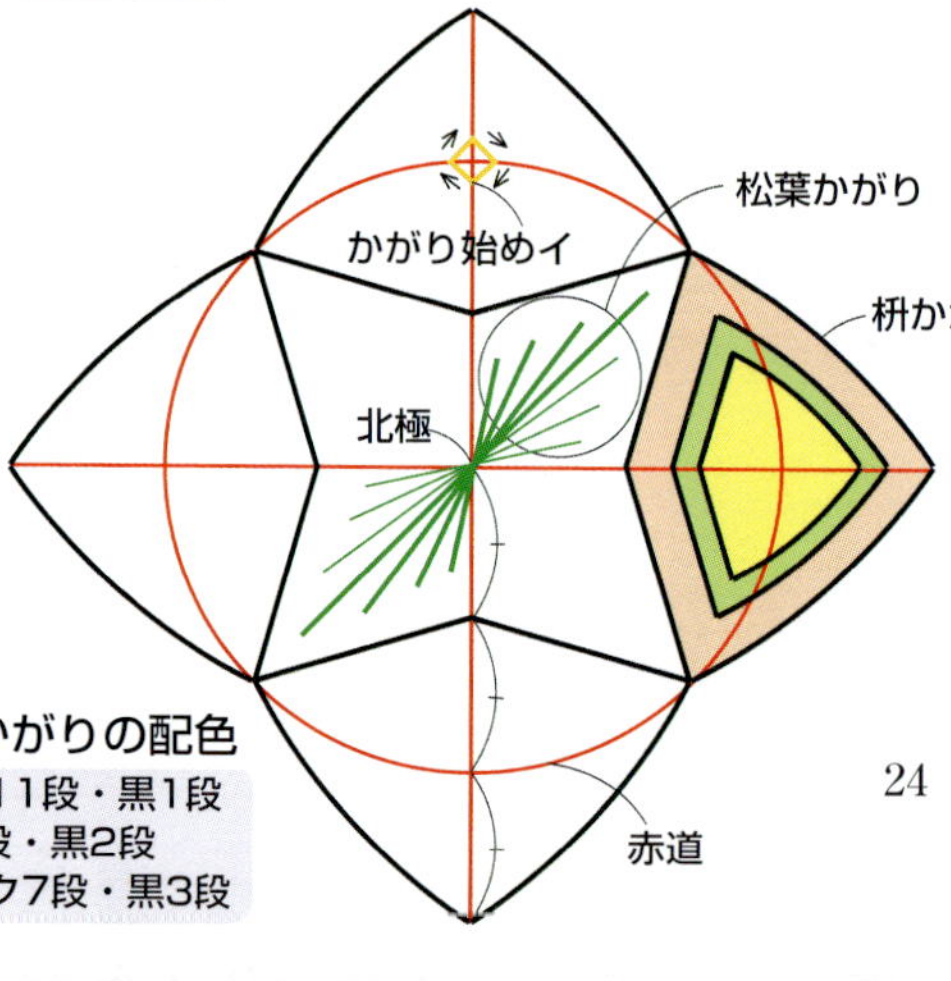

◆枡かがりの配色

黄色11段・黒1段
緑5段・黒2段
ピンク7段・黒3段

紡錘型かがり

4等分

かがり糸／赤(606)、緑(704)、黄色(725)

■紡錘型Ⅰをかがる

1 両極と赤道間の1/2 イとロに待ち針を打ち、地割り線の左(写真では下)に針を出す。まりを持ち替えて、かがり糸を地割り糸を渡って上に並べる。

2 待ち針ロの下に地割り線に直角に針を入れまりを持ち替えて同様にかがる。

★糸を強く引っ張らないようにかがります。2本の糸が平行にならないよう、ゆるやかなカーブを描くようにします。

3 1段目は地割り線の右に入れてかがり終え、左斜め上に針を出して2段目のかがり始めにする。

4 **5** 2段目の南極側は前のかがり目と平行に0.3〜0.5cm上をかがり、緑5段、赤1段同様にかがる。

★紡錘の先が丸くならないように、次の段に移る時は斜め上、反対側は平行に針を入れます。

■紡錘型Ⅱをかがる

6 紡錘型Ⅰと同様にⅡを直角にかがる。Ⅰの中心まではⅡの糸をのせ、中心から下はⅡの糸をくぐらせる。

7 **8** **9** **10** 中心の上下が反対になるようにくぐらせながら組み、緑5段、赤1段、中心が十字になるようにする。さらに緑5段、赤2段を同様にかがる。

★糸をくぐらせるとき、針の頭を先にしてくぐらせるとよいでしょう。

1

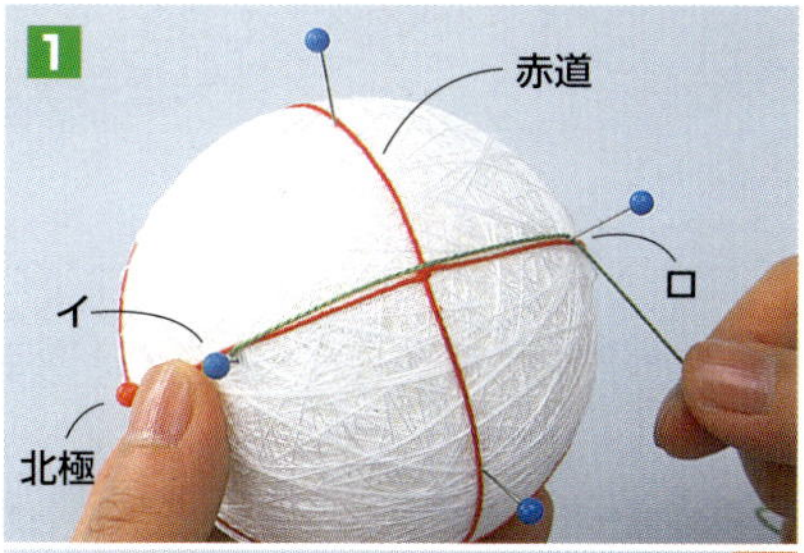

2

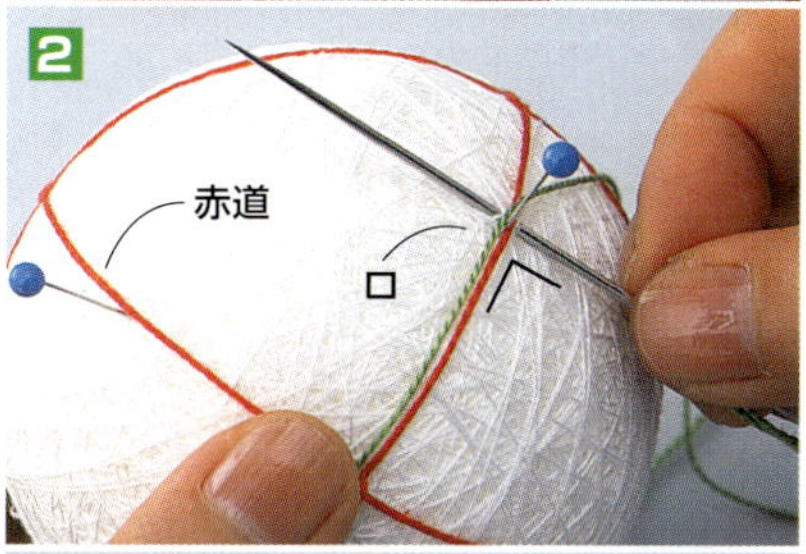

3

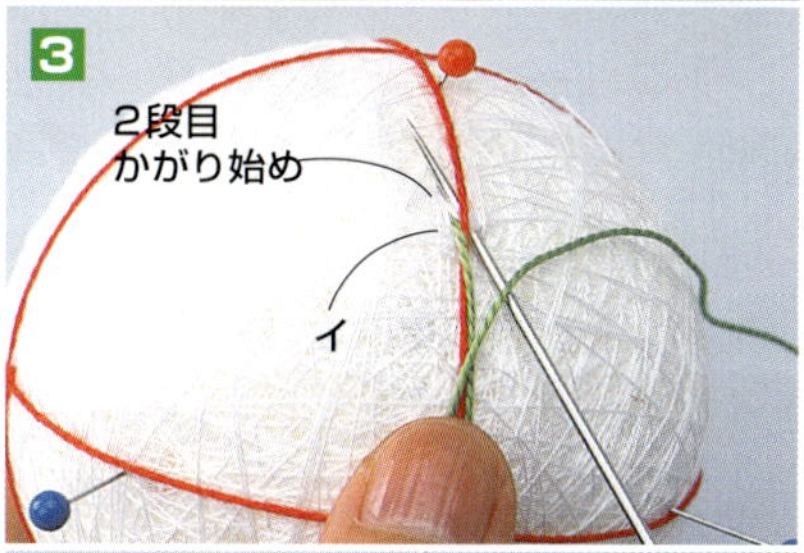

4

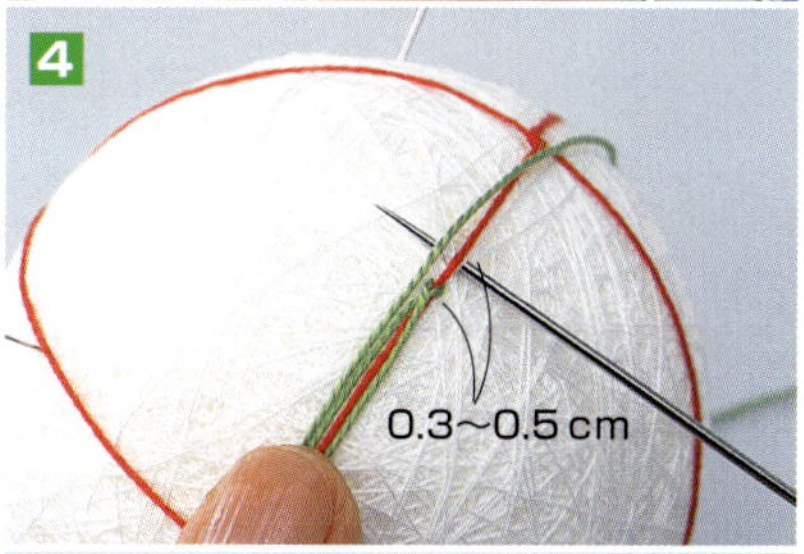

5

6

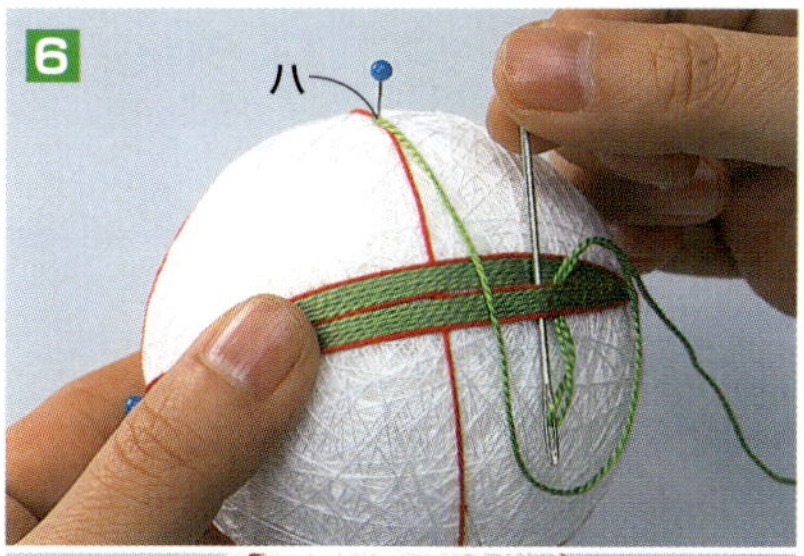

7

8

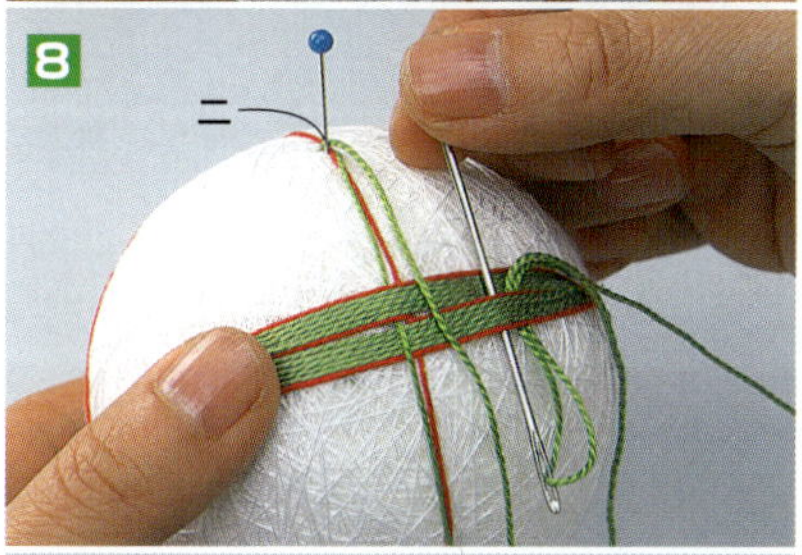

9

10

紡錘型かがりのバリエーション

1-小さな紡錘型

Ⅱ-紡錘型交差の花

作り方39ページ

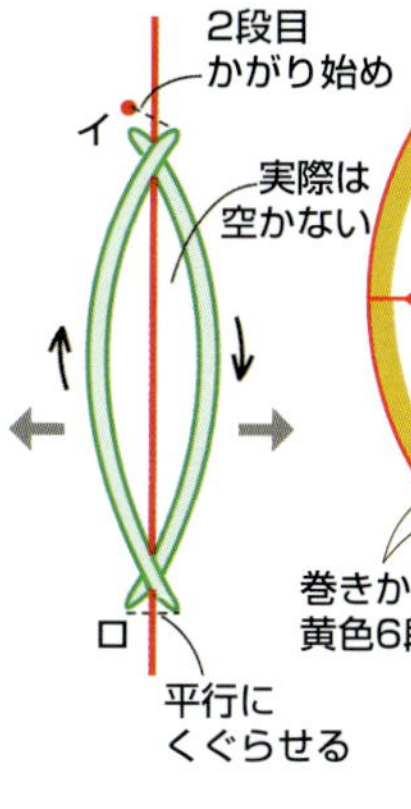

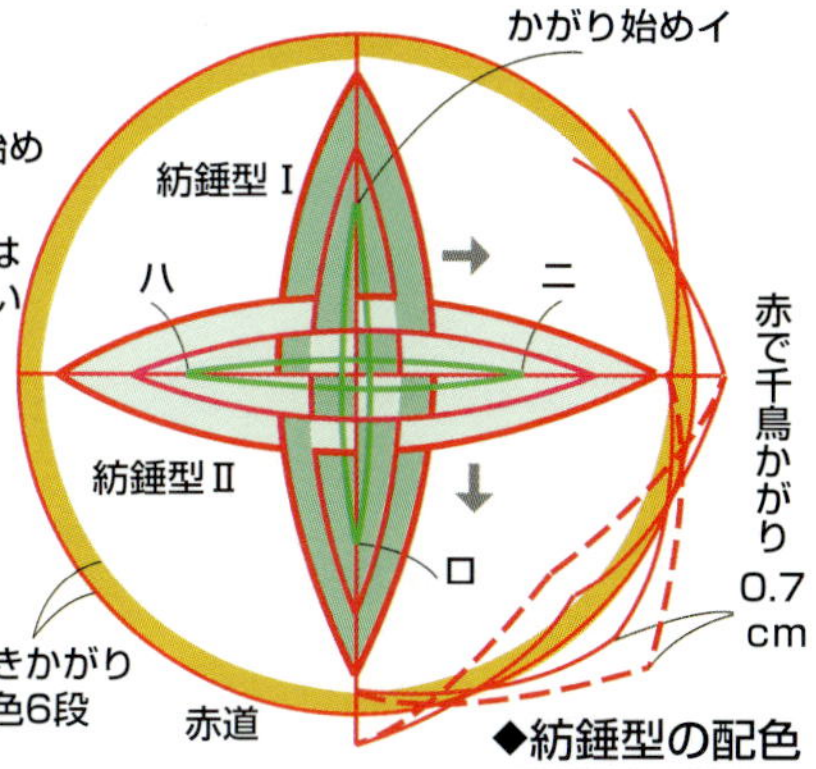

◆紡錘型の配色

緑5段・赤1段
緑5段・赤2段

三つ羽根亀甲かがり

6 等 分

かがり糸／緑濃淡（890・907・369）、黄色（743）、赤（666）

■六角をかがる

1 かがり始めにピンを打ち、地割り線の左Aに針を出す。

2 時計回りに6本の地割り線をすくいながら緑で15段、六角をかがる。

★六角に沿わせるように三つ羽根をかがります。

■三つ羽根をかがる

3 地割り線1本おきに極と赤道を3等分し、赤道より1/3の位置に待ち針3本イホハを打つ。

4 5 濃緑でイの左に針を出して六角のきわロをすくい、地割り線1本おいてハを一針すくう（1周目）。

6 7 8 イの地割り線の六角のきわニをすくい、ホ、ヘをかがる（2周目）。

★三つ羽根亀甲は2周で1段になります。

9 10 濃緑で同様に2段、黄色で6段、濃緑で2段かがる。

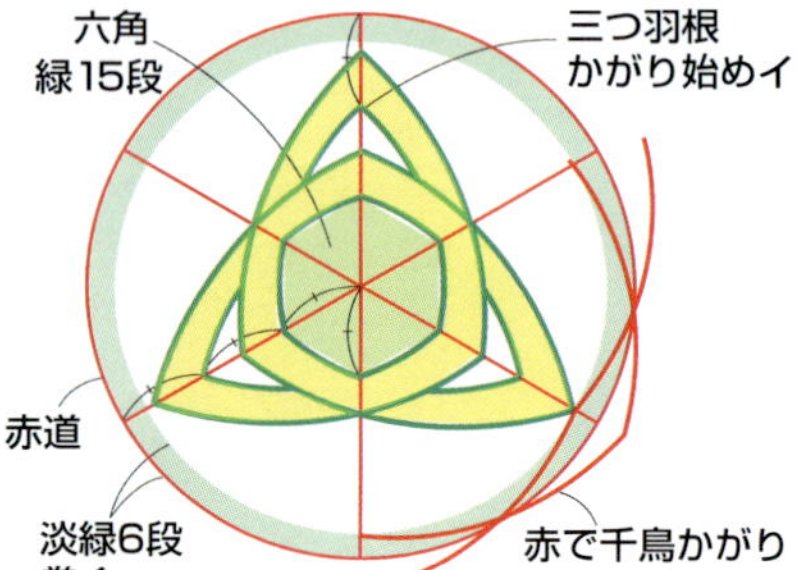
六角
緑15段
三つ羽根
かがり始めイ
赤道
淡緑6段
巻く
赤で千鳥かがり

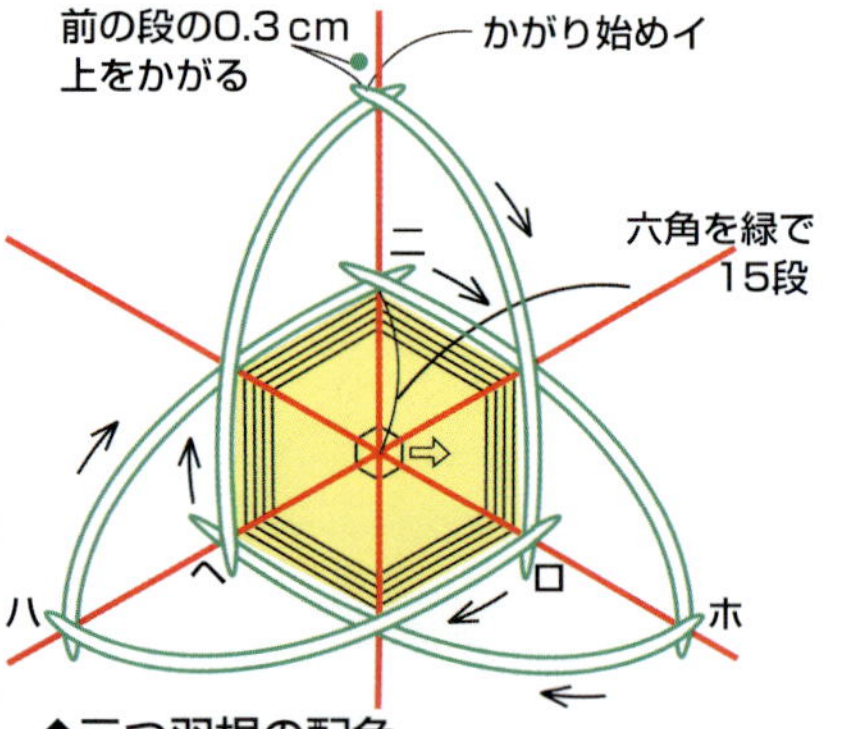
前の段の0.3cm
上をかがる
かがり始めイ
ニ
六角を緑で
15段
ヘ
ロ
ハ
ホ

◆三つ羽根の配色

濃緑2段・黄色6段、濃緑2段

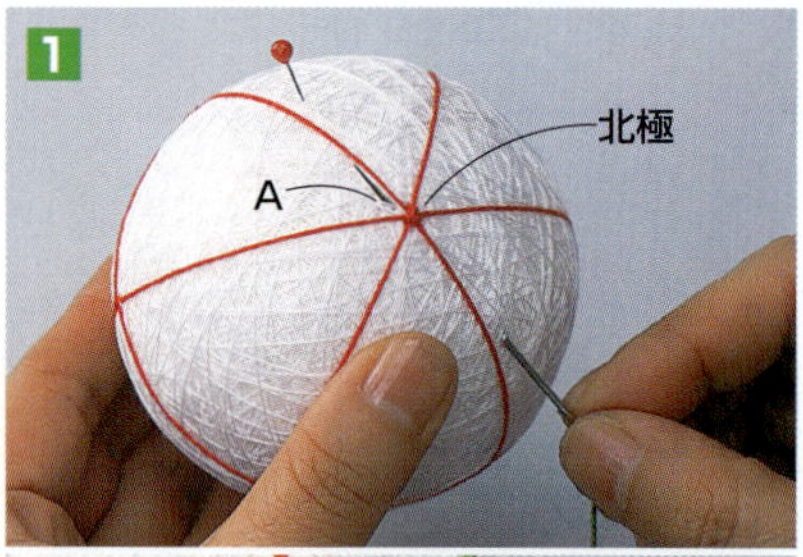
1
A
北極

2

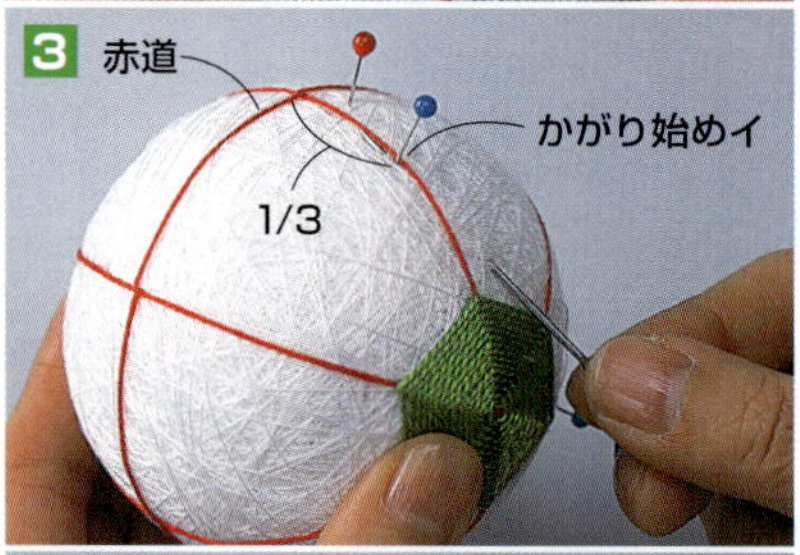
3
赤道
1/3
かがり始めイ

4
イ
ロ

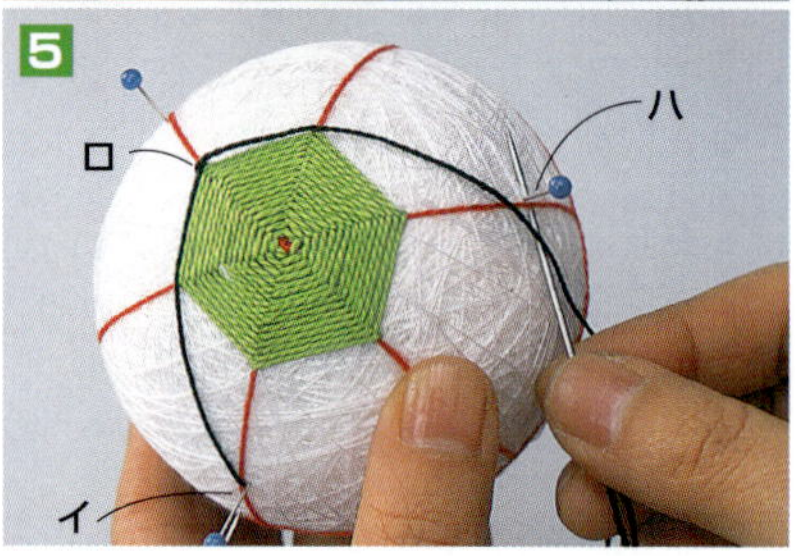
5
ロ
ハ
イ

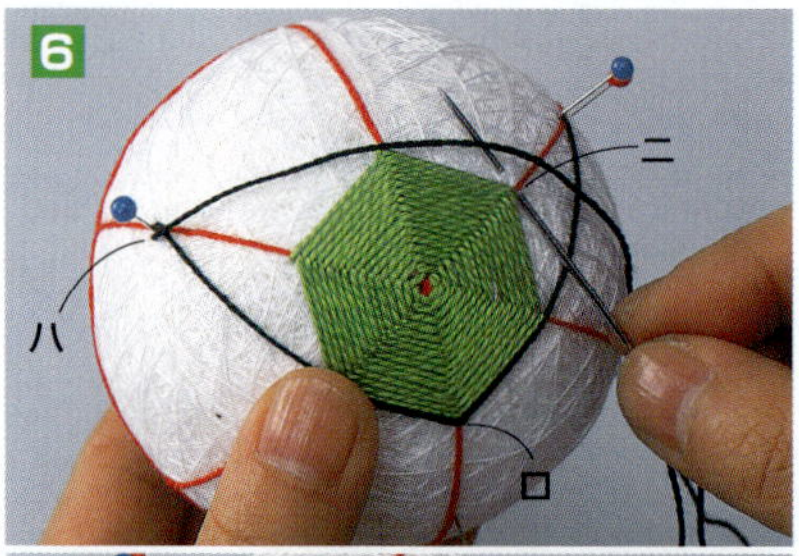
6
ニ
ハ
ロ

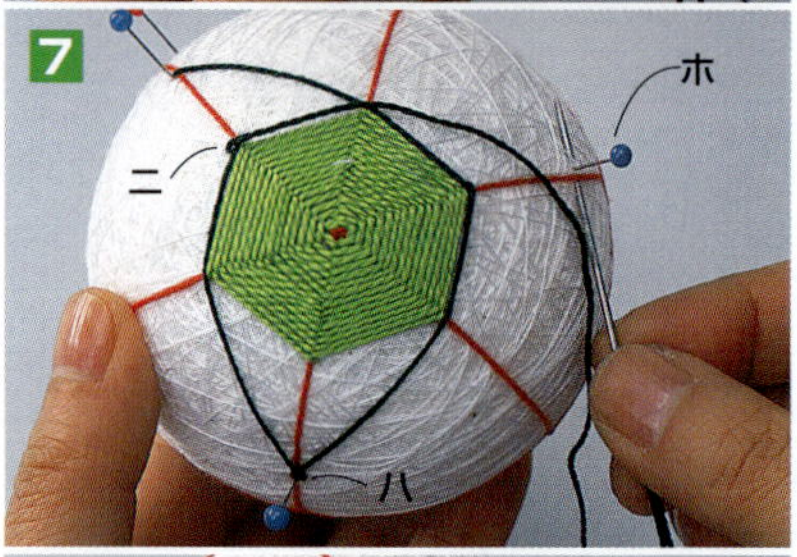
7
ホ
ニ
ハ

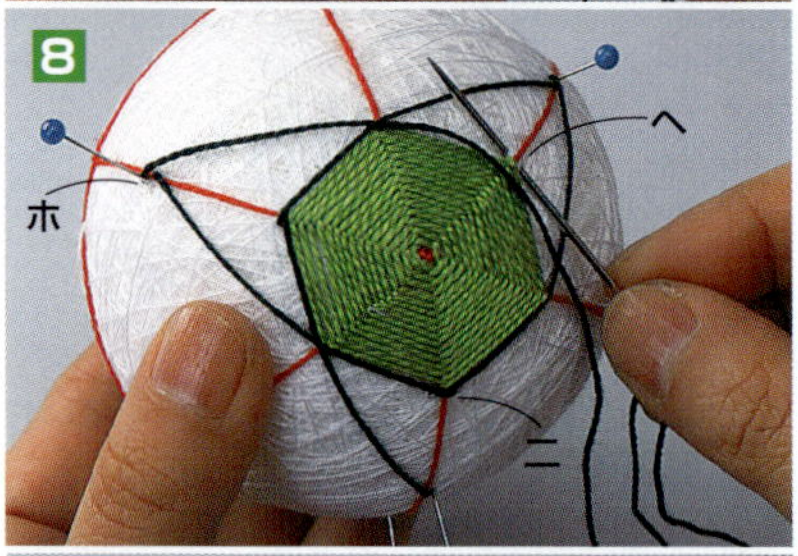
8
ヘ
ホ
ニ

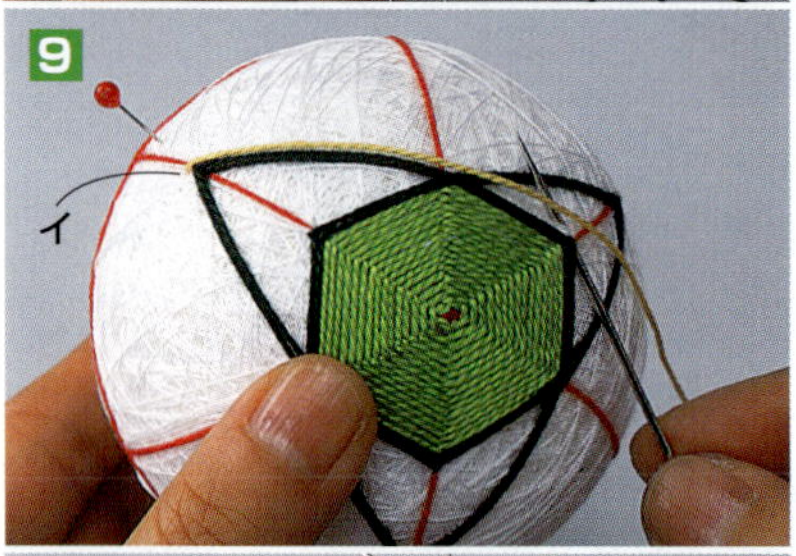
9
イ

10

◆星かがり◆

三つ羽根亀甲と同様に一筆画きの要領で星をかがると、中心に五角ができます。

作り方40ページ

三つ羽根亀甲のバリエーション

1- ねじり三つ羽根

作り方40ページ

上掛け千鳥かがり

8等分

かがり糸／黄色（743）、緑濃淡（890・907）、赤（666）

■上掛け千鳥をかがる

1 地割り線の極から2/3下がった位置に待ち針を8本打つ。イの地割り線の左より針を出し、隣の地割り線の極から0.5cm下ロを直角に一針かがる。

2 ロと同じ地割り線の待ち針ハのきわを直角に一針かがる。

3 繰り返しながら上下に1周し、2段目はロより0.3cm下をかがる。

★かがるときは、土台糸、地割り糸、前段の糸を一緒にすくいます。

4 下の待ち針側をかがるときは前段より0.3cm下をすくう。

5 6 黄色3段、緑2段、赤4段で花弁をかがり、極側はだんだんすくう幅を広げてかがる。南極側も同様にかがる。

■巻きかがりをする

7 赤道線に沿って緑6段、反対側を黄色で6段、計12段巻きかがりをする。

■千鳥かがりをする

8 9 地割り線の左から濃緑の糸を出し右隣の地割り線を帯の下を一針すくって、帯の上下のきわを千鳥かがりで1周して止める。

10 反対側からも同様に千鳥かがりをして止める。

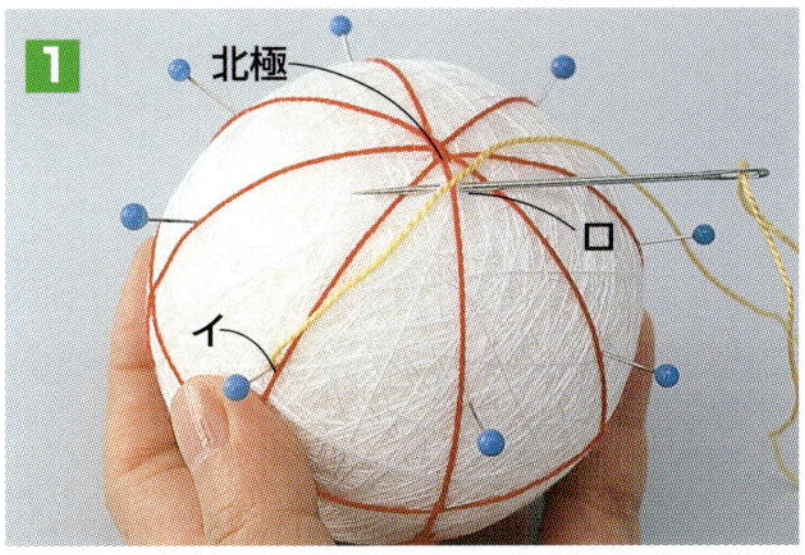
1
北極
ロ
イ

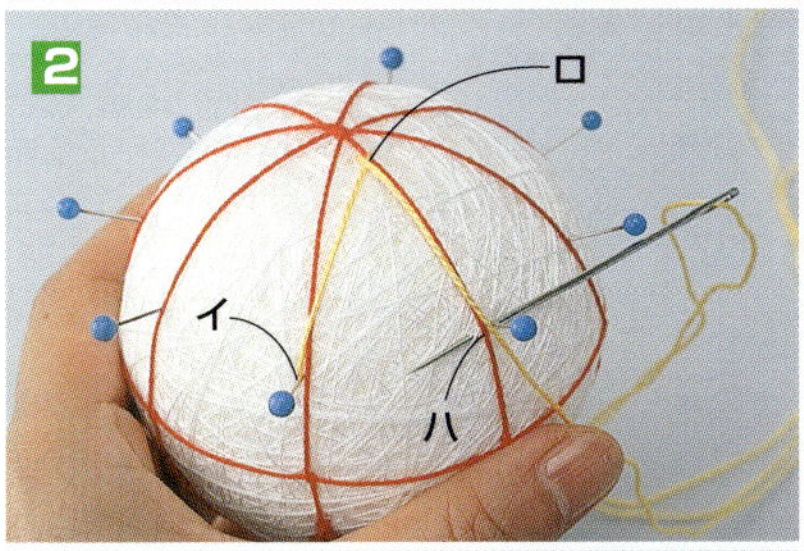
2
ロ
イ
ハ

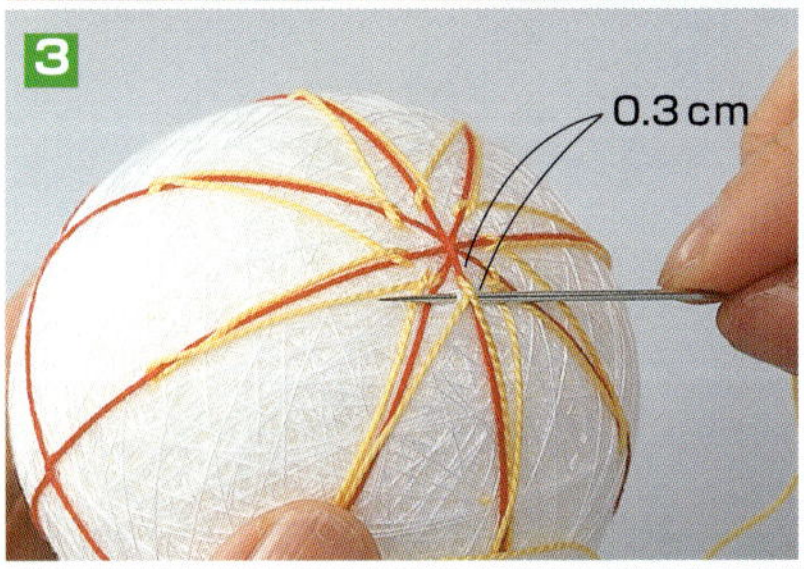
3
0.3cm

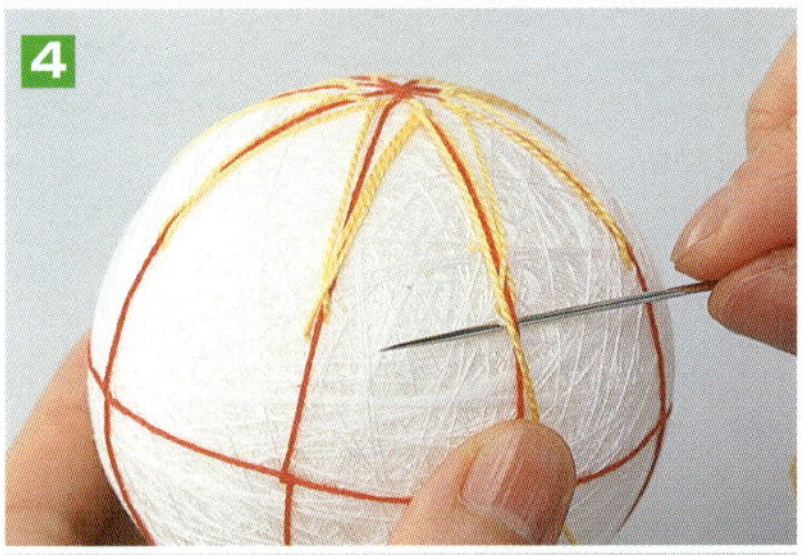
4

5

6

7

8

9

10

上掛け千鳥かがりのバリエーション

1- 上掛け千鳥の菊

Ⅱ- ぼかしの菊

作り方41ページ

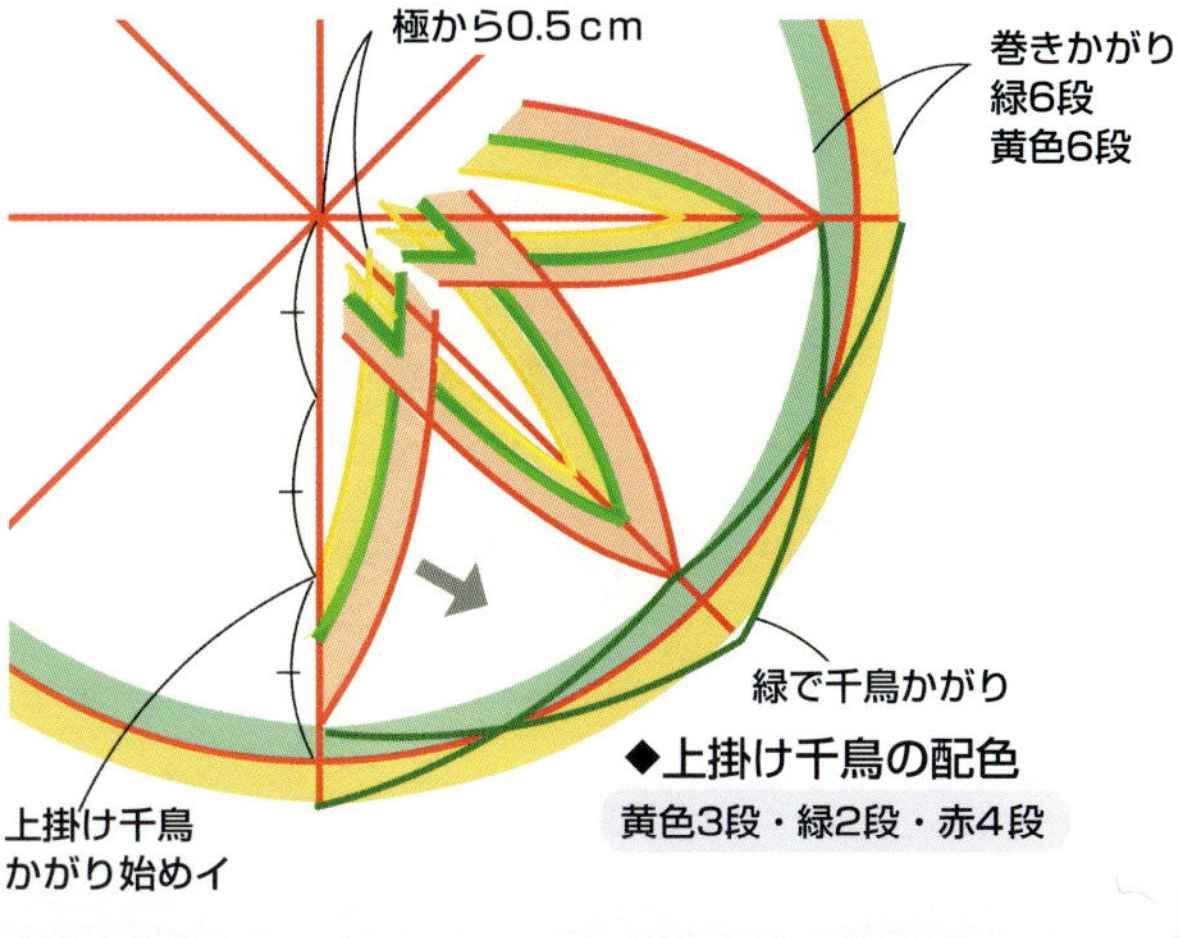
極から0.5cm
巻きかがり
緑6段
黄色6段
緑で千鳥かがり
◆上掛け千鳥の配色
黄色3段・緑2段・赤4段
上掛け千鳥
かがり始めイ

8等分の組み合わせ

■8等分の地割りに待ち針を打つ

1 赤道位置に待ち針8本を地割り線1本おきに青と黄色で打つ。極と赤道間の1/2に北極側に4本、南極側に4本の青の待ち針を打つ。

2 **3** 赤道上の黄色の待ち針**イ**より青の糸で針を出し、赤道の針8本を結んで1周する。

4 **5** **イ**と極の1/2**ニ**を通って1周し、さらに直角になるように1/2の待ち針**ホ**を通って一周する。

6 **7** **8** 青の糸が3本交差した待ち針**イ**を一針かがって止め、さらに一周して地割りの糸を全部すくう。

★待ち針イを中心として8等分されました。糸をしっかり止めて、2〜3cm離したところに針を出し糸を切ります。

9 **10** 紺の糸で待ち針**ハ**から黄色の待ち針と極の1/2の針を通って一周し、さらに直角になるように1/2の針を通って一周して止める。

11 赤道上の4か所が8等分され、赤4本青3本、紺2本の地割り線が入る。

★両極2か所、地割り線上4か所に8等分の中心ができます。

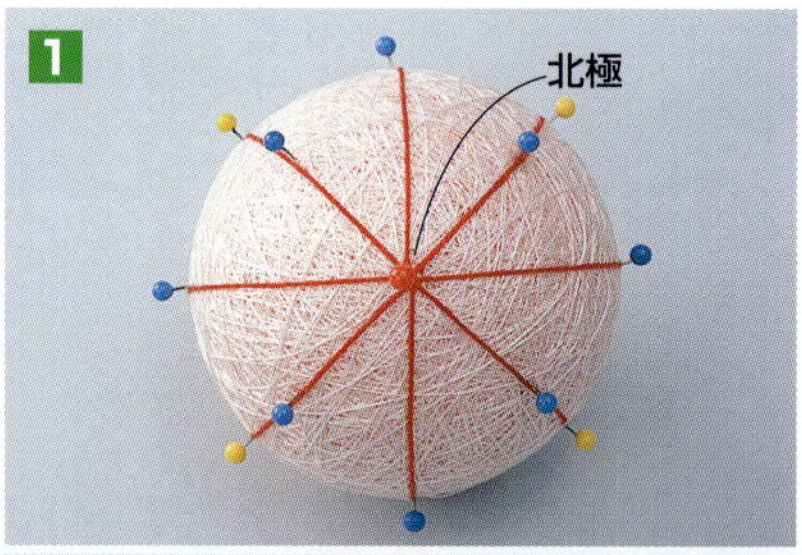

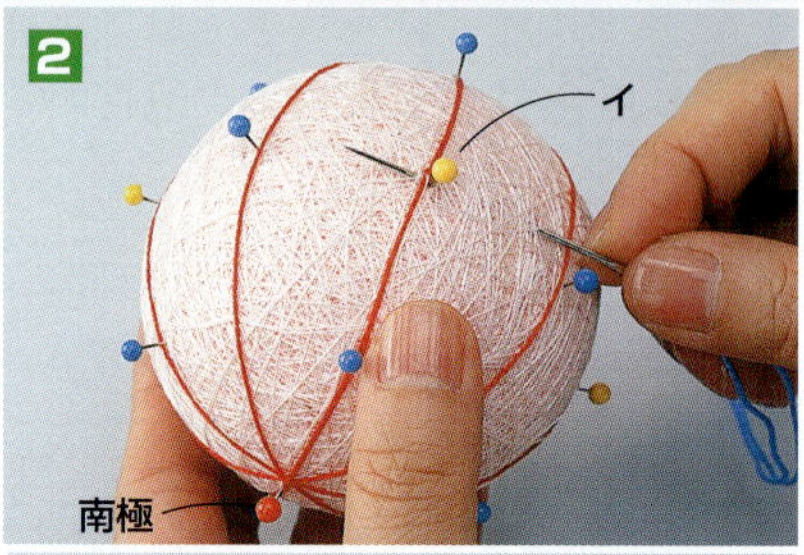

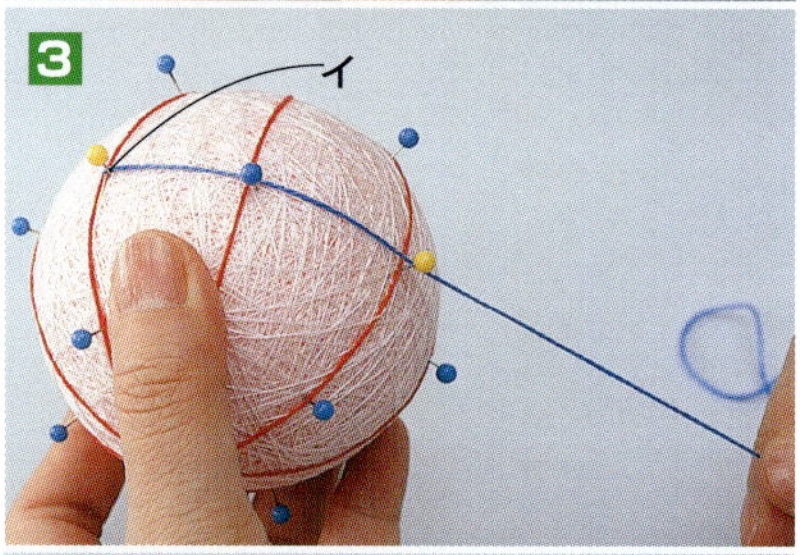

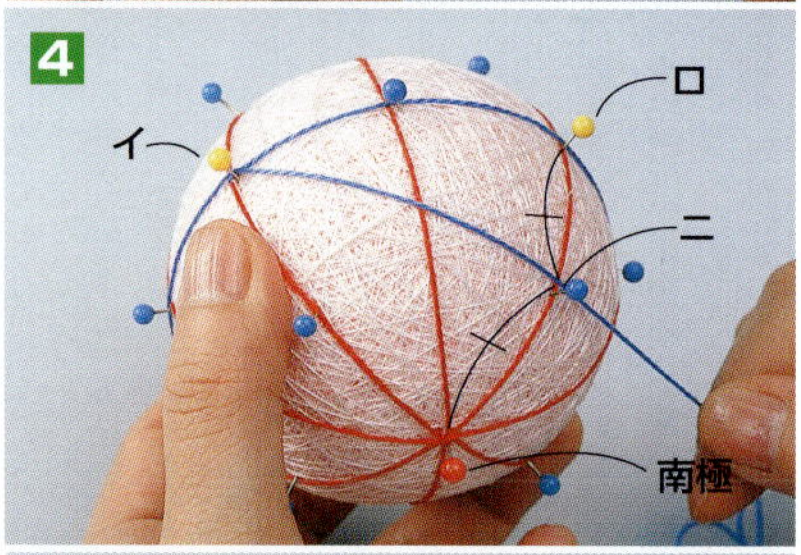

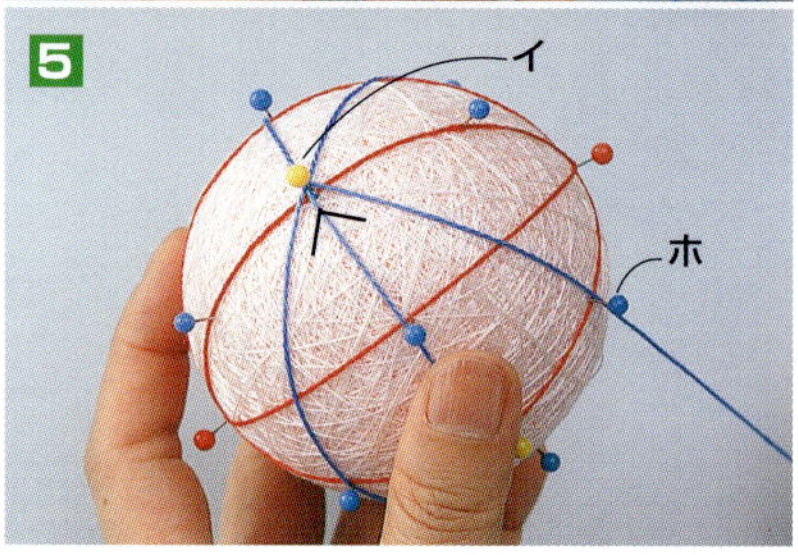

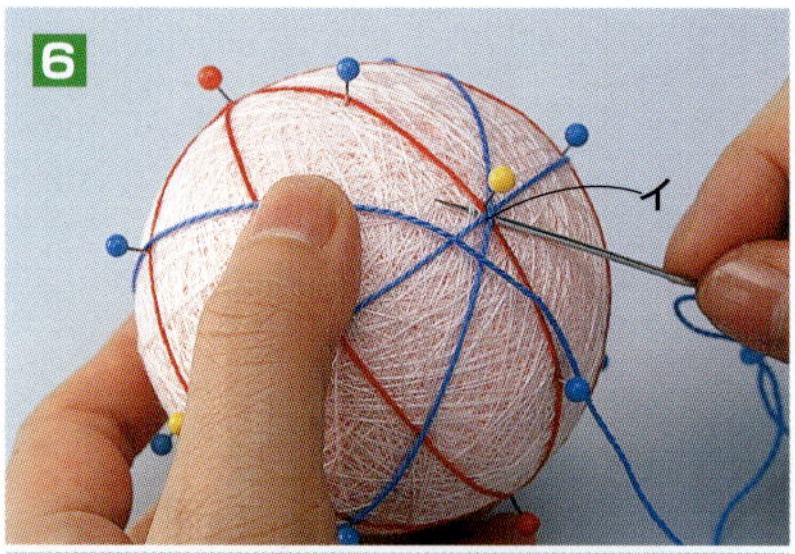

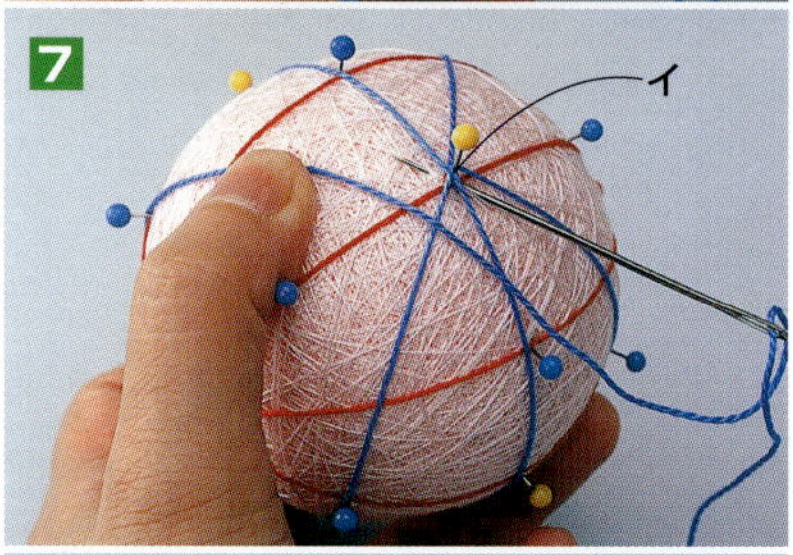

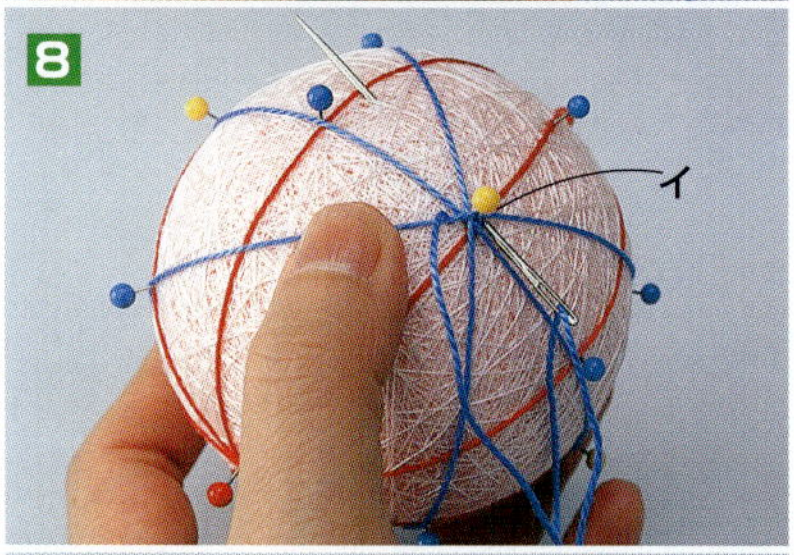

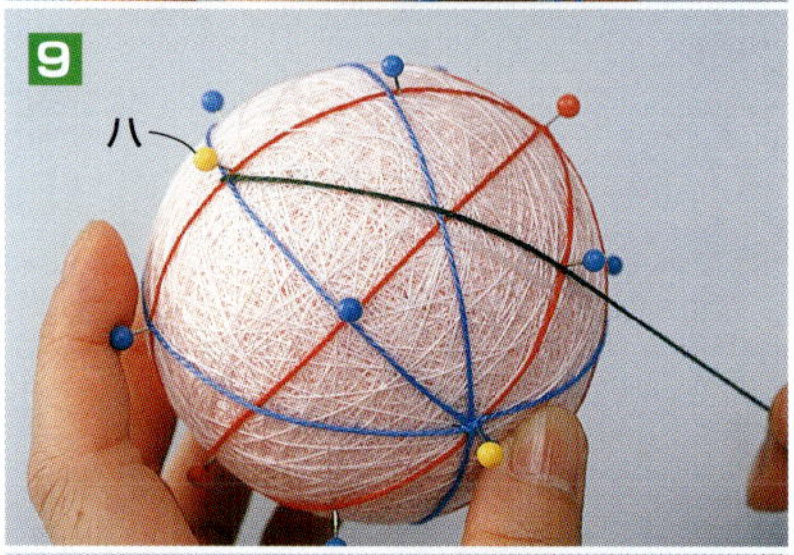

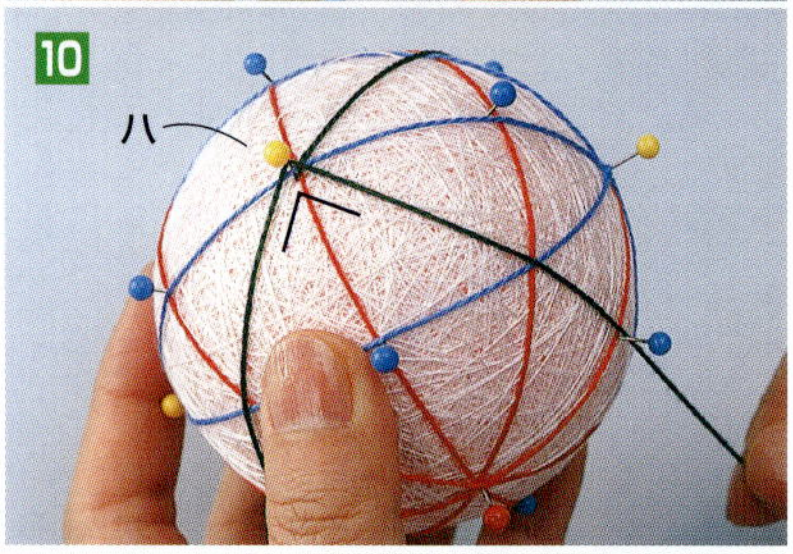

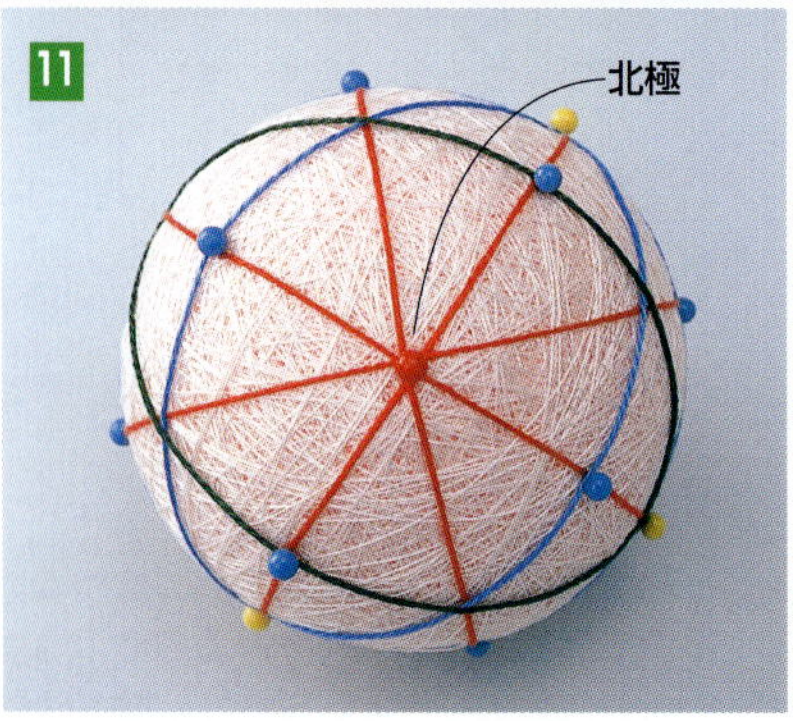

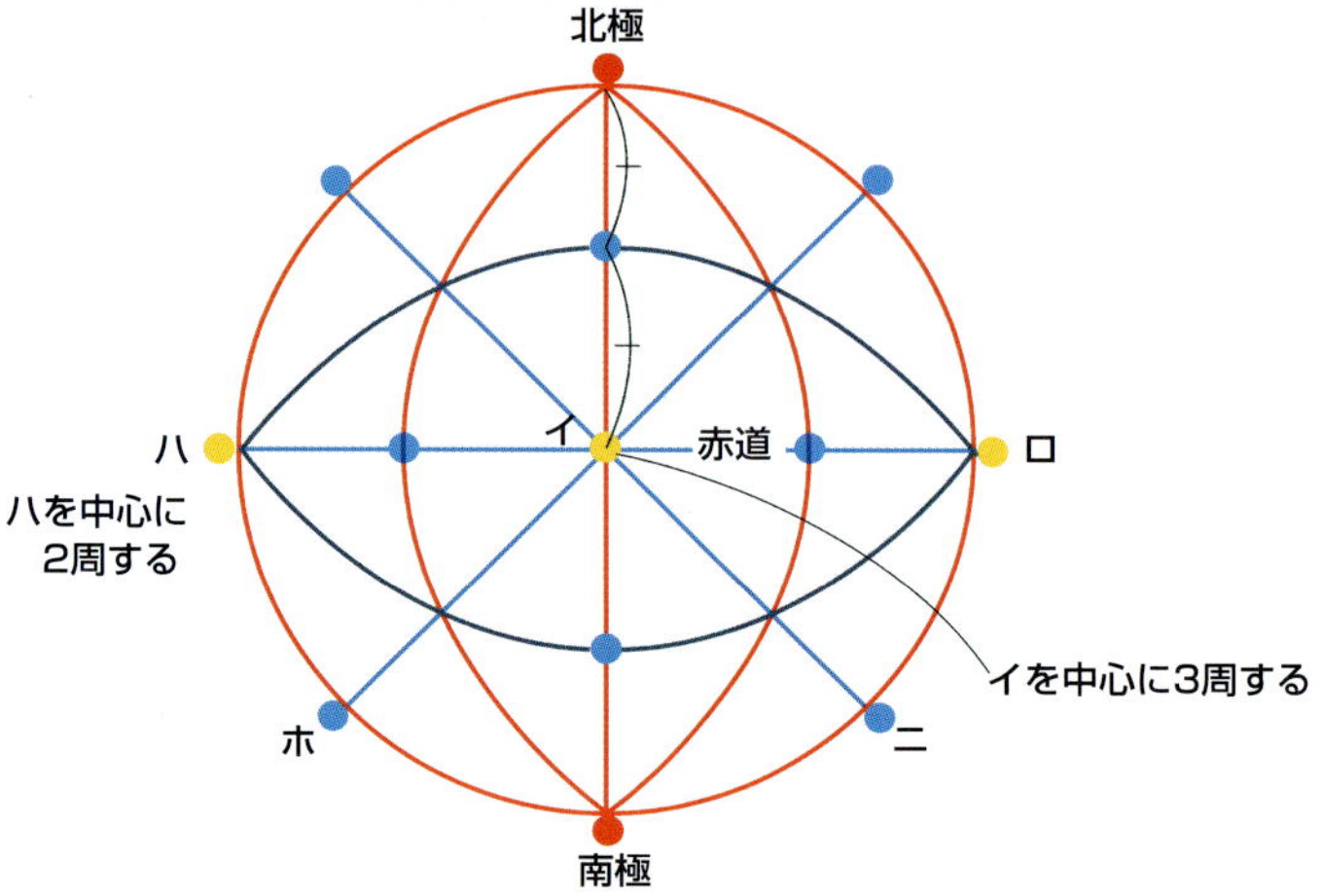

交差かがり

8等分の組み合わせ

かがり糸／青 (996)、 白

■8等分の組み合わせに三角をかがる

1 菱形4等分の中心3か所を結んで、青で三角A (イロハ)をかがる。

2 Aを青で2段かがり、三角Bのかがり始めの針をAの角の内側に出す。

3 4 隣り合う菱形2個の中心を結んで三角Bをかがる。

★三角Aの上に三角Bが重なります。

5 三角を2個ずつ重ねながら全体で8個かがり、初めの三角Aに戻って白で1段かがる。

6 7 白で2段かがったら隣の三角に移り、同様にかがる。繰り返しながら白2段、青2段重ねてかがる。

★最初にかがった三角が必ず下になるようにかがります。

★三角が交差した部分に菱形が12か所できます。

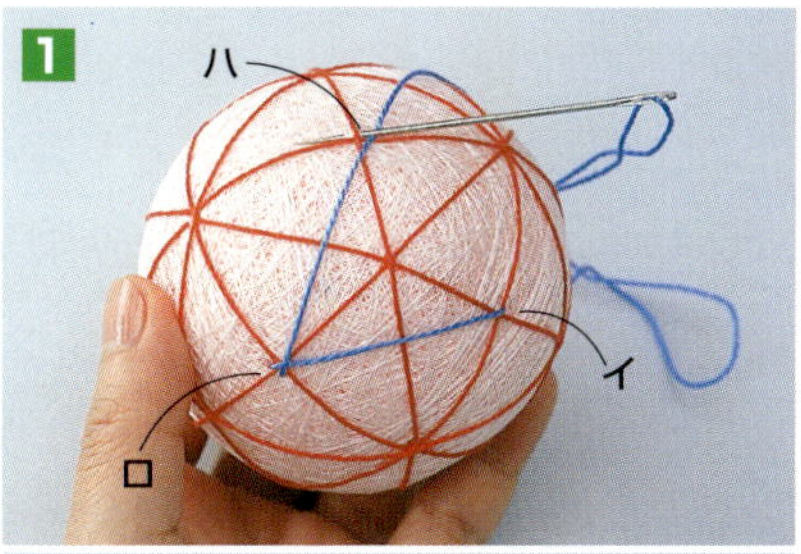

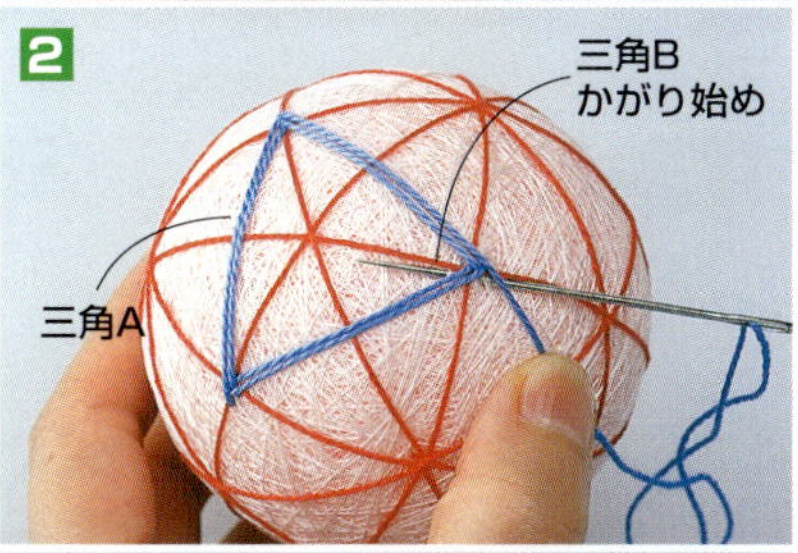

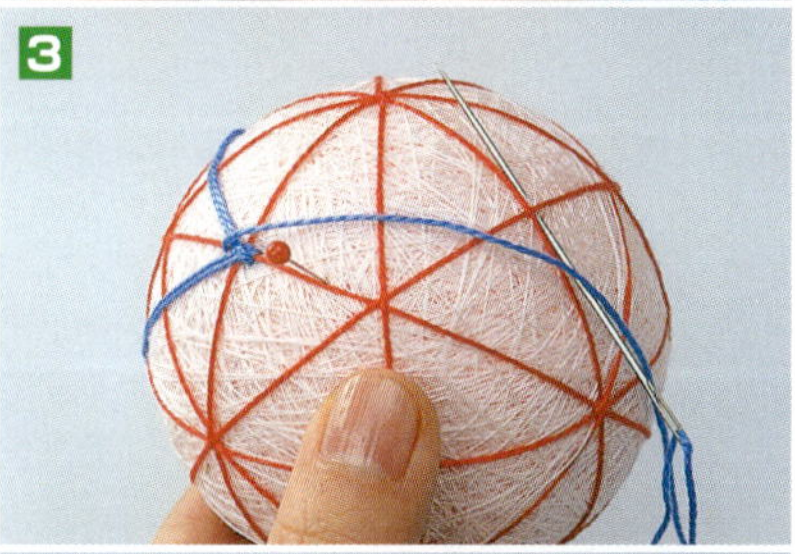

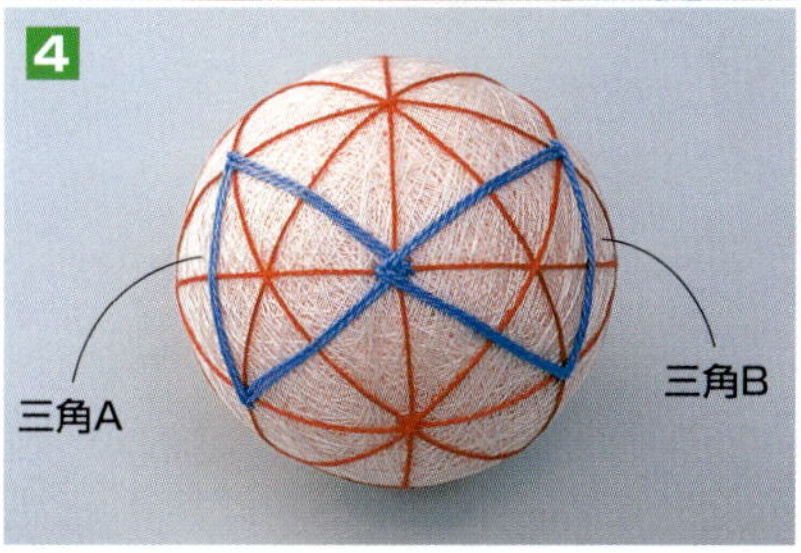

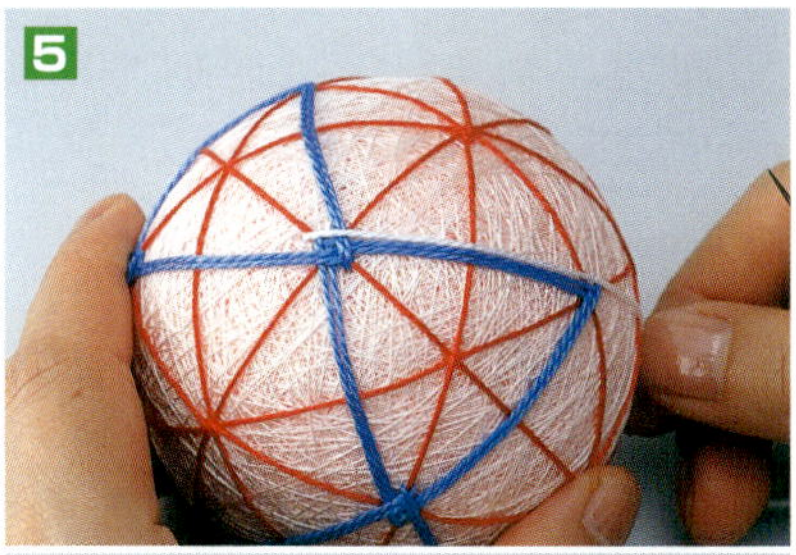

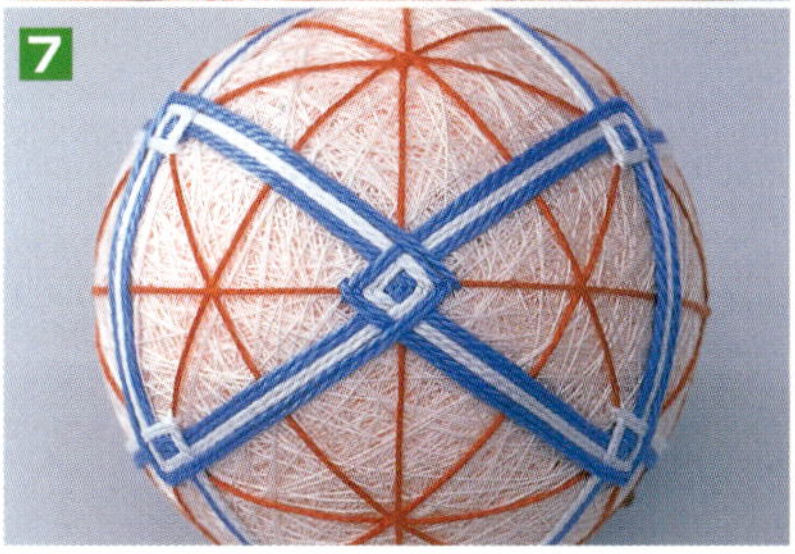

交差かがりのバリエーション

1- 六角の交差

Ⅱ- 連続菱の交差

作り方42ページ

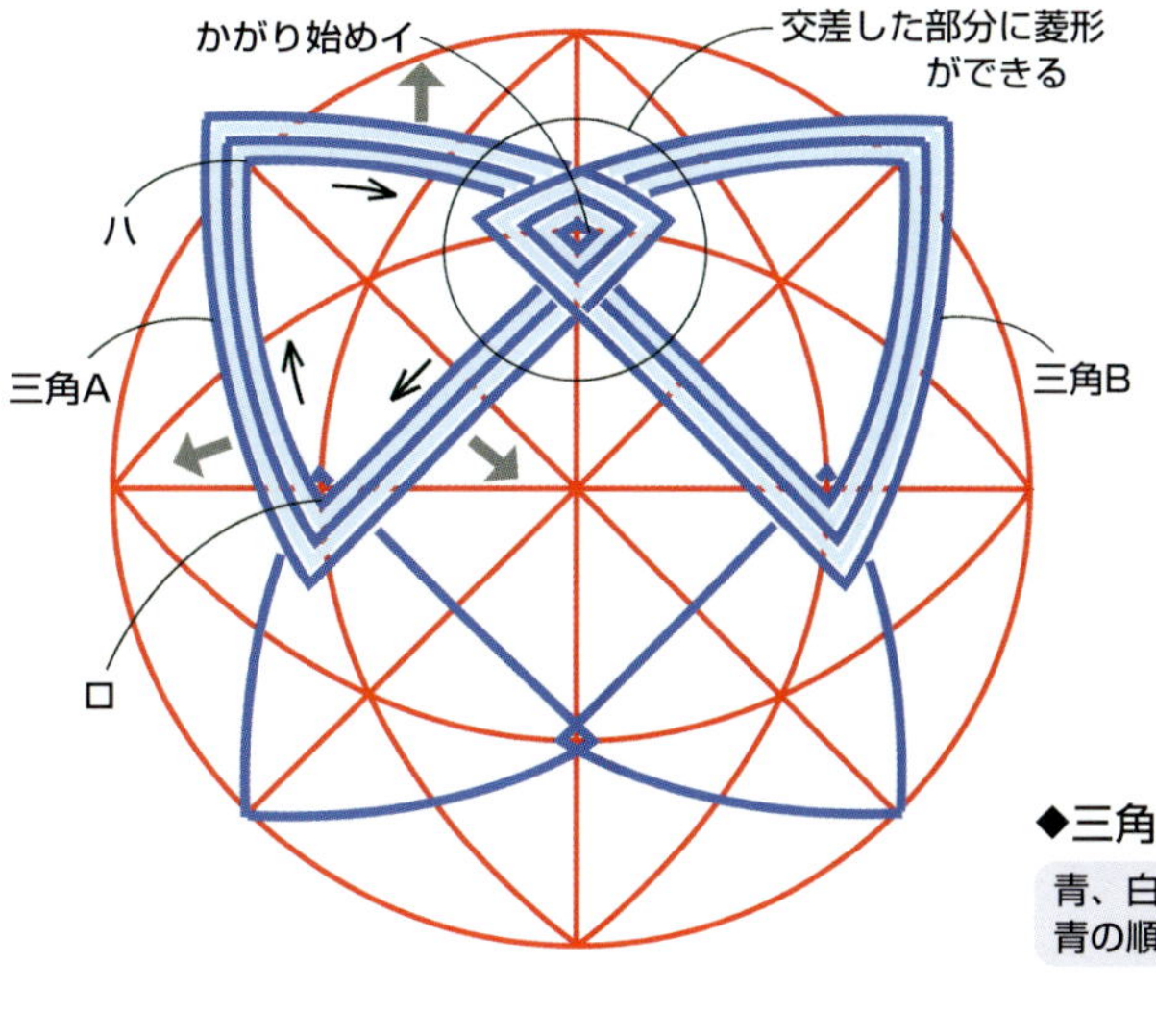

◆三角の配色

青、白、青、白、青の順に2段ずつ

10等分の組み合わせ

■A寸法の待ち針を打つ

1 両極より地割り線1本おきにA寸法をとり、青い待ち針を全体で10本打つ。

■A寸法の待ち針より等分する

2 青の待ち針1本を白(**イ**)にして反対側の針も白(**ロ**)にする。**イ**より黄色で、青、白(**ロ**)、青を通って1周する。

3 待ち針**イ**に戻り、右隣の青、白(**ロ**)、青の待ち針3本を通り1周する。

4 **5** 同様にして、時計回りに全部で4周する。

★白の待ち針イを北極 、ロを南極に見立てて、等分します。

6 青の待ち針1本を紺(**ハ**)に替え、反対側の針も同色(**ニ**)にする。待ち針**ハ**より緑で、青、紺(**ニ**)、青の待ち針を通って1周する。

7 紺の待ち針**ハ**に戻ったら、3周する。

★紺の待ち針ハを北極 、ニを南極に見立てて、等分します。

8 **9** 青の待ち針1本をピンク(**ホ**)に替え、反対側も同色の針(**ヘ**)にし、**ホ**より青でピンク(**ヘ**)を通って2周する。

★ピンクの待ち針ホを北極 、ヘを南極に見立てて、等分します。

10 **11** 最後に1本残った黄色の待ち針**ト**から黒で1周する。

★でき上がったら、三角や菱の中心がずれないように針先できれいに整えます。

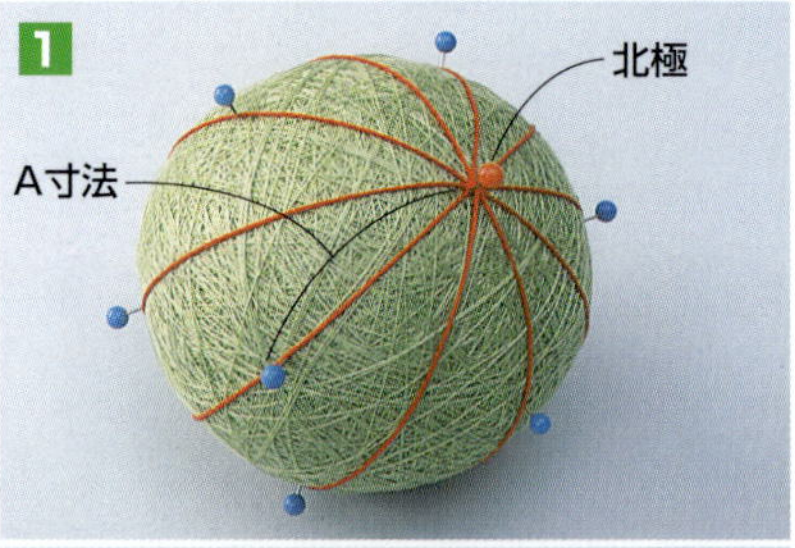

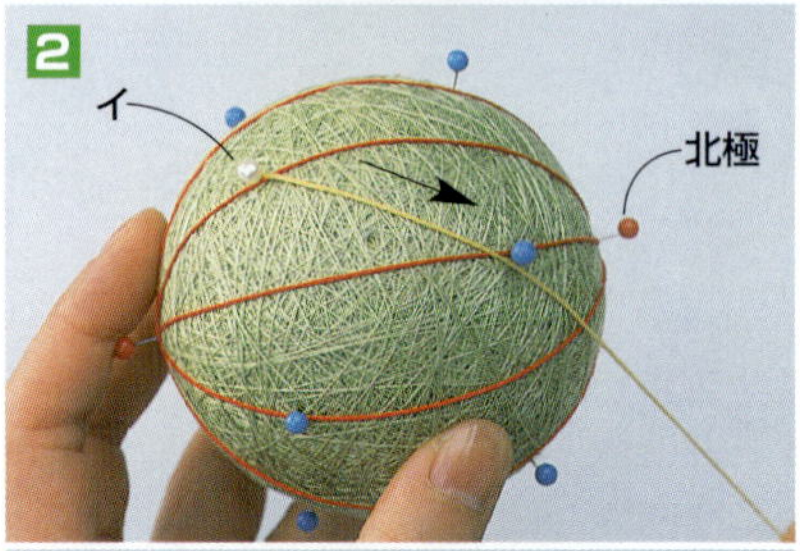

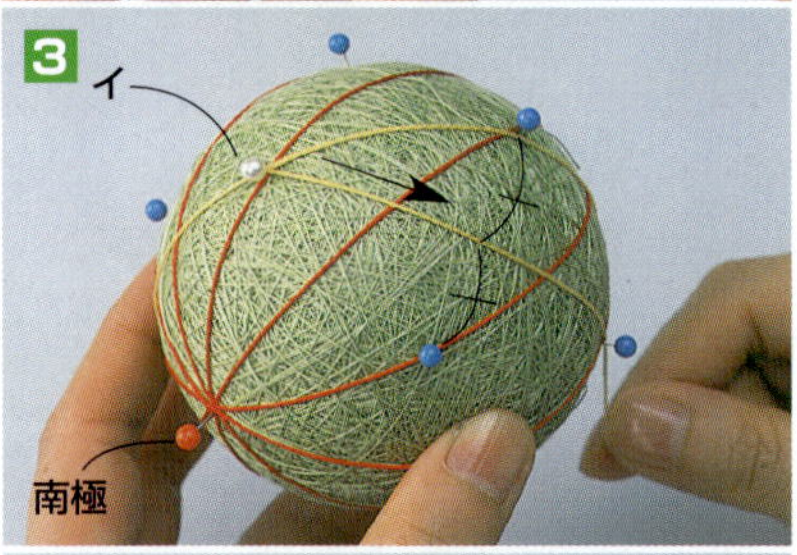

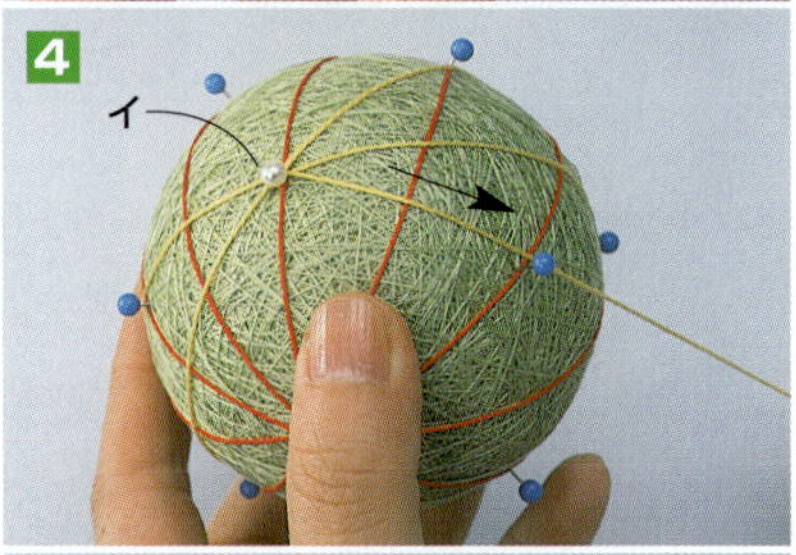

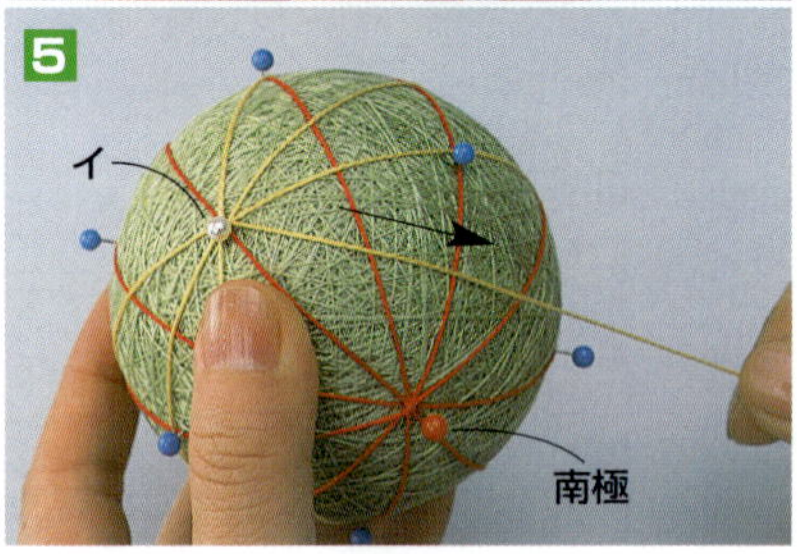

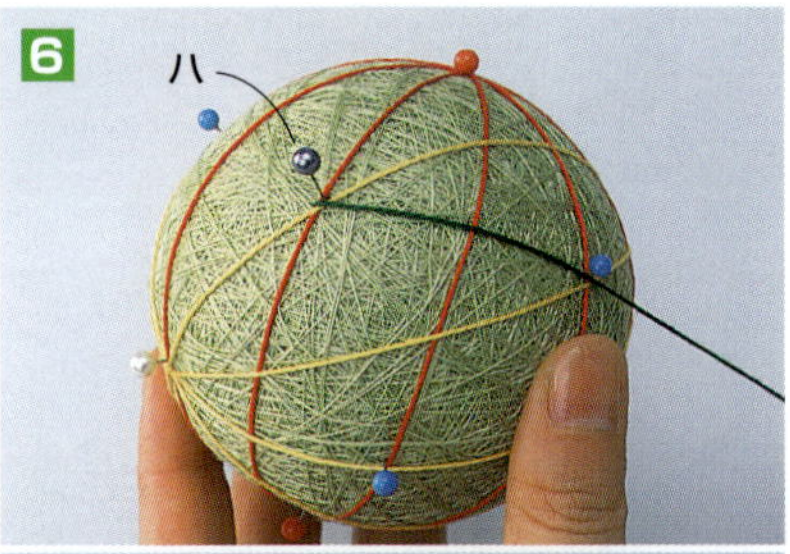

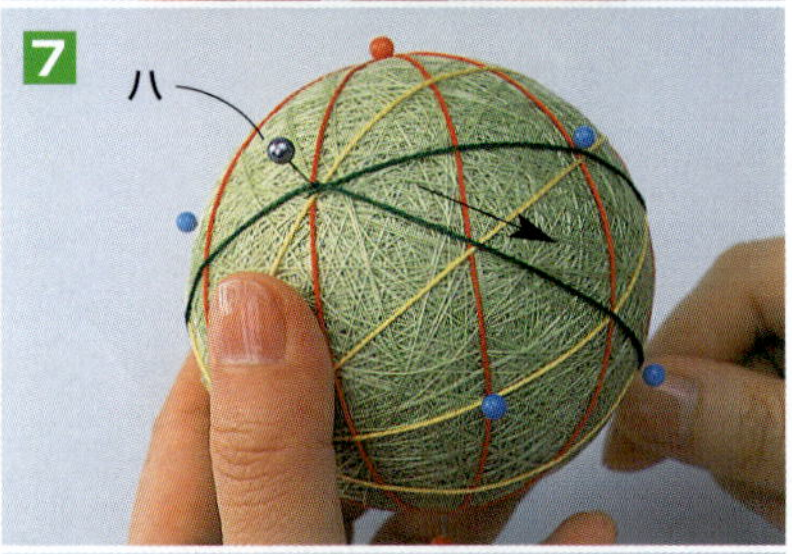

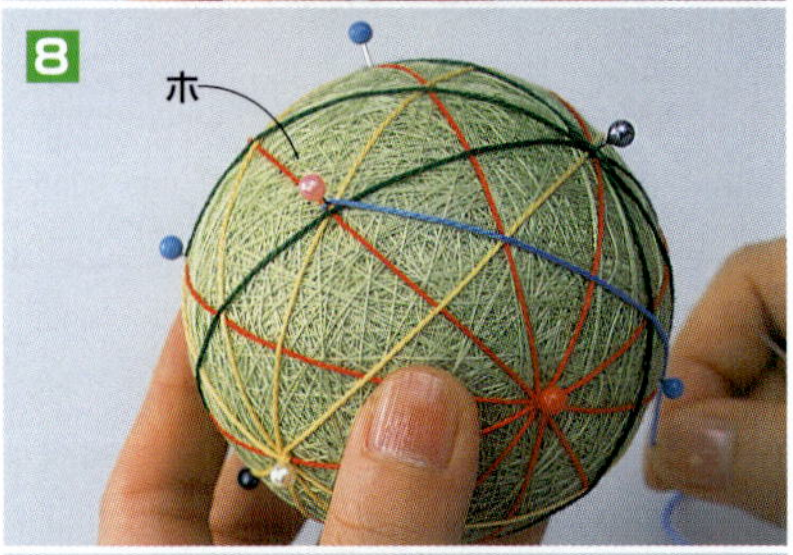

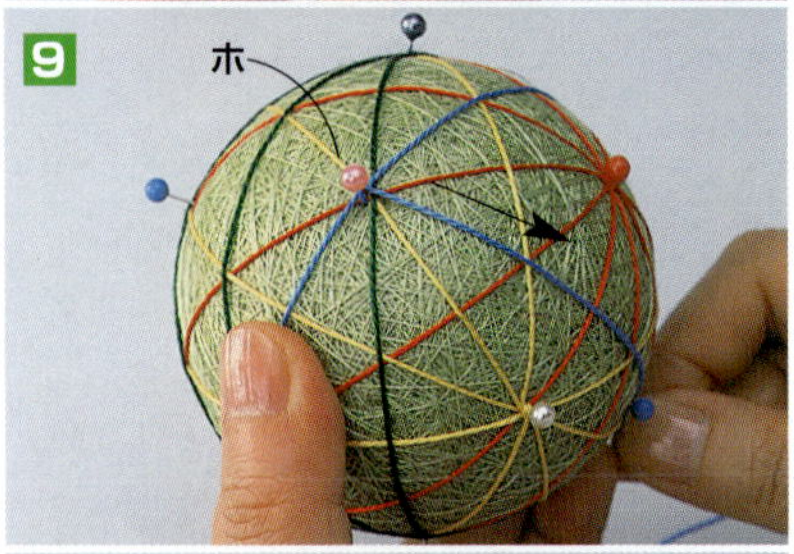

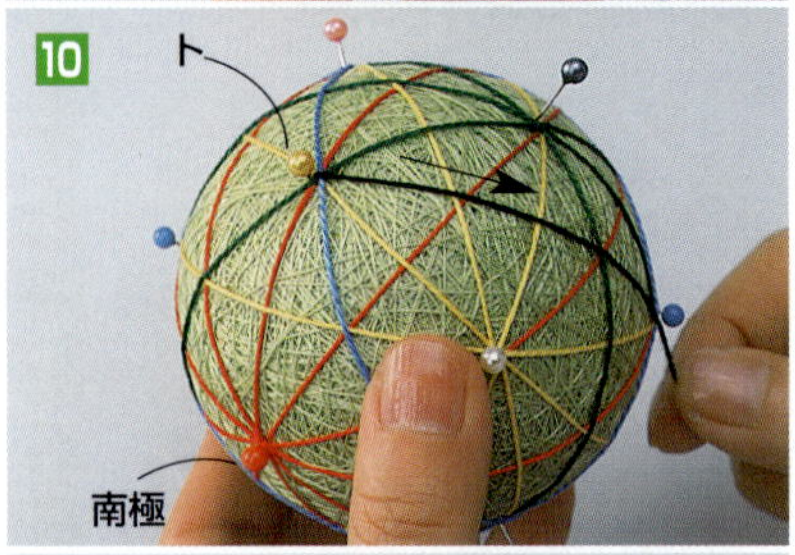

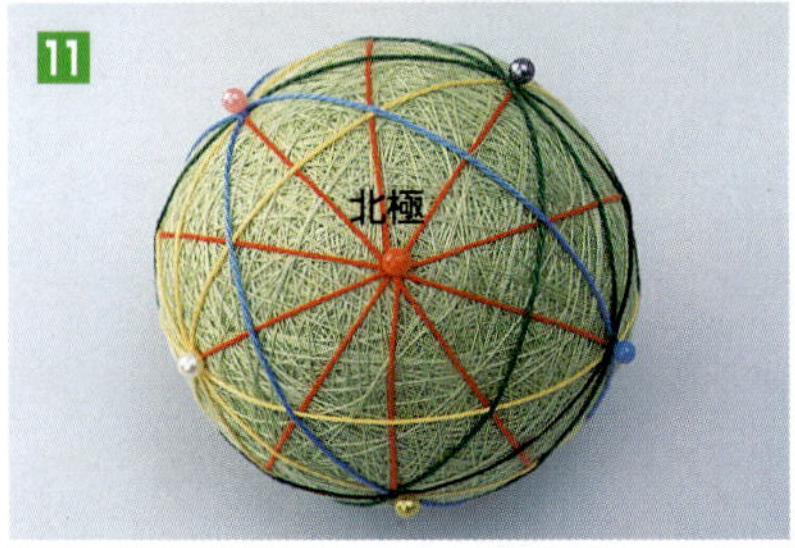

A寸法＝円周の1/6＋円周の1/100

[例]　円周24cmのまりのA寸法は・・・
4.24cm (A寸法)＝4 (24÷6)＋0.24 (24÷100)
上記の計算式からA寸法は約4.2ｃｍになります。

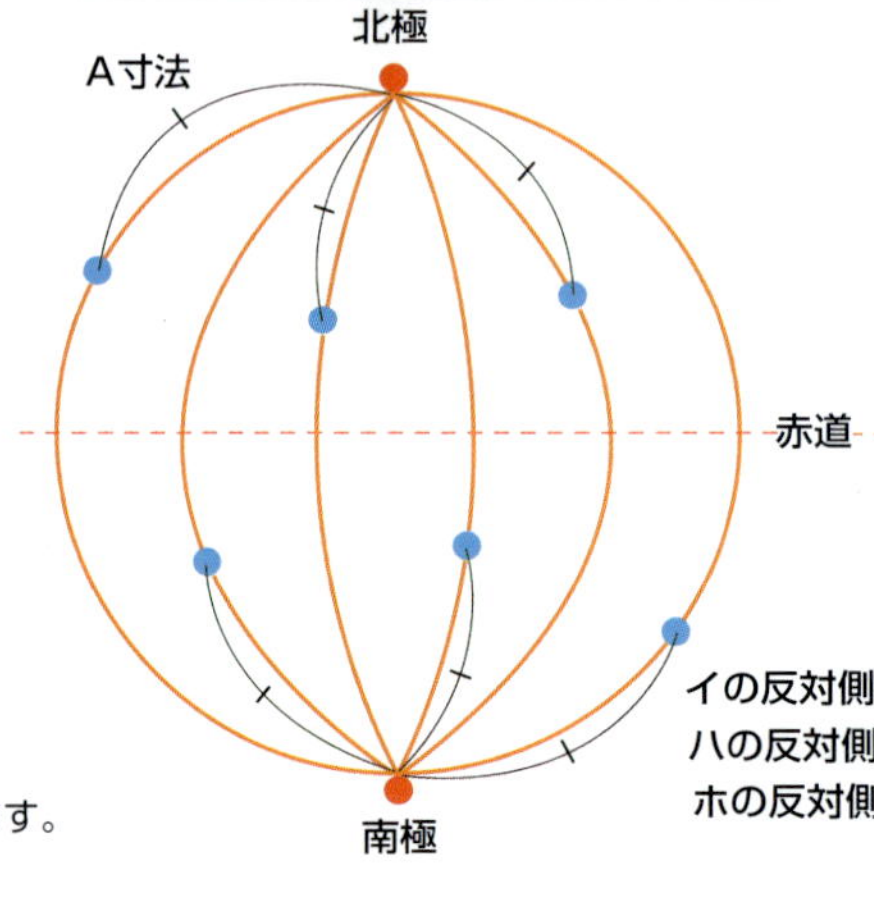

イの反対側がロ
ハの反対側がニ
ホの反対側がヘ

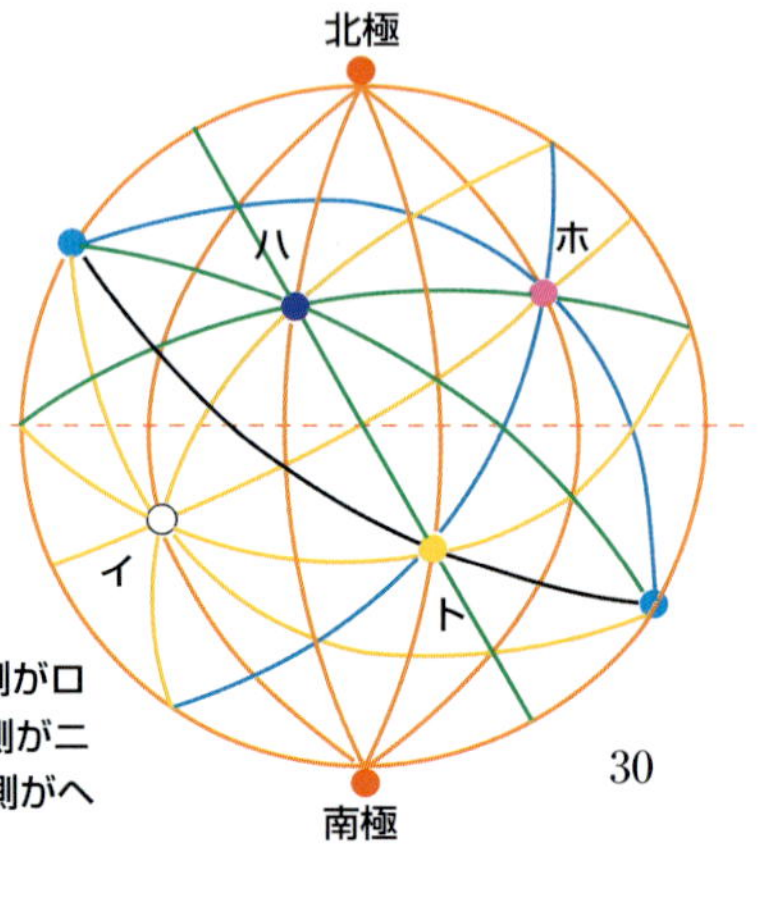

ねじりかがり

10等分の組み合わせ

かがり糸／濃緑（699）、黄色（743）、白

■10等分の組み合わせに六角をかがる

1 三角6等分の短い線と同寸を長い線にとり、六角Aを濃緑1段でかがる。

★六角の角は地割り線に平行にすくい、2段目のかがり始めは斜めに針を出します。

2 濃緑2段、白1段、黄2段で六角Aをかがり、六角の角の内側に六角Bのかがり始めの針を出す。

3 4 かがり始めは六角Aの上に糸をのせ、六角BをAと同様にかがる。

5 6 六角Bの最後は、Aの5段全部をくぐらせる。

7 六角Aと同様にBをかがり、六角の角3か所をねじりながら、全体に20個の六角をかがる。

★六角の角をすくうときは、なるべくきわをすくうようにします。

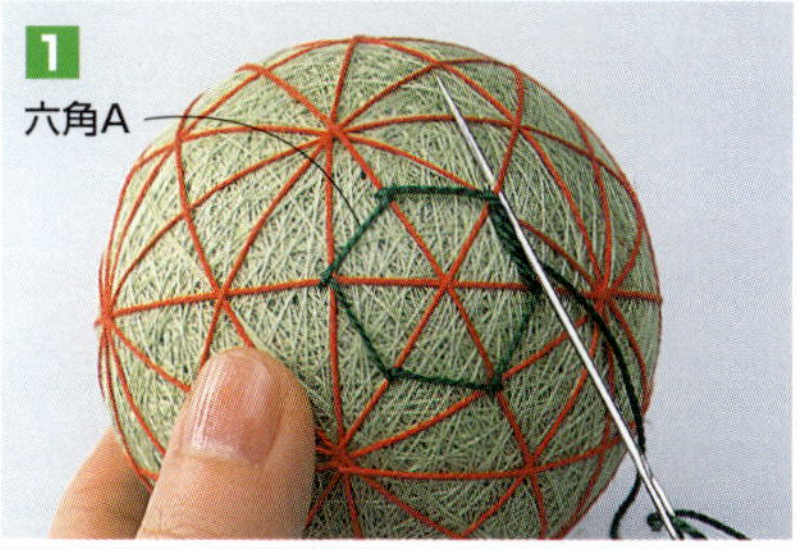

1
六角A

2
六角Bの
かがり始め

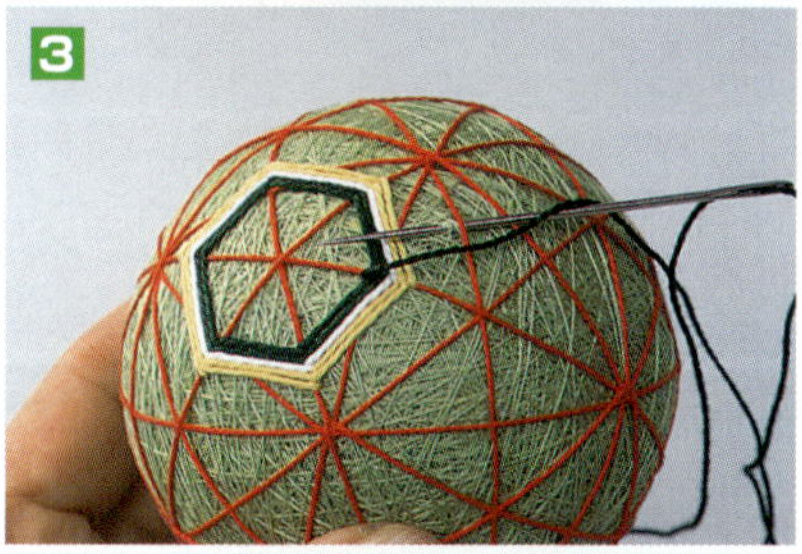

3

4

5

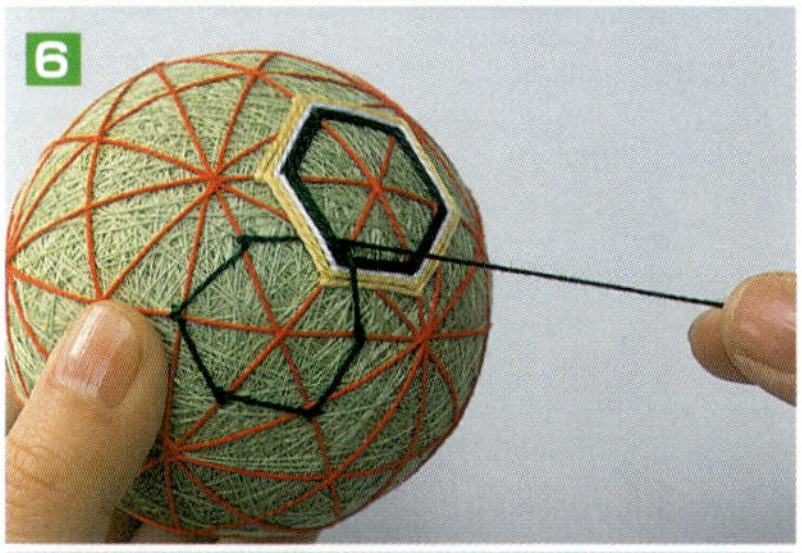

6

7

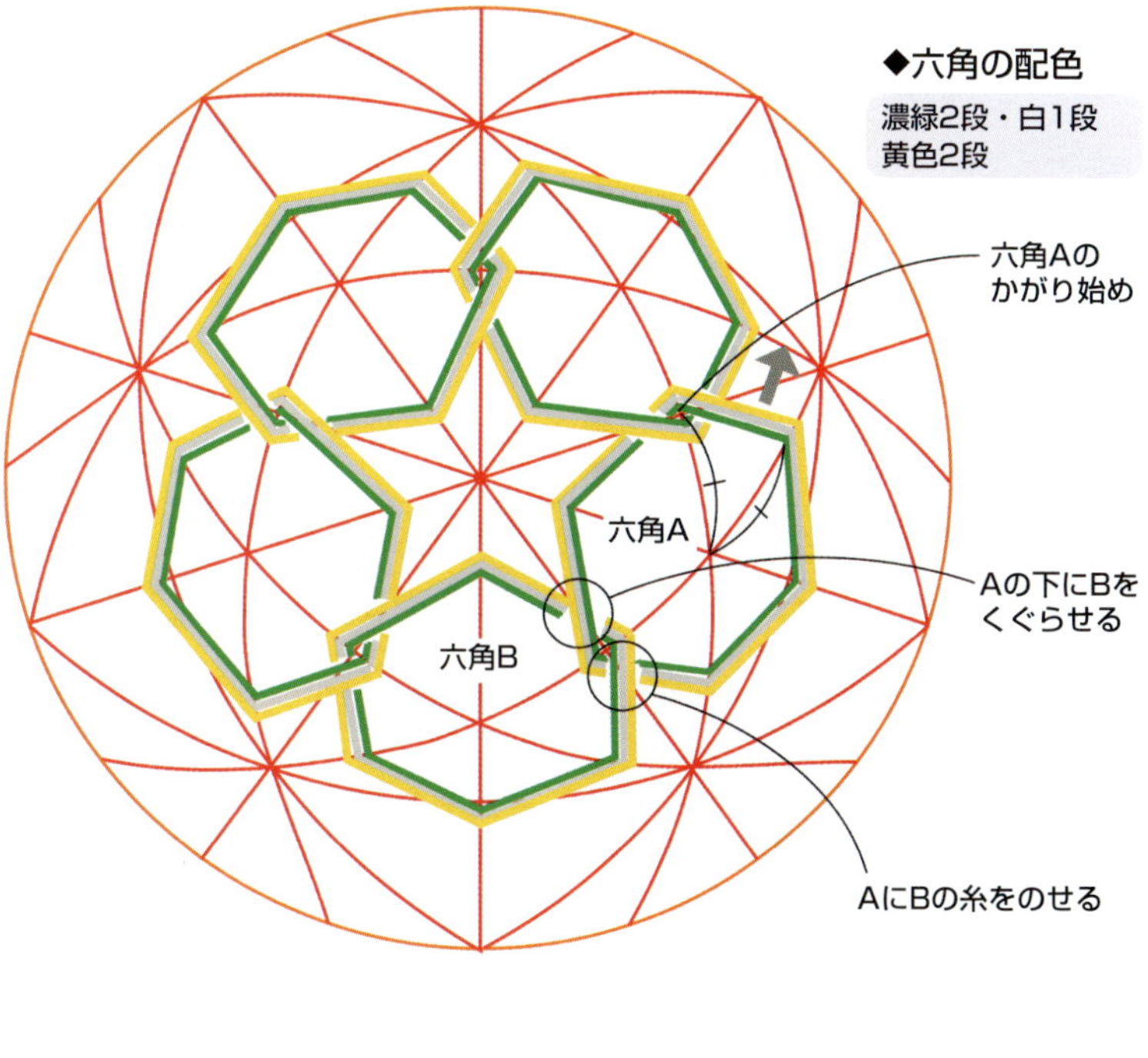

◆六角の配色
濃緑2段・白1段
黄色2段
六角Aの
かがり始め
六角A
六角B
Aの下にBを
くぐらせる
AにBの糸をのせる

ねじりかがりのバリエーション

I - 連続菱のねじり

II - 五角のねじり

作り方43ページ

下掛け千鳥かがり

−16等分−

前段を少し持ち上げて人の字型にかがります。

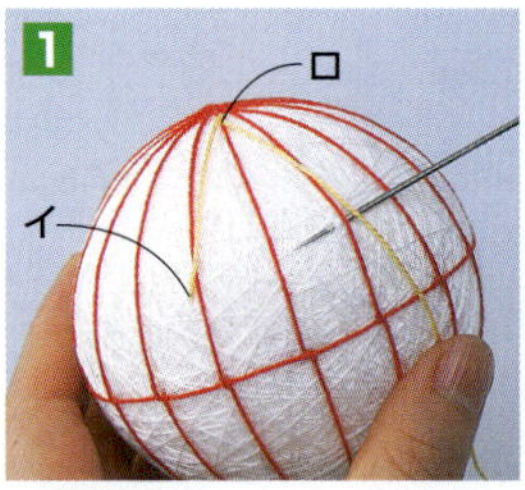

1 2 赤道と両極間の1/3**イ**より隣の地割り線の極のきわ**ロ**を結んで黄色で1段かがる。地割り線に対して直角にかがり、2周目は**ハ**からかがる。

3 赤道側はくぐらせてかがり、黄色4段、淡黄色3段、淡緑2段、緑2段かがる。

バリエーション

下掛けかがりの花

作り方44ページ

麻の葉かがり

−6等分−

松葉の先を結び、Yの字を作るようかがります。

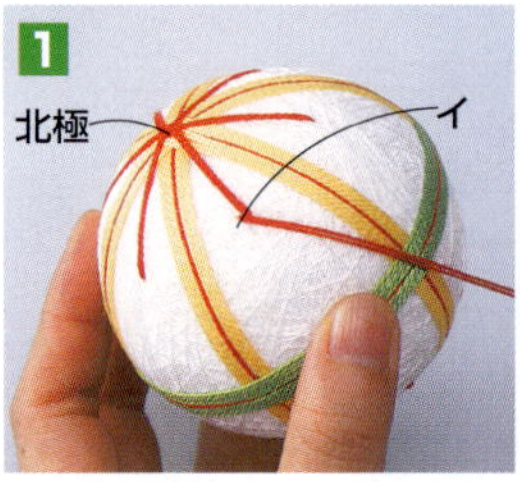

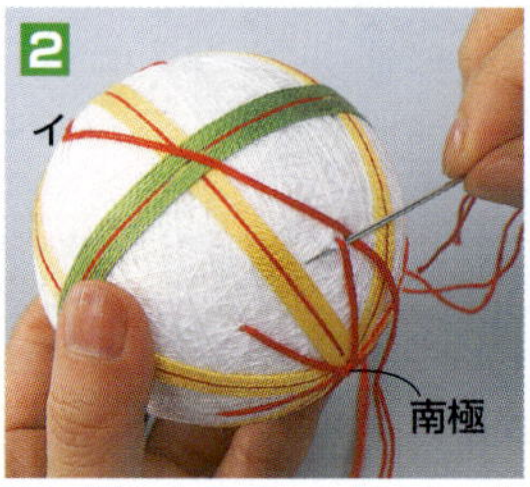

1 地割りの両側を黄色で4段ずつ巻き、赤道の上下に緑を5段ずつ巻く。両極に赤2本どりで松葉をかがり、松葉の先**イ**から千鳥かがりを始める。

2 3 赤道を渡り、松葉の先を結びながら千鳥かがりで1周する。

バリエーション

麻の葉

作り方44ページ

連続かがり

−8等分の組み合わせ−

まりを回しながら連続で模様を作ってゆきます。

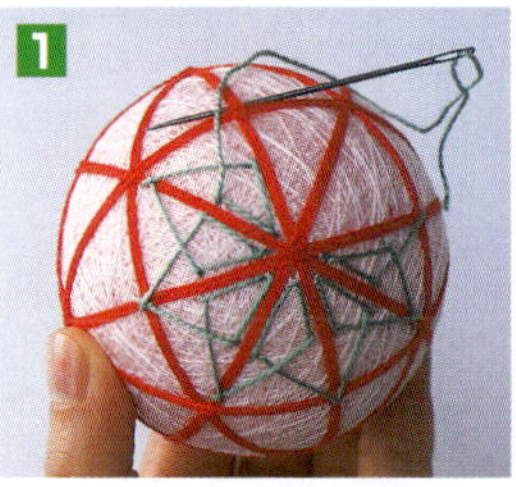

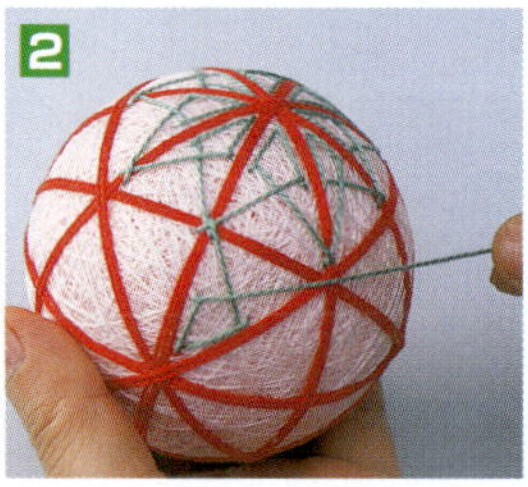

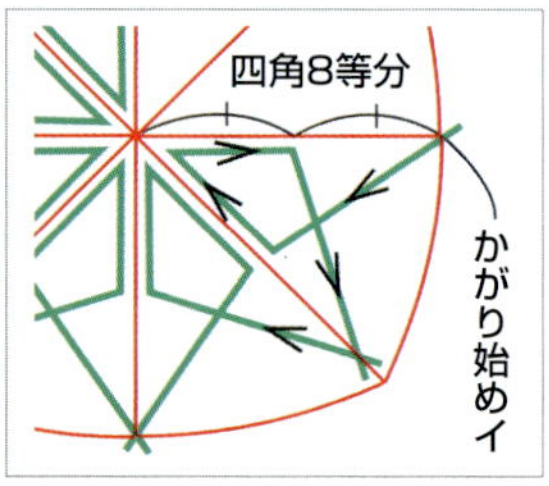

1 2 四角8等分の**イ**からかがり始め、淡緑で小さな山型を作りながら四角8等分の中に連続して模様をかがってゆく。淡緑の外側を濃緑で同様にかがる。

バリエーション

連続かがり

作り方44ページ

巻きかがり

−10等分の組み合わせ−

かがり糸をくぐらせたりのせたりして巻きます。

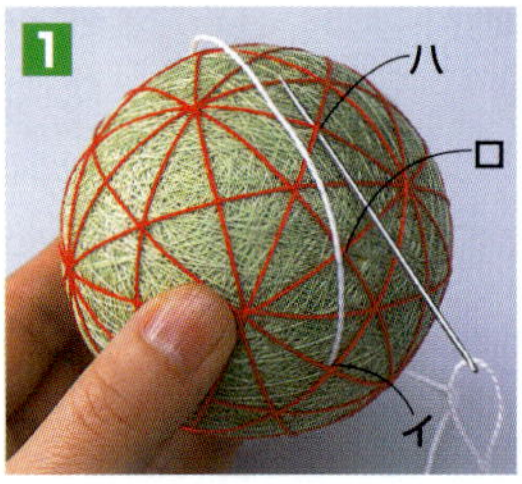

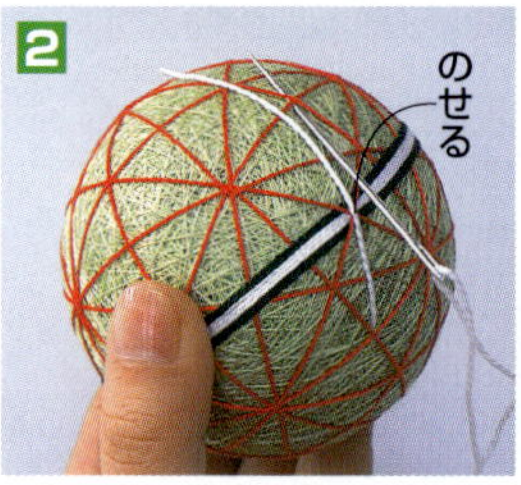

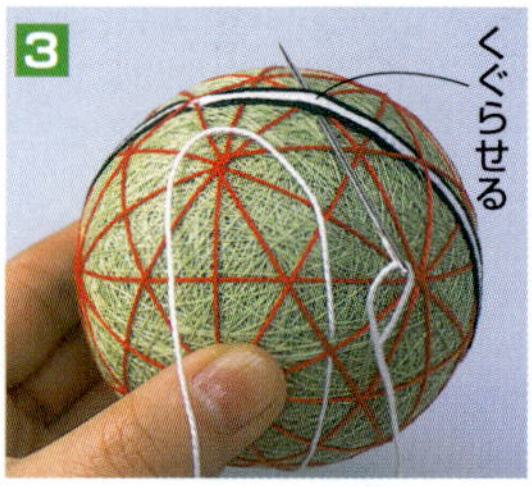

1 菱形4等分の中心**イ**からかがり始め、隣の菱形の中心**ロ**を通って次の中心をくぐらせながら白で1段巻く。両側を濃緑で2段ずつ巻き1巻きとする。

2 3 くぐらせる部分と、のせる部分を反対にして全体で6本巻く。

バリエーション

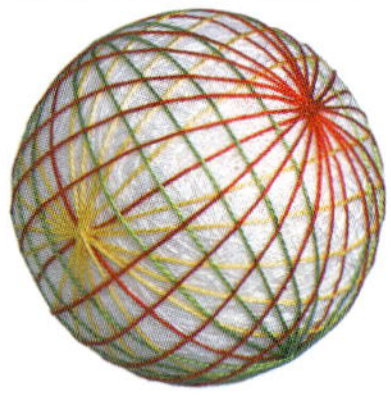

三色の巻きかがり

作り方45ページ

上下同時かがり

−32等分−

赤道を挟んで両極のかがりが一度にできます。

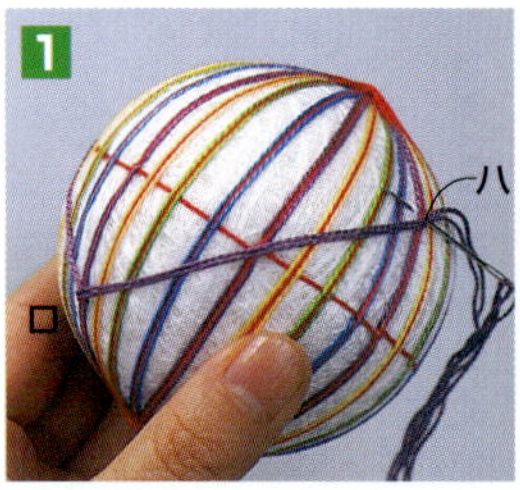

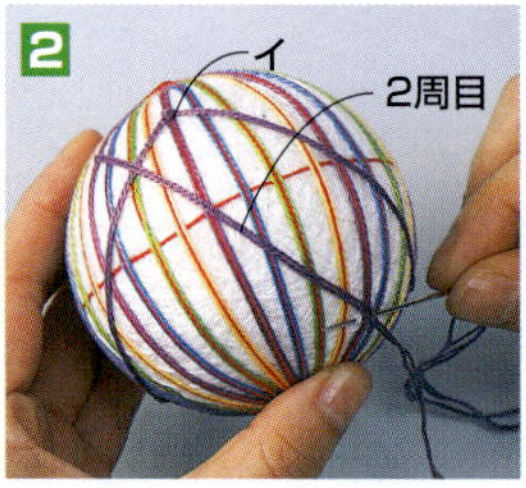

1 2 地割り線の両側を紫、青、緑、黄色の順に巻く。両極と赤道間の1/2**イロハ**を結びながら紫でかがり始め、紫の地割り線を直角にかがり2周する。

3 青、緑、黄色の順に同色の地割り線を結びながら上下にかがる。

バリエーション

上下同時かがりの暫

作り方45ページ

はじめに

てまりの本は今までに数多く出版され、新しい作品が次々と生まれています。そのような新しい作品や、素晴らしいコンクール出品作品を大勢の方に見て頂きたく、今回発表致しました。

てまりは球体に三角、四角、五角、六角の幾何模様をのせて模様を作ります。地割りといってかがるための基本の線を替えたり、細かく線を入れることによって、模様を細かく割ったり複雑にかがることができます。また、てまりはかがる段数を替えたり色を替えることで違う作品になりますので、それぞれの作品を参考にして皆様方各々のてまり作りの糧にして頂き、先人達の作られた手まりを次の時代へ伝えていきたいと願っております。

平成十五年二月

♦てまりの基礎♦

作り方

（芯は果物用ネットを使用）

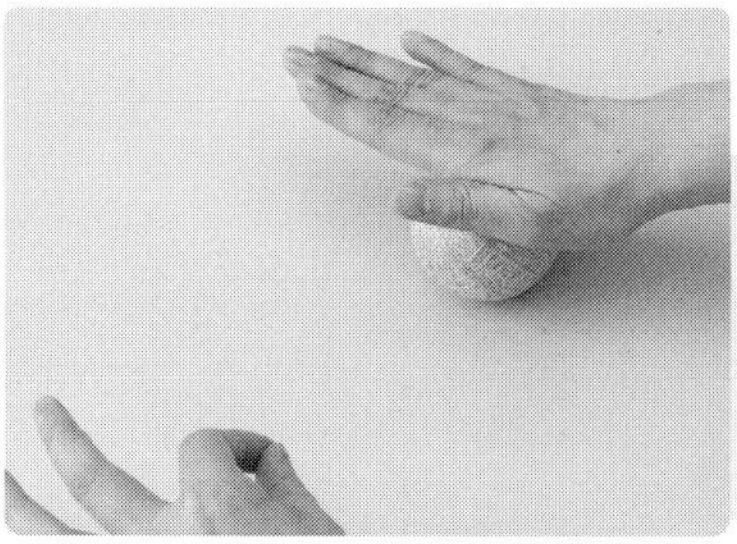

◆ポイント

芯を巻くとき、ときどき手のひらで力を入れてころがします。きれいな球形になるように形を整えながら、形作ります。

1

芯を作る

果物用ネットを丸める

2

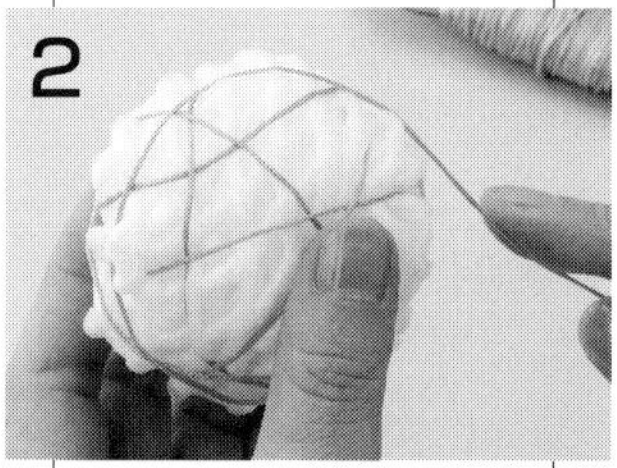

木綿糸を巻く

木綿糸で全体を丸くするようにしっかり巻く

3

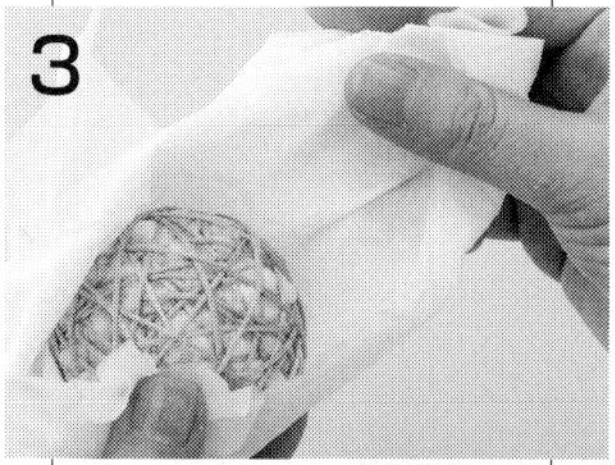

ティッシュでくるむ

ティッシュで表面をくるんで丸くまとめる

4

毛糸を巻く

化繊極細毛糸を、厚さ5ミリくらいまで巻く

5

地巻き糸を巻く

しつけ糸、または地巻き糸をむらなく平均に巻く

6

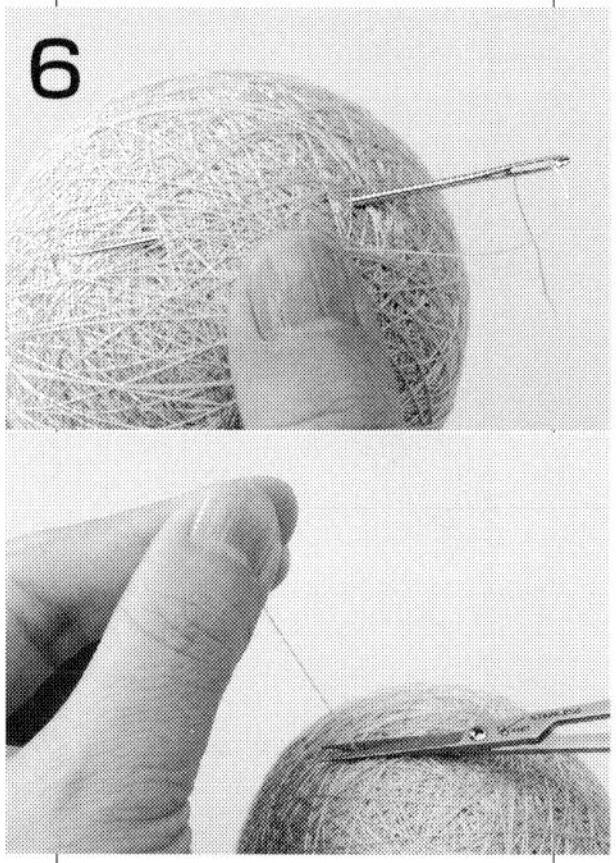

糸の始末

糸の端を針に通し、土台の中を3～4回くぐらせて糸を引っ張り気味にして根元を切る

◆音の出るてまり◆

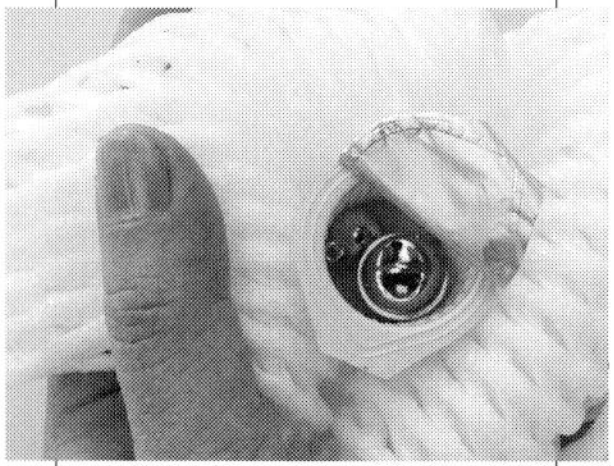

貝殻、プラスチック、木箱の中に鈴や木の実などを入れて芯にして包む

土台まりを作る

身近にあるものを利用して、てまり作りの基礎になる土台まりを作ってみましょう。

芯になるもの

もみがらやセロファンパッキングなどはビニール袋に入れてから丸め、新聞紙はよく揉んで柔らかくしてから使います。

1. パンヤ　2. 果物用ネット　3.化繊綿　4.ティッシュペーパー　5. 灯芯　6.セロファンパッキング　7.もみがら　8.ぜんまい綿　9.新聞紙

芯を巻くもの

木綿糸、化繊の極細毛糸、しつけ糸または地巻き糸の順に巻きます。純毛は虫がつきやすいので避けたほうがよいでしょう。

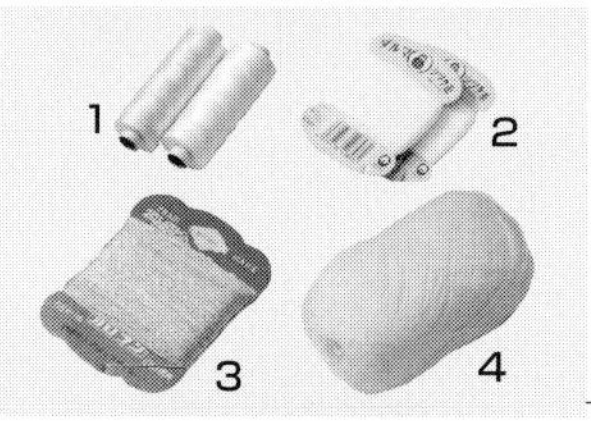

1. 地巻き糸
2. しつけ糸
3. 木綿糸
4. 化繊の極細毛糸（地巻き糸と同色がよい）

◆初心者の方には市販の発泡スチロール球も便利です。最初に極細毛糸を巻き、後は土台まりと同様にします。

かがり糸の種類と扱い方

てまりかがりには色数の多い刺繍糸が最適です。糸の特長を生かして美しいてまりを楽しくかがりましょう。

◆5番刺繍糸／てまりかがりに最適な、少し太めの刺繍糸です。初心者にもかがりやすく使いやすい長さに切って、1～2本どりにします。

◆25番刺繍糸／5番刺繍糸と同様に一定の長さに切り、6本どりになっていますので1～6本と必要に応じた太さにして使います。

◆京てまり糸・新京てまり糸・草木染風木綿糸／京てまり糸は絹糸の風合を持つ化繊糸で1～2本どりにして使います。新京てまり糸は京てまり糸のすべりをなくした初心者にもかがりやすい糸で、草木染風木綿糸は木綿の素朴な風合いを出した、色も草木染の感覚です。

◆金・銀糸、金・銀ラメ糸／地割りや松葉かがりに使います。赤道の帯を止めるときや、かがりの縁どりなど、装飾的な使い方をすると効果的です。

◆その他／絹糸、リリアン糸、テープ糸、リボン糸、ウール糸など糸の特長を生かした個性的なてまりも楽しいものです。絹糸は日本刺繍用の撚りのかからないものと、てまり用の撚りのかかった少し太めの糸があり、まったく趣の違ったてまりになります。リボン刺繍用の糸や、織物用ウール糸なども、工夫して使ってみましょう。一般的によく使われているリリアン糸も、ほどいて伸ばして使うと、変化のあるてまり作りが楽しめます。

（88ページ参照）

かがり糸の種類

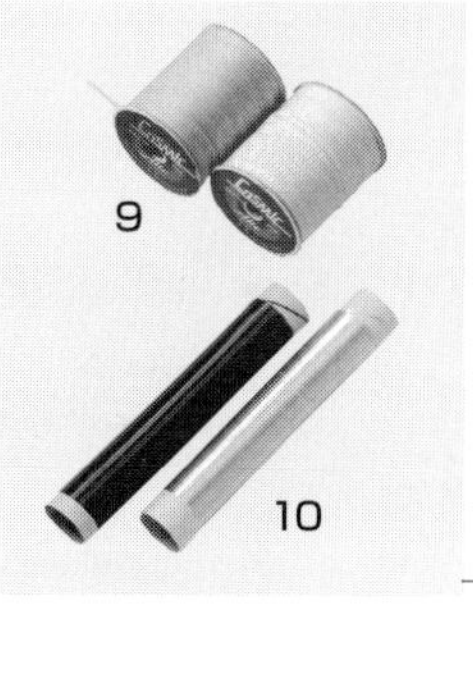

1. 5番刺繍糸
2. 25番刺繍糸
3. リリアン糸
4. 金ラメ糸・銀ラメ糸
5. 金糸・銀糸
6. リボン糸
7. 京手まり糸
8. ウール糸
9. テープ糸
10. 日本刺繍糸用絹糸

5番糸の扱い方

綛になっていますので1か所を切り、一定の長さにします。かがるとき、糸が長過ぎると撚りが戻ったり毛羽立ちが出たりします。

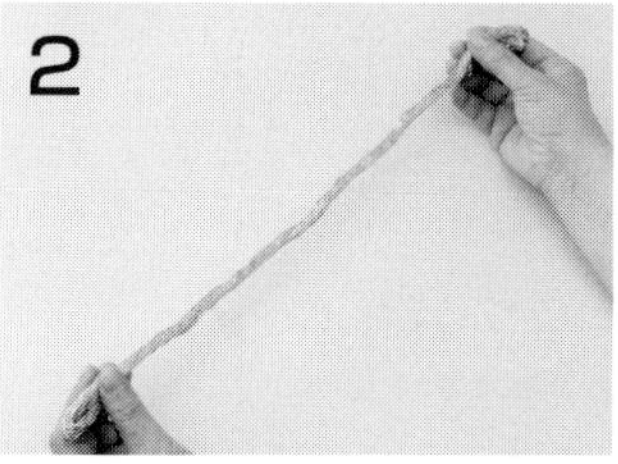

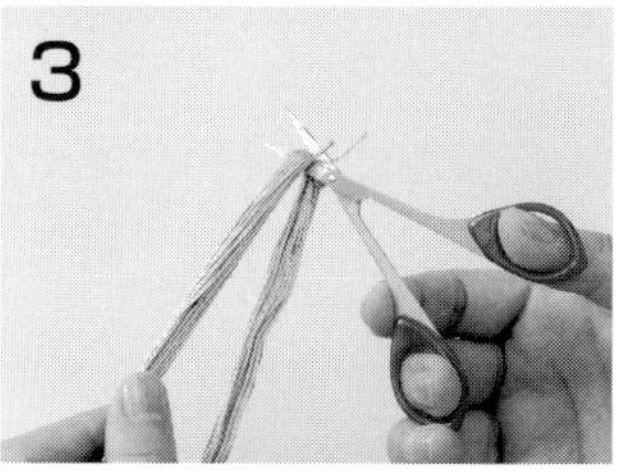

1 綛の撚りを戻す
2 伸ばして50cmの輪にする
3 1か所を切って1mの長さにし、1～2本ずつ抜いて使う

25番糸の扱い方

使いやすい長さに切り、6～1本に分けて使います。

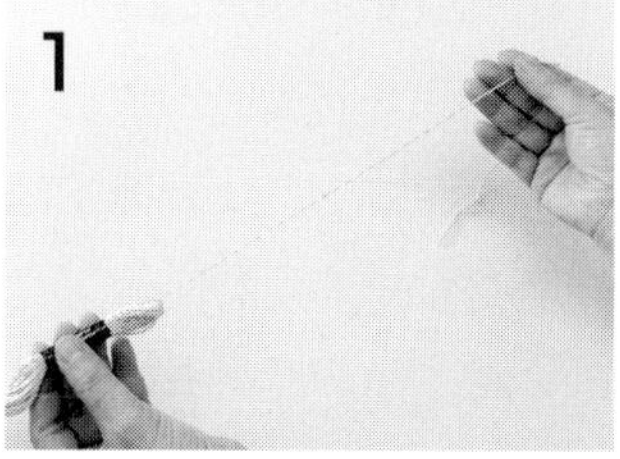

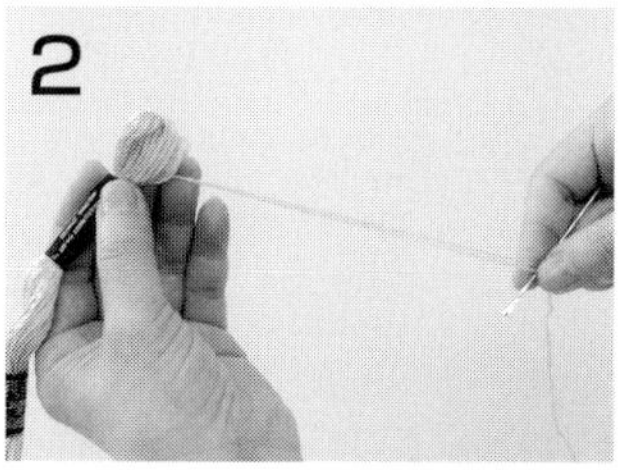

1 綛の端から、糸の先端を引き出す
2 針の頭を使って必要な本数に分ける

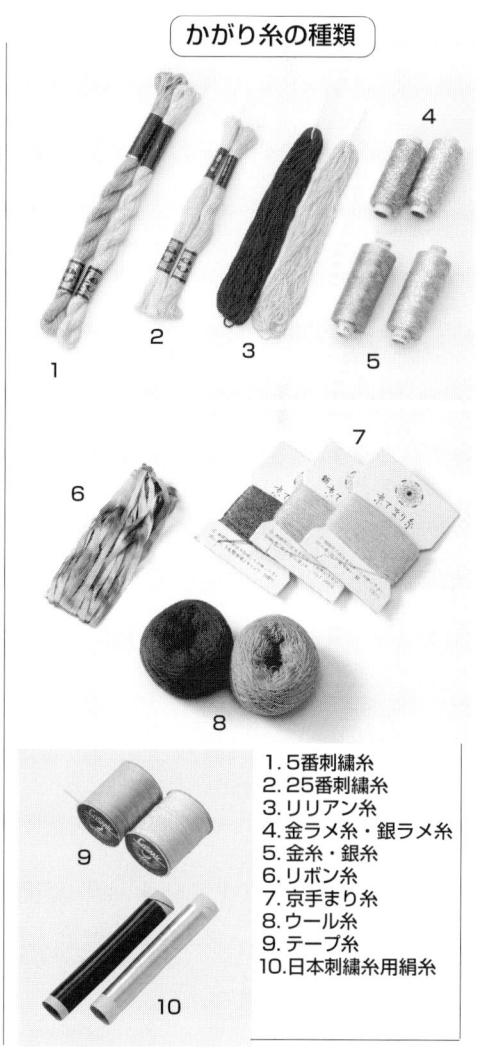

用具

小バサミ、待ち針、メジャー、かがり用の針、紙テープなどを用意します。

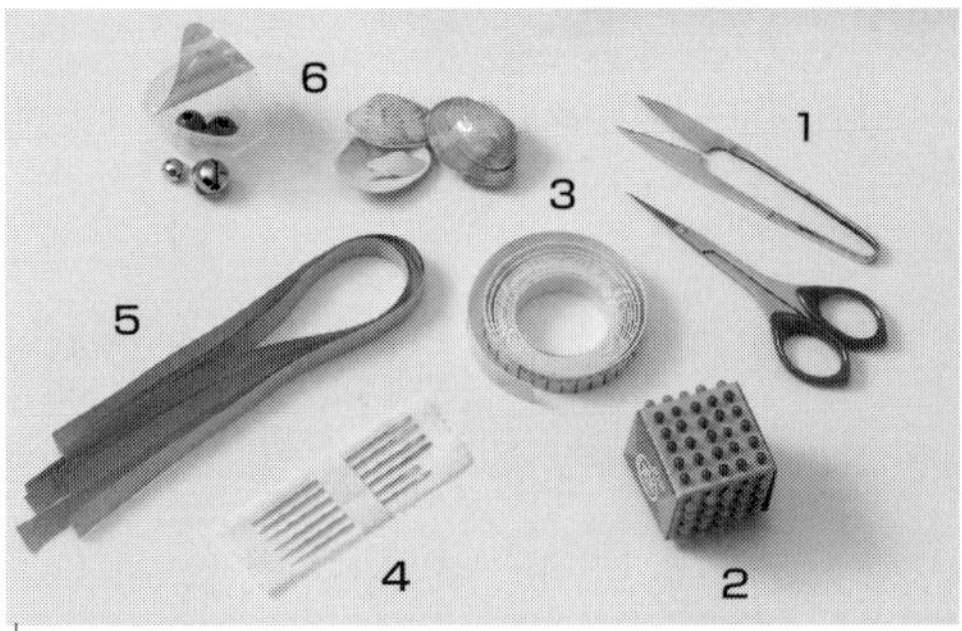

1. 小バサミ
2. 待ち針／地割りをするときやかがるとき、何種類か色を揃えて、色分けして使う
3. メジャー
4. 針／刺繍針やふとん針などを用途に応じて使う
5. 紙テープ／地割りをするときに使う
6. 鈴、小石、プラスチックケース、貝殻／音の出るてまりの芯にする

飾り台

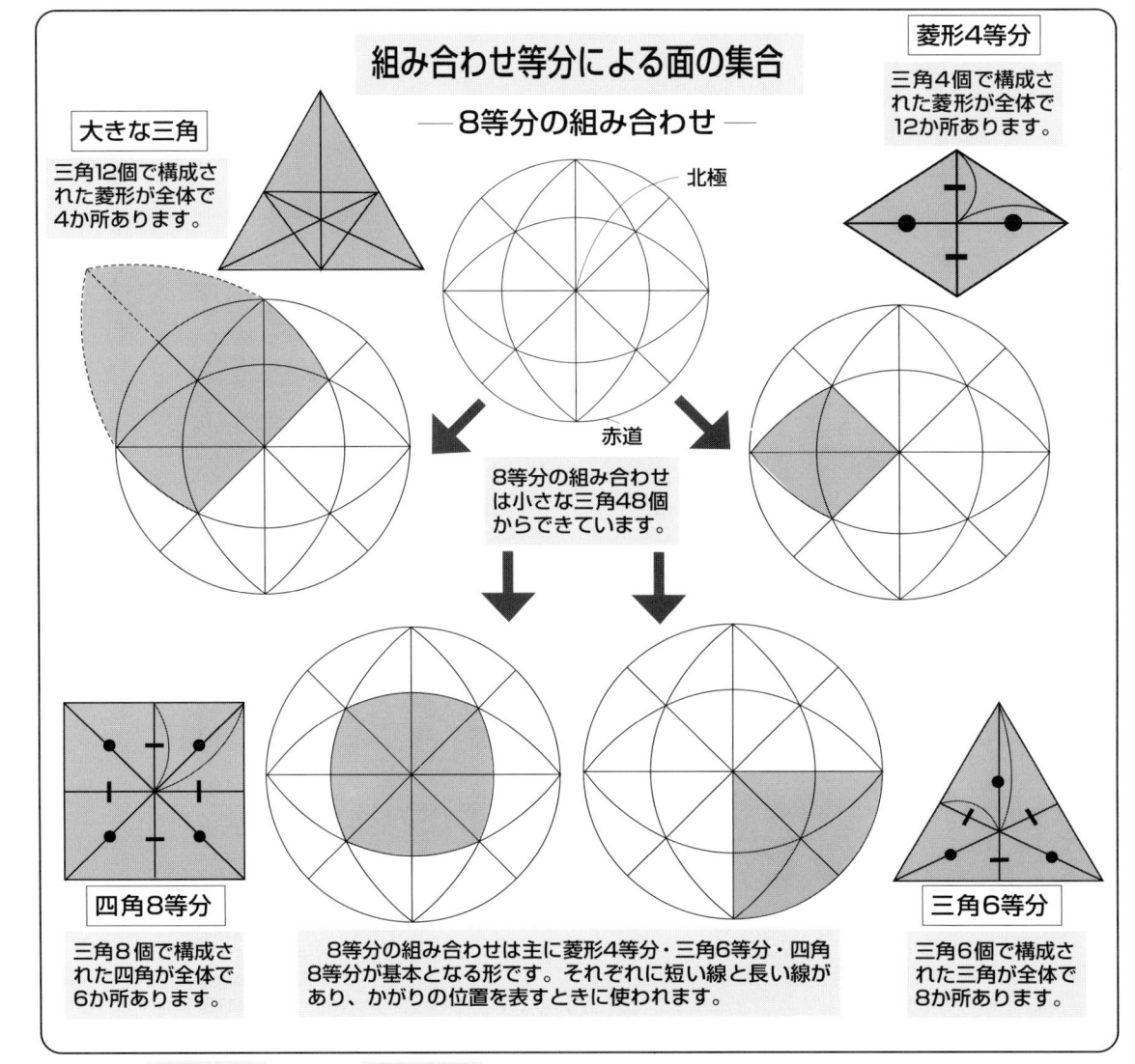

球体のてまりを飾る台です。木製、プラスチックなど素材はいろいろですが用途に応じていろいろ工夫してみましょう。

組み合わせ等分による面の集合

―8等分の組み合わせ―

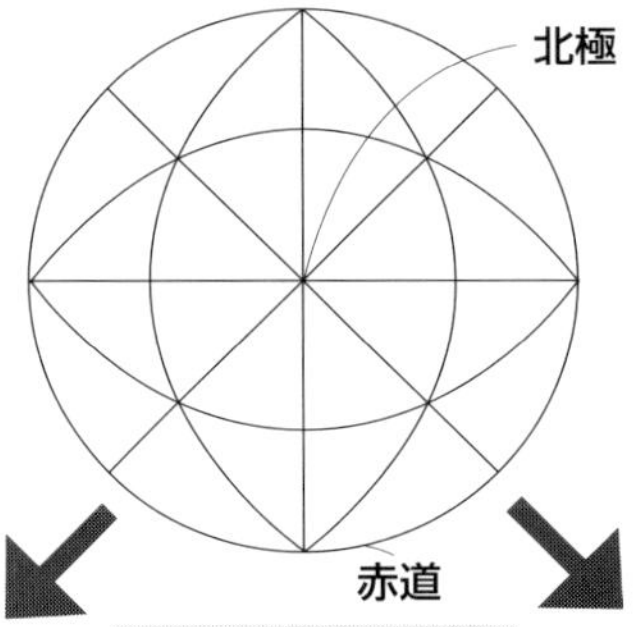

8等分の組み合わせは小さな三角48個からできています。

大きな三角

三角12個で構成された菱形が全体で4か所あります。

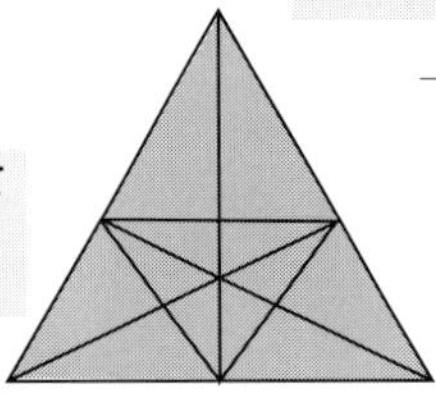

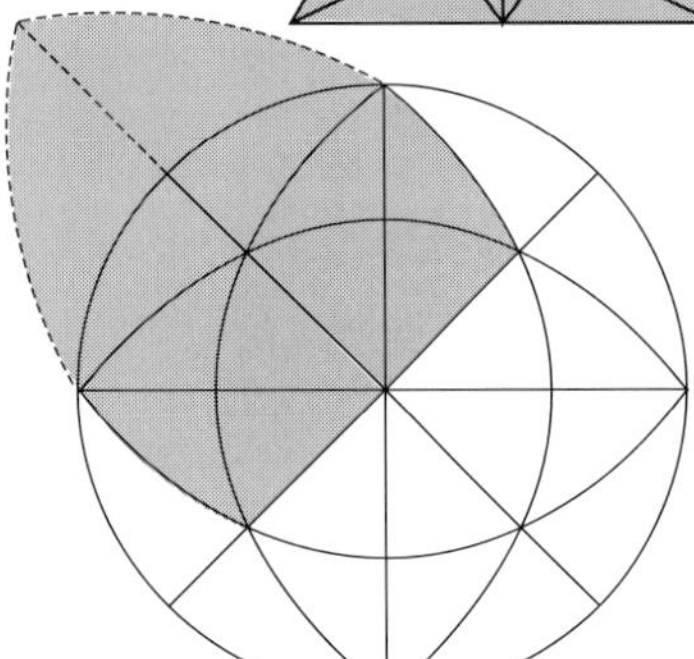

菱形4等分

三角4個で構成された菱形が全体で12か所あります。

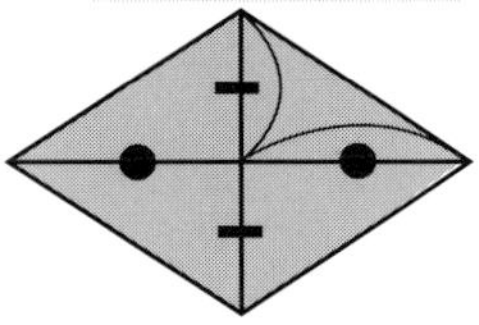

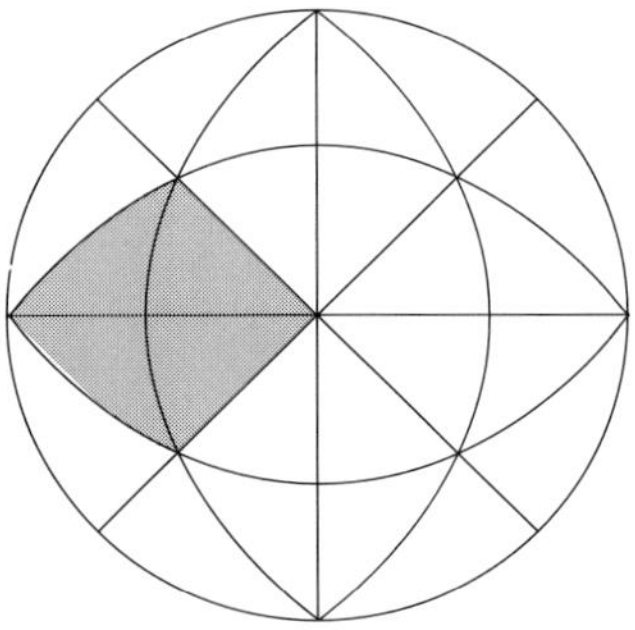

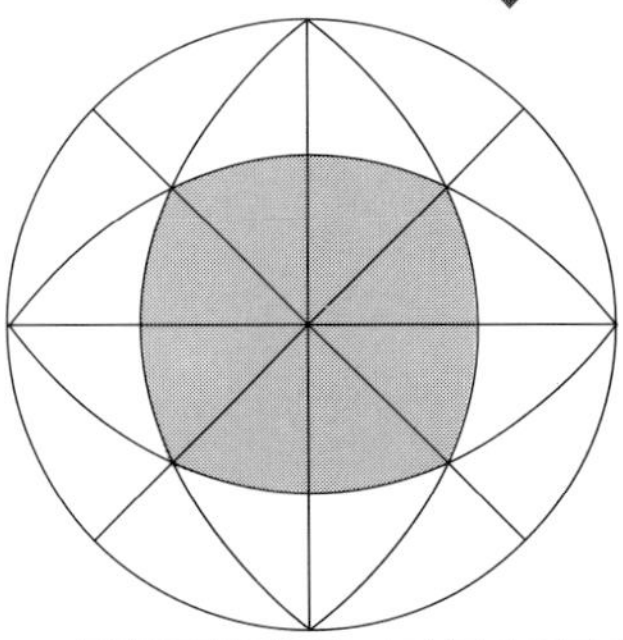

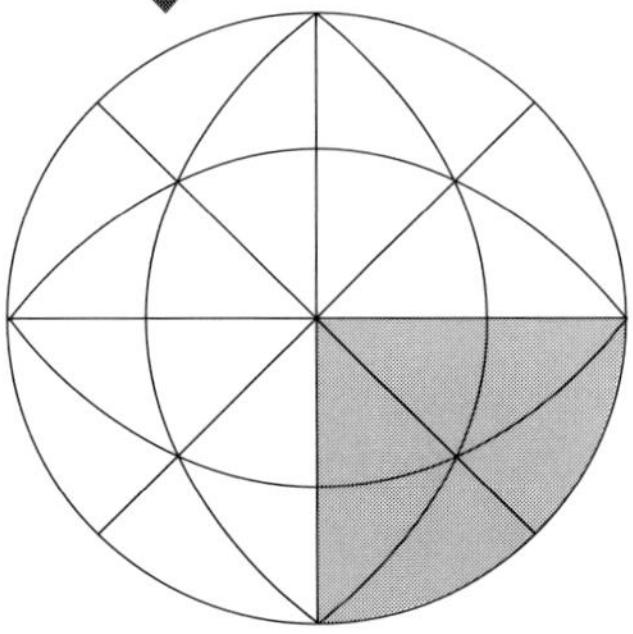

四角8等分

三角８個で構成された四角が全体で6か所あります。

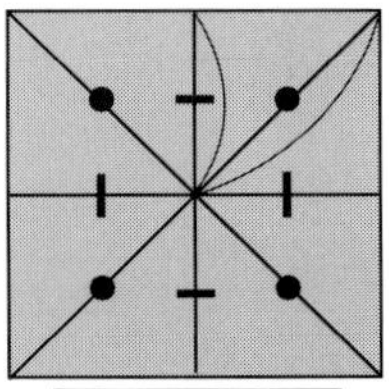

三角6等分

三角6個で構成された三角が全体で8か所あります。

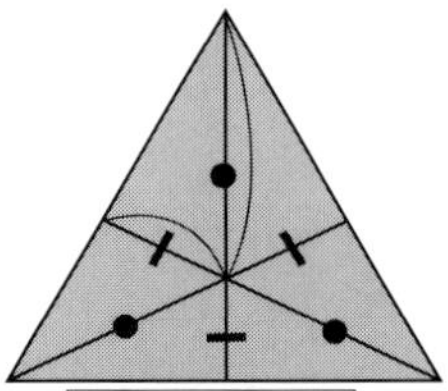

8等分の組み合わせは主に菱形4等分・三角6等分・四角8等分が基本となる形です。それぞれに短い線と長い線があり、かがりの位置を表すときに使われます。

―●― 長い線を表す　―┼― 短い線を表す

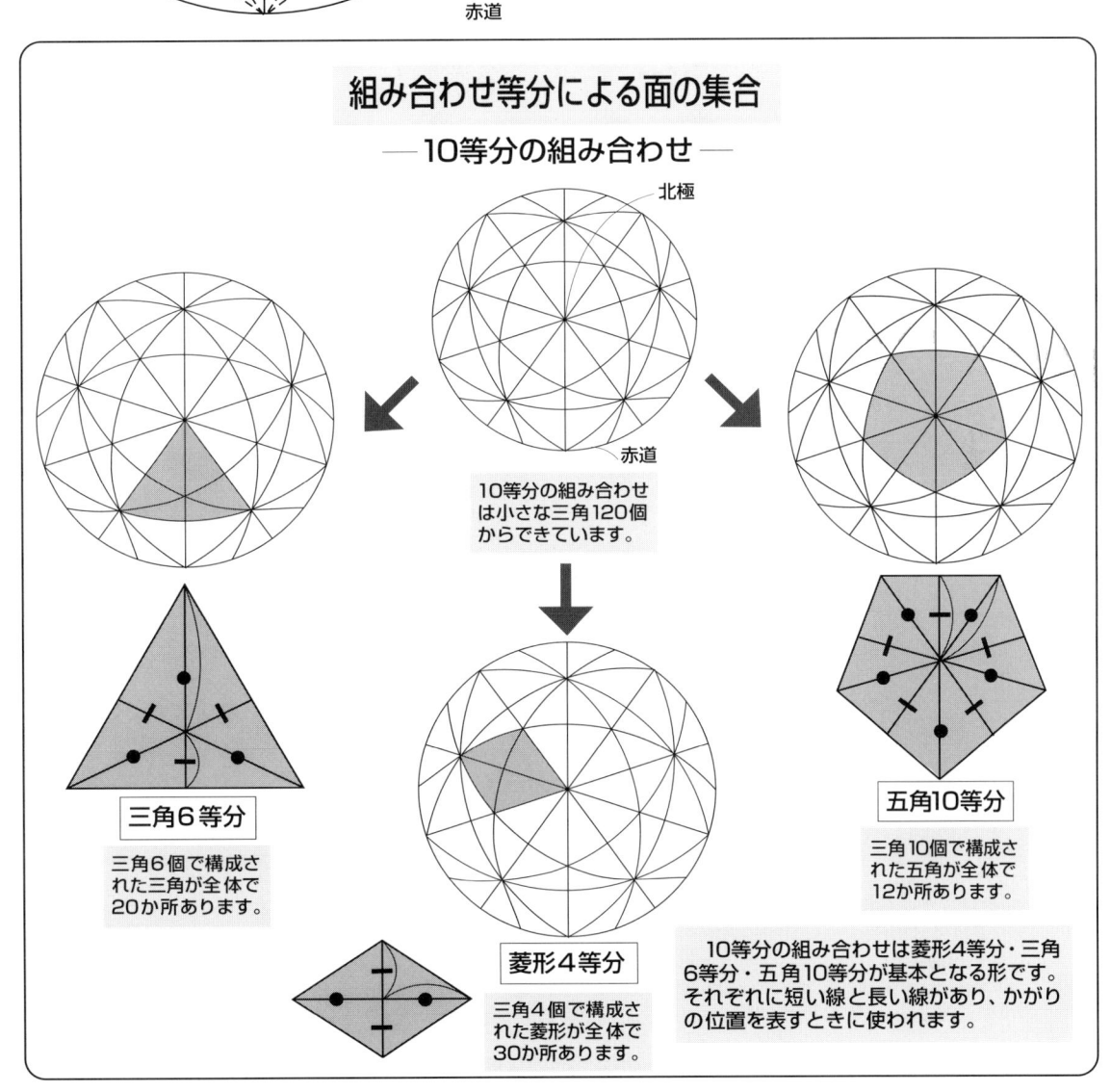

作図の見方

本文に掲載されている作図は、次のように解説されていますので、本文の説明や配色表を参照しながらかがってゆきます。

次の図は北極を中心とした図です。地割り線と補助線を入れ、番号順にかがります。三角かがりの**イ**から矢印(↓)の方向にかがり始め、次の段からは⇩の方向に段数を重ねてゆきます。部分図も参考にして下さい。

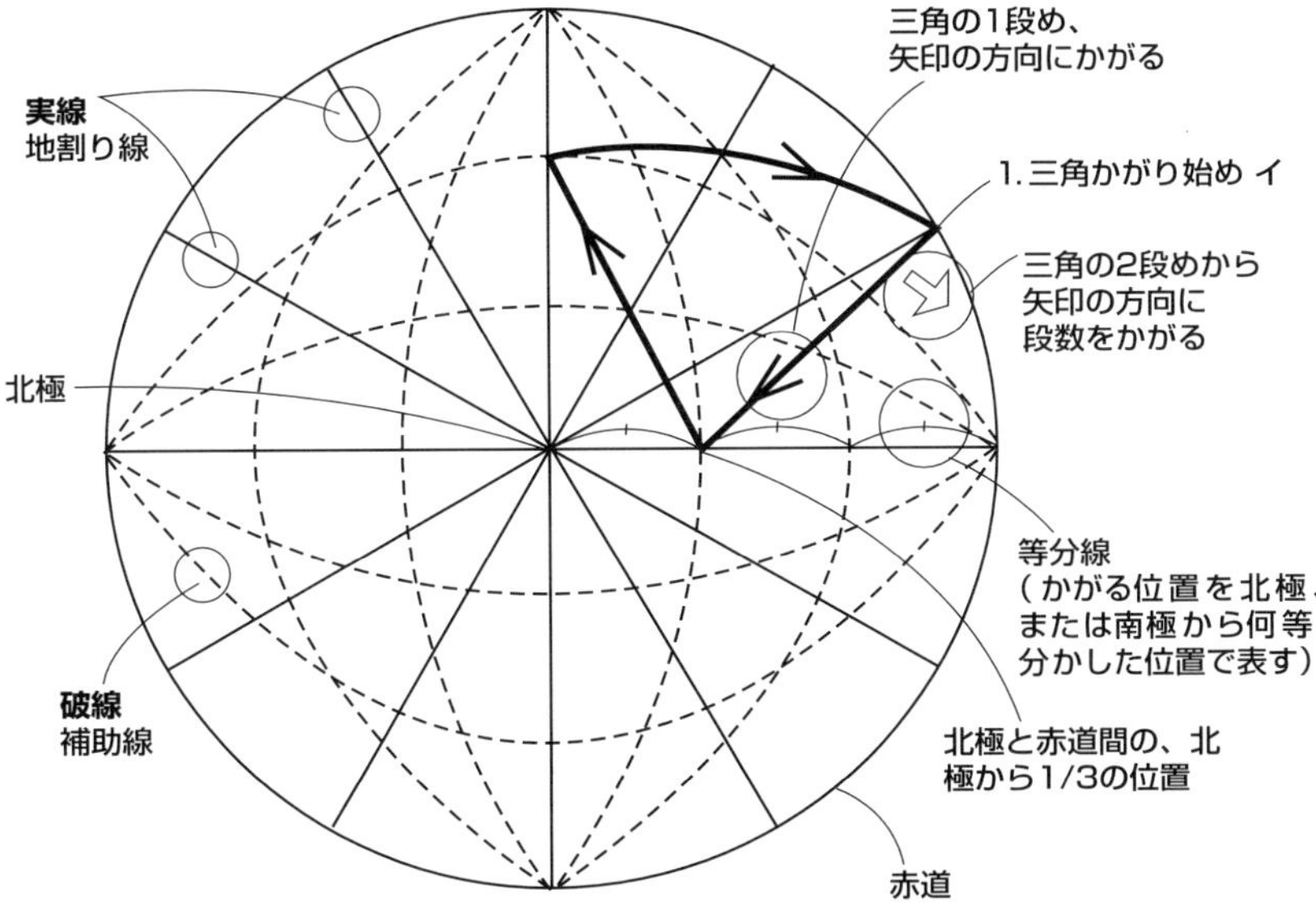

実線
地割り線
北極
破線
補助線
三角の1段め、
矢印の方向にかがる
1. 三角かがり始め イ
三角の2段めから
矢印の方向に
段数をかがる
等分線
(かがる位置を北極、
または南極から何等
分かした位置で表す)
北極と赤道間の、北
極から1/3の位置
赤道

組み合わせ等分による面の集合

—10等分の組み合わせ—

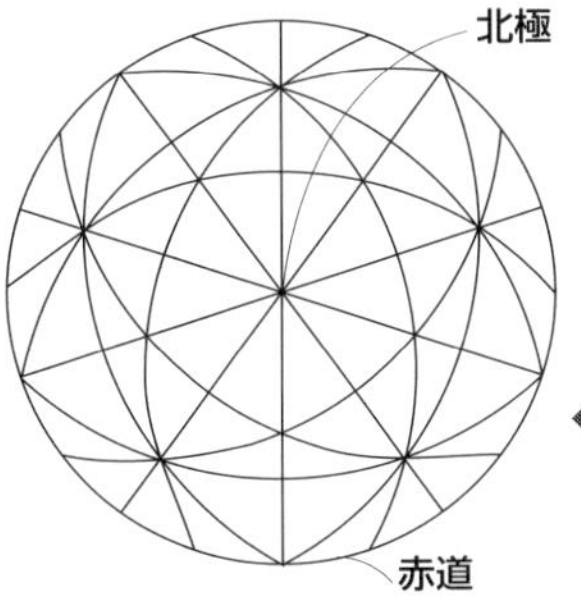

北極
赤道

10等分の組み合わせは小さな三角120個からできています。

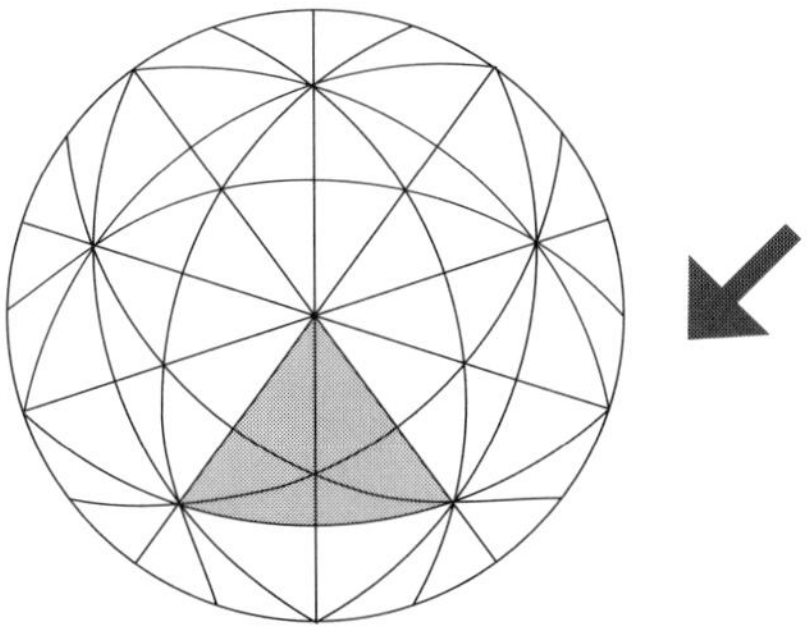

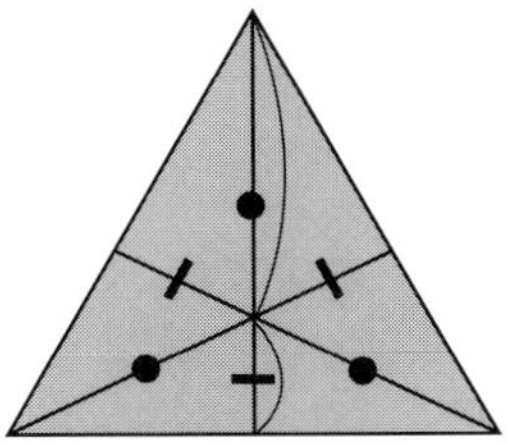

三角6等分

三角6個で構成された三角が全体で20か所あります。

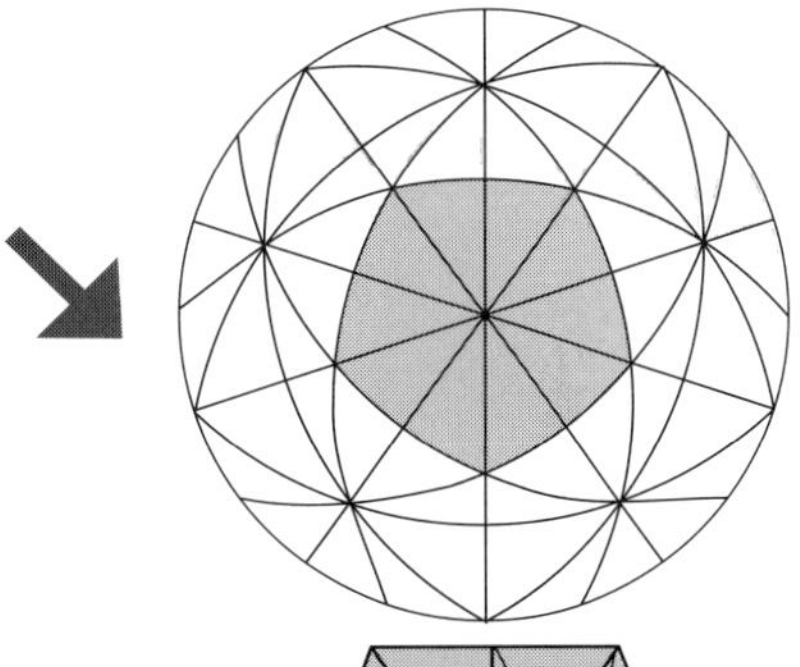

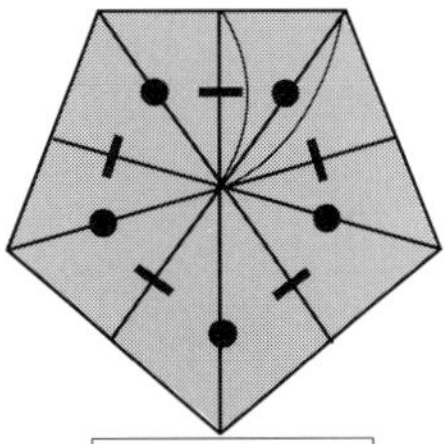

五角10等分

三角10個で構成された五角が全体で12か所あります。

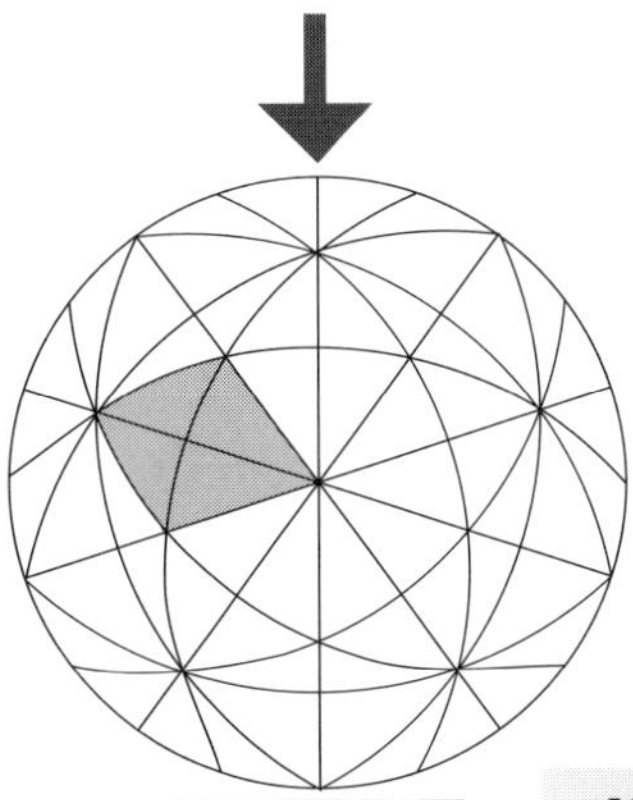

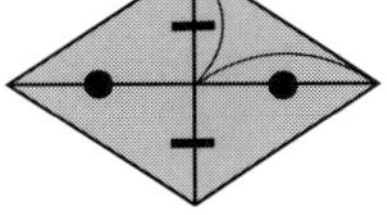

菱形4等分

三角4個で構成された菱形が全体で30か所あります。

10等分の組み合わせは菱形4等分・三角6等分・五角10等分が基本となる形です。それぞれに短い線と長い線があり、かがりの位置を表すときに使われます。

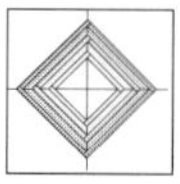

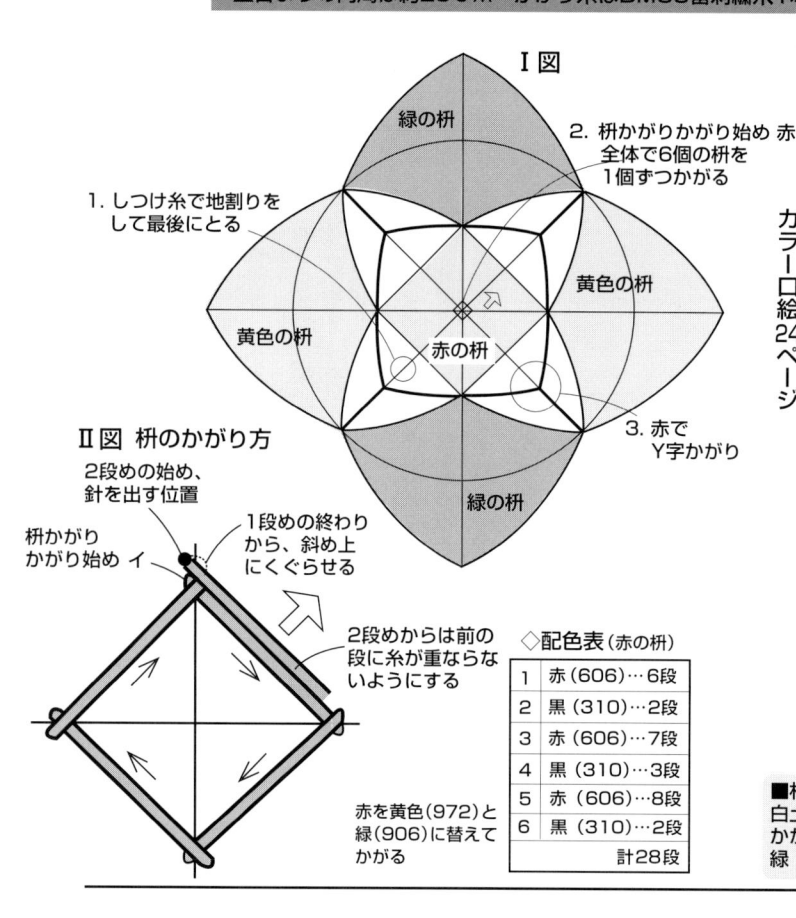

枡かがり

まず、やさしい枡かがりから始めてみましょう。きれいな真四角にかがることが大切です。土台が空いている部分には、金ラメ糸や配色のよい糸でY字かがりや麻の葉を入れて華やかな感じにしてみると楽しいでしょう。

六個の枡

バリエーションⅠ／8等分

カラー口絵24ページ

■かがり方のポイント

8等分の地割りが交差する6か所に、同じ段数、大きさで真四角になるように枡をかがります。枡の間にできた三角に、赤でY字をかがります。

■材料

白土台まり・色しつけ糸で地割り

かがり糸‥赤(606)、黄色(972)、緑(906)、黒(310)

Ⅰ図

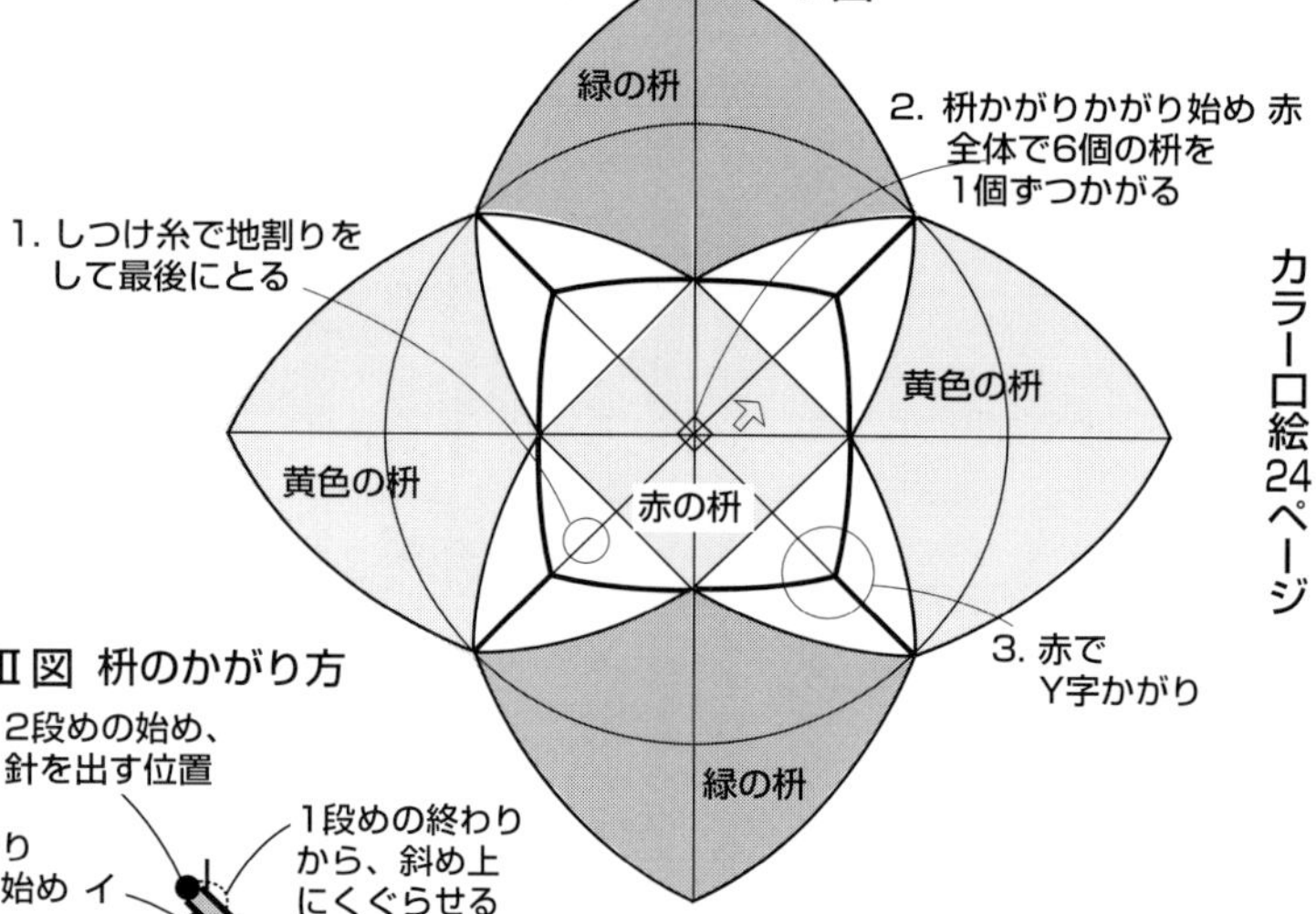

Ⅱ図 枡のかがり方

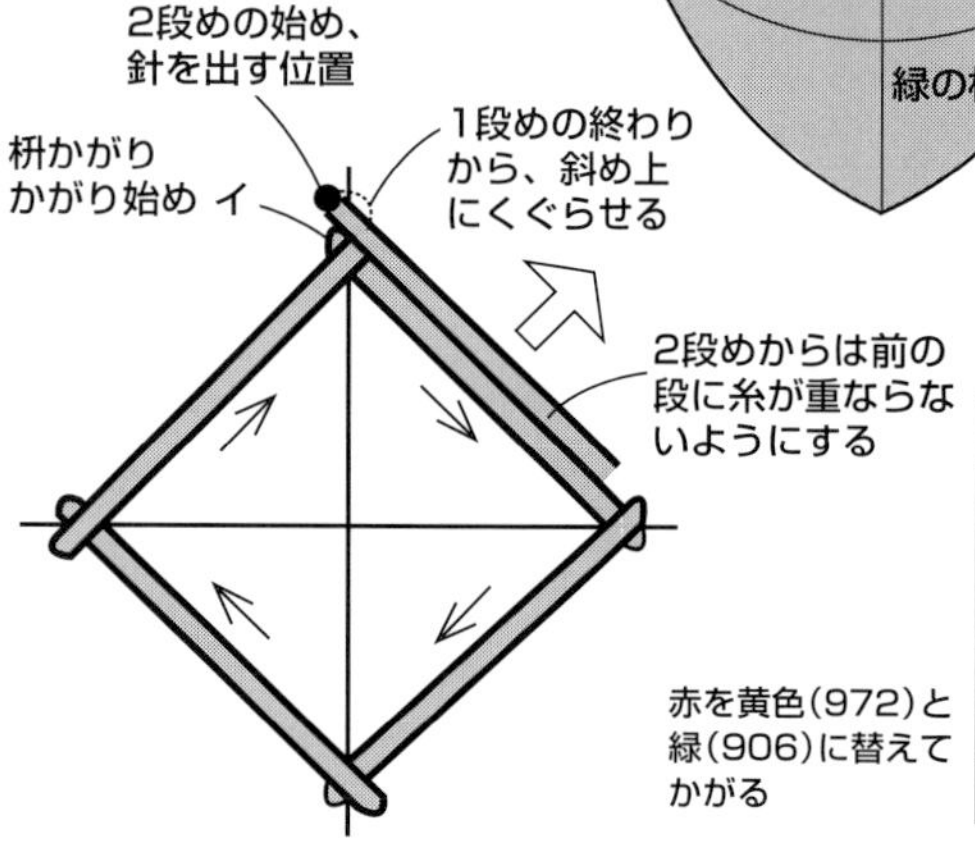

赤を黄色(972)と緑(906)に替えてかがる

◇配色表（赤の枡）

1	赤（606）…6段
2	黒（310）…2段
3	赤（606）…7段
4	黒（310）…3段
5	赤（606）…8段
6	黒（310）…2段
	計28段

大きな枡の交差

バリエーションⅡ／8等分

カラー口絵24ページ

■かがり方のポイント

赤道上に4個の枡を1段ずつ交差させながらかがります。糸は隙間のないように、重ならないようにきれいにかがります。

■材料

白土台まり・5番刺繍糸赤で地割り

かがり糸‥赤(666)、黄色(743)、緑(906)、黒(310)

Ⅰ図

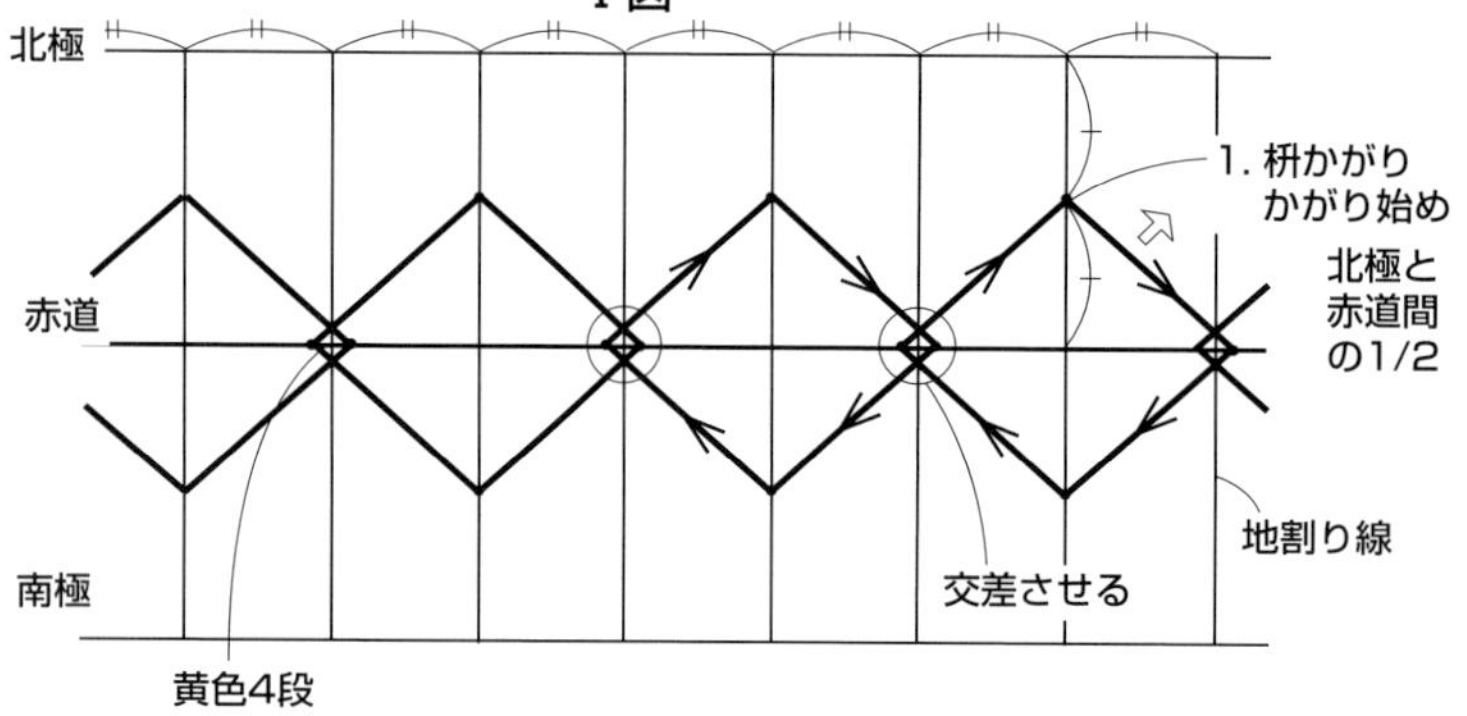

◇枡かがり配色表

1	黄色（743）…4段
2	黒　（310）…1段
3	緑　（906）…4段
4	黒　（310）…2段
5	赤　（666）…4段
6	黒　（310）…2段
	計17段

Ⅱ図 枡の交差

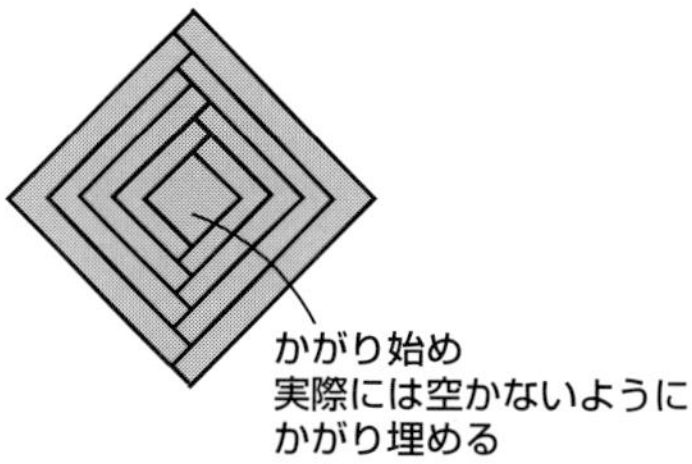

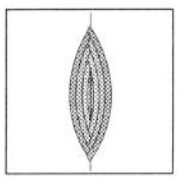

紡錘型かがり

紡錘とは、機織《はた》りに使う心棒のことです。小さな紡錘、大きな紡錘、配色を替えたり交差させたりすると限りなく模様が広がってゆきます。

小さな紡錘型

バリエーションⅠ／6等分

カラー口絵25ページ

■かがり方のポイント

地割り線に沿って両極に小さな紡錘型を6個ずつ放射状にかがります。糸を強く引いて2本の糸が平行にならないようにします。紡錘型の先は北極・南極から赤道までかがります。

■材料

白土台まり・5番刺繍糸赤で地割り
かがり糸‥赤(606)、黄色(725)、緑(704)、グレー(648)

Ⅰ図

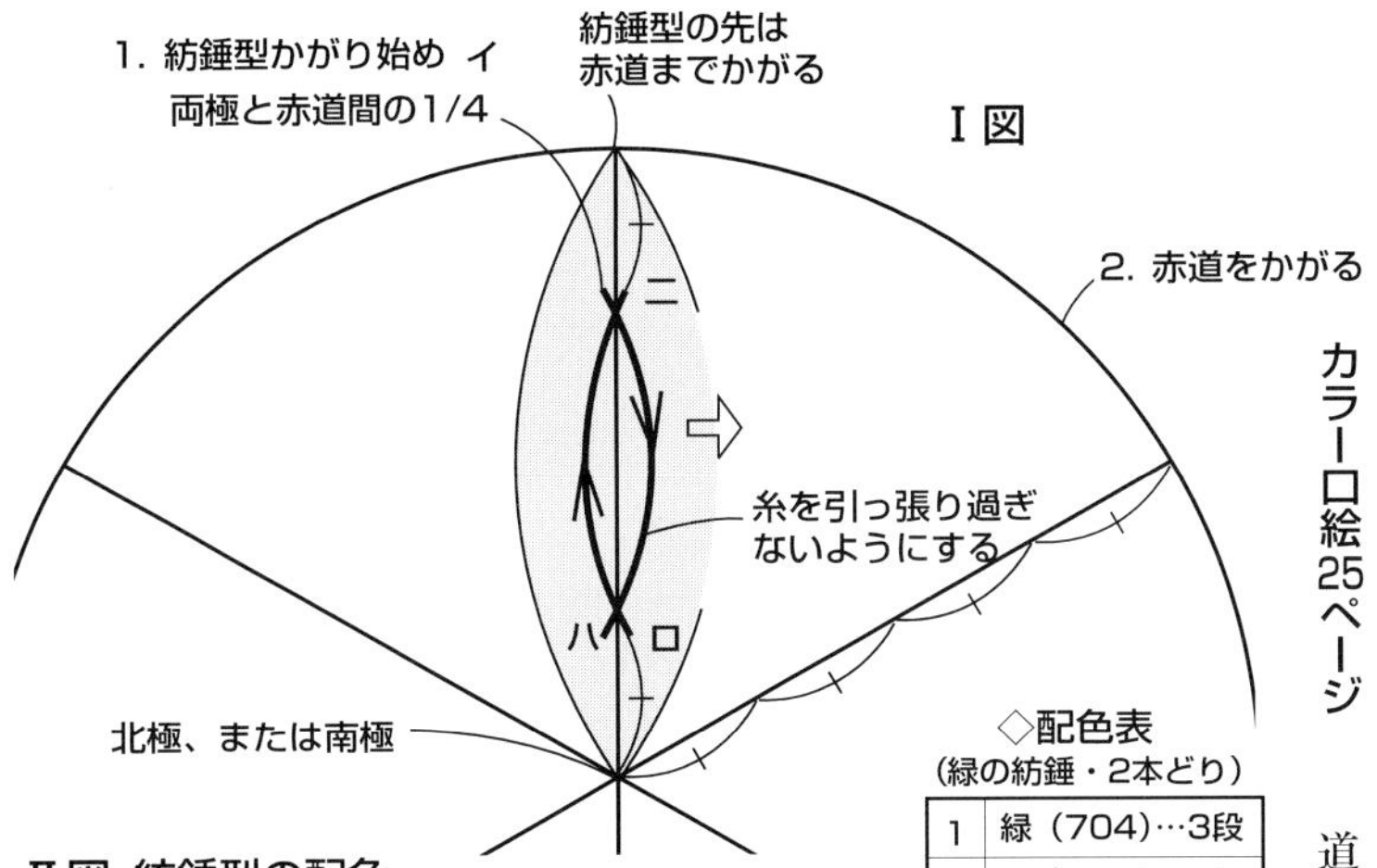

◇配色表
（緑の紡錘・2本どり）

1	緑（704）…3段
2	赤（606）…1段
3	緑（704）…3段
4	赤（606）…1段
	計8段

Ⅱ図 紡錘型の配色

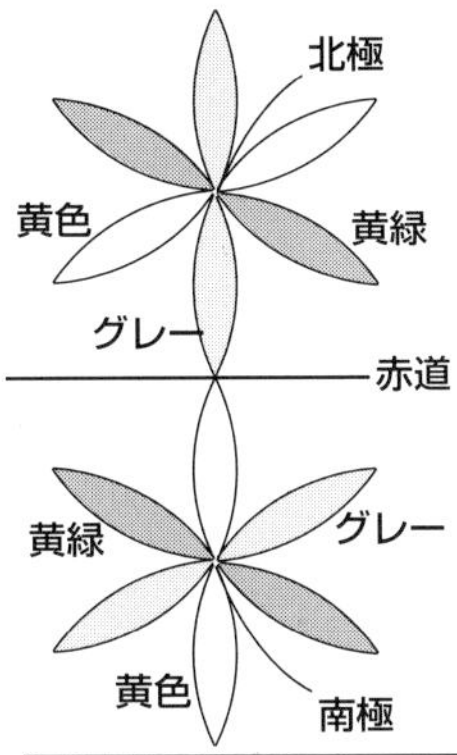

緑を黄色(725)と
グレー(648)に替
えて紡錘型をかがる

Ⅲ図 赤道のかがり方

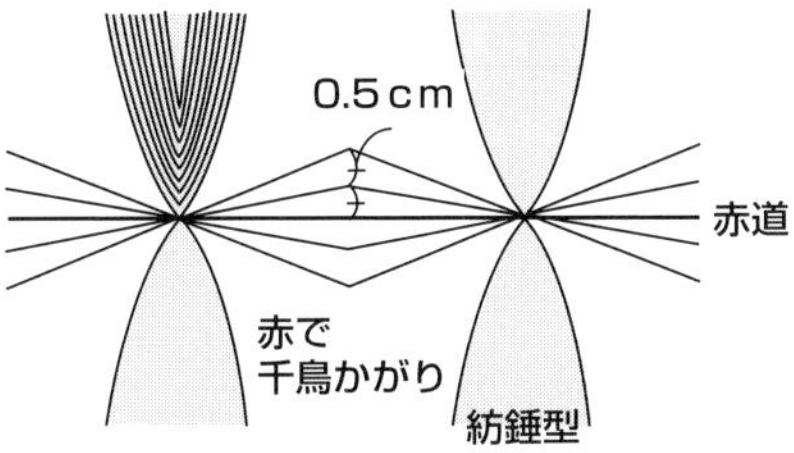

紡錘型交差の花

バリエーションⅡ／6等分

カラー口絵25ページ

■かがり方のポイント

3個の紡錘型を1段ずつ両極で重ねて交差させると、両極の中心に六角ができます。赤道に濃緑で帯を巻き、紡錘型の先を赤で巻いて止めます。

■材料

白土台まり・5番刺繍糸赤で地割り
かがり糸…赤(606)、黄色(725)、緑(704)、淡茶(436)、濃緑(698)

◇紡錘型配色表

	紡錘型 1	紡錘型 2	紡錘型 3	
1	緑 (704)	淡茶(436)	黄色(725)	…6段
2	赤 (606)	赤 (606)	赤 (606)	…1段
3	淡茶(436)	黄色(725)	緑 (704)	…5段
4	赤 (606)	赤 (606)	赤 (606)	…2段
				計14段

Ⅱ図 赤道のかがり方

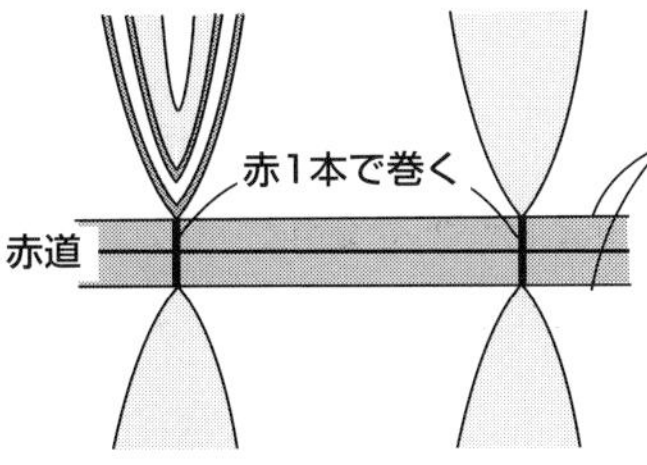
濃緑6段ずつ
計12段巻く
紡錘型

Ⅰ図

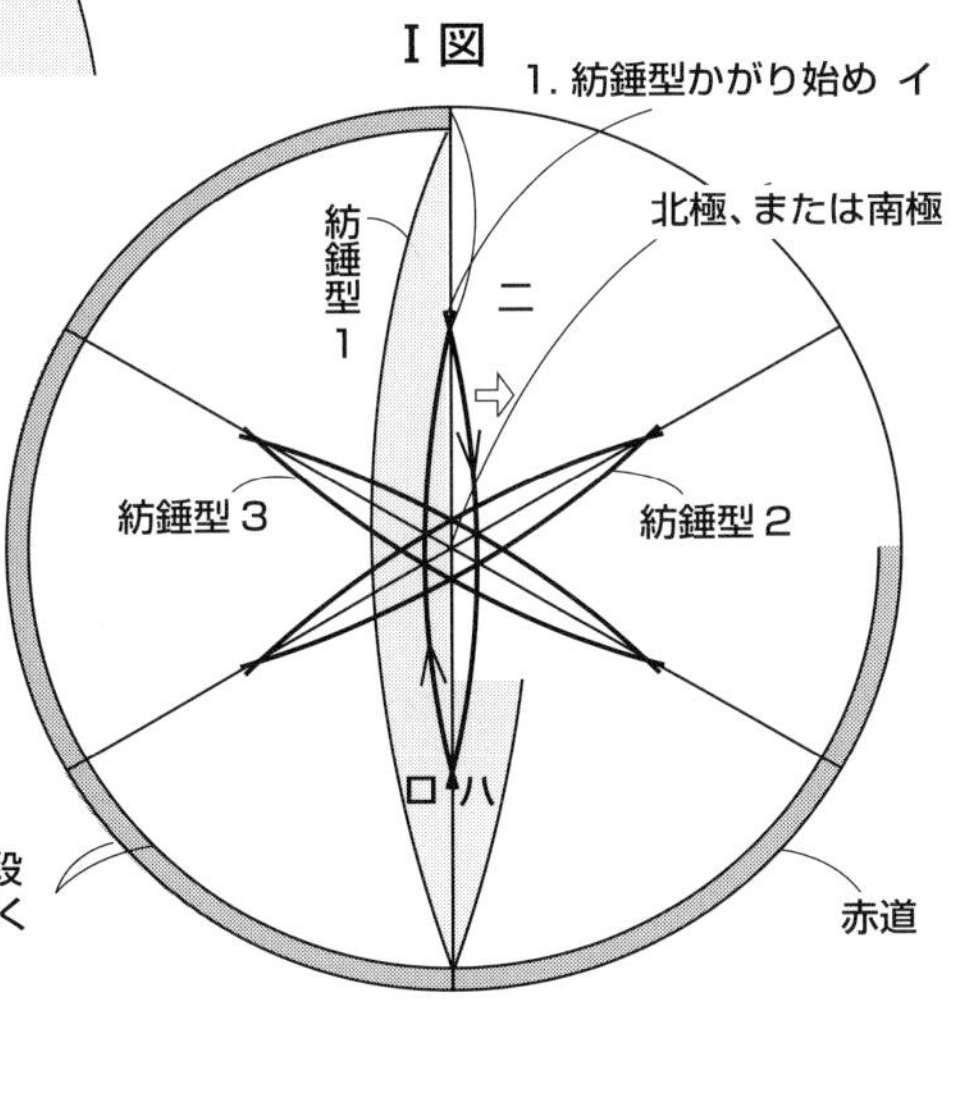
2. 濃緑6段
ずつ巻く

Ⅲ図 紡錘型の交差

中心に六角ができる

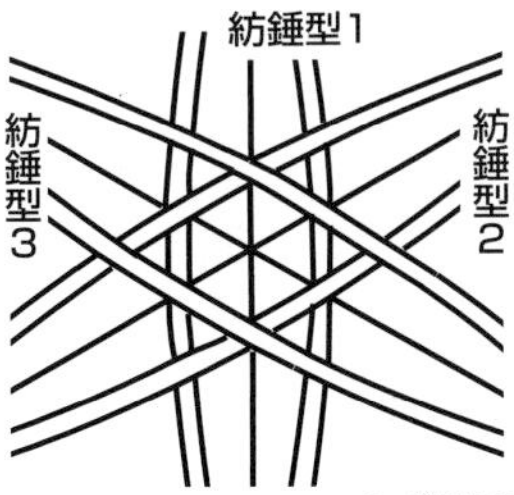

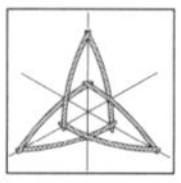

三つ羽根亀甲かがり

6等分の地割りに、一筆描きのように三枚の羽根をかがります。

―ねじり三つ羽根―

バリエーションⅠ／6等分

カラー口絵26ページ

■かがり方のポイント

三つ羽根の中心をくぐらせるかがり方で、三枚の羽根がはっきりとした形になります。2段めからは前の段に重なる部分はくぐらせてかがります。赤道に帯を巻き、赤で2段千鳥をかがります。

■材料
白土台まり・5番刺繍糸赤で地割り
かがり糸‥赤(666)、緑(704)、白

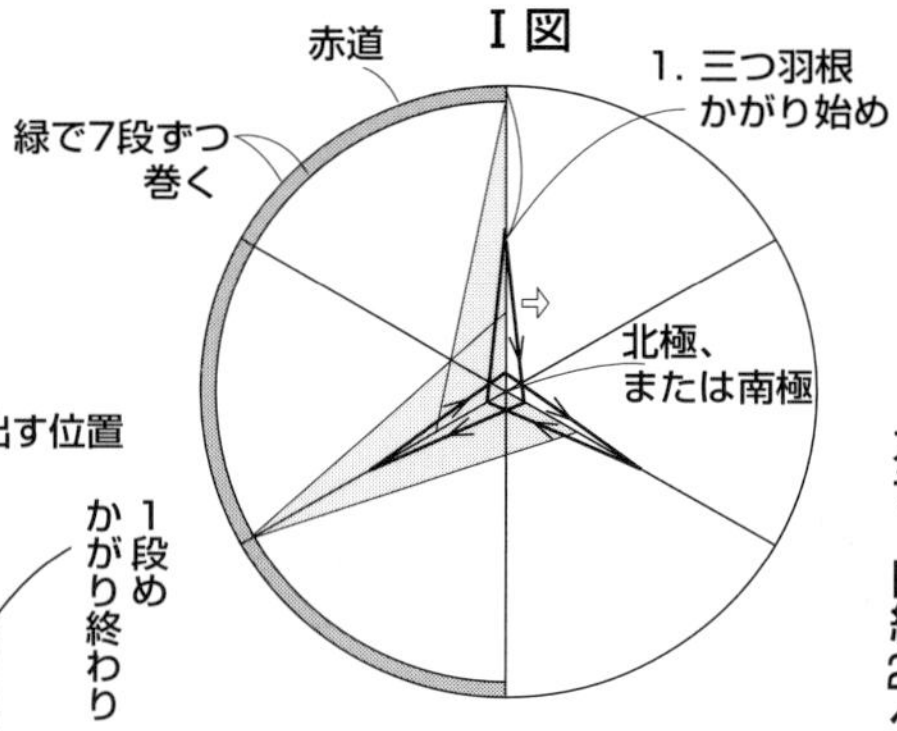
Ⅰ図
赤道
緑で7段ずつ巻く
1. 三つ羽根かがり始め
北極、または南極

◇三つ羽根配色表

1	赤(666)…8段
2	白 …2段
3	赤(666)…2段
	計12段

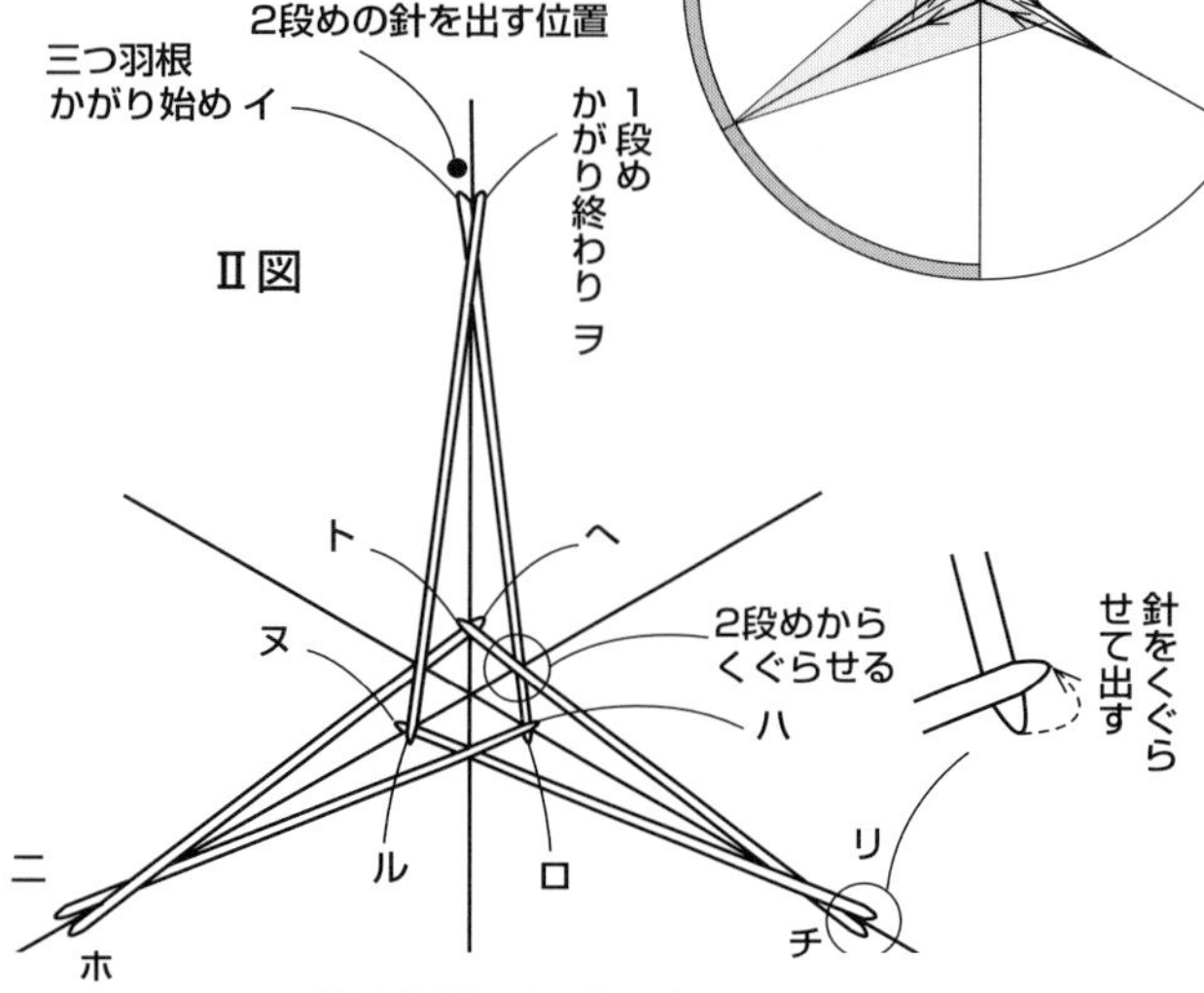
Ⅱ図
三つ羽根かがり始め イ
2段めの針を出す位置
1段めかがり終わり ヲ
ト
ヘ
ヌ
2段めからくぐらせる
針をくぐらせて出す
ハ
ニ
ル
ロ
リ
ホ
チ

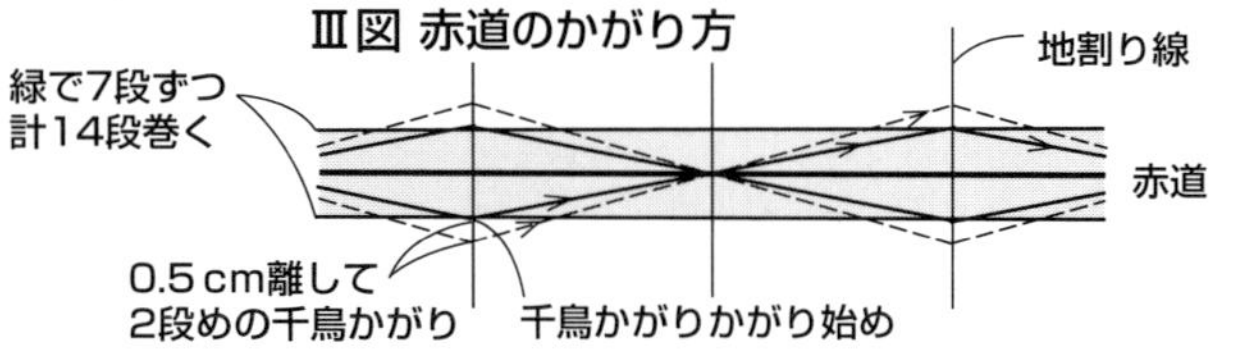
Ⅲ図 赤道のかがり方
緑で7段ずつ計14段巻く
地割り線
赤道
0.5cm離して2段めの千鳥かがり
千鳥かがりかがり始め

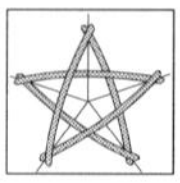

星かがり

三つ羽根亀甲と同様、一筆描きのように星をかがります。地割りは必ず5等分です。

―大きな星かがり―

5 等 分

カラー口絵26ページ

■かがり方のポイント

星をかがるとき、前の段の上に重ねるようにかがります。赤道に枡をかがり、五角の先と枡の角が繋がるようにします。

■材料
白土台まり・5番刺繍糸赤で地割り
かがり糸‥ 赤(606)、黄色(743)、緑濃淡(905・704)、グレー(535)

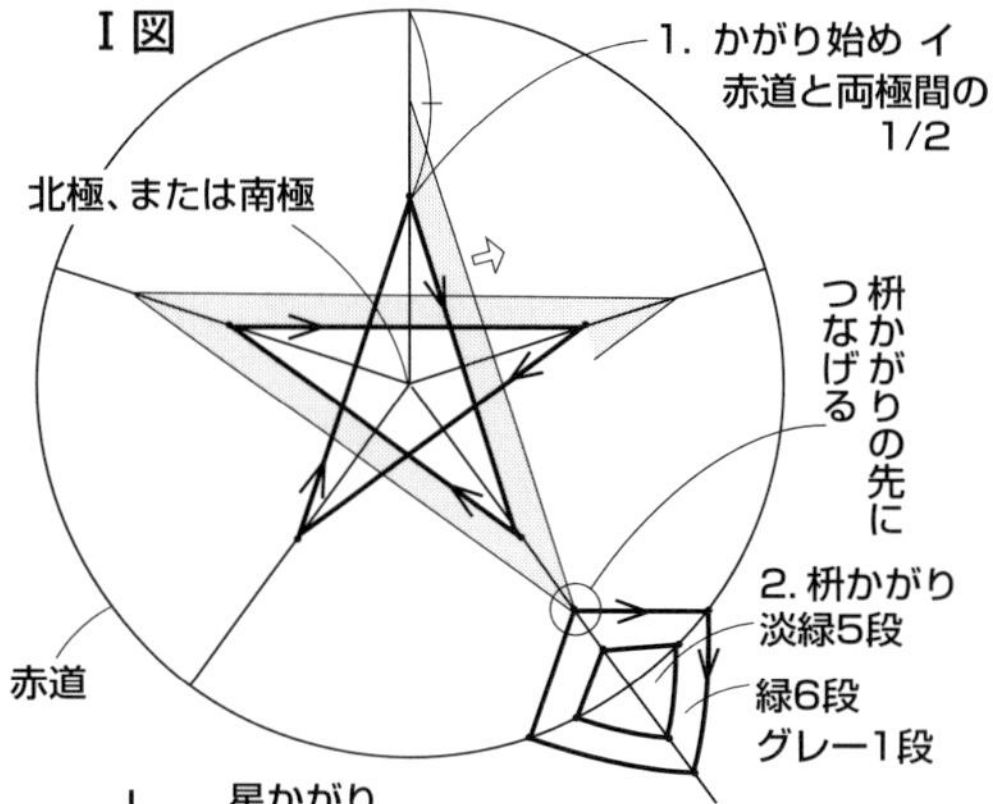
Ⅰ図
1. かがり始め イ
赤道と両極間の1/2
北極、または南極
枡かがりの先につなげる
2. 枡かがり
淡緑5段
緑6段
グレー1段
赤道

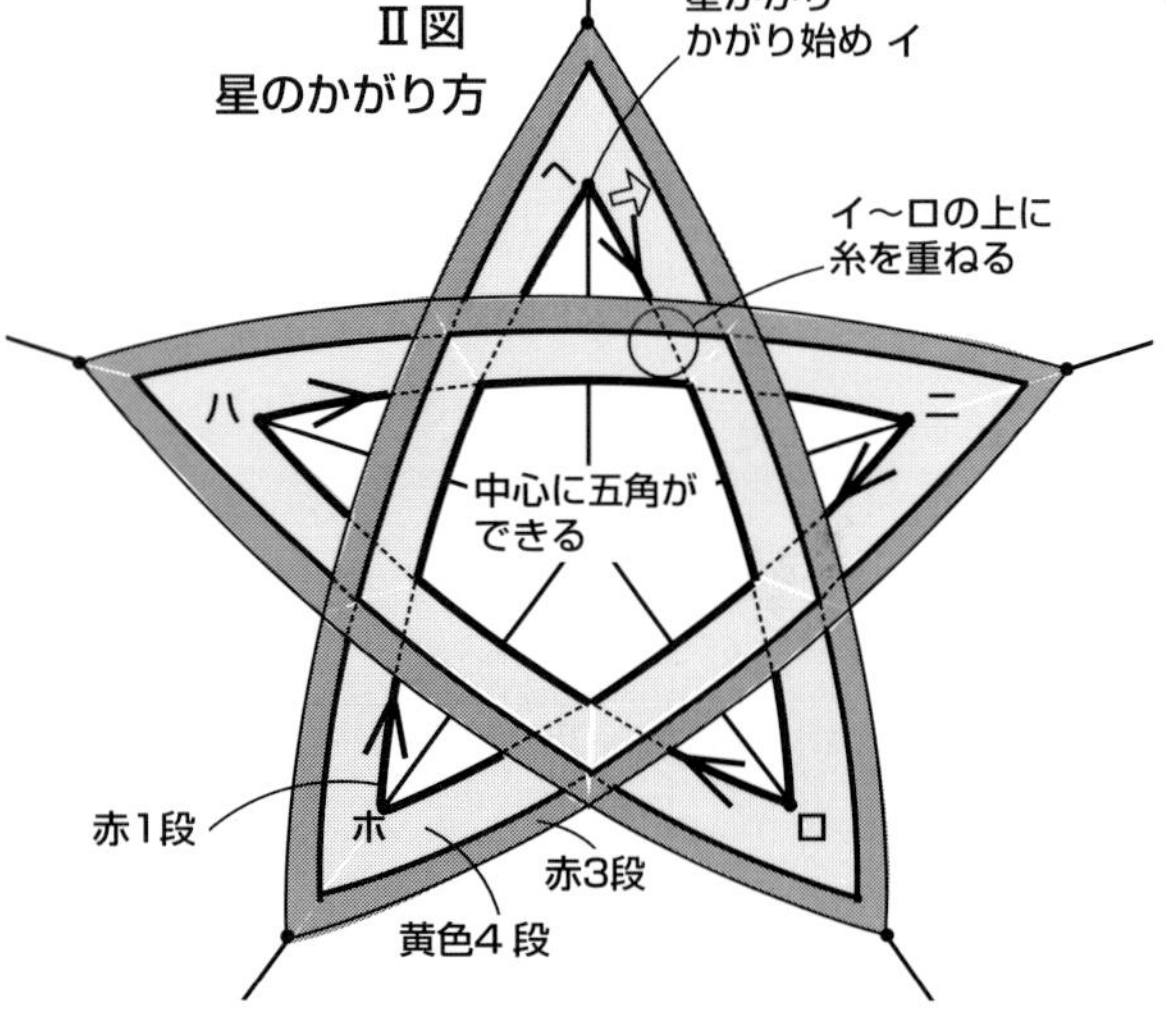
Ⅱ図
星のかがり方
星かがり
かがり始め イ
ヘ
イ～ロの上に糸を重ねる
ハ
ニ
中心に五角ができる
赤1段
ホ
ロ
赤3段
黄色4段

上掛け千鳥かがり

上掛け千鳥かがりは別名菊かがりともいわれ、昔から使われている模様のひとつです。色やかがり方を変えることでさまざまな柄になり、菊に始まって菊に終わるといわれるように、変化の多いかがり方です。

―上掛け千鳥の菊―

バリエーションⅠ／8等分

カラー口絵27ページ

■かがり方のポイント

地割り糸4本をすくって上掛けで1周し、糸の色を替えて地割り糸を1本ずつずらし、交互に重ねて同様にかがります。赤道に帯を巻き、花弁の先を結んで千鳥かがりをします。

■材料
円周25cmの白土台まり
DMC5番刺繍糸赤で地割り
かがり糸…赤(666)、黄色(743)、緑(907)、濃緑(890)

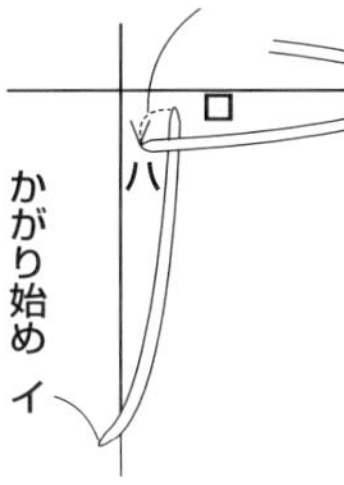

Ⅱ図
くぐらせて戻し、針を出す
ニ
ロ
ホ
ハ
かがり始め イ

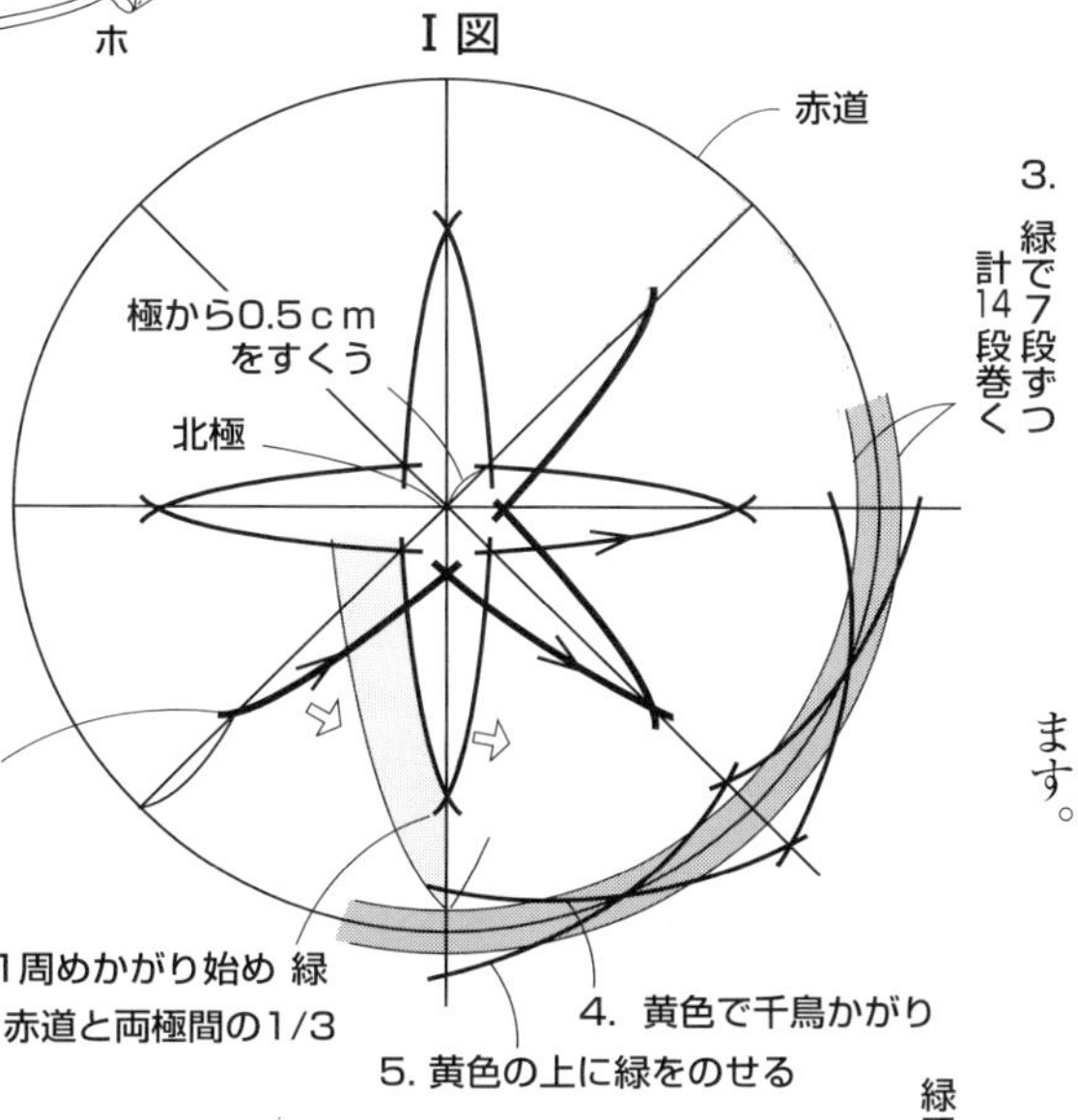

Ⅰ図
赤道
3. 緑で7段ずつ計14段巻く
極から0.5cmをすくう
北極
2. 2周め かがり始め 黄色
1.1周めかがり始め 緑
赤道と両極間の1/3
4. 黄色で千鳥かがり
5. 黄色の上に緑をのせる

◇上掛け千鳥配色表

	1周め	2周め	
1	緑(907)	黄色(743)	…3段
2	赤(666)	赤 (666)	…1段
3	緑(907)	黄色(743)	…3段
4	赤(666)	赤 (666)	…2段
			計9段

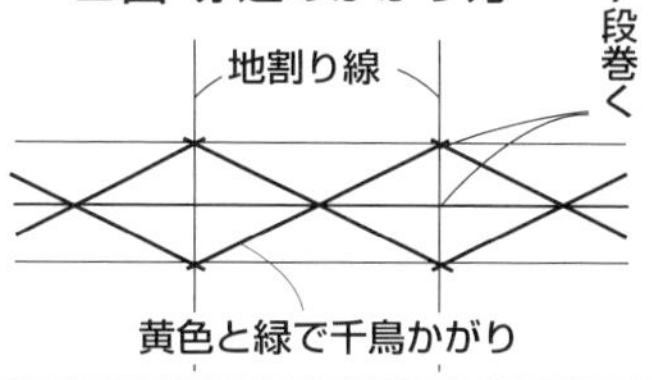

Ⅲ図 赤道のかがり方
緑で7段巻く
地割り線
黄色と緑で千鳥かがり

―ぼかしの菊―

バリエーションⅡ／12等分

カラー口絵27ページ

■かがり方のポイント

地割りの数を偶数等分でふやして花弁の多い花にします。糸の色を淡色から濃色に替え、きれいなぼかしの花にしました。配色を考えるのも楽しみのひとつです。

■材料
白土台まり・5番刺繍糸赤で地割り
かがり糸… 赤濃淡(666・350)、ピンク濃淡(351・352・353)、黄色(743)、緑(704)

◇上掛け千鳥配色表

1	黄色	(743)	…1段
2	淡ピンク	(353)	…1段
3	ピンク	(352)	…1段
4	濃ピンク	(351)	…1段
5	淡赤	(350)	…1段
6	赤	(666)	…2段
			計7段

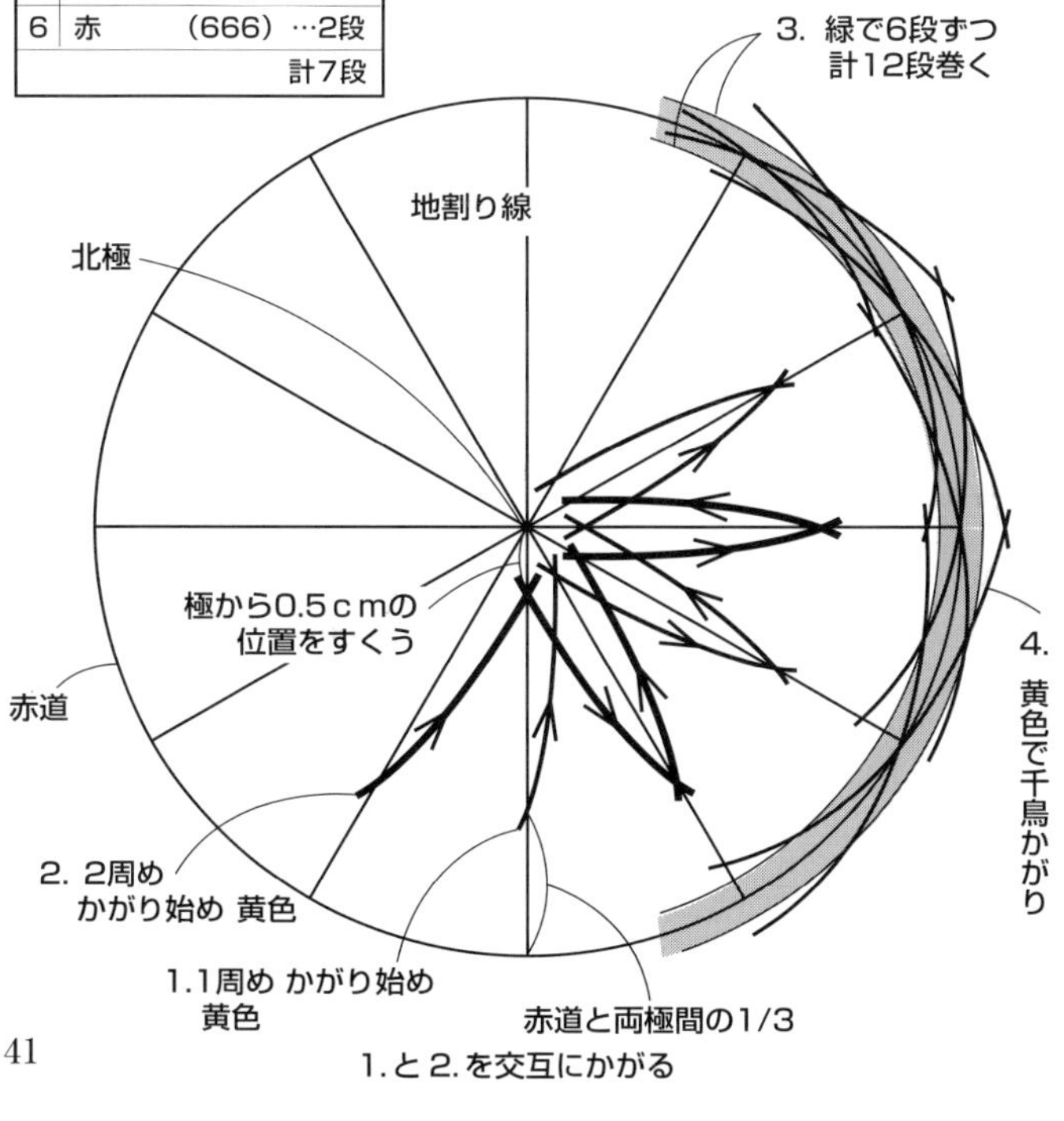

3. 緑で6段ずつ計12段巻く
地割り線
北極
極から0.5cmの位置をすくう
赤道
2. 2周め かがり始め 黄色
1.1周め かがり始め 黄色
赤道と両極間の1/3
1.と2.を交互にかがる
4. 黄色で千鳥かがり

交差かがり

三角や四角、六角などを1段から数段ずつ交互にかがって糸を交差させると、交差した部分に面白い模様ができます。同じかがり方でも配色を替えたり見る角度によって、違った雰囲気の作品になります。

―六角の交差―

（バリエーションⅠ／8等分の組み合わせ）

カラー口絵29ページ

■かがり方のポイント

三角6等分の中心を囲む六角を交互にかがり、糸を交差させて模様をかがります。空いている土台の部分に松葉をかがって飾ってもよいでしょう。

■材料
ピンク土台まり
5番刺繍糸赤で地割り
かがり糸…赤(666)、淡朱色(352)
ピンク(353)、

Ⅰ図

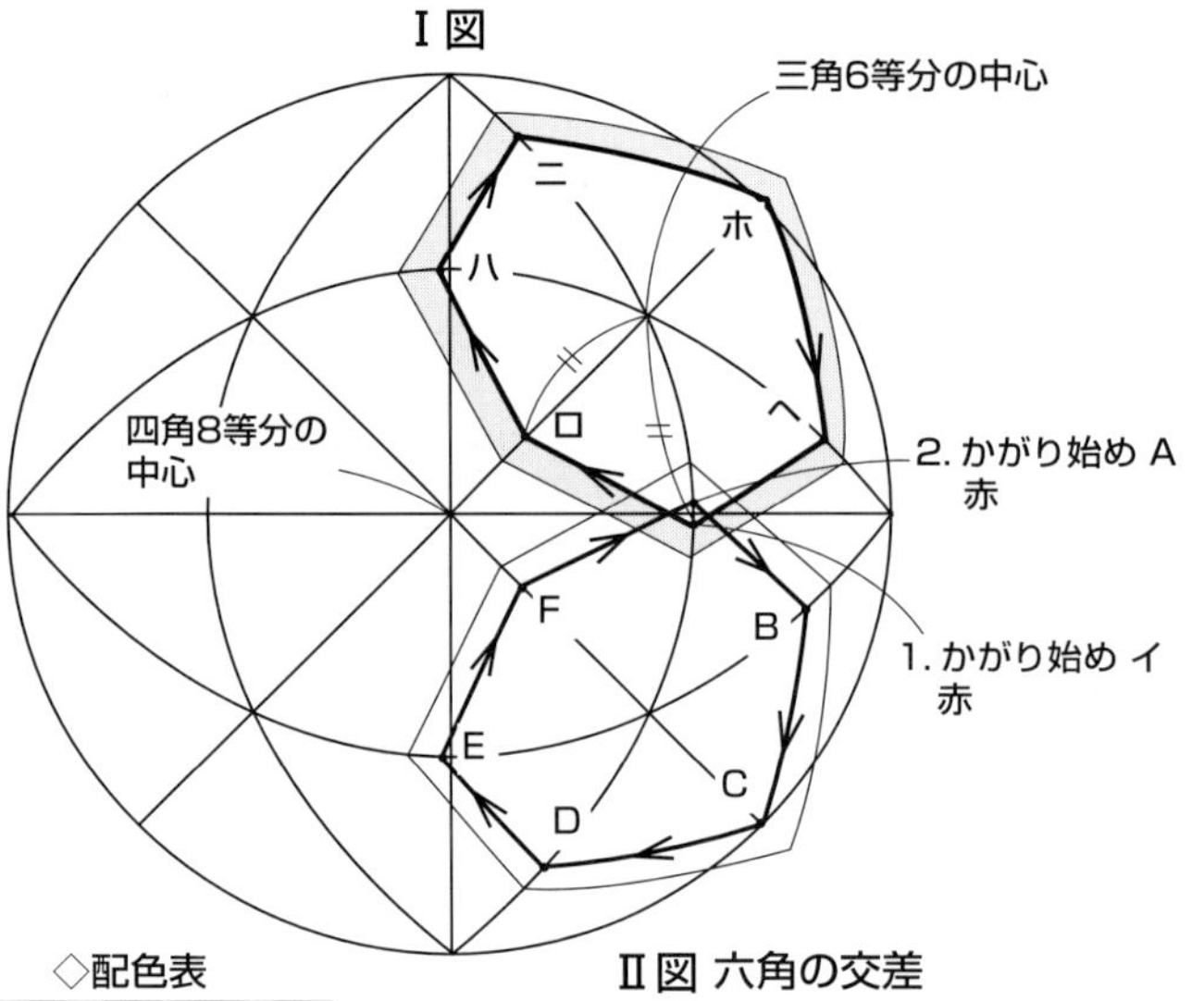

三角6等分の中心
四角8等分の中心
2. かがり始め A
赤
1. かがり始め イ
赤
ニ
ホ
ハ
ロ
ヘ
F
B
E
C
D

◇配色表

1	赤	(666)…2段
2	淡朱色	(352)…2段
3	ピンク	(353)…2段
		計6段

Ⅱ図 六角の交差

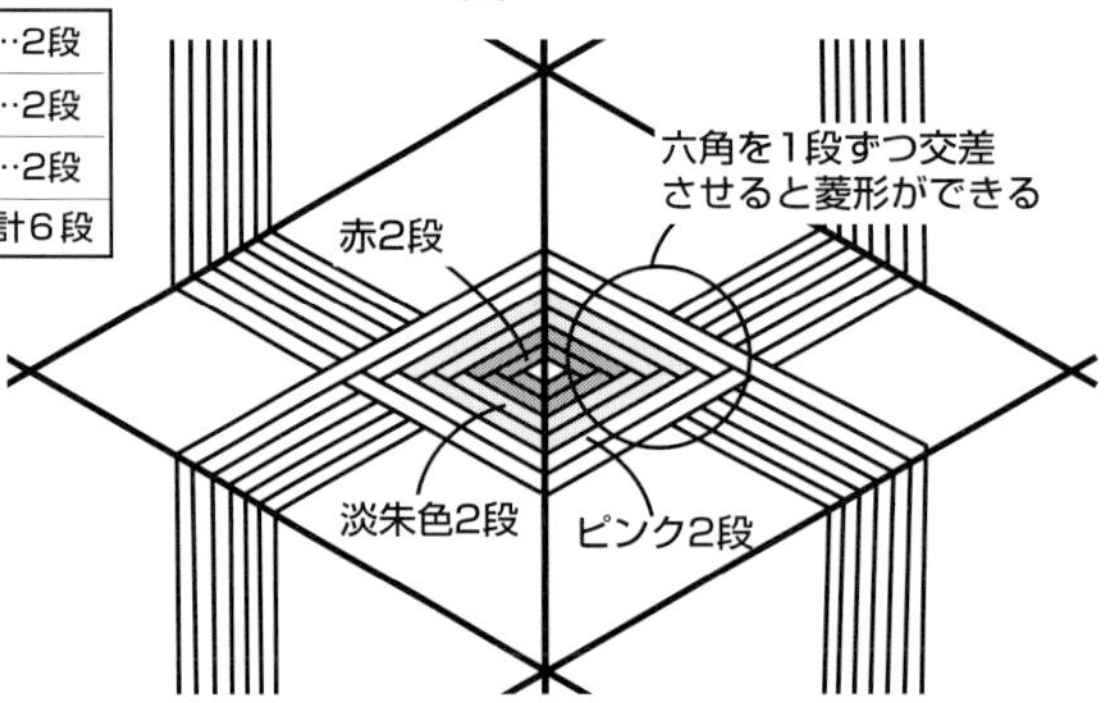

六角を1段ずつ交差
させると菱形ができる
赤2段
淡朱色2段
ピンク2段

―連続菱の交差―

（バリエーションⅡ／8等分の組み合わせ）

カラー口絵29ページ

■かがり方のポイント

四角8等分の短い線の1/2を結ぶ大きな四角と、菱形4等分の中心を結ぶ三角を2色で交互にかがります。交差した部分に三角と四角ができます。

■材料
ピンク土台まり
5番刺繍糸赤で地割り
かがり糸…赤(666)、グレー(413)

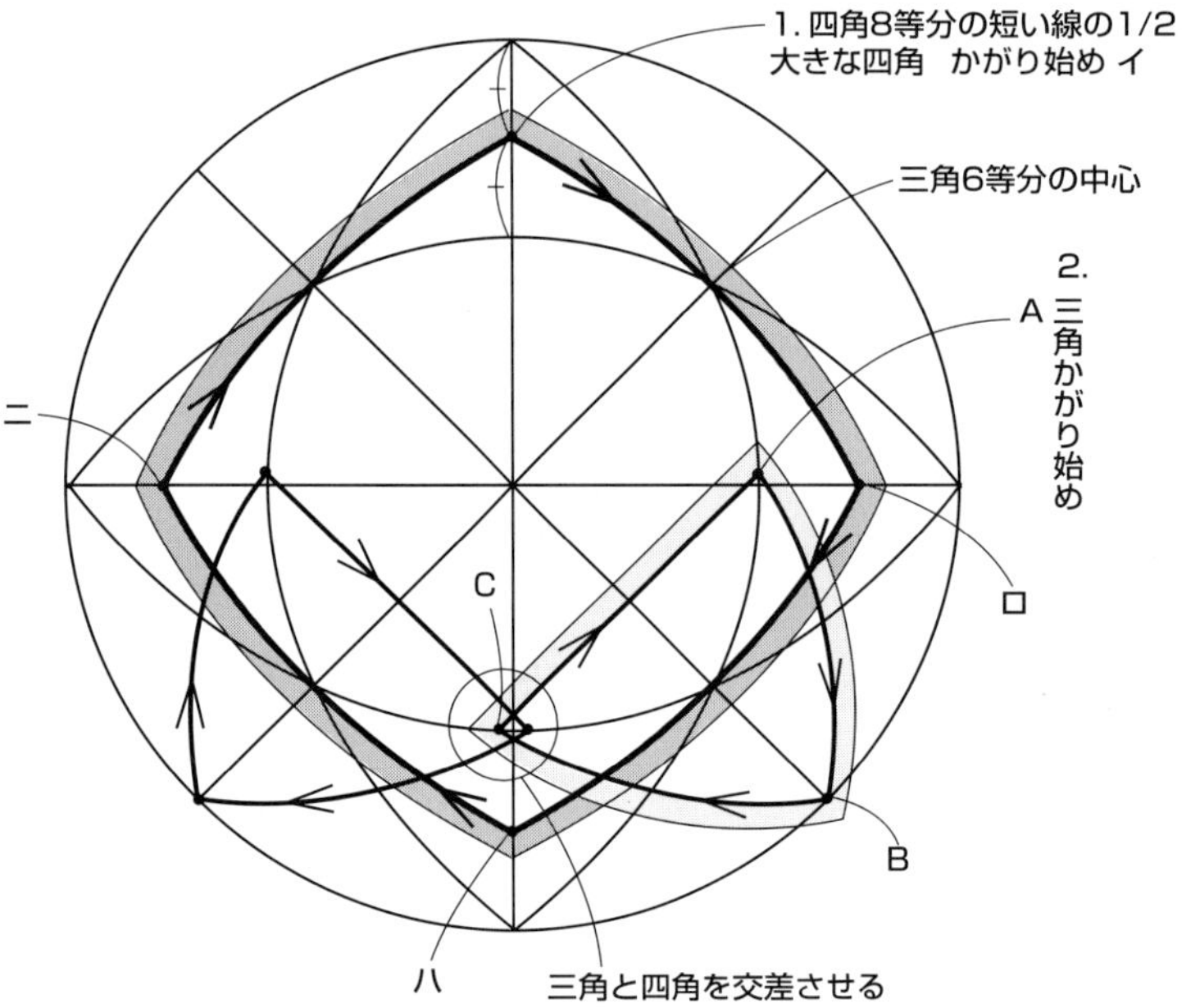

1. 四角8等分の短い線の1/2
大きな四角　かがり始め イ
三角6等分の中心
2. 三角かがり始め
A
ニ
ロ
C
B
ハ
三角と四角を交差させる

◇三角と四角配色表

	四　角	三　角	
1	赤　(666)	赤　(666)	…1段
2	グレー(413)	グレー(413)	…1段
3	赤　(666)	赤　(666)	…2段
4	グレー(413)	グレー(413)	…2段
			計6段

三角と四角を交互にかがる

ねじりかがり

三角や四角、五角などの角が交差する部分を一方を上に重ねて一方を下にくぐらせます。地割り線も模様の一部になりますので模様の配色に合わせたり金ラメ糸を使って美しく仕上げましょう。

―連続菱のねじり―

バリエーションⅠ／10等分の組み合わせ

カラー口絵31ページ

■かがり方のポイント

五角10等分の中心を囲む変形四角を、2個ずつねじらせながらかがりました。変形四角7段をかがり、その上にもうひとつ変形四角を重ねます。ねじった部分に楽しい模様が現れます。

■材料
円周25ｃｍの淡緑土台まり
DMC5番刺繍糸赤で地割り
かがり糸…赤(606)、白

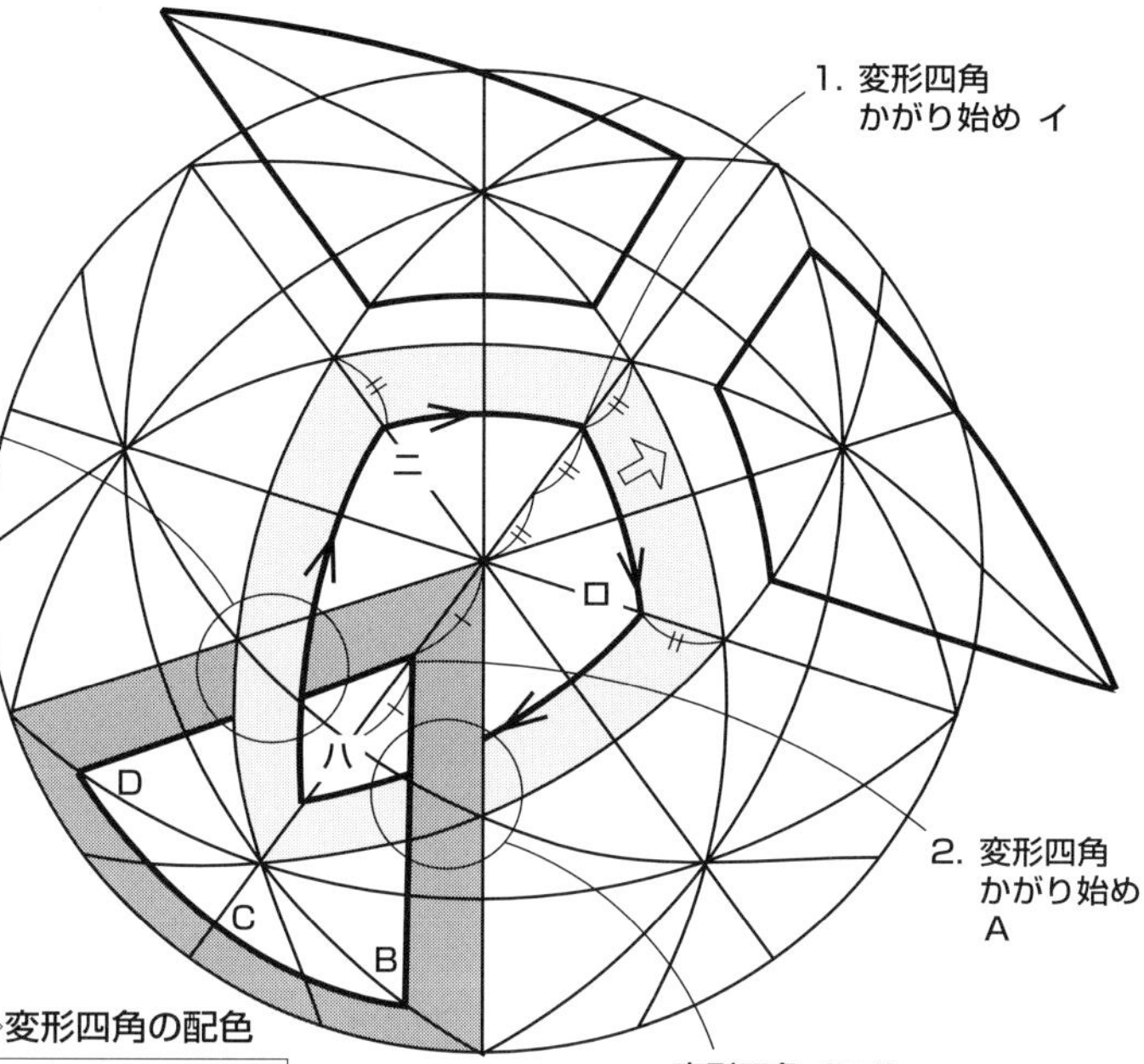
変形四角イロハニの下をくぐらせる
変形四角イロハニの上に重ねる

◇変形四角の配色

赤1段、白1段を交互に3回繰り返し、最後は赤1段、計7段をかがる

―五角のねじり―

バリエーションⅡ／10等分の組み合わせ

カラー口絵31ページ

■かがり方のポイント

五角10等分の長い線の1/2を結ぶ小さな五角と、短い線の1/2を結ぶ五角をねじりながら重ねました。一方を上にのせて、片方をくぐらせるのでかがる段数は少なくなります。

■材料
円周25ｃｍの淡緑土台まり
DMC5番刺繍糸赤で地割り
かがり糸…赤(666)、緑(699)、白

Ⅰ図

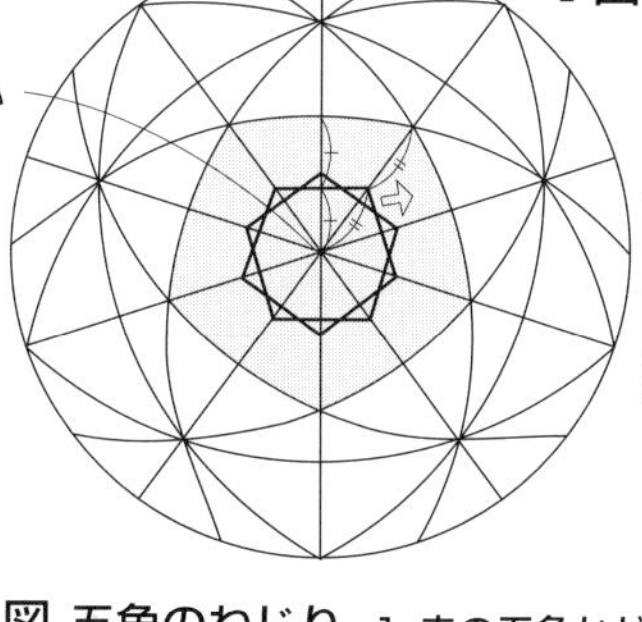

◇五角の配色

五角ABCDEは
緑3段、白1段 計4段
五角イロハニホは
赤3段、白1段系 4段

Ⅱ図 五角のねじり

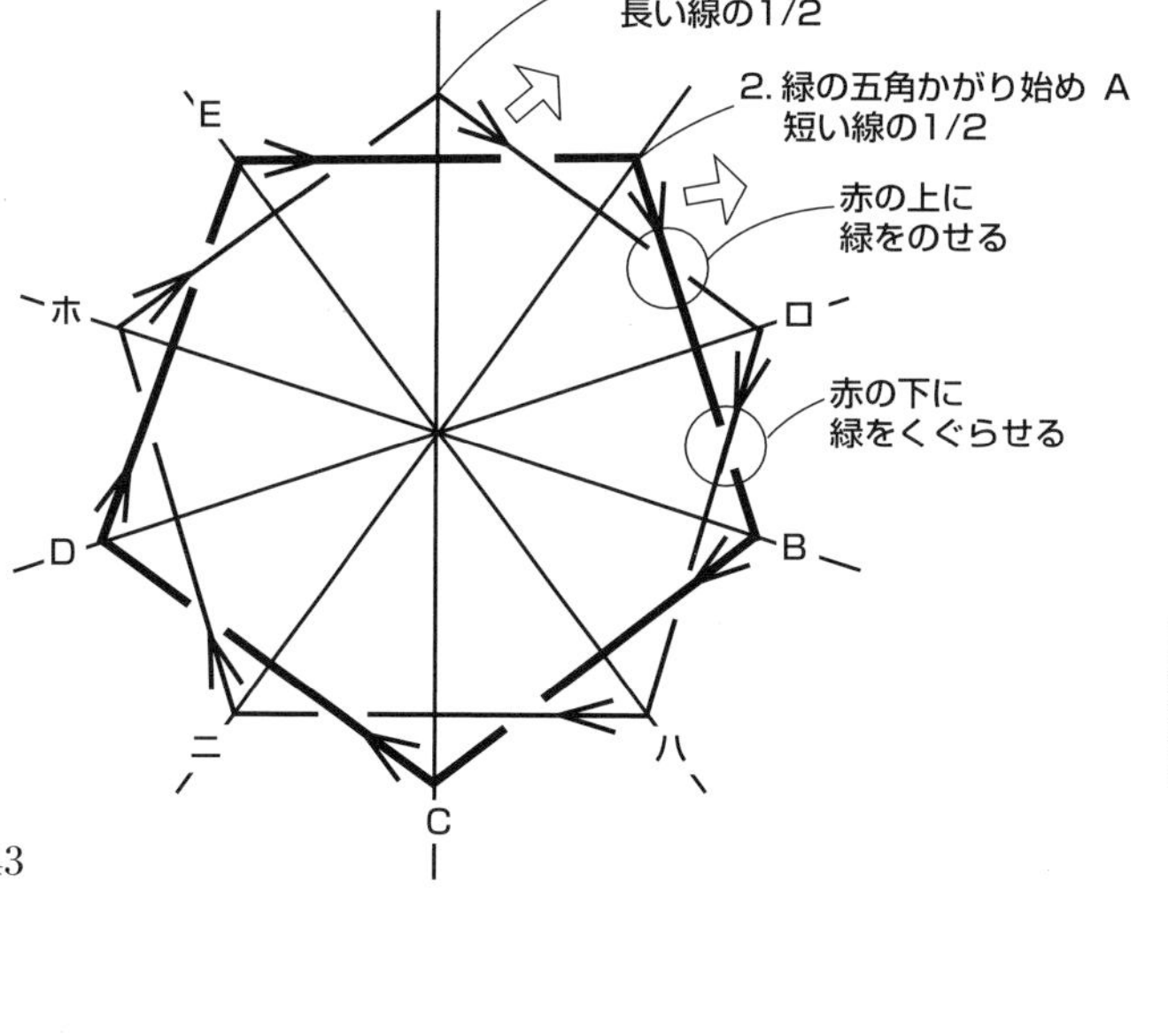
1. 赤の五角かがり始め イ

下掛け千鳥かがり

—下掛けかがりの花—

（バリエーション／12等分）

カラー口絵32ページ

■材料
白土台まり・5番刺繍糸赤で地割り
かがり糸…赤(666)、緑(704)、白

■かがり方のポイント

1周めは北極の際の地割り線の間をすくい、2周・3周めは地割り線を1本ずつずらしながらかがります。糸の間に隙間ができないようにかがります。

Ⅰ図

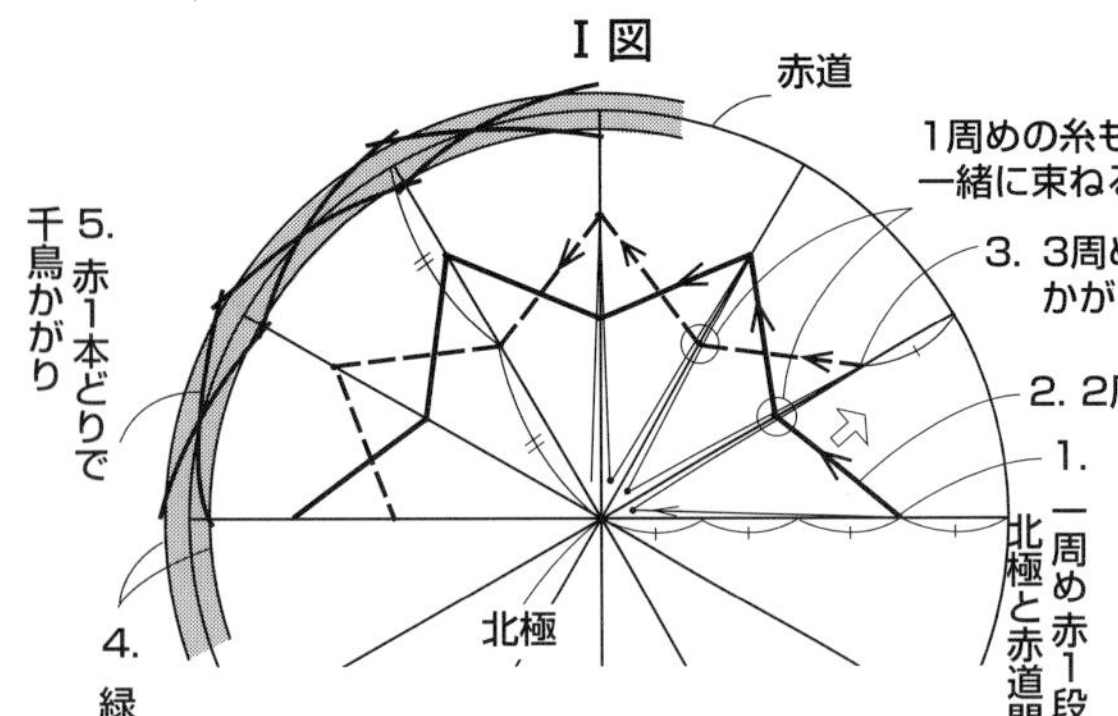
赤道
1周めの糸も一緒に束ねる
3. 3周め 赤8段 かがり始め
2. 2周め 赤8段
1. 一周め赤1段 かがり始め 北極と赤道間の1/4
北極
4. 緑を8段巻く
5. 赤1本どりで千鳥かがり

Ⅱ図 1周めのかがり方

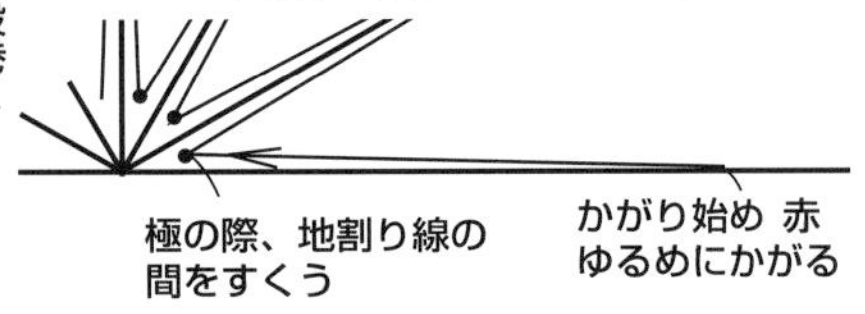
極の際、地割り線の間をすくう
かがり始め 赤 ゆるめにかがる

麻の葉かがり

—麻の葉—

（バリエーション／10等分の組み合わせ）

カラー口絵32ページ

■材料
緑土台まり・5番刺繍糸赤で地割り
かがり糸…赤(666)

■かがり方のポイント

五角10等分の中に松葉をかがり、松葉の先をコの字につなぎながら麻の葉模様にしてゆきます。麻の葉模様は単純なものから複雑なものまでいろいろあります。

Ⅰ図

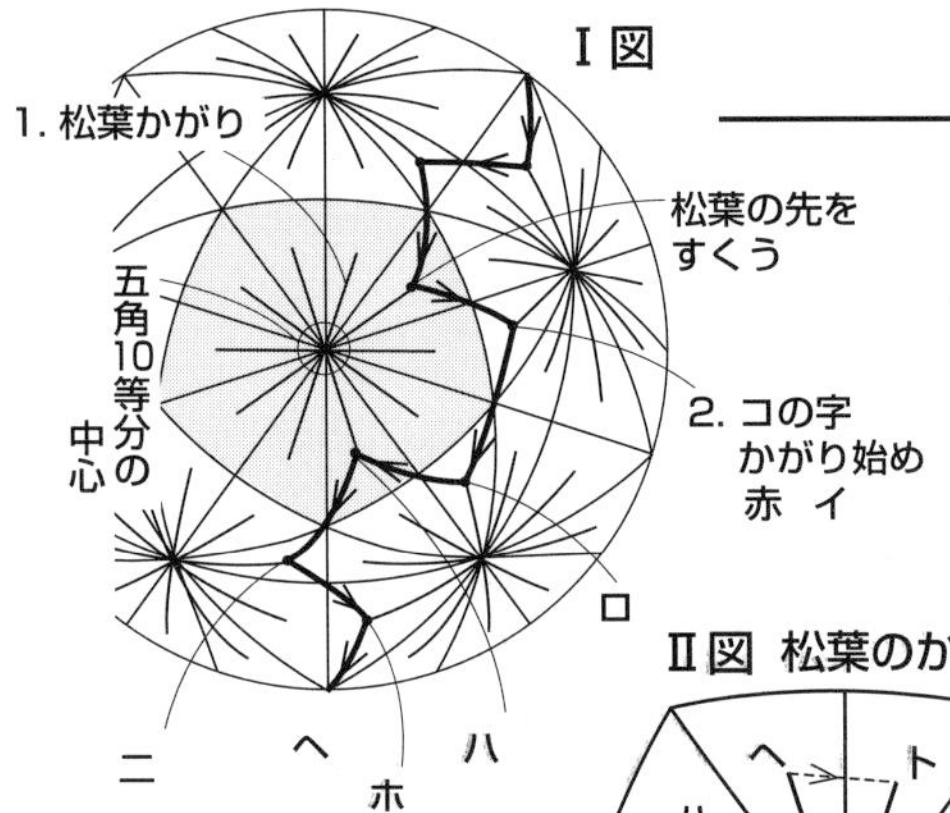
1. 松葉かがり
松葉の先をすくう
五角10等分の中心
2. コの字 かがり始め 赤 イ
ロ
ハ
ニ
ホ
ヘ

Ⅱ図 松葉のかがり方

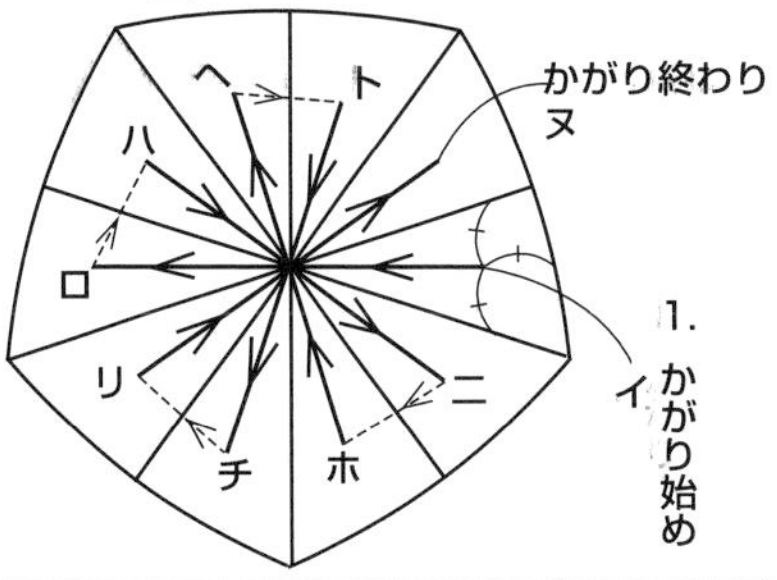
ヘ
ト
ハ
ロ
リ
チ
ホ
ニ
かがり終わり ヌ
1. かがり始め イ

連続かがり

—連続かがり—

（バリエーション／12等分）

カラー口絵32ページ

■材料
白土台まり・5番刺繍糸赤で地割り
かがり糸…赤(666)、オレンジ濃淡 (608・971・352)

■かがり方のポイント

同じ模様をずらして、1段ずつ両極にかがると連続模様ができ上がります。まりを回しながら一針でかがります。

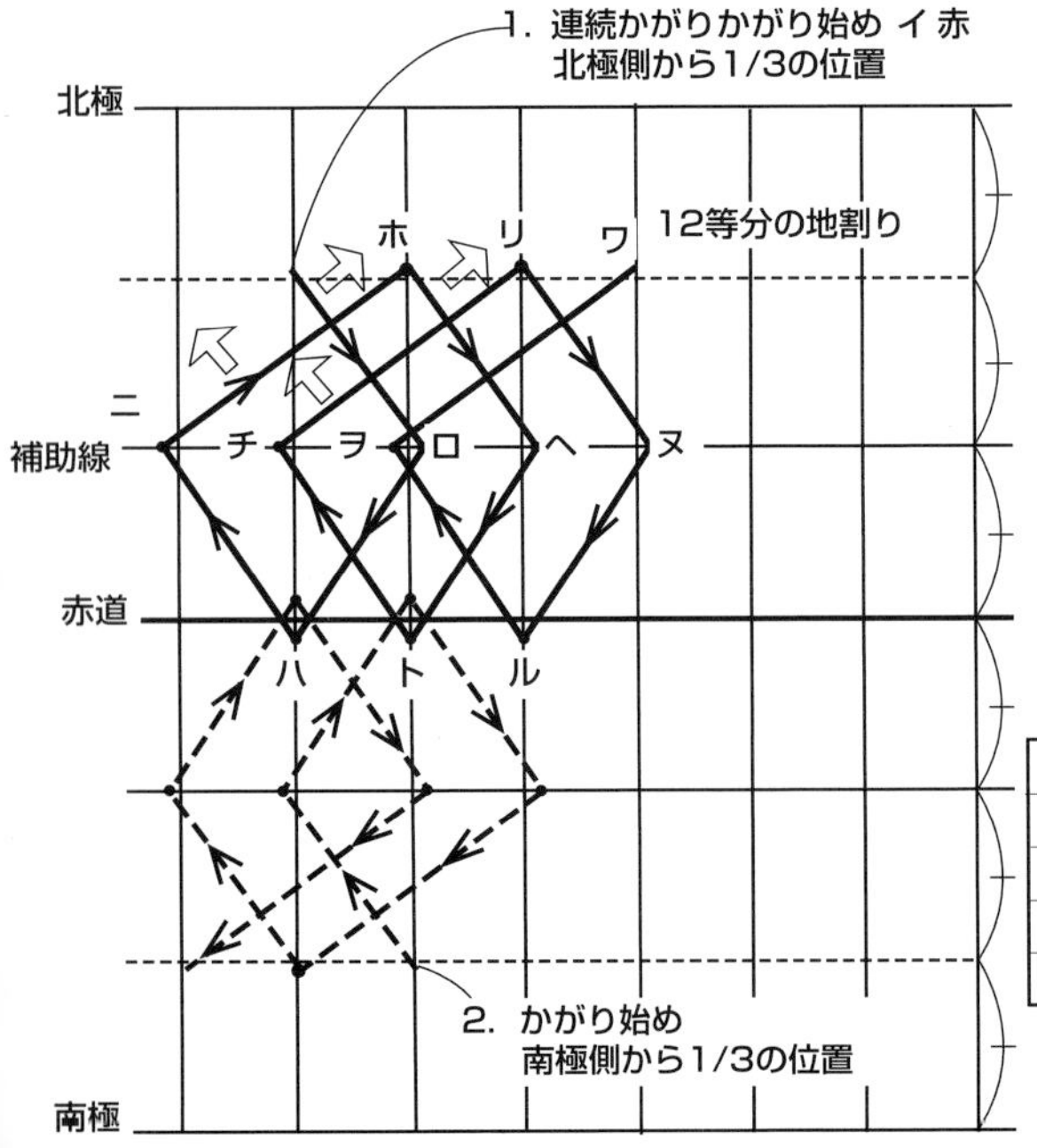
1. 連続かがりかがり始め イ 赤 北極側から1/3の位置
北極
12等分の地割り
ホ
リ
ワ
ニ
補助線
チ
ヲ
ロ
ヘ
ヌ
赤道
ハ
ト
ル
2. かがり始め 南極側から1/3の位置
南極

◇配色表(2本どり)

1	赤	(666)…1段
2	濃オレンジ	(608)…1段
3	オレンジ	(971)…1段
4	淡オレンジ	(352)…1段
		計4段

巻きかがり

—三色の巻きかがり—

バリエーション／4等分

カラー口絵32ページ

■材料
白土台まり・5番刺繍糸赤で地割り
かがり糸…赤(666)、黄色(743)
緑(703)

■かがり方のポイント

3色の糸で20本ずつ巻いたシンプルな模様です。糸と糸の間を等間隔にしてきれいに巻きます。

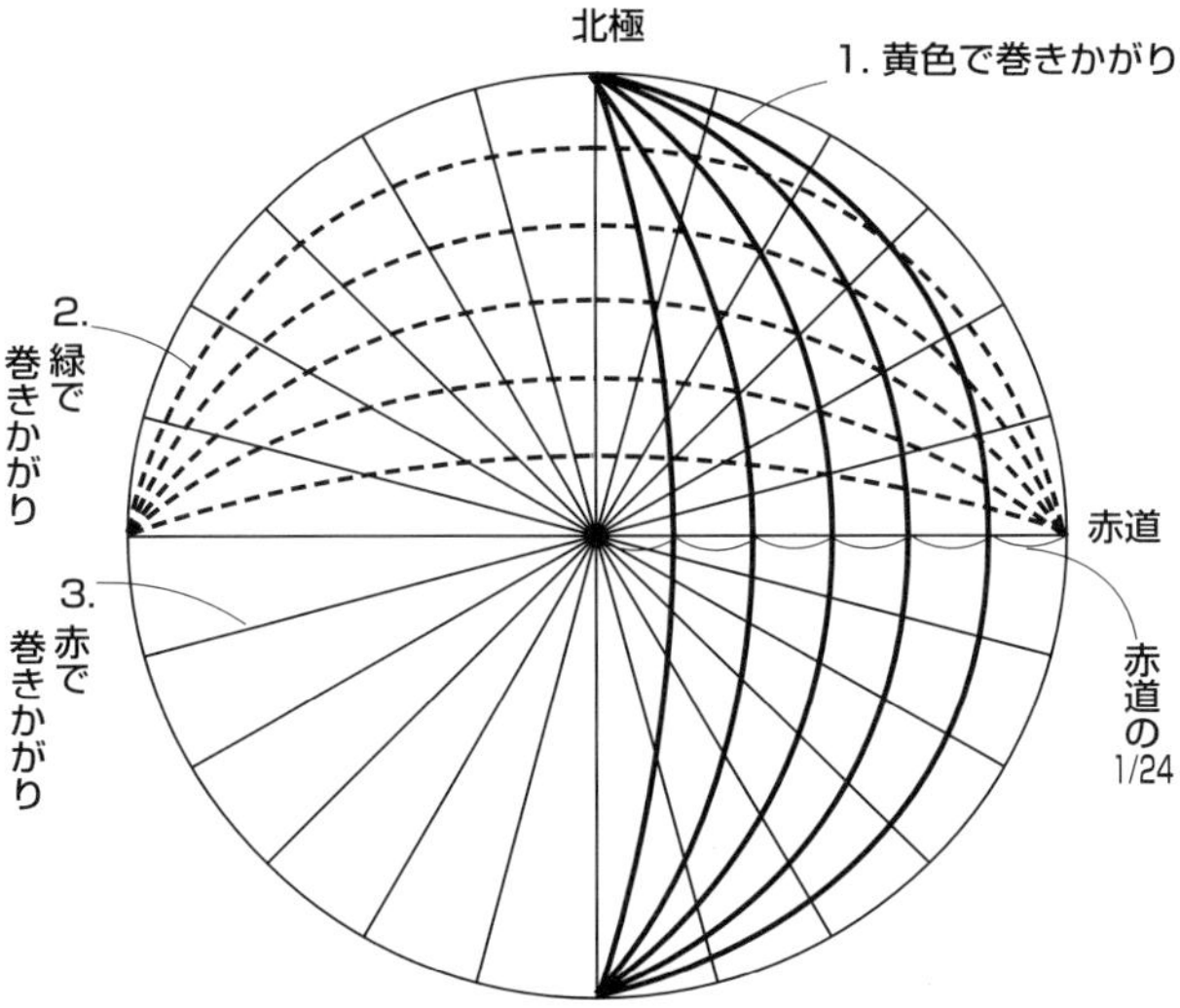

上下同時かがり

—上下同時かがりの暫—

バリエーション／4等分

カラー口絵32ページ

■材料
白土台まり・5番刺繍糸赤で地割り
かがり糸…赤(666)、緑(907)
黄色(743)、

I図

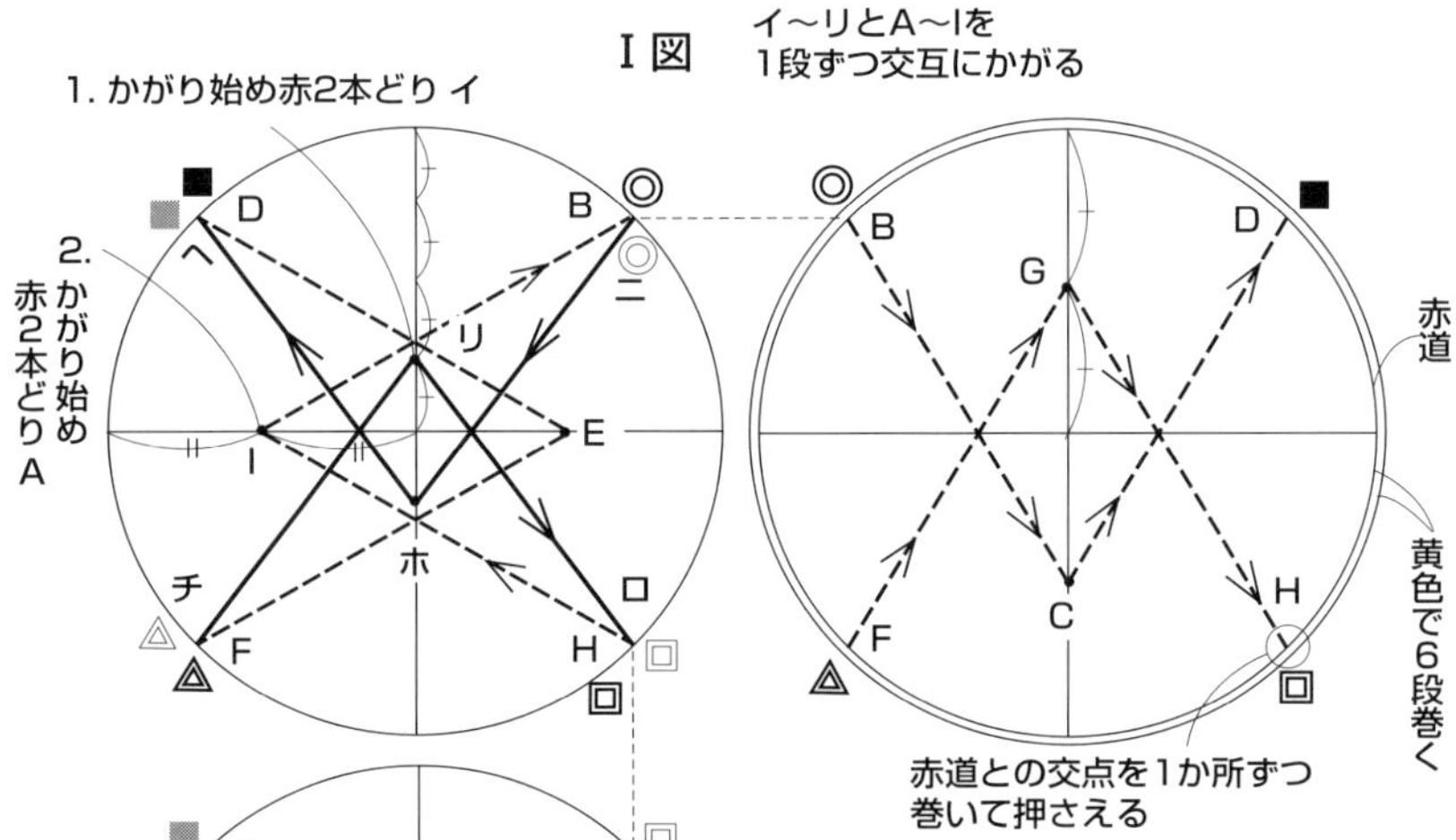

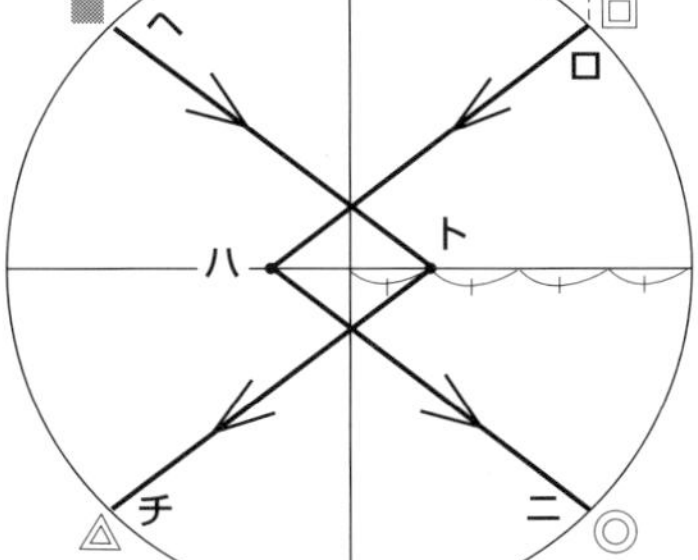

II図
赤道のかがり方

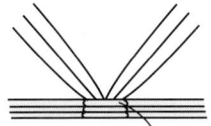

交点を1か所ずつ巻きながら、赤道の上下に黄色で6段ずつ、計12段帯を巻く

■かがり方のポイント

赤道を中心にして、北極から南極にかけて大きく上下に1模様かがります。最後に、赤道と交差している部分を1巻きして止めながら帯を巻きます。

◇配色表(2本どり)

1	赤(666)…1段
2	緑(907)…1段
3	赤(666)…1段
4	緑(907)…1段
5	赤(666)…1段
	計5段

◆作品の作り方◆

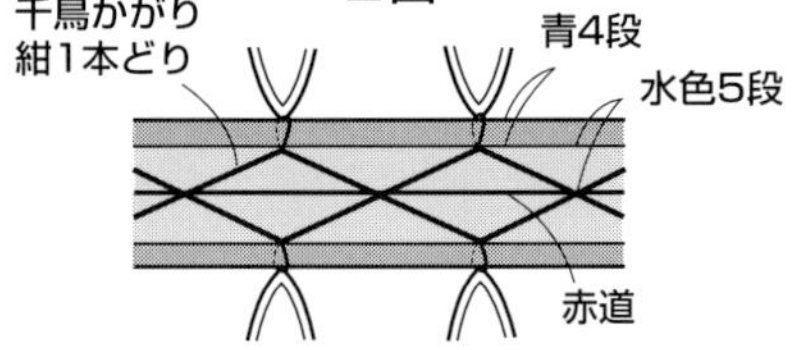

Ⅲ図
千鳥かがり
紺1本どり
青4段
水色5段
赤道

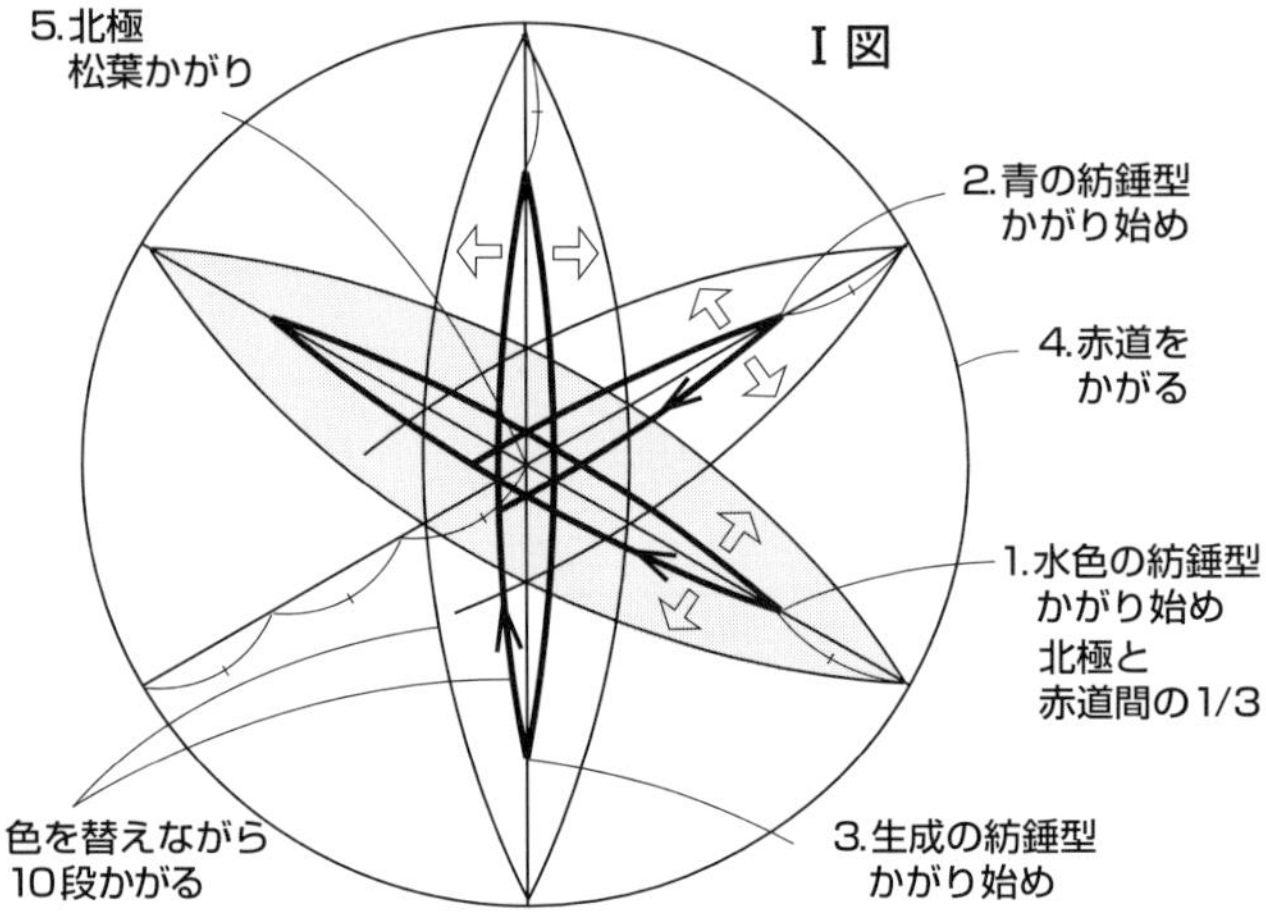

Ⅰ図
5.北極
松葉かがり
2.青の紡錘型
かがり始め
4.赤道を
かがる
1.水色の紡錘型
かがり始め
北極と
赤道間の1/3
色を替えながら
10段かがる
3.生成の紡錘型
かがり始め

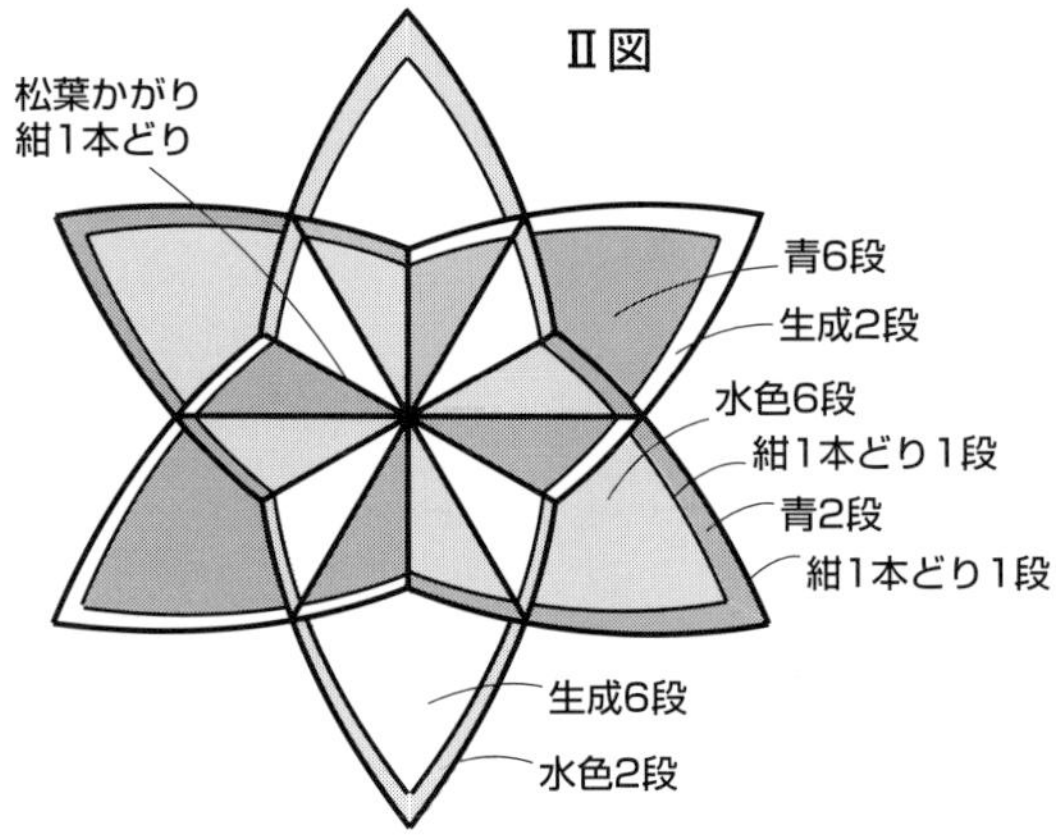

Ⅱ図
松葉かがり
紺1本どり
青6段
生成2段
水色6段
紺1本どり1段
青2段
紺1本どり1段
生成6段
水色2段

初級

紡錘型菊——6等分

■作り方

1 しつけ糸で6等分の地割りをします。

2 北極・赤道間の、赤道より1/3の位置から水色、青、生成の各色で、交互に紡錘型を6段ずつかがります（Ⅰ図）。

3 紺1本どりでそれぞれ1段ずつ、色を替えて各色2本どりで2段、紺1本どりで1段かがります（Ⅱ図）。

4 赤道に、中心より両側に向けて1本どりで水色5段、青4段ずつ、全部で18段の帯を巻き、紺1本どりの千鳥かがりで止めます（Ⅲ図）。

5 両極に紺1本どりで松葉かがりをします。

カラー口絵5ページ

■材料
土台まり／円周27㎝　濃紺地巻き糸
地割り糸／しつけ糸
かがり糸／草木染 風木綿糸2本どり…紺(519)、青(6)、水色(5)、生成(532)

初級

ねじり三角——12等分

■作り方

1 しつけ糸で12等分の地割りをし、赤道4か所を12等分する補助線を入れます。

2 12等分の中心に青、黄色、ピンク各色の淡色で4段、中心をねじりながら8の字型にかがります。各色濃淡で上下同色、向きを同じにして全体で6か所かがります。

3 三角の先をねじりながら緑濃淡で4段、全体で4か所かがります。

カラー口絵19ページ

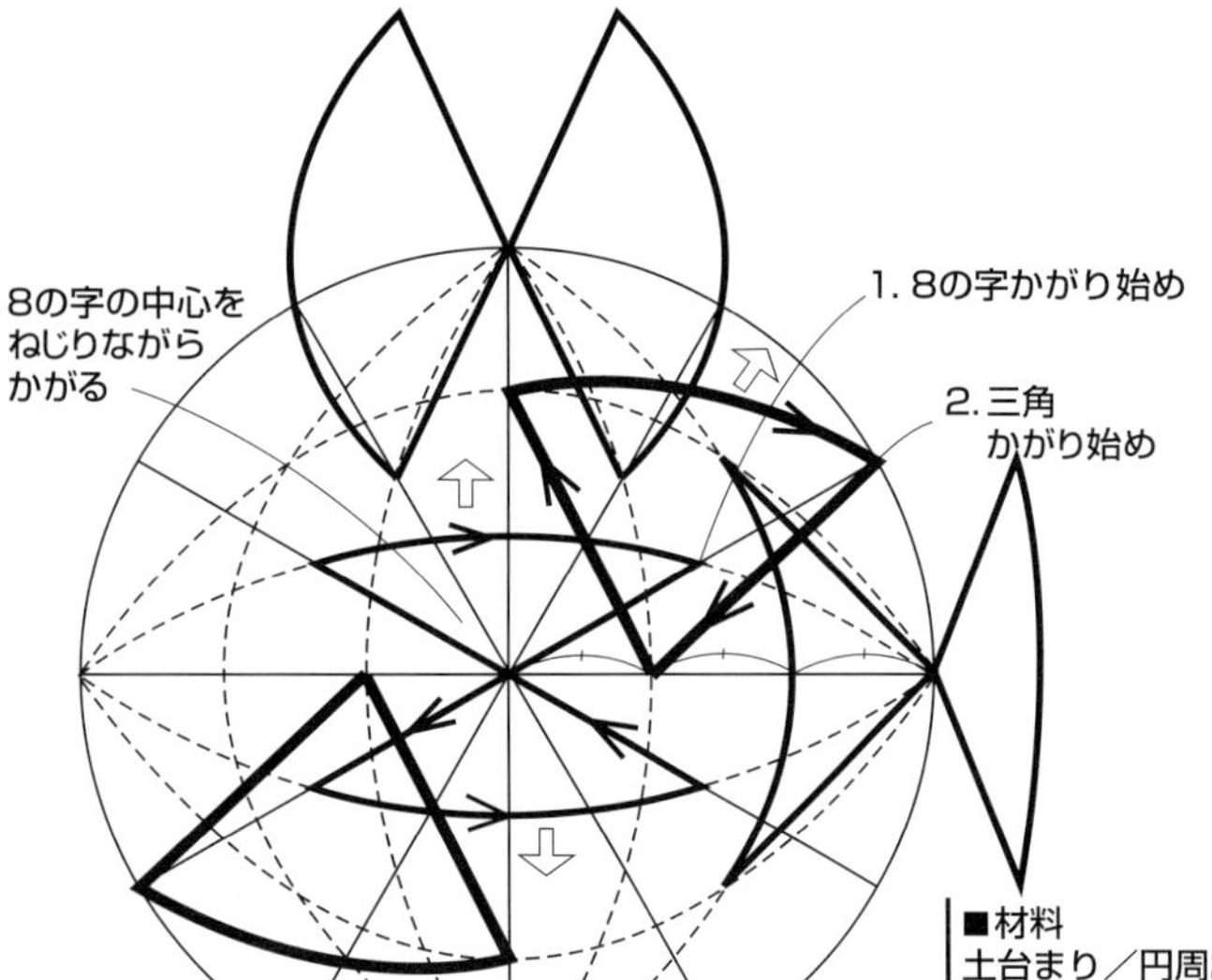

8の字の中心を
ねじりながら
かがる
1. 8の字かがり始め
2.三角
かがり始め

■材料
土台まり／円周24㎝　緑地巻き糸
地割り糸／しつけ糸
かがり糸／ＤＭＣ５番刺繍糸１本どり…青濃淡(826・827・828)、黄色濃淡(746・744・745)、ピンク濃淡(760・761・818)、緑濃淡(906・907・472)

初級

蝶 ―24等分の組み合わせ

■作り方

1 金ラメ糸で24等分の地割りをし、4本の地割りは入れないでおきます。

2 赤道から3cmの位置イより黄色で2段、淡青3段で地割り線1～10まで上掛け千鳥かがりをし、1～6まで青4段で同様にかがります。

3 1～10と羽根の周りに金ラメ糸と濃青で1段ずつかがり、触角と足を濃青2段、金ラメ糸1段でかがります。

4 南極側を紫濃淡で同様にかがり、赤道に紫と濃青を6段ずつ計12段巻いて金ラメ糸で千鳥かがりをします。（和田トミ江）

■材料
土台まり／円周29cm　白地巻き糸
地割り糸／金ラメ糸
かがり糸／DMC5番刺繍糸1本どり…黄色(744)、青濃淡(996・794・796)
紫濃淡(553・552・550)、金ラメ糸

◇上掛け千鳥かがり配色表（1本どり）
＜　＞は南極側の色、紫濃淡でかがる

<table>
<tr><th>1～6の地割り線</th><th>7～10の地割り線</th></tr>
<tr><td colspan="2">黄色(744)…2段
淡青(996)＜淡紫(553)＞…3段</td></tr>
<tr><td>青(794)＜紫(552)＞…4段</td><td></td></tr>
<tr><td colspan="2">金ラメ糸…1段
濃青(796)＜濃紫(550)＞…1段</td></tr>
<tr><td>計11段</td><td>計7段</td></tr>
</table>

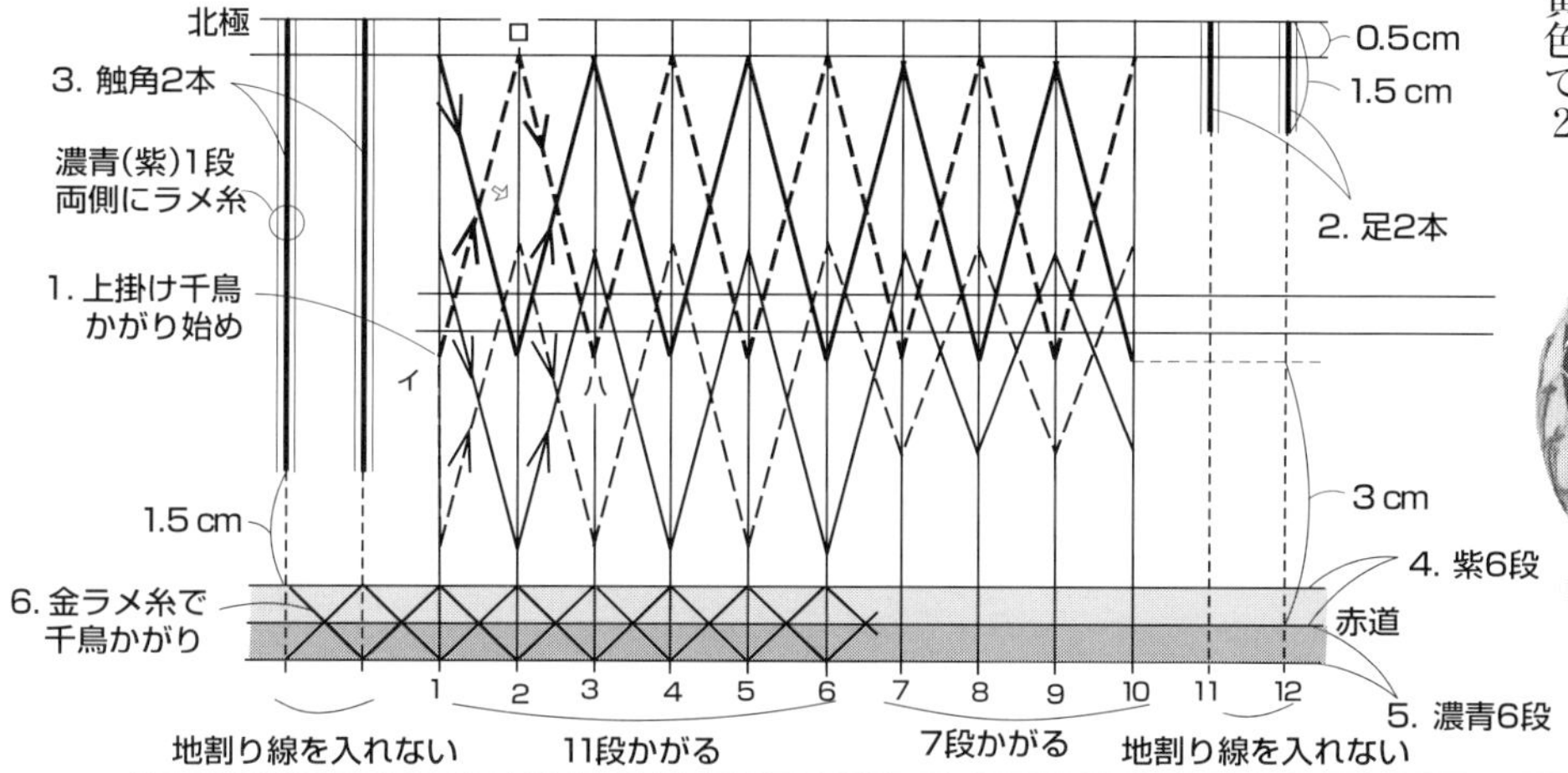

北極
3. 触角2本
濃青(紫)1段
両側にラメ糸
1. 上掛け千鳥
かがり始め
ロ
イ
1.5cm
6. 金ラメ糸で
千鳥かがり
0.5cm
1.5cm
2. 足2本
3cm
4. 紫6段
赤道
5. 濃青6段
1 2 3 4 5 6 7 8 9 10 11 12
地割り線を入れない
11段かがる
7段かがる
地割り線を入れない

カラー口絵2ページ

初級

連続菱 ―8等分の組み合わせ

■作り方

1 藤色ラメ糸で8等分の組み合わせの地割りをし、四角8等分の短い線の1/2を通る補助線を平行に2本入れ、他の四角5か所にも向きを変えて同様に入れます。

2 補助線の1/2から中心を交差させながら菱形を2個つなげて3段かがります。淡茶、えんじ、紺の3色で反対側を同色にして全体で6個かがります（配色表）。

3 2の菱形の外側に大きな菱形を3段かがり、4段目は内側の部分だけ紫を1段入れます。

4 菱形の中心を大きな菱形と同色で2巻きし、3の菱形の内側に藤色ラメ糸で松葉かがりをします。

（服部クニ子）

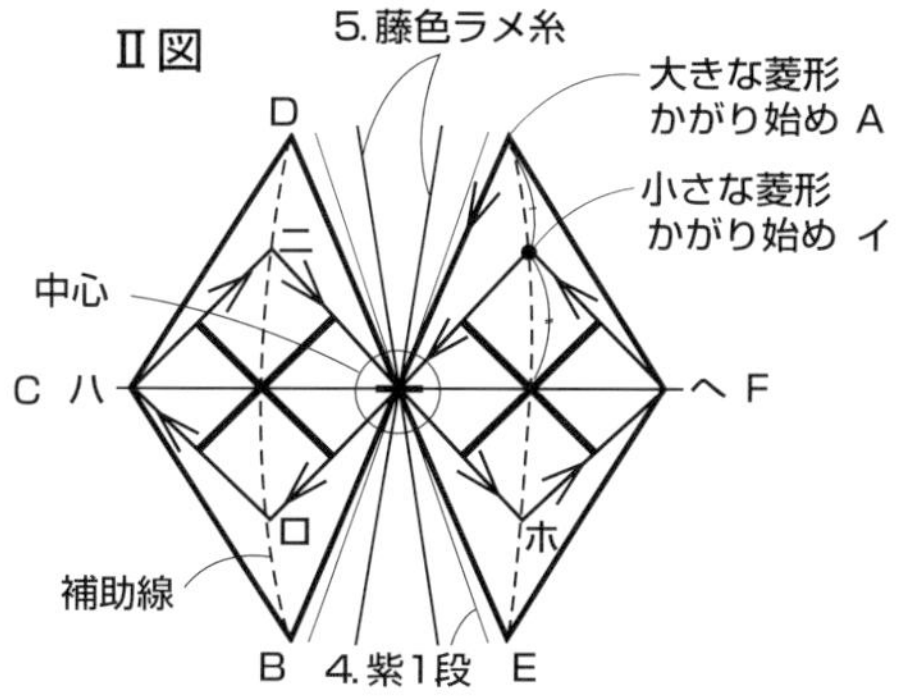

Ⅱ図
5.藤色ラメ糸
D
大きな菱形
かがり始め A
小さな菱形
かがり始め イ
中心
ニ
C ハ
ヘ F
ロ
ホ
補助線
B
4.紫1段
E

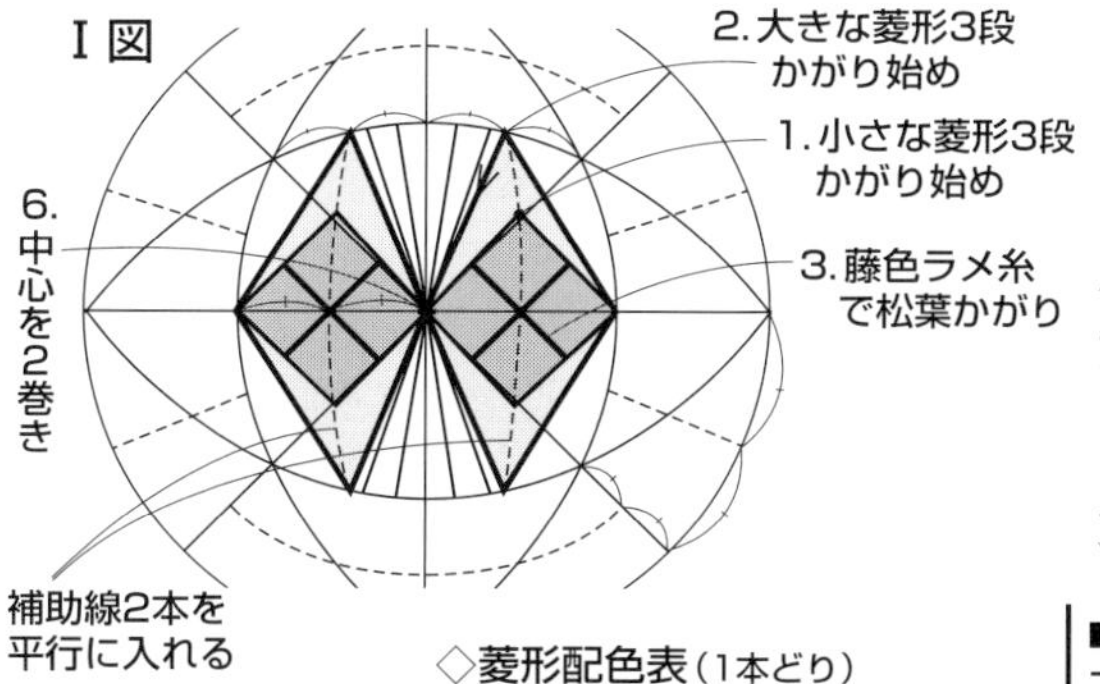

Ⅰ図
2.大きな菱形3段
かがり始め
1.小さな菱形3段
かがり始め
3.藤色ラメ糸
で松葉かがり
6.中心を2巻き
補助線2本を
平行に入れる

◇菱形配色表（1本どり）

	小さい菱形	大きい菱形
1	淡 茶(676)…3段	緑 (3345)…3段
2	えんじ(321)…3段	茶 (420)…3段
3	紺 (792)…3段	グレー(674)…3段

大小の菱形を組み合わせて、
向かい合わせ同色で2か所ずつかがる

■材料
土台まり／円周25cm　藤色地巻糸
地割り糸／藤色ラメ糸
かがり糸／DMC5番刺繍糸1本どり…えんじ(321)、茶(420)、紺(792)、グレー(674)、緑(3345)、淡茶(676)、紫(550)、藤色ラメ糸

カラー口絵11ページ

中級／6等分
かごめと菊
カラー口絵14ページ

■材料
土台まり／円周35㎝ 淡緑地巻き糸
地割り糸／銀ラメ糸
かがり糸／京てまり糸１本どり…白、淡黄色(7)、淡茶濃淡(523・28)、淡グレー(511)、ピンク(4)　絹糸…淡グレー、ピンク１段　細銀ラメ糸

■作り方

1 銀ラメ糸で6等分の地割りをし、両極と赤道間の1/3を結ぶ小さな六角(A)と、両極から5㎝を結ぶ大きな六角(B)の補助線を入れます。

2 補助線の間に淡黄色、茶、淡黄色を各色1段ずつ計3段、かごめに組みながら巻きます。

3 六角(A)の一辺を4等分し、3と同色でかごめに組みながら3本ずつ上下同時かがりをし、補助線上に六角を3段かがります。

4 六角(A)を12等分する補助線を入れ、中心と六角間の1/2イから上掛け千鳥を白で8段、白2段、絹糸の淡グレーとピンクで計5段、

中級／10等分
波
カラー口絵18ページ

■材料
土台まり／円周28㎝　白地巻き糸
地割り糸／　細金ラメ糸
かがり糸／DMC５番刺繍糸１本どり…茶濃淡(938・698)、緑(320)、ピンク濃淡(604・353)、黄色 (444)、水色(334)、紫 (553)、青磁色 (502)、細金ラメ糸

■作り方

1 細金ラメ糸で10等分の地割りをします。

2 両極に五角(A)をかがります(I図)。

3 五角(A)にバラかがりの要領で、五角(B)を濃茶、緑、茶で6段、更に五角(C)を濃茶1段、茶5段でかがります(配色表)。

4 五角(B)の緑を黄色、青、淡ピンク、紫の順に替えて五角(C)と交互に繰り返しながら赤道までかがります。

5 赤道上に紡錘型(A)を5か所、上に紡錘型(B)をずらしながら重ねてかがり(配色表)、赤道に濃茶1段、両側に茶1段ずつ巻きます

中級／20等分
モスクの星
カラー口絵10ページ

■材料
土台まり／円周30㎝　焦げ茶地巻き糸
地割り糸／金ラメ糸
かがり糸／DMC５番刺繍糸１本どり…緑濃淡(701・3348)、ピンク(818)、赤(666)

■作り方

1 金ラメ糸で20等分の地割りをします。

2 両極間の北極側より1/6イより南極側の1/3ロを上下にイロハ～と緑で1段、逆上掛けかがりでかがります。

3 南極側1/6aより南極側1/3を上下にabc～とかがります。

4 2と3を交互に、緑、淡緑、ピンク、赤で計8段かがり(配色表)、両極とも逆上掛けかがりの先が突き合わせになるように、長短組み合わせてかがります。

5 両極より1/3の突き合わせの位置に、金ラ

山型をかがります(Ⅱ図)。

5 六角(B)に淡茶1段、淡グレー2段でかごめに組み、淡茶1段で角を止めます。

6 赤道上の菱形6個の中心を12等分する補助線を細銀ラメ糸で入れ、ピンク4段、白1段で上掛け千鳥でかがります(Ⅲ図)。

7 赤道との交点6か所を淡茶でかがります。

(金森てる)

Ⅰ図

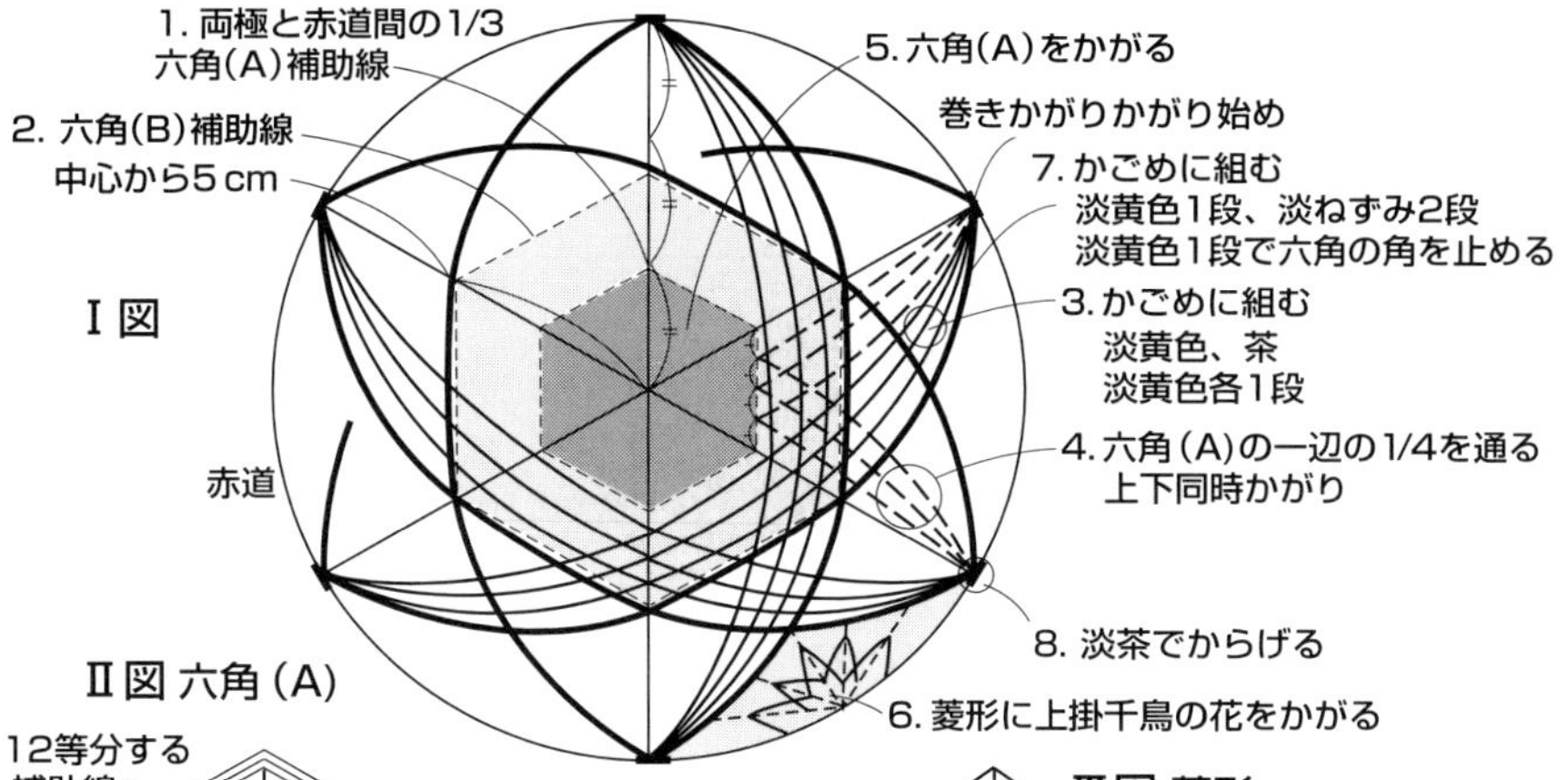
1. 両極と赤道間の1/3
六角(A)補助線
2. 六角(B)補助線
中心から5cm
5. 六角(A)をかがる
巻きかがりかがり始め
7. かごめに組む
淡黄色1段、淡ねずみ2段
淡黄色1段で六角の角を止める
3. かごめに組む
淡黄色、茶
淡黄色各1段
4. 六角(A)の一辺の1/4を通る
上下同時かがり
赤道
8. 淡茶でからげる
6. 菱形に上掛千鳥の花をかがる

Ⅱ図 六角(A)

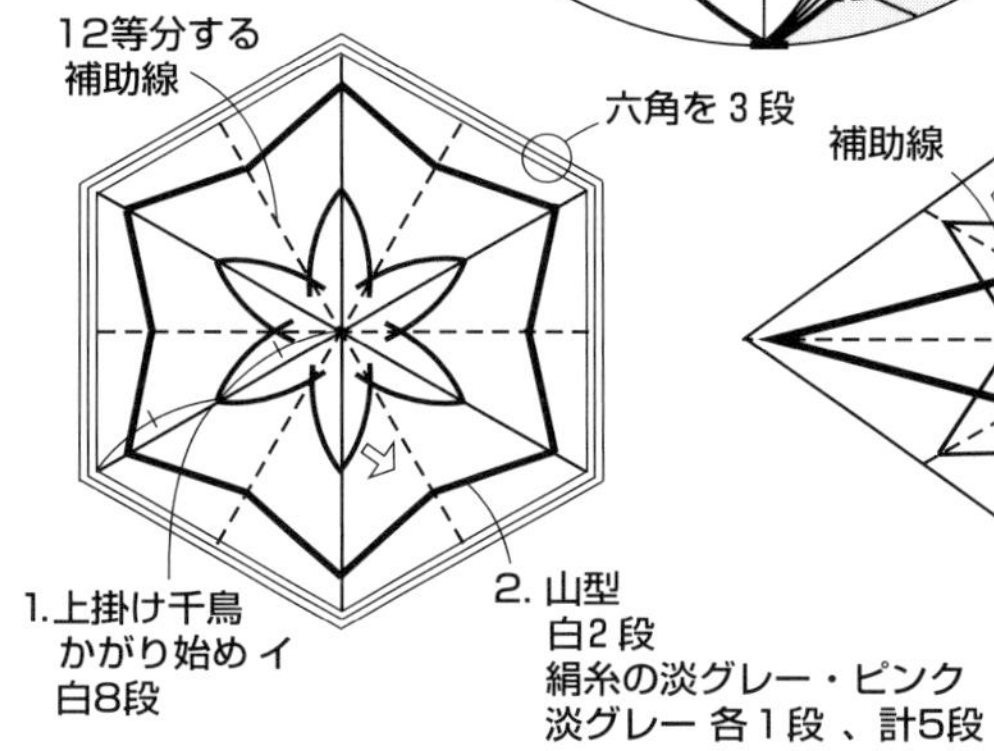
12等分する
補助線
六角を3段
1. 上掛け千鳥
かがり始め イ
白8段
2. 山型
白2段
絹糸の淡グレー・ピンク
淡グレー 各1段 、計5段

Ⅲ図 菱形

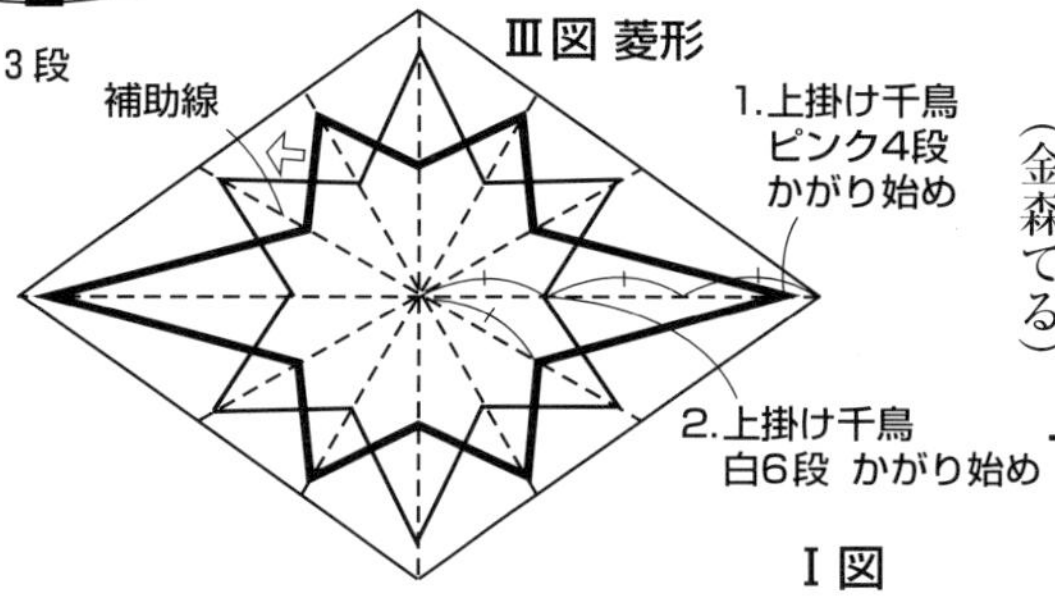
補助線
1. 上掛け千鳥
ピンク4段
かがり始め
2. 上掛け千鳥
白6段 かがり始め

(Ⅱ図)。

(清水みち子)

◇紡錘型(B)配色表(1本どり)

1	3	青磁色(502)…1段
2	4	茶　(898)…1段
5		青磁色(502)…1段
6		濃茶　(898)…1段
		計6段

◇紡錘型(A)配色表
(1本どり)

1	茶　(898)…5段
2	濃茶(938)…1段
	計6段

Ⅱ図 赤道

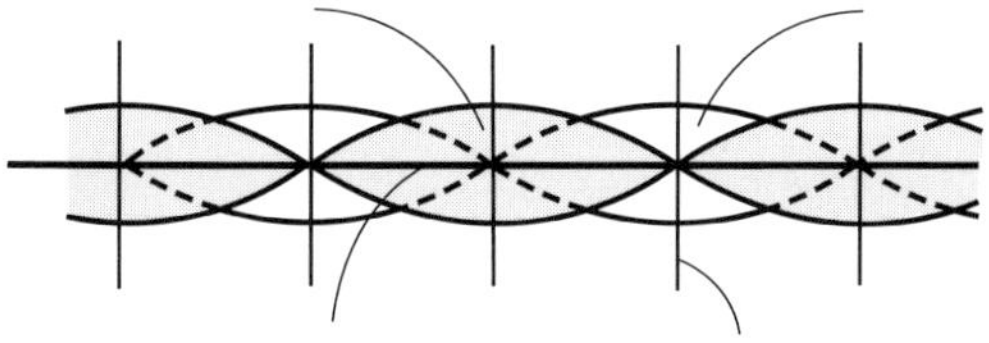

Ⅰ図

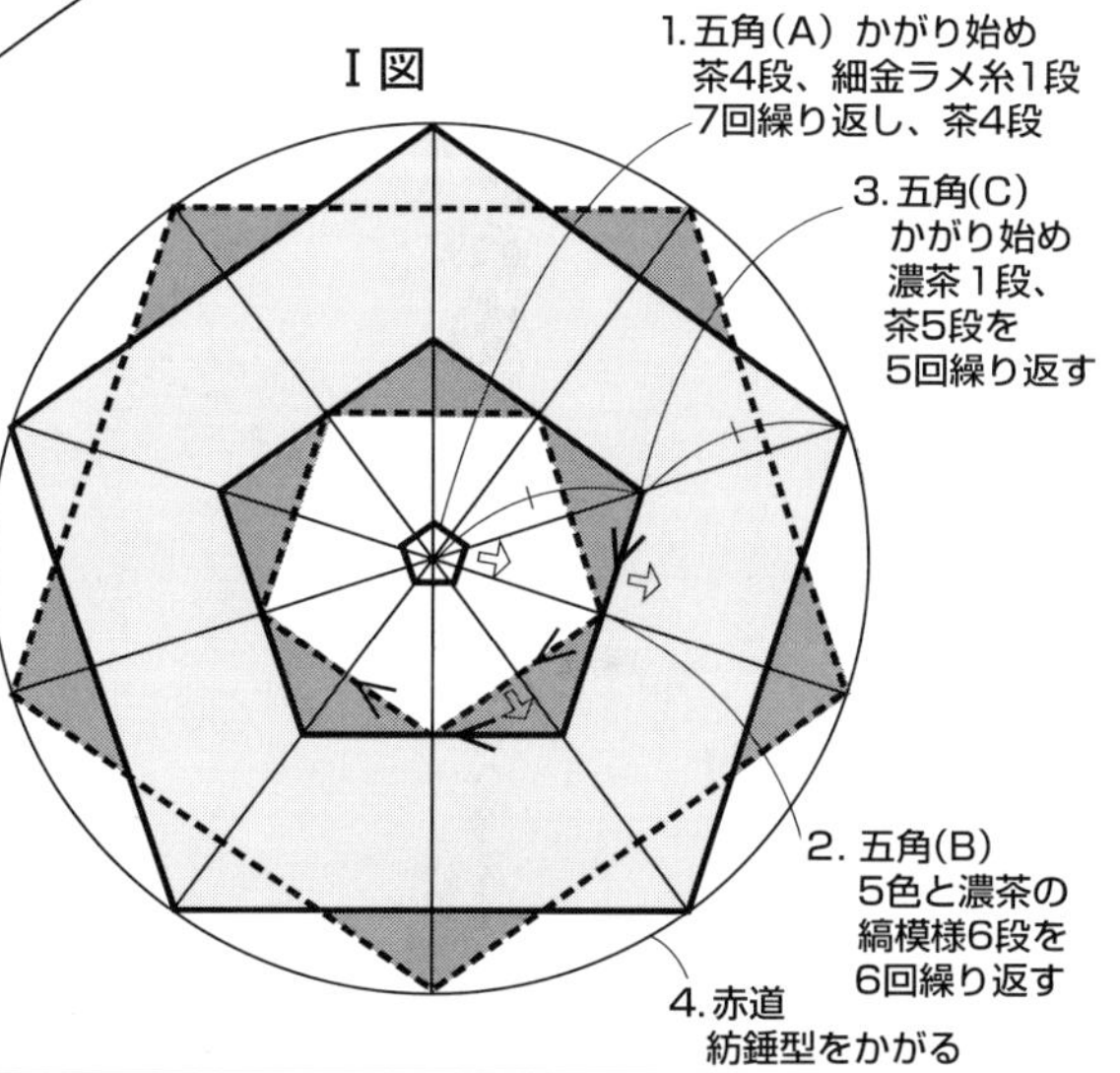
1. 五角(A) かがり始め
茶4段、細金ラメ糸1段
7回繰り返し、茶4段
3. 五角(C)
かがり始め
濃茶1段、
茶5段を
5回繰り返す
2. 五角(B)
5色と濃茶の
縞模様6段を
6回繰り返す
4. 赤道
紡錘型をかがる

メ糸で松葉かがりを入れます。

(黒田幸子)

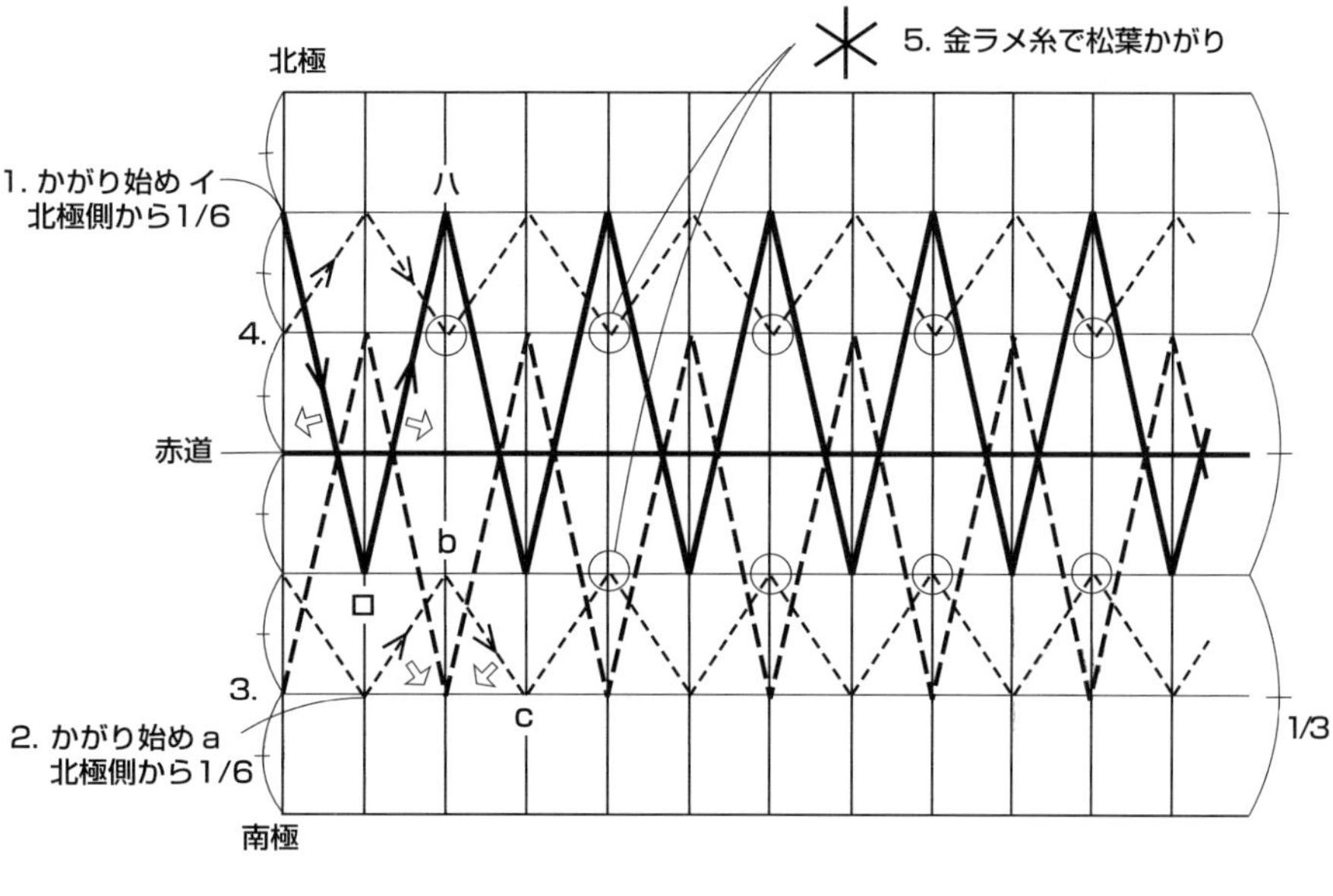
北極
5. 金ラメ糸で松葉かがり
1. かがり始め イ
北極側から1/6
ハ
4.
赤道
b
ロ
3.
c
2. かがり始め a
北極側から1/6
1/3
南極

◇逆上掛けかがり配色表
(1本どり)

1	緑　(701)…2段
2	淡緑(3348)…2段
3	ピンク(321)…2段
4	赤　(666)…2段
	計8段

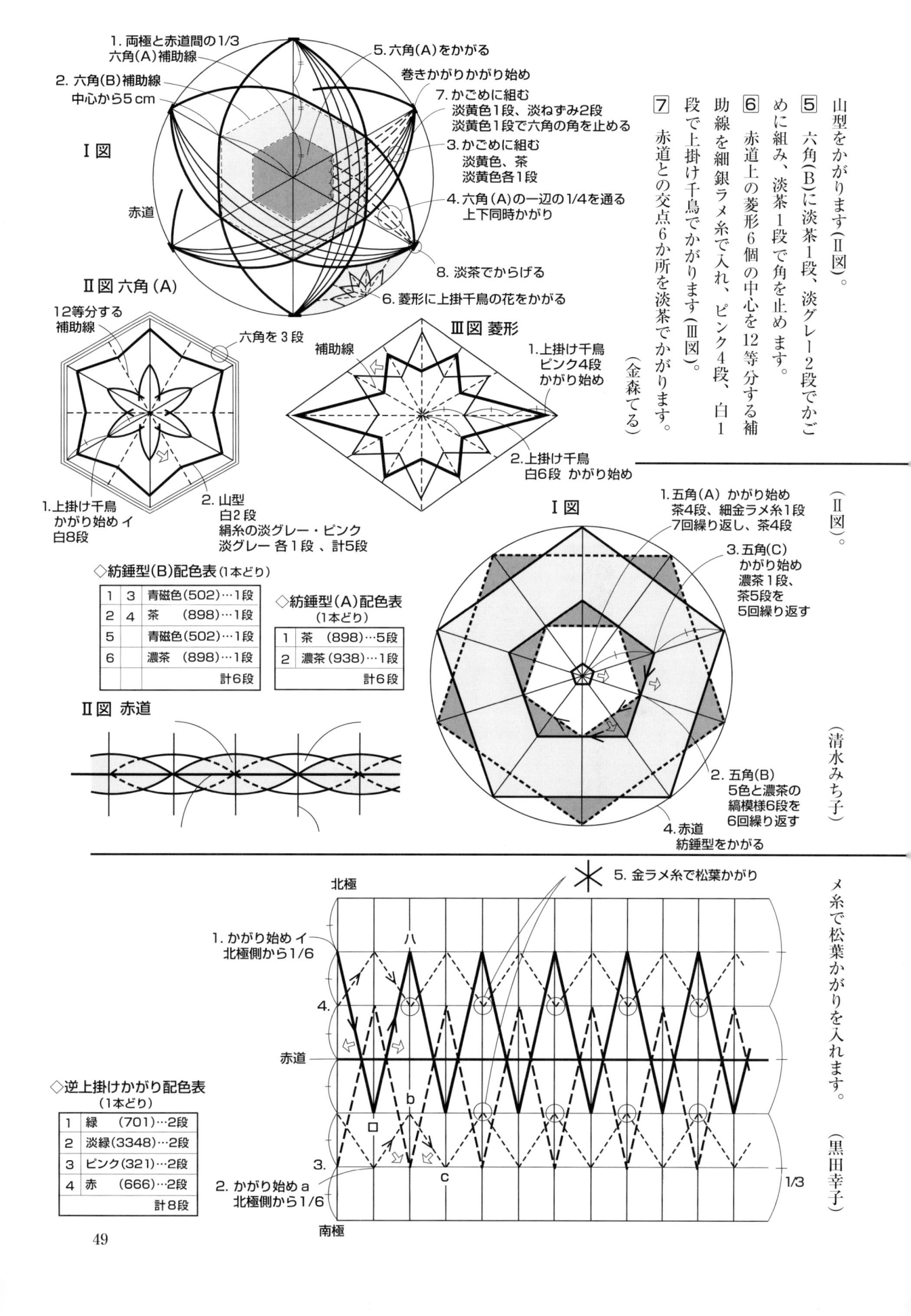

中級／20等分

重ね菊

カラー口絵3ページ

■材料
土台まり／円周26㎝　白地巻き糸
地割り糸／細金ラメ糸
かがり糸／DMC25番刺繍糸３本どり…ピンク濃淡(963・819)　２本どり…緑濃淡(954・504)　1本どり…ベージュ(676)　絹糸ピンク濃淡　細金ラメ糸

■作り方

1 細金ラメ糸で20等分の地割りをします。

2 両極と赤道間の1/2イと両極から１㎝の位置ロを結んで、ピンクでイロ～と順に上掛け千鳥かがりを3段かがります。

3 淡ピンクで3段、ピンクをくぐらせながらaから両極から0.5㎝の位置bを結んで同様にかがります。

4 3の淡ピンクをピンクに替えて山型に2段、淡ピンクをくぐらせながらかがり、最後は絹糸ピンクと濃ピンクで1段ずつ上掛け千鳥かがりをします。

5 赤道に緑濃淡で5本ずつ松葉をかがり、

中級／22等分

大輪菊（ピンク）

カバー裏

■材料
土台まり／円周50㎝　グレー地巻き糸
地割り糸／金ラメ糸
かがり糸／DMC25番刺繍糸６本どり…緑濃淡(988・471)、藤色(211)、ピンク濃淡(604・605・818)、グレー(318)、青(517)、黄土色(834)、細金ラメ糸

■作り方

1 細金ラメ糸で土台まりの赤道周辺を粗く巻き、金ラメ糸で22等分の地割りをします。

2 両極と赤道間の1/3イより地割り線2本目と3本目の間、極より2㎝下ロを結び、濃緑で1段、上掛け千鳥で一周します（Ⅰ図）。

3 2段目から極寄りのかがりは、ロの上をひとつおきに戻しながら藤色2段、ピンク濃淡で8段、最後はグレー3本どり1段で同様にかがります（配色表）。

4 赤道の上下を青と淡緑で4段ずつ帯を巻き、黄土色3本どりで1本おきの千鳥かがりをして帯を止めます（Ⅲ図）。

（小嶋つた子）

中級／8等分の組み合わせ

交差花

カラー口絵8ページ

■材料
土台まり／円周30㎝　グレー地巻き糸
地割り糸／細金ラメ糸
かがり糸／DMC25番刺繍糸4本どり…朱色(2946)、藤色(2397)、紺(2797)緑(2907)、白、細金ラメ糸

■作り方

1 細金ラメ糸で8等分の組み合わせの地割りをします。

2 四角8等分の短い線の1㎝下イ、長い線は1/2aより朱色1段で上掛けの花をかがり、反対側にも同色で1段かがります。他の四角4か所に緑と藤色で2か所ずつ短い線を交差させながら同様に1段ずつかがります（四角の花配色表）。

3 三角6等分8か所に、長い線を四角の上掛けの花と交差させながら紺色で1段ずつ同様にかがります（三角の花配色表）。

4 三角の花は3段目から交差している部分

赤道上下にベージュで12段帯を巻いて、細金ラメ糸の千鳥かがりで止めます。両極に細金ラメ糸で松葉かがりをします。（金森てる）

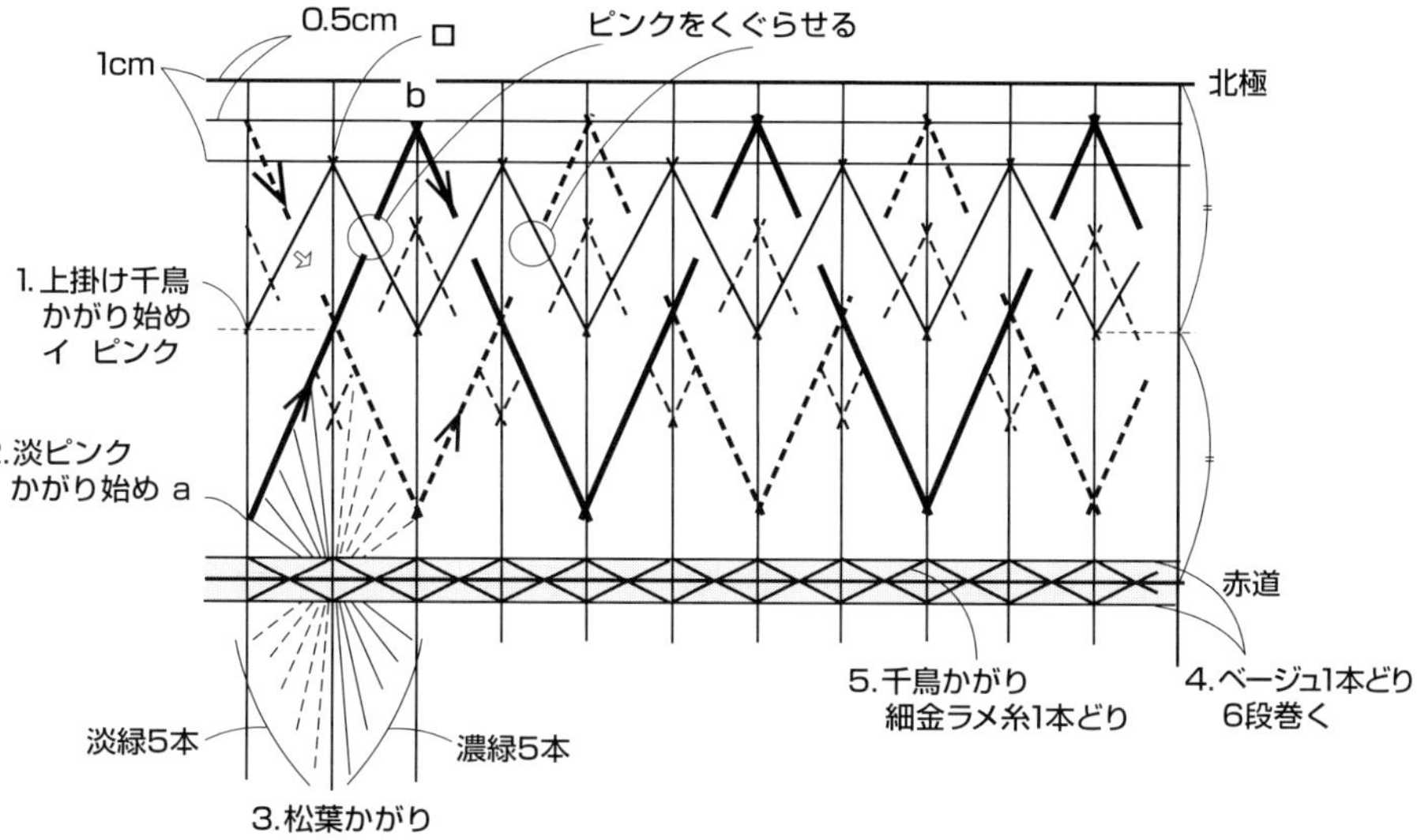

0.5cm
ロ
ピンクをくぐらせる
1cm
b
北極
1.上掛け千鳥
かがり始め
イ ピンク
2.淡ピンク
かがり始め a
赤道
5.千鳥かがり
細金ラメ糸1本どり
4.ベージュ1本どり
6段巻く
淡緑5本
濃緑5本
3.松葉かがり

◇上掛け千鳥かがり配色表
（6本どり）

1	濃緑 (988)…1段
2	藤色 (211)…2段
3	淡ピンク (818)…2段
4	ピンク (605)…3段
5	濃ピンク(604)…3段
6	グレー (318)…2段
	計8段

（グレーは3本どり）

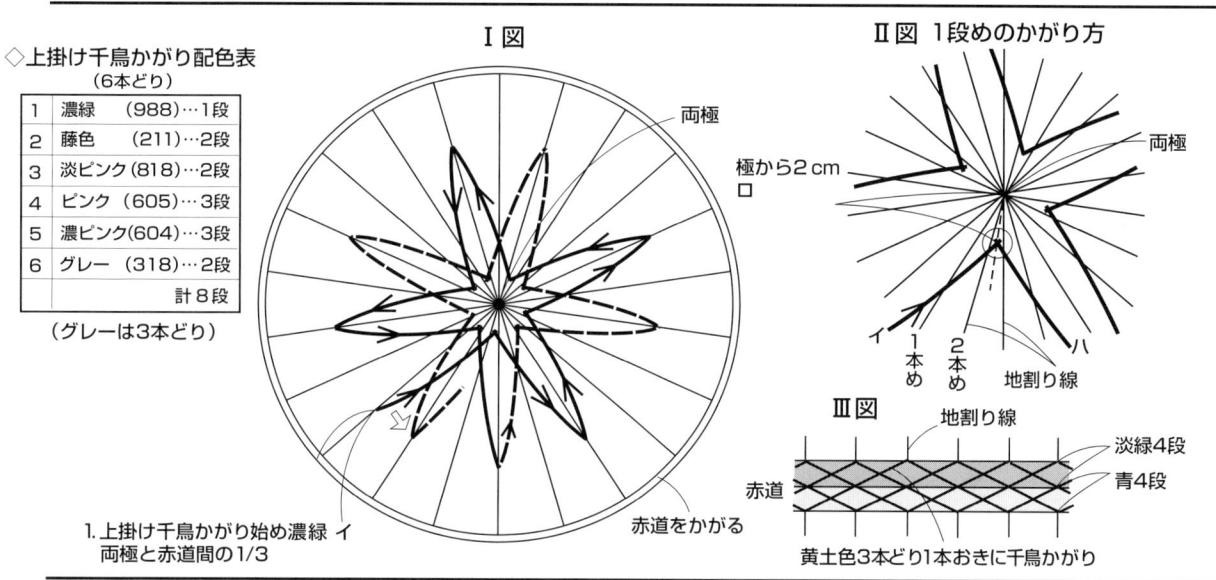

Ⅰ図

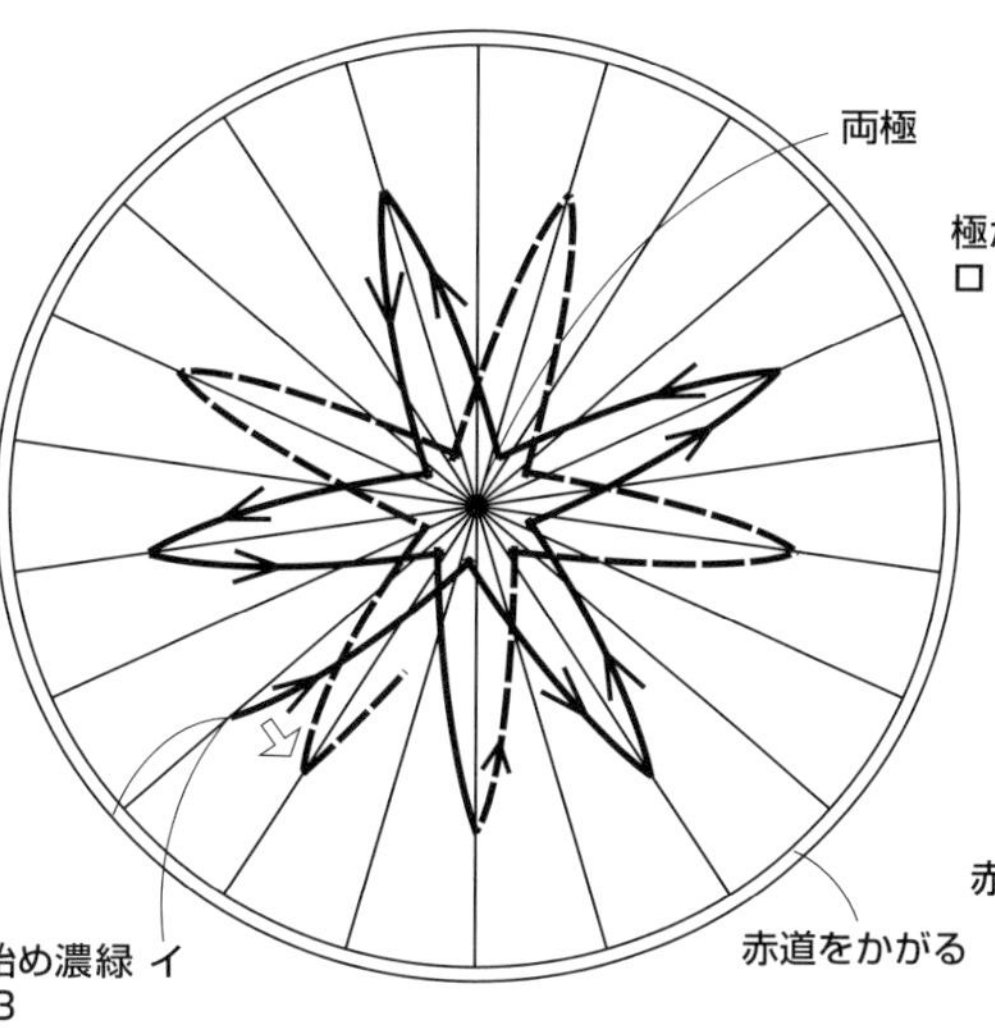

両極
1.上掛け千鳥かがり始め濃緑 イ
両極と赤道間の1/3
赤道をかがる

Ⅱ図 1段めのかがり方

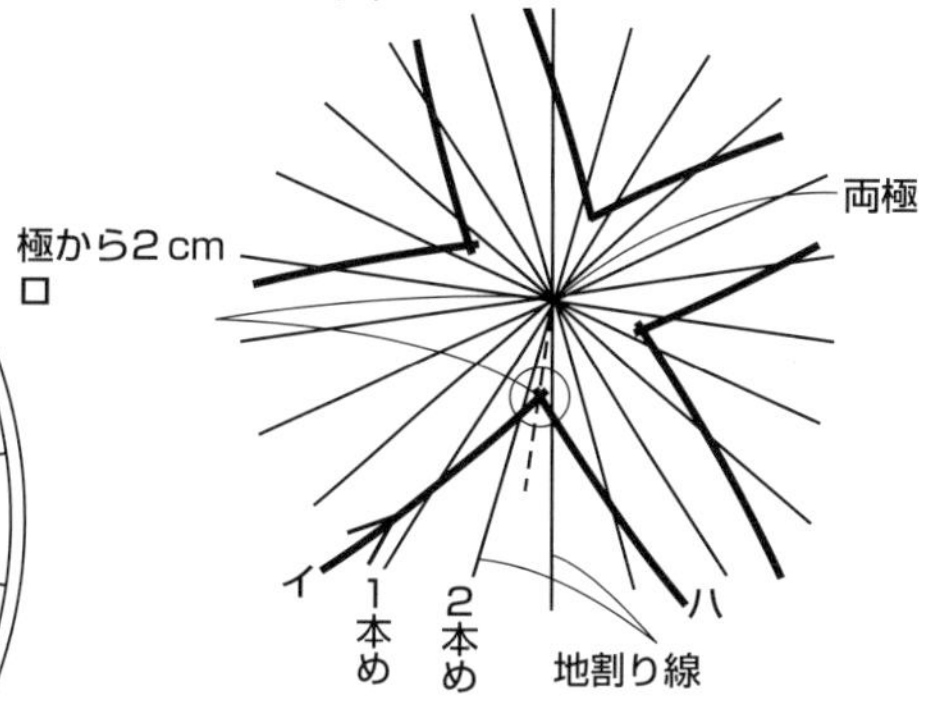

両極
極から2cm
ロ
イ
1本め
2本め
地割り線
ハ

Ⅲ図

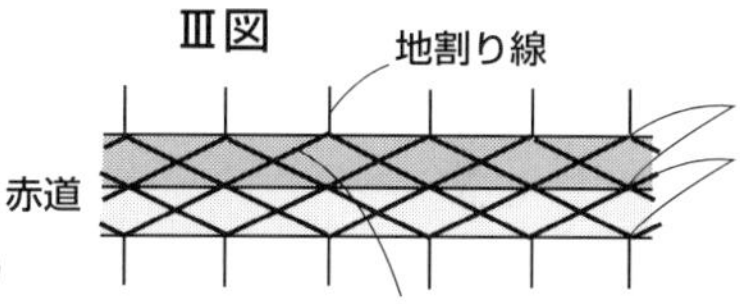

地割り線
淡緑4段
青4段
赤道

黄土色3本どり1本おきに千鳥かがり

を上掛けで、最後は三角、四角ともに細金ラメ糸で1段かがります。（重松あや）

◇三角の花配色表（4本どり）

1	紺(2797)…1段
2	白 …1段
3	紺(2797)…2段
4	細金ラメ糸…1段
	計5段

細金ラメ糸は1本どり、3段目からは交差している部分を上掛けでかがる

◇四角の花配色表（4本どり）

	朱色	緑	藤色
1	朱色(2946)…1段	緑(2907)…1段	藤色(2397)…1段
2	白…1段		
3	朱色(2946)…3段	緑(2907)…3段	藤色(2397)…3段
4	細金ラメ糸（1本どり）…1段		
	計6段		

反対側を同色にして2か所ずつかがる

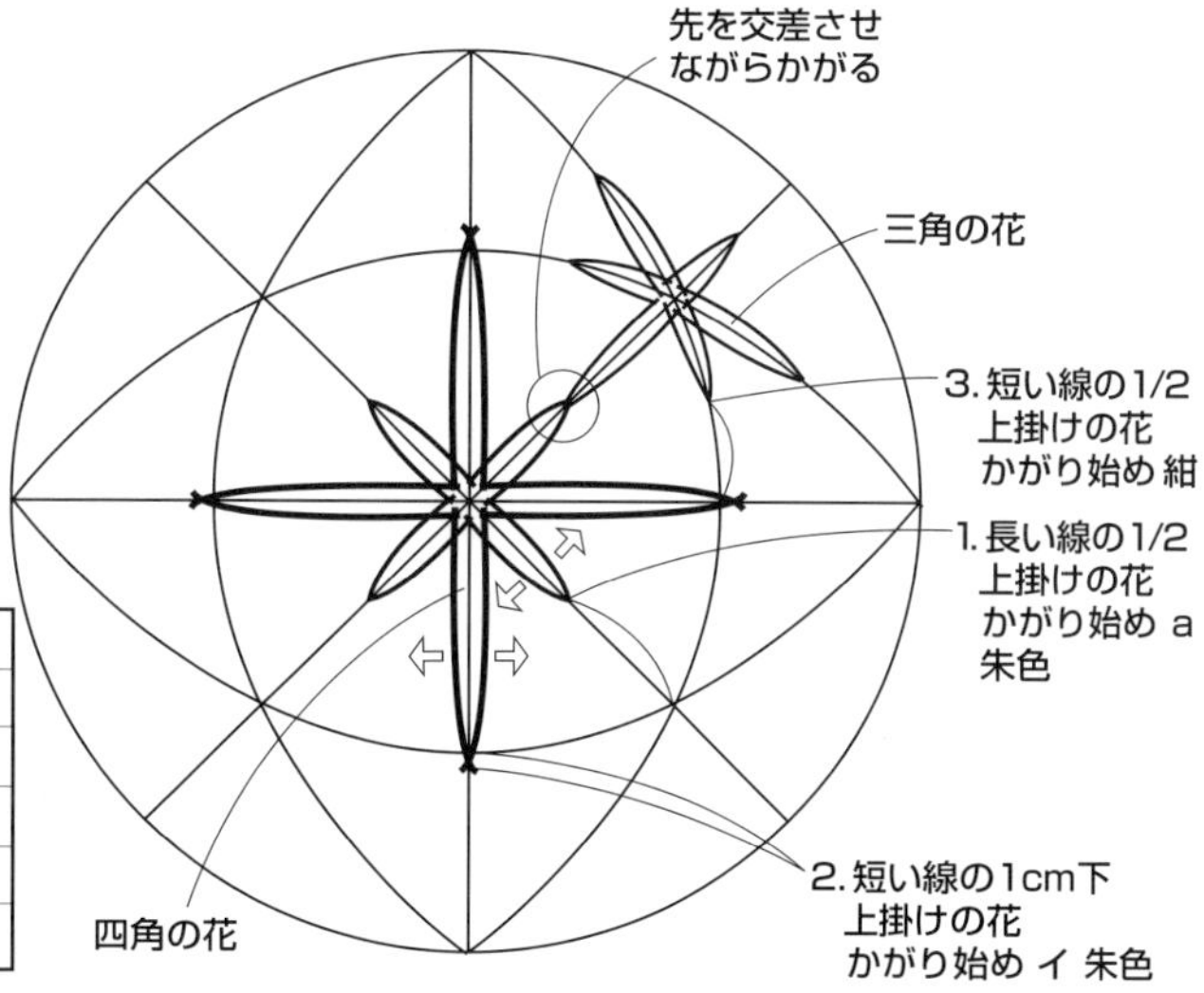

先を交差させ
ながらかがる
三角の花
3.短い線の1/2
上掛けの花
かがり始め 紺
1.長い線の1/2
上掛けの花
かがり始め a
朱色
2.短い線の1cm下
上掛けの花
かがり始め イ 朱色
四角の花

中級／8等分の組み合わせ

麻の葉とパッチワーク

カラー口絵9ページ

■材料
土台まり／円周34㎝　黒地巻き糸
地割り糸／DMC25番刺繍糸2本どり…白
かがり糸／DMC25番刺繍糸3本どり…緑濃中淡(910・954・955)、オレンジ濃中淡(606・947・940)、黄色(972)、白

■作り方

1 25番刺繍糸白2本どりで8等分の組み合わせの地割りをし、菱形4等分の中心を結ぶ補助線を入れます。

2 1でできた四角6か所と、三角8か所の一辺を4等分して白2本どりで補助線を入れます。四角に小さい四角が16個、三角に小さい四角が9個と三角が6個できます(I図)。

3 小さい四角の中に白1本どりで対角線の補助線を入れ、各色3本どりの枡かがりでかがり埋めます(II図)。

4 四角と三角の中心に、白2本どりで麻の葉をかがります。

(斉藤正子)

中級／8等分の組み合わせ

巻きと紡錘型のねじり

カラー口絵10ページ

■材料
土台まり／円周32㎝　白地巻き糸
地割り糸／金ラメ糸
かがり糸／DMC 5番刺繍糸2本どり…黄緑(907)、オレンジ(947)、白、淡茶(976)、赤茶(919)

■作り方

1 金ラメ糸で8等分の組み合わせの地割りをします。

2 四角8等分の短い線を、中心から5段ずつ巻きかがりをします。

3 菱形4等分の短い線の1/2から紡錘型を5段かがり、巻きかがりの5段はねじりながらかがります。

4 三角6等分の中心は、三つ巴になるように黄緑で1段かがります。

5 全体がかがり埋まるまで、くぐらせながらかがります。

(山崎博子)

中級／8等分の組み合わせ

紡錘型交差

カラー口絵11ページ

■材料
土台まり／円周28㎝　白地巻き糸
地割り糸／金ラメ糸
かがり糸／DMC 5番刺繍糸1本どり…白、藤色濃淡(553・3042)、水色濃淡(597・598)、朱色濃淡(350・351・352・353)、

■作り方

1 金ラメ糸で8等分の組み合わせの地割りをします。

2 四角8等分の短い線の1/2より、紡錘型を白で2段、全体で12個かがります。

3 三角6等分の中心を結ぶ紡錘型を朱色、水色、藤色で各1段ずつかがります。

4 白の紡錘型と3色の紡錘型を、色を替えながら交互にかがります(配色表)。

5 朱色、水色、藤色の紡錘型の最後の段は巻きかがり3段でかがり埋めます。

(前田玉江)

Ⅱ図

三角の配色
1.濃緑(910)
2.緑(954)
3.淡緑(955)

四角の配色
1.濃オレンジ(606)
2.オレンジ(947)
3.淡オレンジ(940)
4.黄色(972)

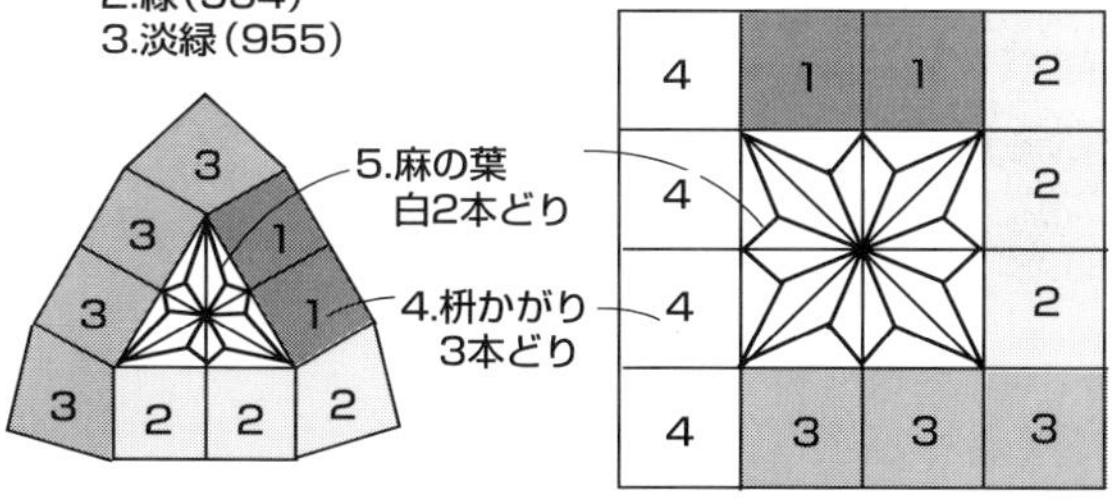

5.麻の葉
白2本どり
4.枡かがり
3本どり

四角は1～4まで、三角は1～3まで
各色で枡かがりをする

Ⅰ図

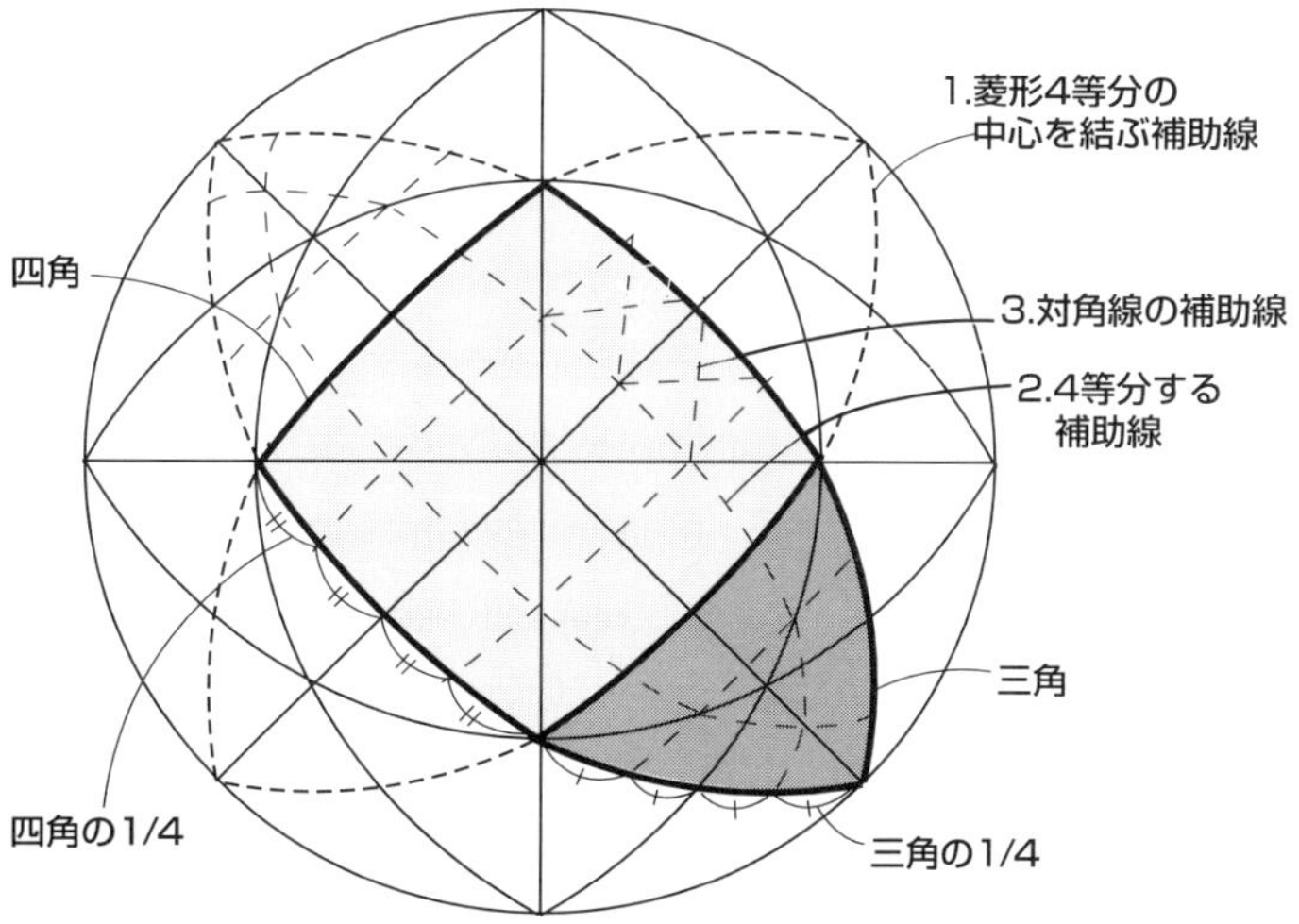

1.菱形4等分の
中心を結ぶ補助線
四角
3.対角線の補助線
2.4等分する
補助線
三角
四角の1/4
三角の1/4

◇巻きかがり配色表(2本どり)

1	6	11	16		黄緑(907)
2	10	14	17		オレンジ(947)
3	9	18			白
4	8	13	19		淡茶(976)
5	7	12	15	20	赤茶(919)

番号順に1段ずつ計20段かがり、
紡錘型も1～5と同色でかがる

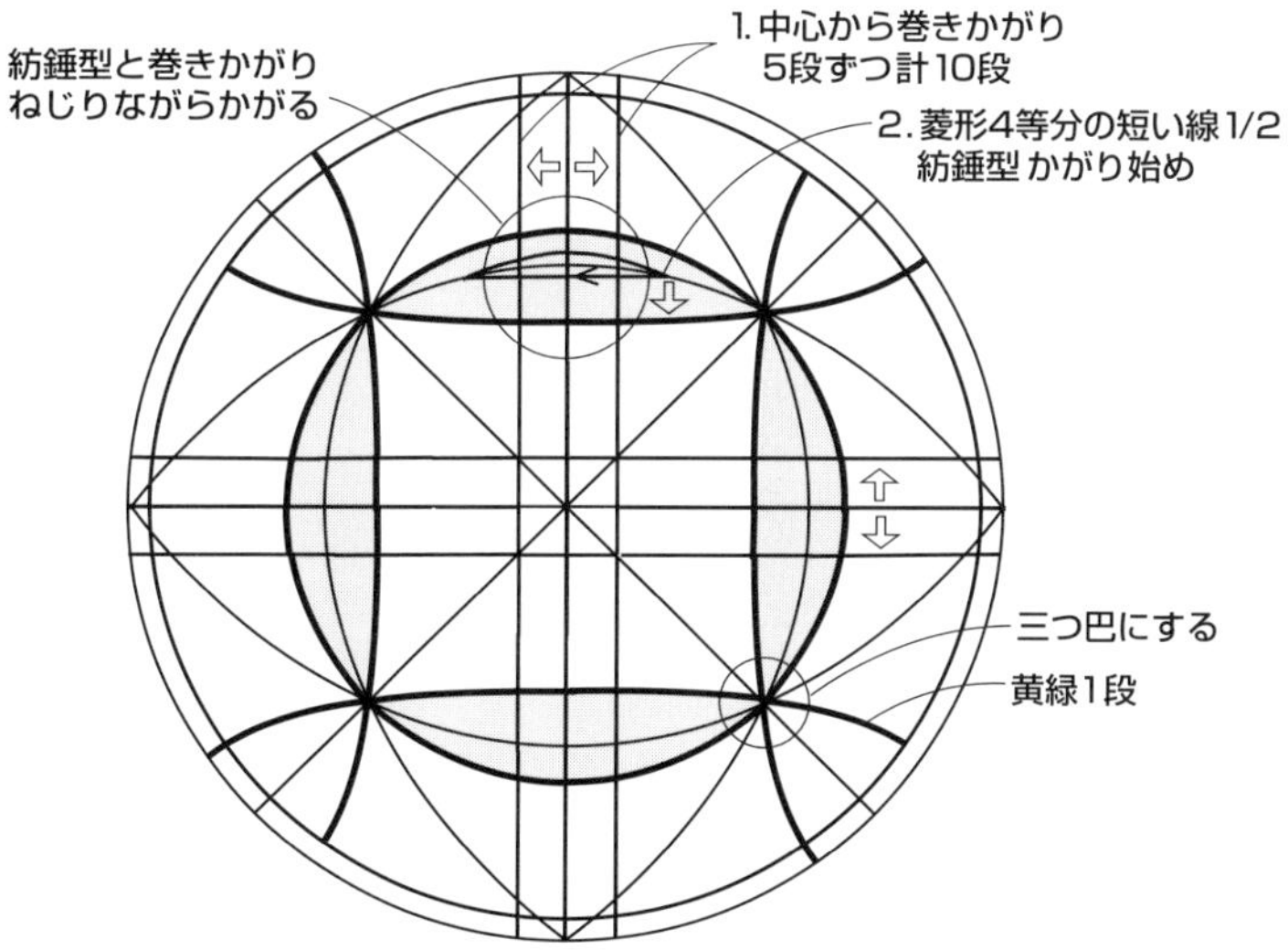

1.中心から巻きかがり
5段ずつ計10段
紡錘型と巻きかがり
ねじりながらかがる
2.菱形4等分の短い線1/2
紡錘型 かがり始め
三つ巴にする
黄緑1段

◇紡錘型かがり配色表(1本どり)

	白	朱 色	水 色	藤 色
1	2段	濃色(350)…1段	濃色(597)…1段	濃色(553) … 1段
2	2段	濃色(350)…1段	濃色(597)…1段	濃色(553) … 1段
3	3段	濃色(350)…2段	濃色(597)…2段	濃色(553) … 2段
4	3段	中色(351)…2段	淡色(598)…2段	淡色(3042)…2段
5	3段	中色(352)…2段	淡色(598)…2段	淡色(3042)…2段
6		淡色(353)…3段	濃色(597)…3段	濃色(553) … 3段
7		濃色(350)…3段		
	計13段	計14段	計11段	計11段

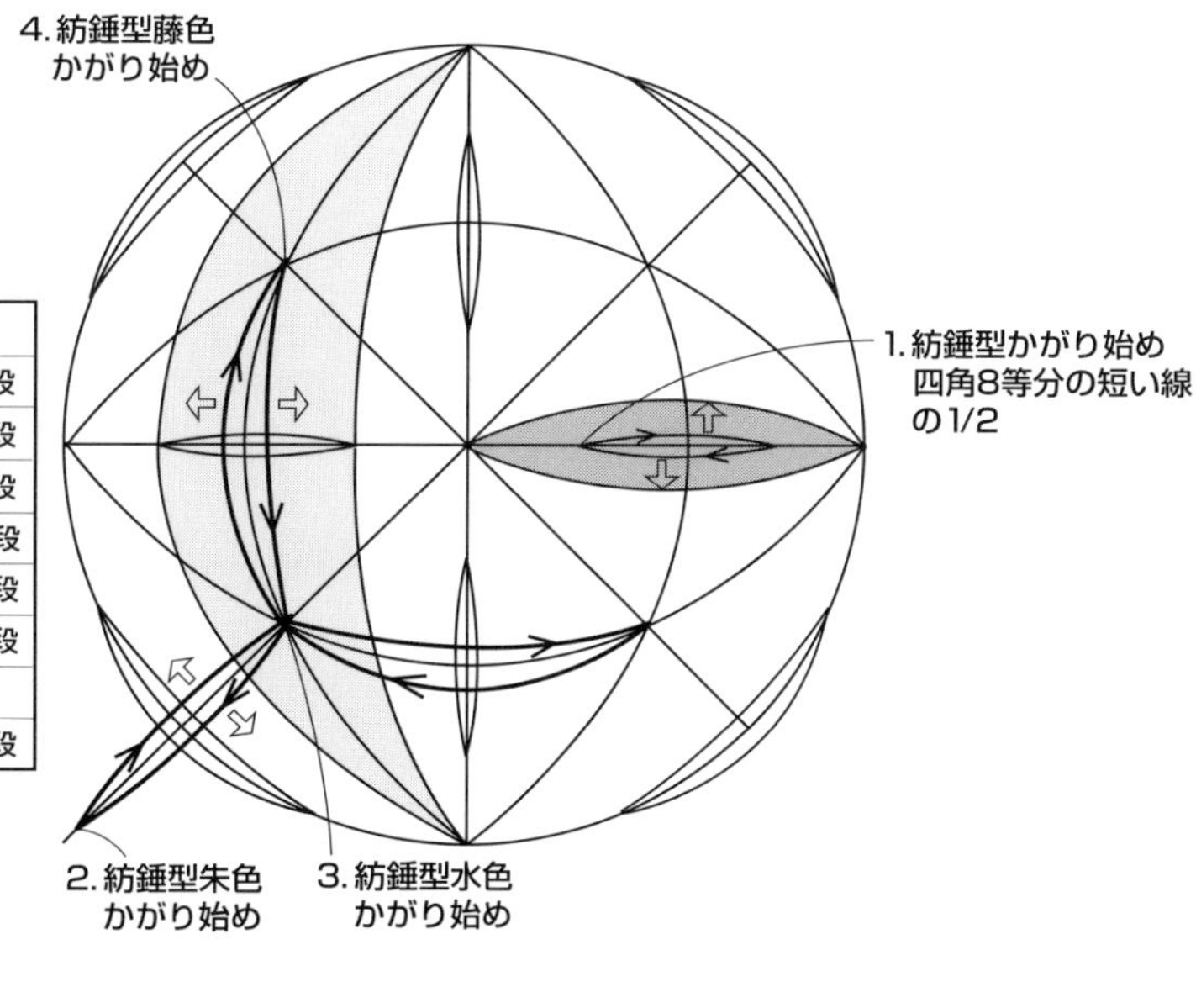

4.紡錘型藤色
かがり始め
1.紡錘型かがり始め
四角8等分の短い線
の1/2
2.紡錘型朱色
かがり始め
3.紡錘型水色
かがり始め

中級／8等分の組み合わせ

朱雀の幻想

カラー口絵14ページ

■材料
土台まり／円周31cm　黒地巻き糸
地割り糸／金ラメ糸
かがり糸／京てまり糸２本どり…朱色(30)、緑(534)、青(514)、淡黄色(7)、細金ラメ糸

■作り方

1　金ラメ糸で8等分の組み合わせの地割りをし、三角6等分の短い線の1/2を結ぶ三角の補助線を4か所に入れます。

2　三角6等分の中心Aより補助線上のB、四角8等分の長い線の1/2C、補助線上のDを結ぶ菱形ABCDを朱色で1段かがり、他の三角6等分4か所も同様にかがります。

3　菱形ABGFを緑、ADEFを青で1段ずつ交差させながらかがり、淡黄色1段ずつかがります。3個の菱形をそれぞれ色を替えながら計15段かがります(配色表)。

4　補助線の三角2か所に、緑と淡黄色１本

中級／8等分の組み合わせ

青の万華鏡

カラー口絵4ページ

■材料
土台まり／円周28cm　白地巻き糸
地割り糸／しつけ糸
かがり糸／草木染風木綿糸２本どり…生成(532)、青(6)、紺(519)

■作り方

1　しつけ糸で8等分の組み合わせの地割りをします。

2　四角8等分の短い線の1/2を通りながら、三角6等分を12等分する補助線を入れます。

3　四角8等分の長い線と補助線の交わる長方形イ～ニを青で1段ずつ、全体で8か所にかがります。

4　三角6等分の中心の周りに、六角A～Fを長方形イ～ニと並べながら紺で8か所かがります。

5　長方形と六角を交互に、生成と紺でかがります(配色表)。

中級／8等分の組み合わせ

織り樽型

カラー口絵4ページ

■材料
土台まり／円周27cm　ベージュ地巻き糸
地割り糸／25番刺繍糸３本どり…ベージュ
かがり糸／草木染風木綿糸２本どり…生成(532)、ベージュ(535)、淡茶(512)濃緑(516)

■作り方

1　8等分の組み合わせの地割りをします。

2　四角8等分の短い線の中心より2/3の位置イから樽型イロハニをかがります。濃緑で2段、交差させながら、全体で8か所にかがります。四角8等分の中心は井桁に組みながらかがり、ベージュで1段かがるときは濃緑と逆に組みます。茶、濃ベージュ、ベージュで同様にかがります(配色表)。

3　三角6等分の中心は、三つ巴に組みながらかがります。

4　最後の段は、濃緑2本どりで巻きかがりをします。

(山本佳寿子)

◇菱かがり配色表（2本どり）

1				朱色（30）…1段
2				淡黄色（7）…1段
3	5	7	9	朱色（30）…2段
4	6	8	10	淡黄色（7）…1段
11				朱色（30）…1段
				計8段

Ⅱ図 三角のかがり方

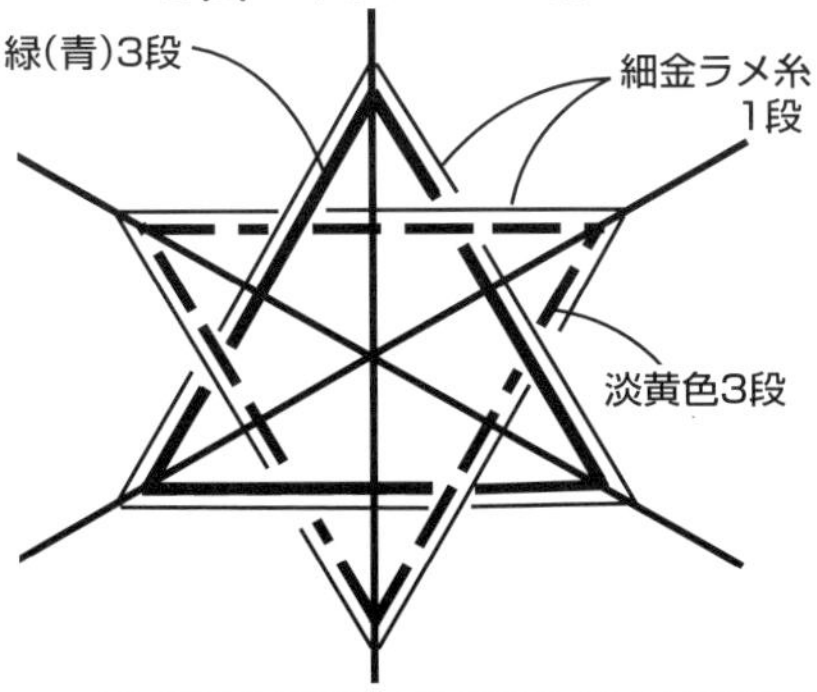

緑（青）3段
細金ラメ糸
1段
淡黄色3段

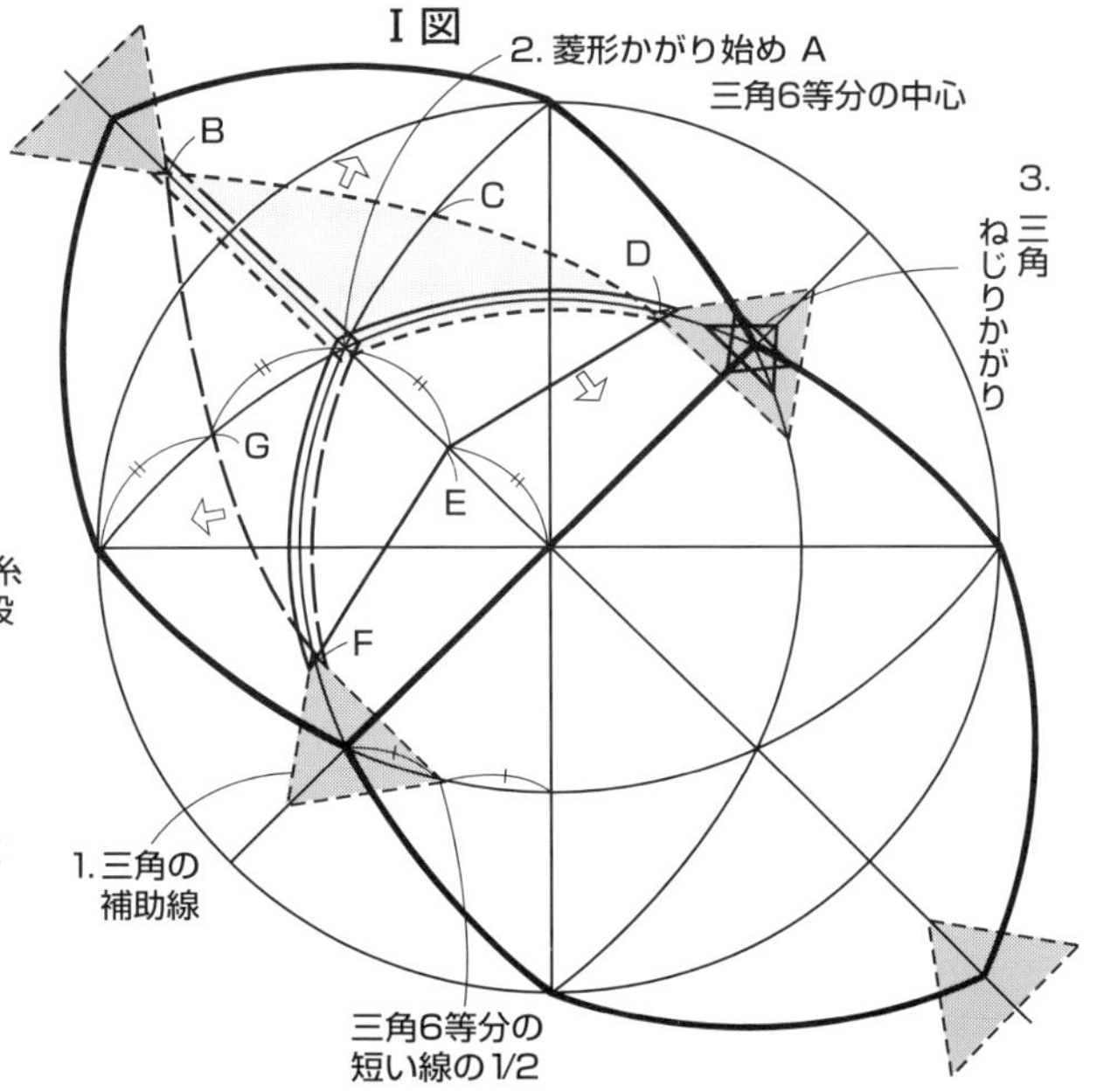

Ⅰ図
2. 菱形かがり始め A
三角6等分の中心
3. 三角
ねじりかがり
B
C
D
E
F
G
1. 三角の
補助線
三角6等分の
短い線の1/2

どり3段と細金ラメ糸1段で三角をねじりながらかがり、残りの三角2か所を緑を青に替えて同様にかがります。

（第七回てまりコンクール入賞作品／中野照子）

6 4等分の地割り線上に両外側より4段巻きかがりをし、三角6等分に三角を紺で1段かがります。

（清水みち子）

◇巻きかがり配色表（2本どり）

1	青	（6）…1段	両外側から巻く
2	生成（532）…1段		
3	青	（6）…1段	
4	紺	（519）…1段	
5	紺	（519）…1段	中心
	計9段		

◇長方形と六角配色表（2本どり）

	長方形	六　角
1	青　（6）…1段	紺　（519）…1段
2	紺　（519）…1段	生成（532）…1段
3	生成（532）…1段	紺　（519）…1段
4	紺　（519）…1段	
	計4段	計3段

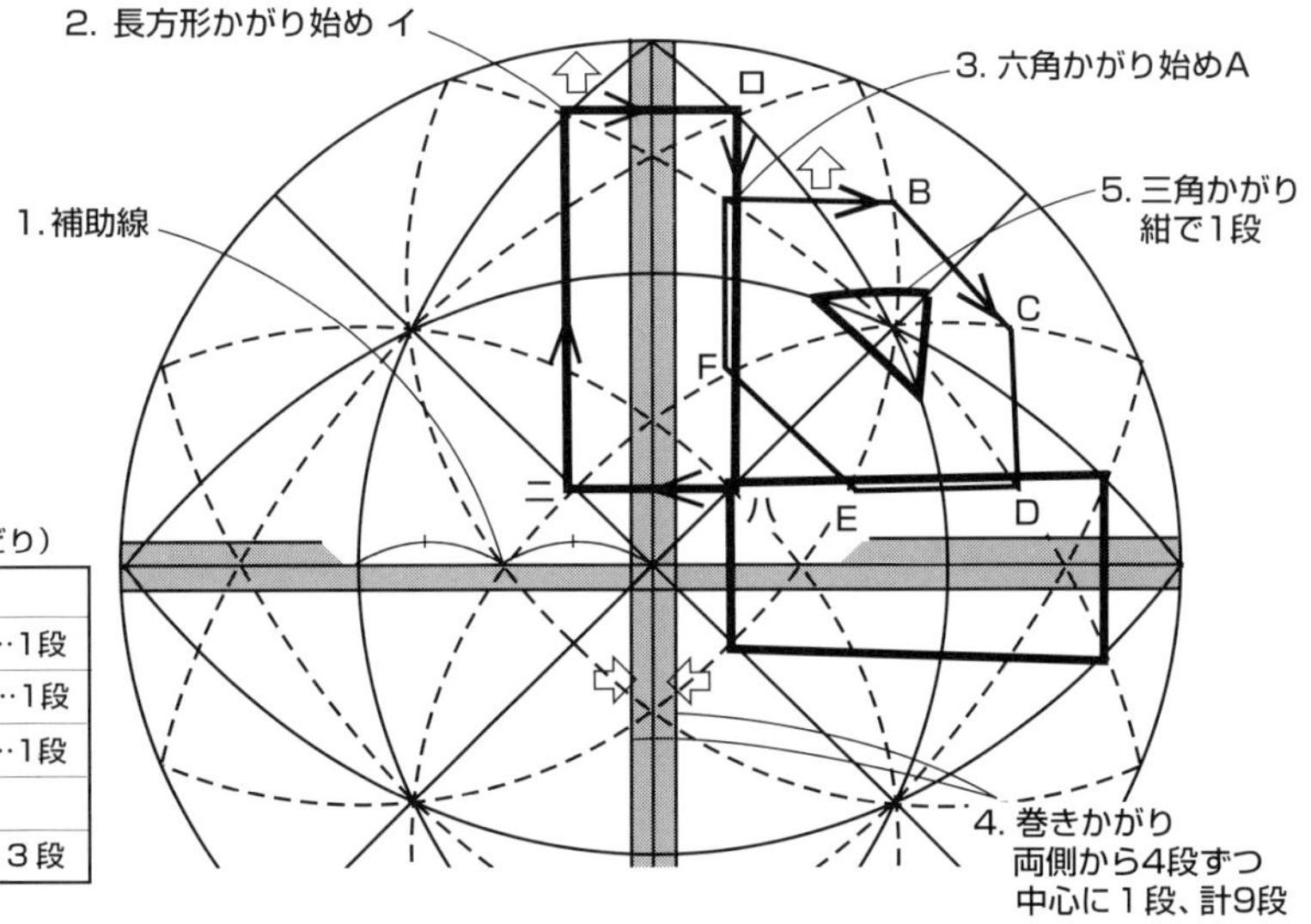

2. 長方形かがり始め イ
ロ
3. 六角かがり始めA
B
5. 三角かがり
紺で1段
C
1. 補助線
F
ニ
ハ
E
D
4. 巻きかがり
両側から4段ずつ
中心に1段、計9段

◇樽型配色表（2本どり）

1	濃緑	（516）…2段	
2	ベージュ	（532）…1段	
3	茶	（512）…2段	
4	濃ベージュ	（535）…1段	
5	ベージュ	（532）…2段	
		計8段	

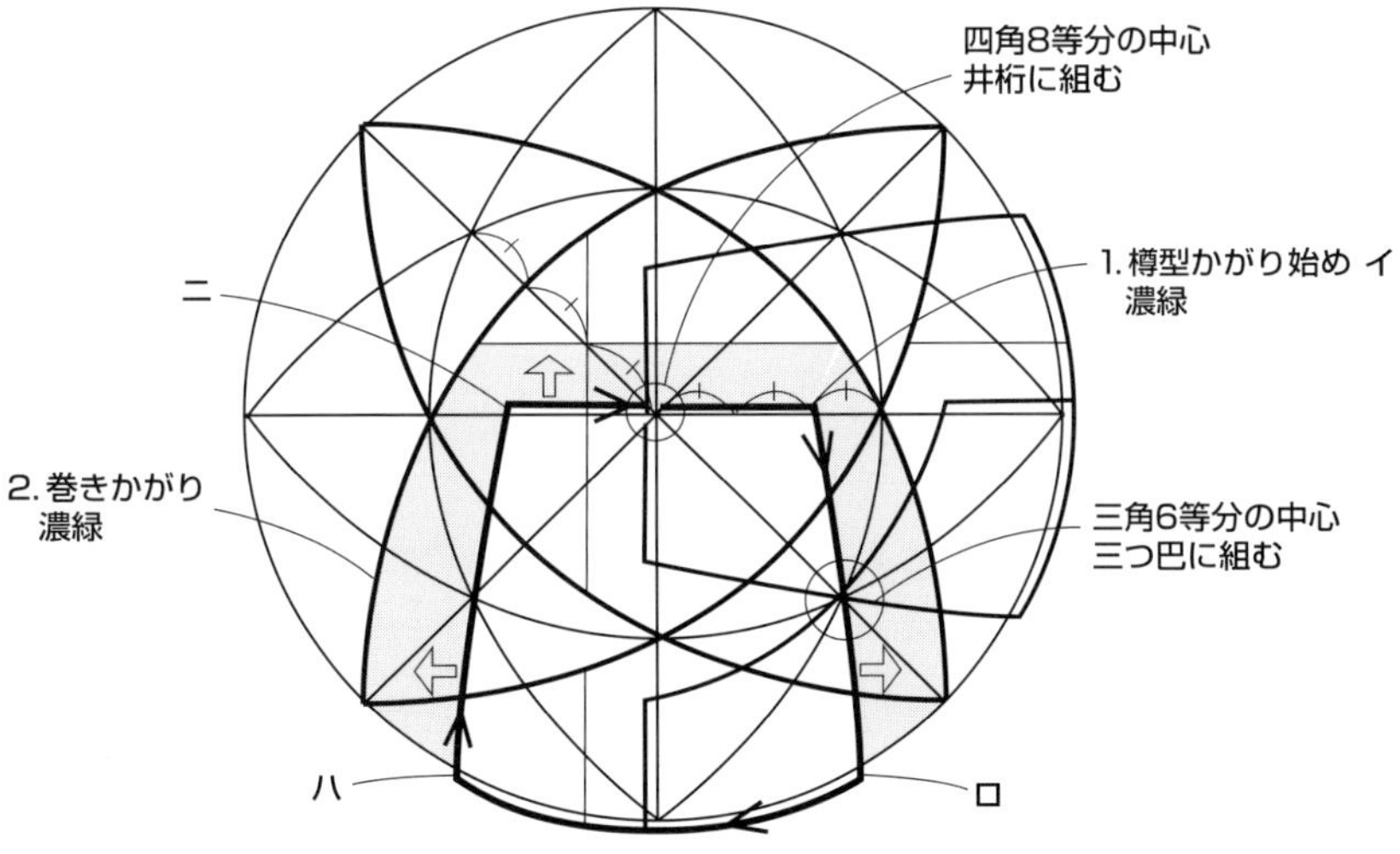

四角8等分の中心
井桁に組む
1. 樽型かがり始め イ
濃緑
ニ
2. 巻きかがり
濃緑
三角6等分の中心
三つ巴に組む
ハ
ロ

中級／8等分の組み合わせ

トロピカルフラワー

カラー口絵19ページ

■材料
土台まり／円周34㎝　黒地巻き糸
地割り糸／しつけ糸
かがり糸／京てまり糸1本どり…緑濃淡(35・32)、ピンク(517)、黄色(31)、青(527)、わさび色(521)、藤色(524)赤(22)、細金ラメ糸

■作り方

1 しつけ糸で8等分の組み合わせの地割りをします。

2 四角と六角の一辺が同寸法になるように決め、地割り線上に濃緑1段、両側に淡緑1段ずつ計3段かがります。

3 四角の中は淡緑2本どり1段で井桁に組み、外側に濃緑2段、淡緑2段を交差させながら計4段かがります(Ⅰ図)。

4 六角4か所の中心に、わさび色で長短の松葉かがりを3本ずつ入れ、長い松葉は黄色1段と藤色7段、短い松葉は黄色1段と赤4段でV字の花をかがります。根元をわさび色

中級／8等分の組み合わせ

糸とんぼ

カラー口絵18ページ

■材料
土台まり／円周26㎝　黒地巻き糸
地割り糸／金ラメ糸
かがり糸／DMC25番刺繍糸6本どり…赤(666)、青(995)、藤色(210)、ピンク濃淡(956・353)、黄色(3827)、金ラメ糸

■作り方

1 金ラメ糸で8等分の組み合わせの地割りをします。

2 四角8等分に、とんぼの羽根2枚の輪郭を一筆描きの要領でかがり、中心に胴を3本かがります。大きい羽根の中に1本どりで6本、小さい羽根に4本の線をかがります。

3 胴に金ラメ糸で5本の巻きかがり、頭に山型をかがり、目をサテンステッチで2個かがります(Ⅰ・Ⅱ図)。

4 四角8等分6か所に、ピンク濃淡、赤、青、黄色、藤色の6色で向きが同じにならないようにとんぼをかがります(Ⅲ図)。（魚住実子）

中級／10等分の組み合わせ

まばたき星

カラー口絵10ページ

■材料
土台まり／円周26㎝　赤地巻き糸
地割り糸／金ラメ糸
かがり糸／DMC5番刺繍糸1本どり…黒(310)、緑(700)、白

■作り方

1 金ラメ糸で10等分の組み合わせをします。

2 五角10等分の五角に沿って緑1段、黒1段、全体で12か所かがります。

3 五角10等分の長い線の角から1㎝の位置より菱形の中心を通り、白1本どりの連続かがりで7段かがります。

4 他の長い線も同様に、菱形の中心を交差させながらかがります。

5 連続かがりが重なった菱形4等分の中心を、黒1本どりで2巻きします。（黒田幸子）

Ⅱ図 六角のかがり方

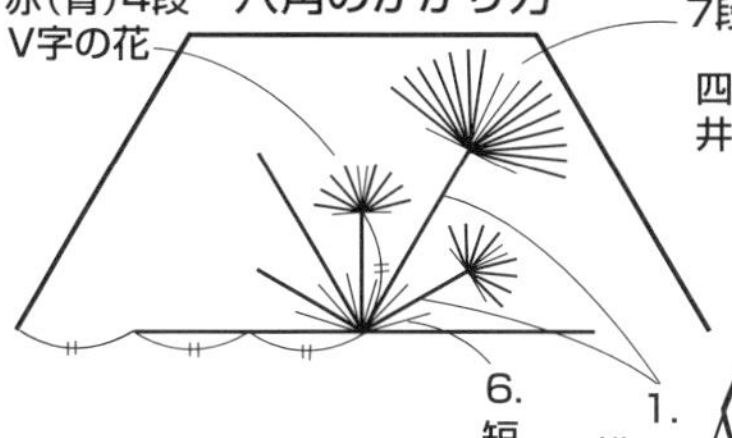
3. 赤（青）4段
2. 藤（ピンク）
7段V字の花
6. 短い松葉
1. わさび色で松葉かがり

Ⅰ図

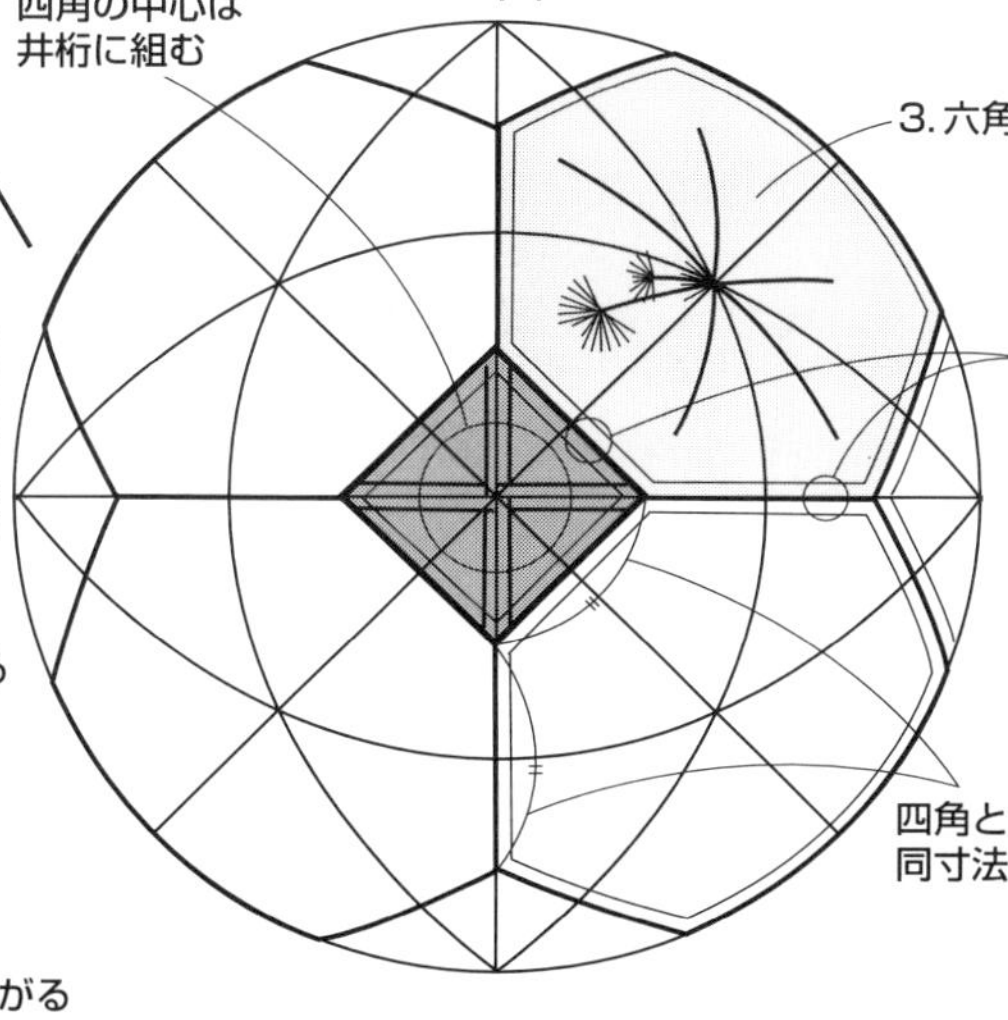
3. 六角の中をかがる
1. 六角
濃緑1段
両側に淡緑1段
ずつかがる
四角と六角の一辺を
同寸法にする

Ⅲ図 V字の花

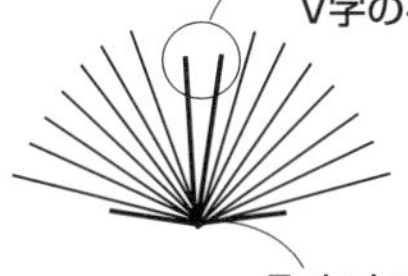
4. 黄色1段
V字の花をかがる
5. わさび色1段
V字で根元をかがる

1段でV字にかがり、長短の松葉の間に短い松葉を入れます（Ⅱ・Ⅲ図）。

5 残りの六角4か所は、長い松葉の先をピンク、短い松葉の先を青にして同様にかがります。

（木越秀子）

Ⅱ図

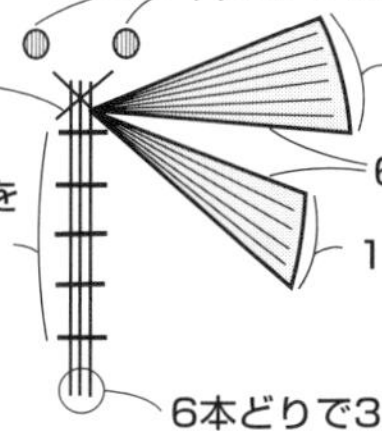
サテンステッチで
目をかがる
金ラメ糸
1本どり6本
6本どりで輪郭
金ラメ糸を
5本巻く
1本どり4本

Ⅲ図 全体の配置

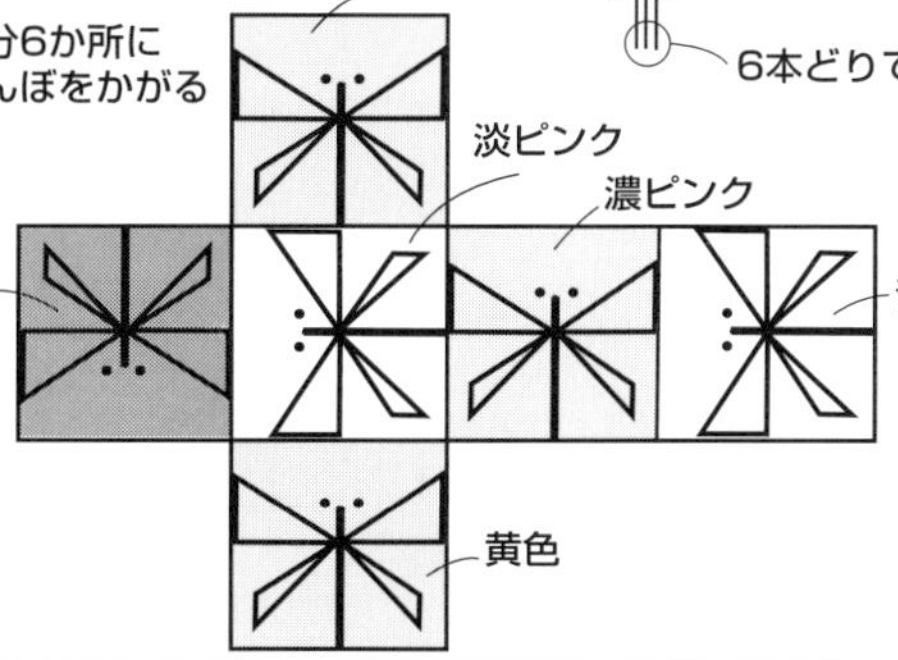
藤色
四角8等分6か所に
6色でとんぼをかがる
赤
青

Ⅰ図

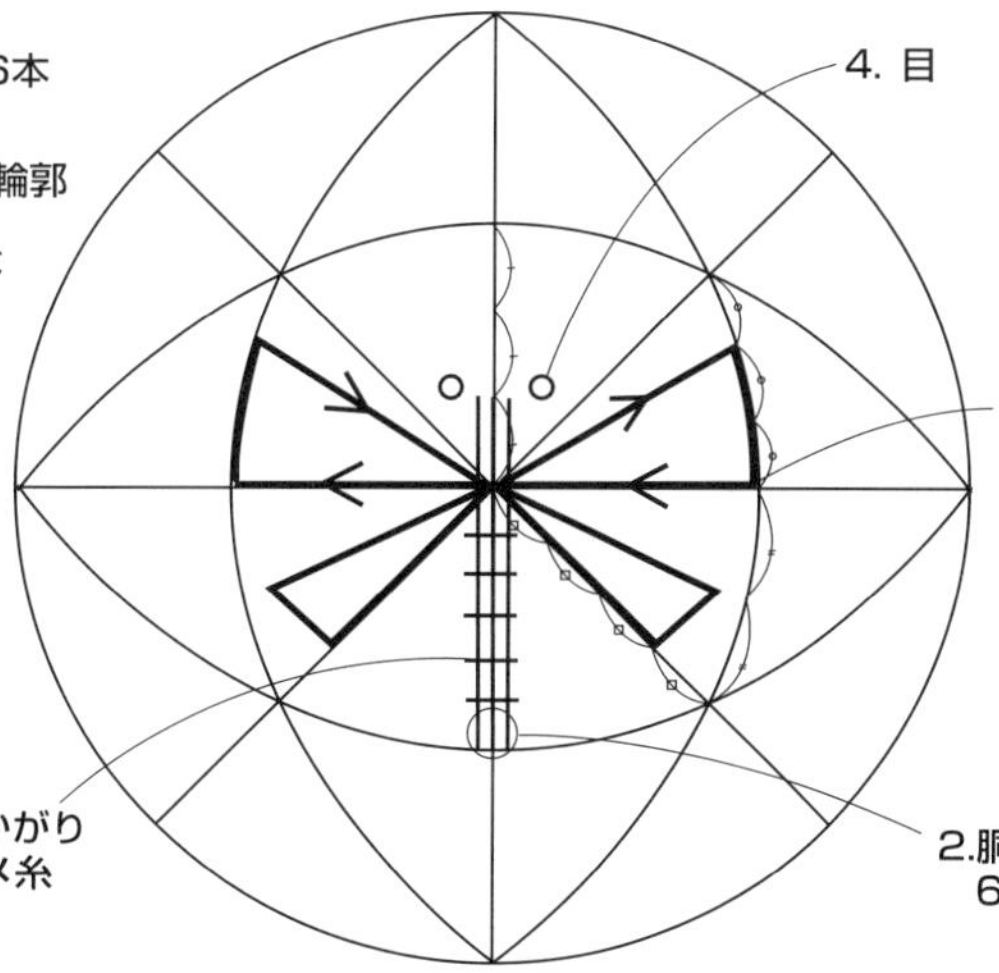
1. 羽根
かがり始め
3.巻きかがり
金ラメ糸
2.胴
6本どりで3本

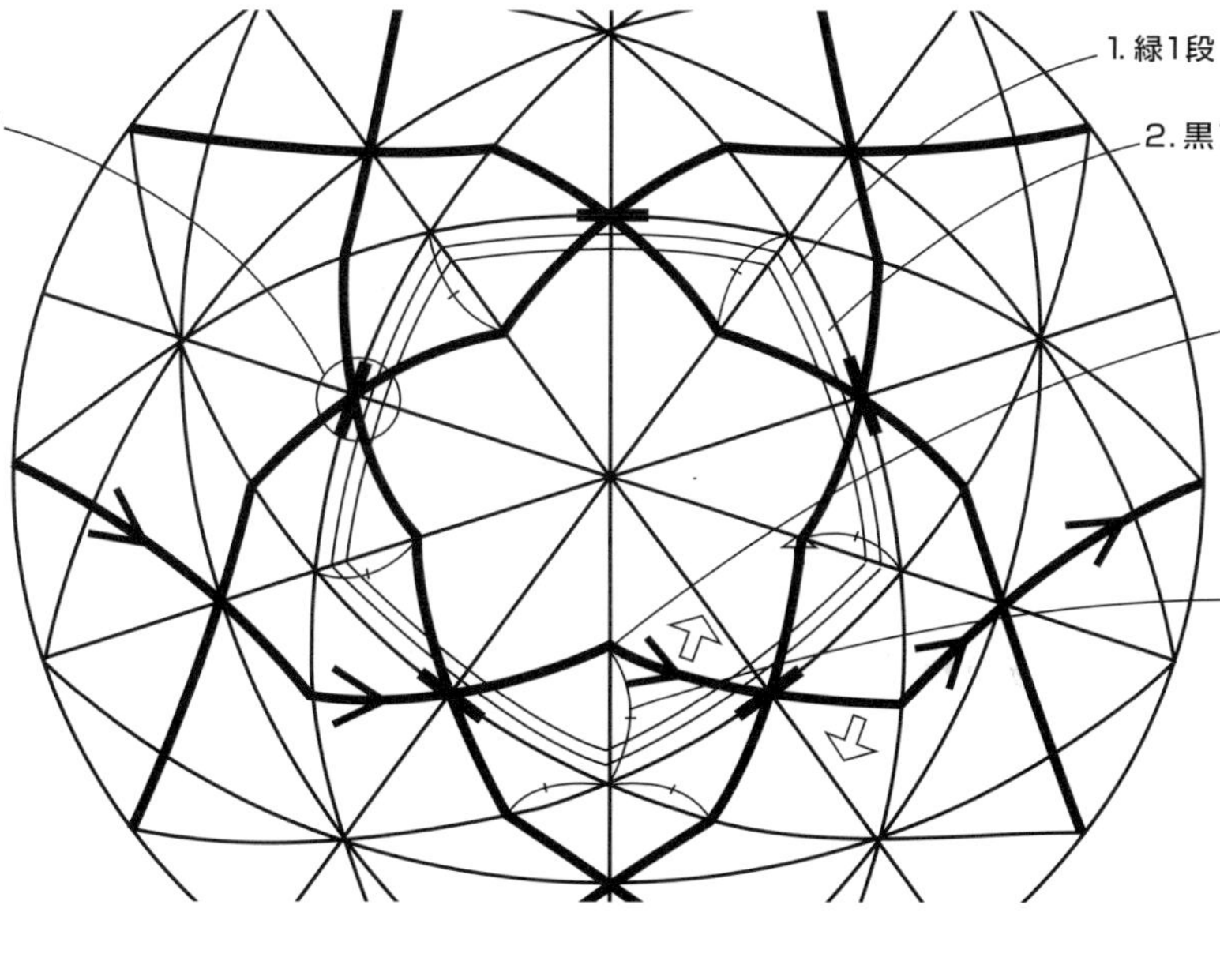
1. 緑1段　緑と黒を五角に
沿ってかがる
2. 黒1段
4. 黒1本どりで
2巻きする
3. 連続かがり白7段
かがり始め
五角10等分の
長い線の角から1cm

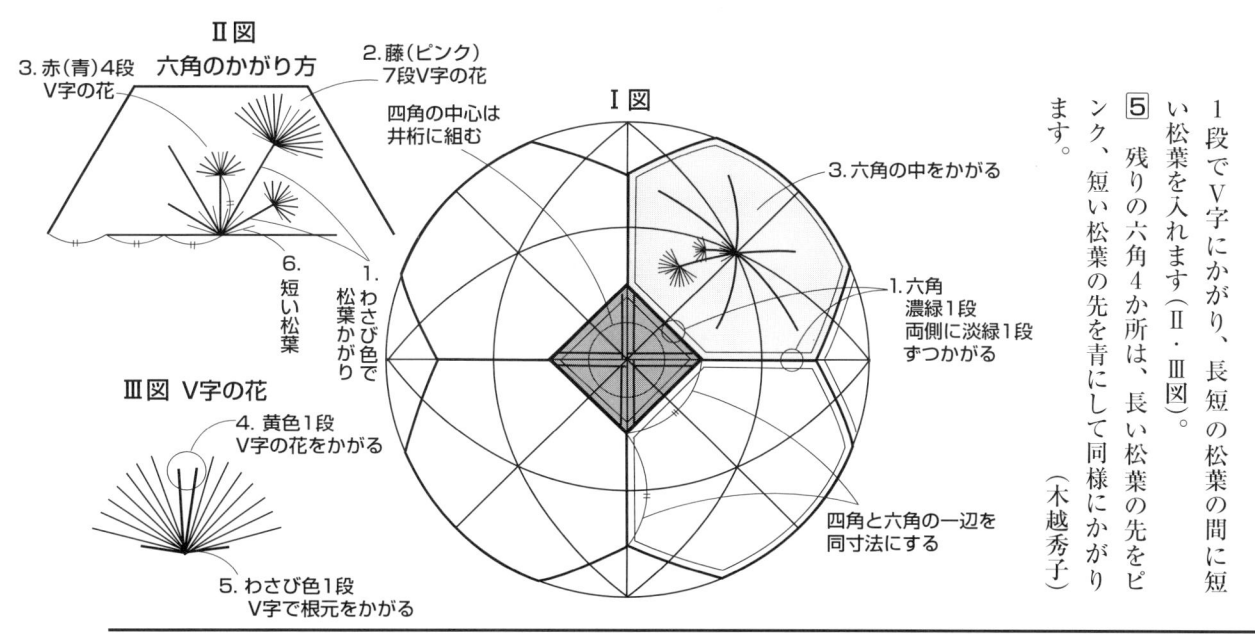

中級／10等分の組み合わせ

春

カラー口絵8ページ

■材料
土台まり／円周31㎝　白地巻き糸
地割り糸／金ラメ糸
かがり糸／DMC25番刺繍糸3本どり…白、ピンク濃淡(957・963)、緑濃淡(320・368)、黄土色(3348)、金ラメ糸

■作り方

1 金ラメ糸で10等分の組み合わせの地割りをし、菱形4等分の中心を結ぶ補助線を入れます。

2 1でできた三角20か所を、濃緑で中心からかがり埋めます。

3 五角12等分の長い線の1/2より黄土色で5段五角をかがります。五角の外側より五角の長い線を上掛け千鳥で6段かがり、五角6段と交互にかがります(配色表・Ⅱ図)。

4 3の淡ピンクをかがるとき、花びらの先は緑の三角を1段ずつくぐらせて、広げてすくいながら形作ります。

(田中ひさ子)

中級／10等分の組み合わせ

松虫草

カラー口絵8ページ

■材料
土台まり／円周29㎝　紺土台まり
地割り糸／DMC25番刺繍糸1本どり…青(826)
かがり糸／DMC25番刺繍糸3本どり…緑(993)、淡紫(554)　2本どり…淡緑(504)　絹糸1本どり…淡藤色

■作り方

1 25番刺繍糸1本どりの青で10等分の組み合わせの地割りをします。

2 五角10等分の長い線の1/2より、菱形4等分の中心を通る補助線を地割り糸で入れます(Ⅰ図)。

3 菱形4等分の、長い線と短い線のそれぞれの角から1/4の位置より、淡緑と緑計4段で菱形を30個かがります。菱形をねじりながら三角を淡紫と絹糸の淡藤色計4段でかがります(配色表・Ⅱ図)。

(金森てる)

中級／10等分の組み合わせ

星と五角の花

カラー口絵10ページ

■材料
土台まり／円周32㎝　黄土色地巻き糸
地割り糸／細金糸
かがり糸／DMC5番刺繍糸1本どり…水色(959)、ピンク濃淡(603・604・605・818・819)、白

■作り方

1 細金糸で10等分の組み合わせの地割りをします。

2 五角10等分の長い線の1/2から水色で9段全体で12個星かがりをします。

3 五角10等分の短い線に、星かがりでできた五角に続けて、ピンク濃淡、白、それぞれの色で配色を替えながら、五角を8段ずつ12個かがります。星かがりの糸は1段ずつすくいながら山型にかがってゆきます(配色表)。

(花岡美子)

◇上掛けと五角配色表（3本どり）1段ずつ交互にかがる

	上掛け千鳥かがり	五　角
1 2	白　　…1段	淡緑（368）1段・黄土色（3348）1段を3回繰り返す
3 4	淡ピンク（963）…1段	
5 6	濃ピンク（957）…1段	
	計6段	計6段

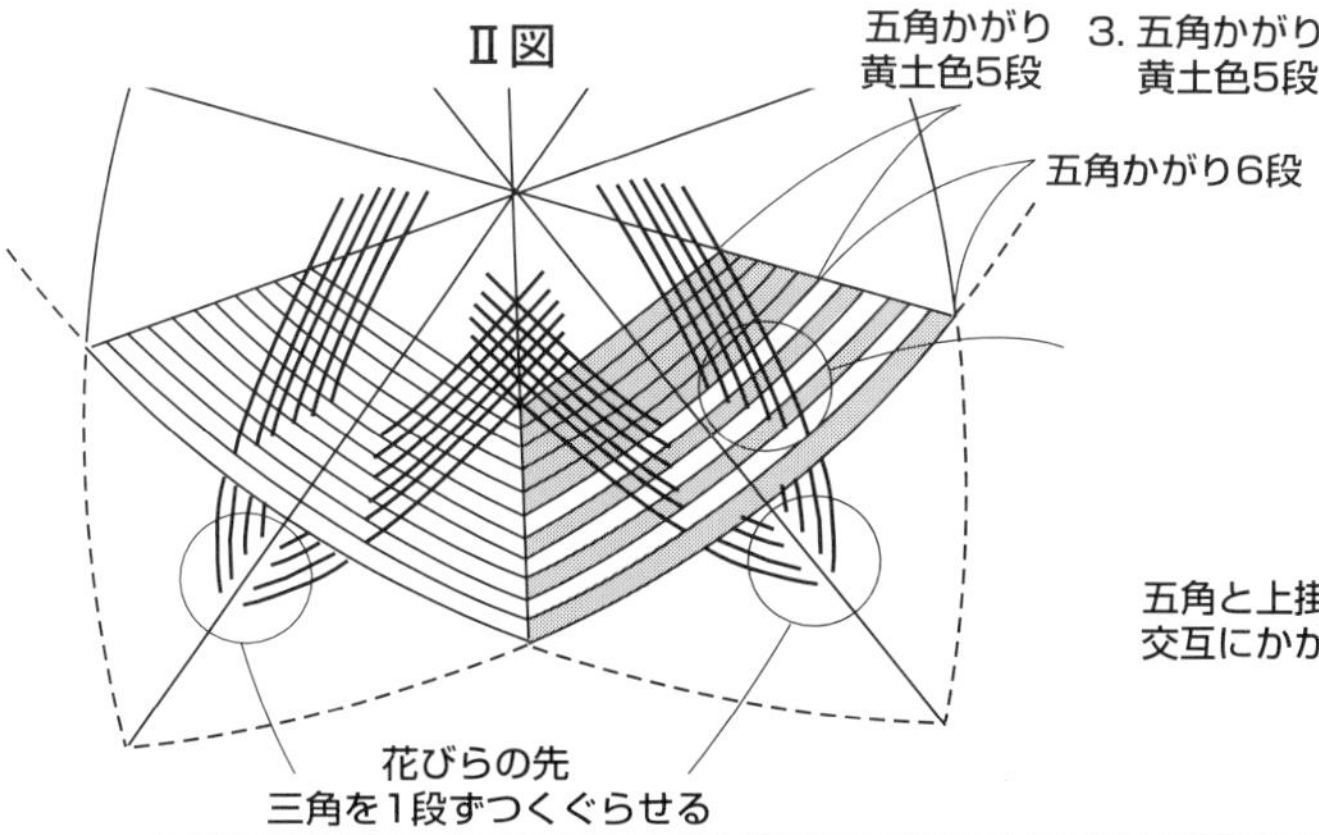

Ⅱ図
五角かがり
黄土色5段
五角かがり6段
花びらの先
三角を1段ずつくぐらせる

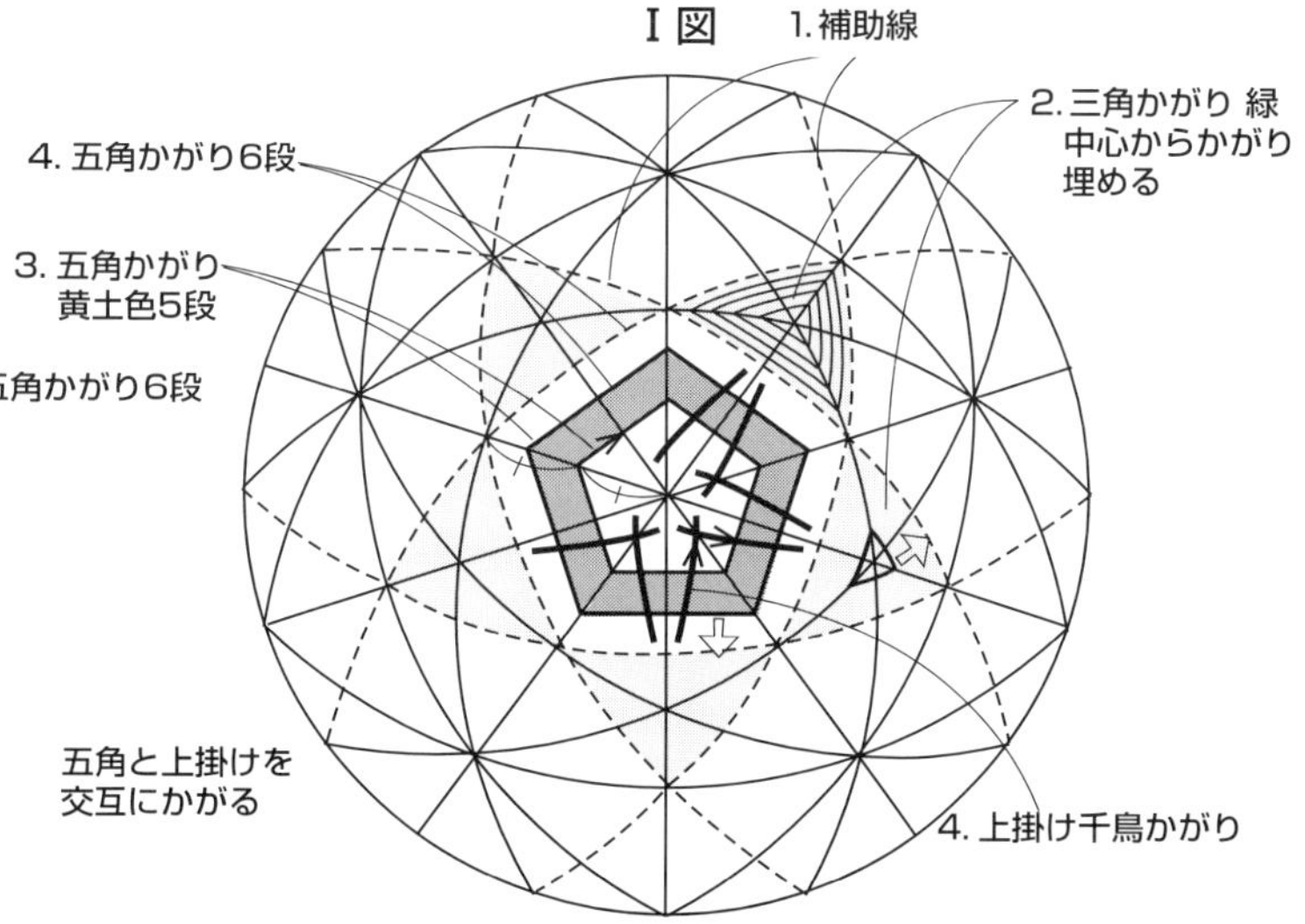

Ⅰ図
1. 補助線
2. 三角かがり 緑
中心からかがり
埋める
4. 五角かがり6段
3. 五角かがり
黄土色5段
五角と上掛けを
交互にかがる
4. 上掛け千鳥かがり

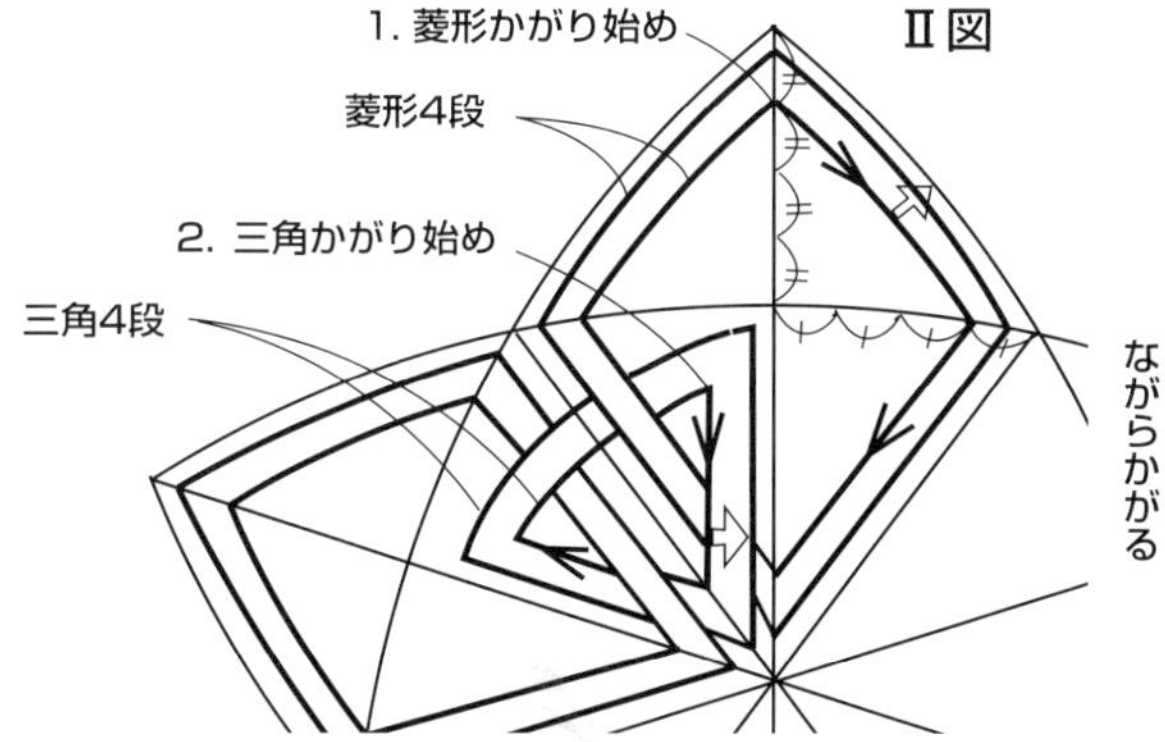

Ⅱ図
1. 菱形かがり始め
菱形4段
2. 三角かがり始め
三角4段

◇菱形と三角配色表
（淡緑は2本どり・緑と淡紫は3本どり）

	菱　形	三　角
1	淡緑（504）…1段	淡紫（554）…3段
2	緑　（993）…2段	絹淡藤　…1段（1本どり）
3	淡緑（504）…1段	
	計4段	計4段

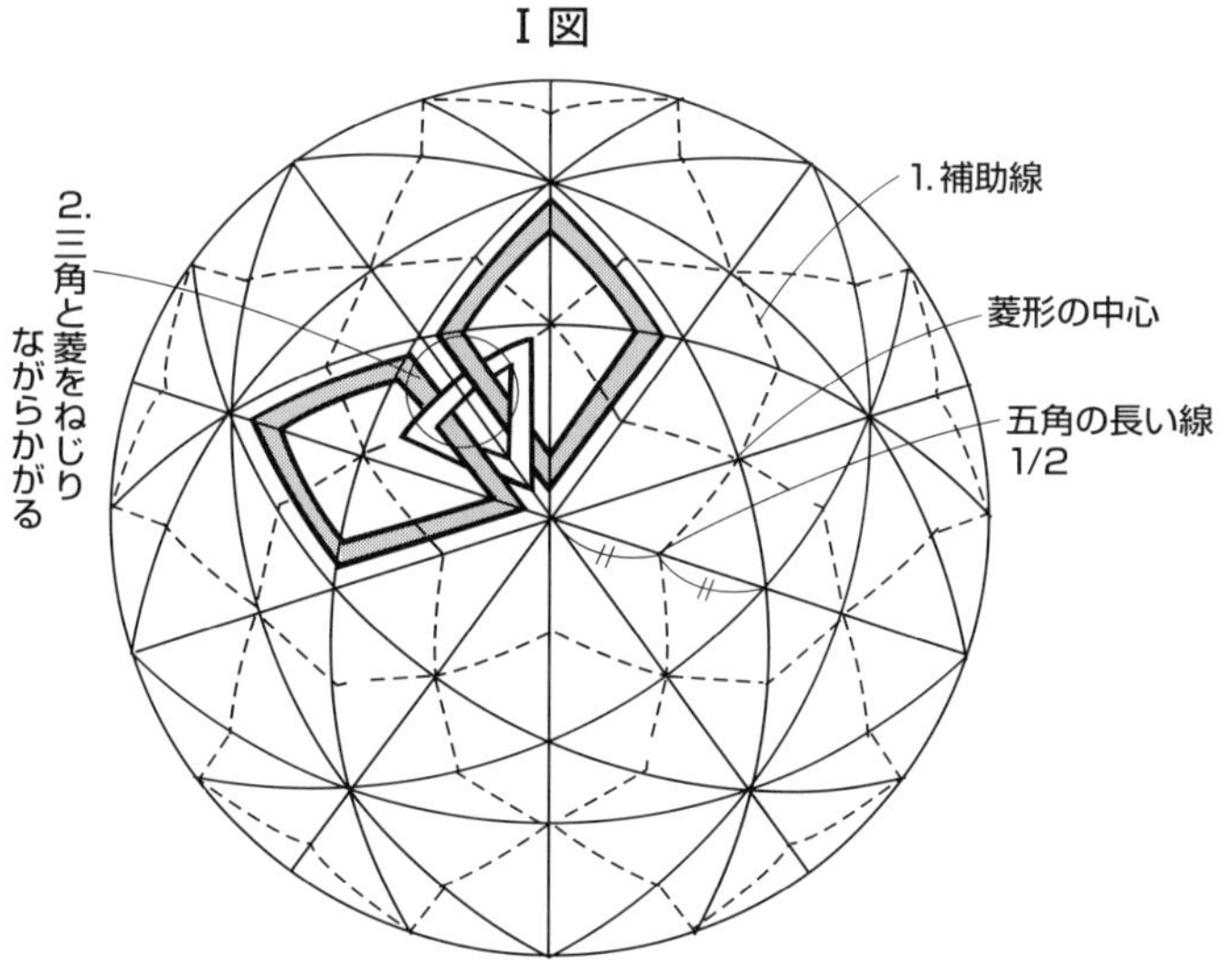

Ⅰ図
2. 三角と菱をねじりながらかがる
1. 補助線
菱形の中心
五角の長い線
1/2

◇五角12個の配色表
（12個の五角をそれぞれ配色を替えてかがる）

1	白（504）　…8段	7	ピンク（603）・（604）…4段ずつ
2	ピンク（603）…8段	8	ピンク（604）・（605）…4段ずつ
3	ピンク（604）…8段	9	ピンク（605）・（818）…4段ずつ
4	ピンク（605）…8段	10	ピンク（818）・（819）…4段ずつ
5	ピンク（818）…8段	11	ピンク（819）・白…4段ずつ
6	ピンク（819）…8段	12	ピンク（605）・（818）（819）・白…2段ずつ計8段

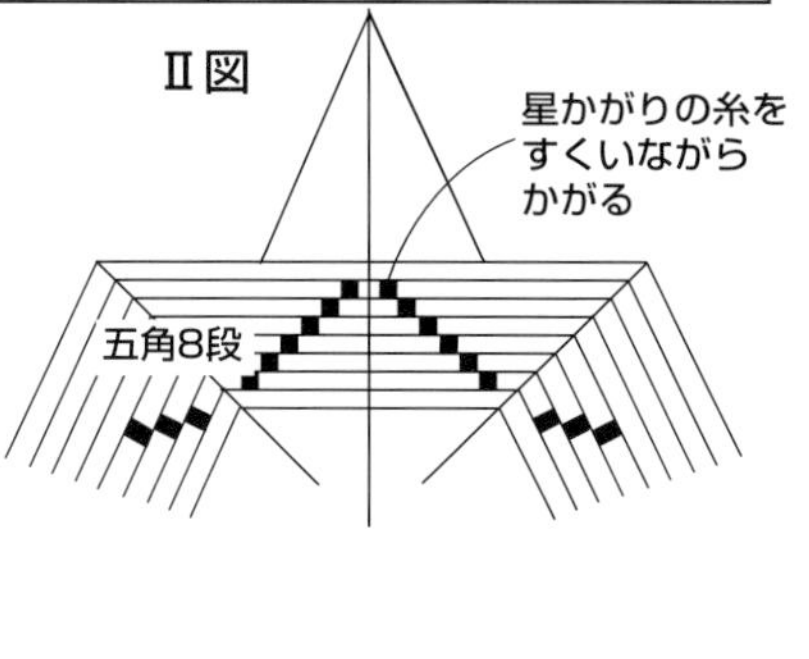

Ⅱ図
星かがりの糸を
すくいながら
かがる
五角8段

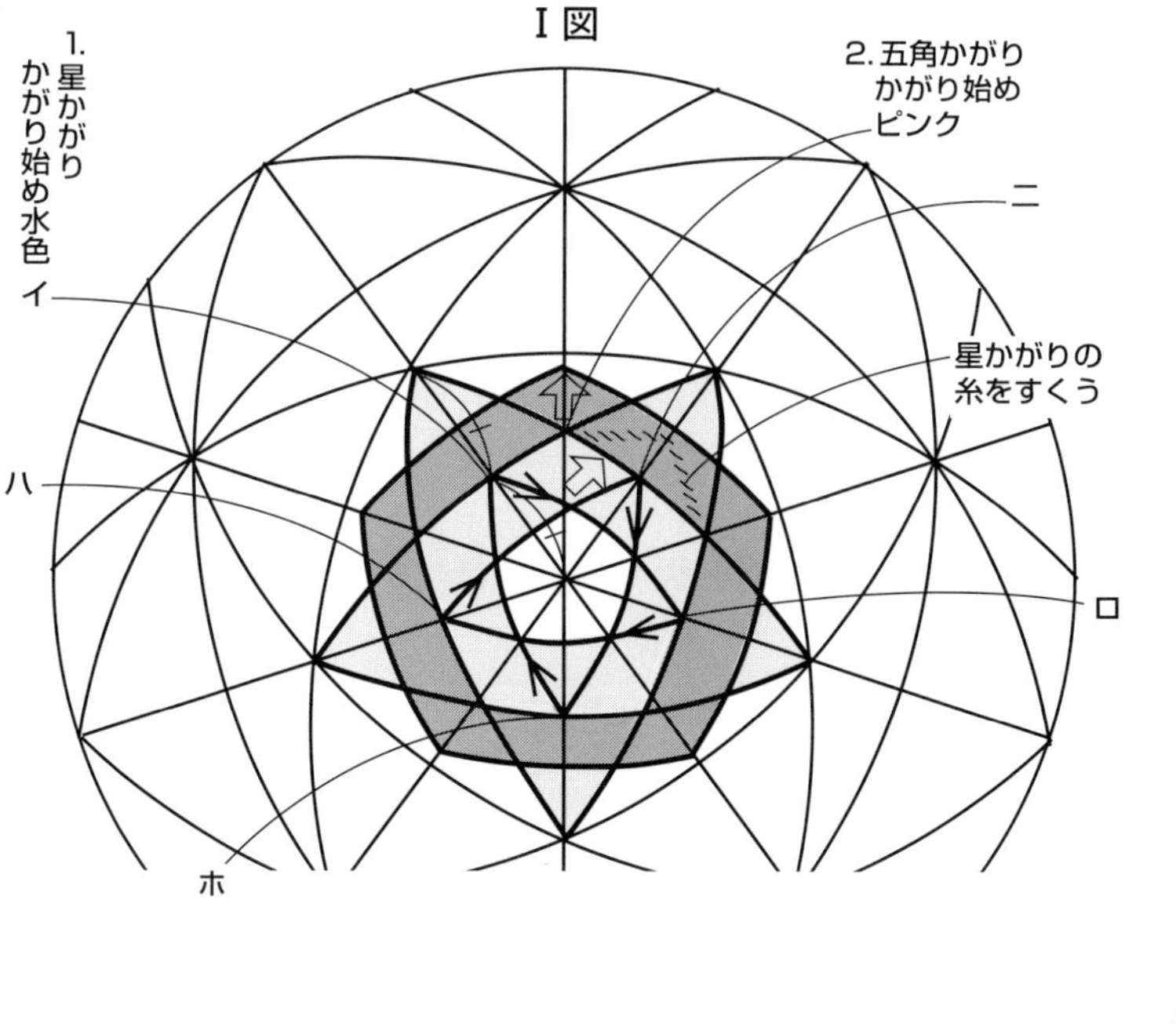

Ⅰ図
1. 星かがり かがり始め水色
2. 五角かがり
かがり始め
ピンク
ニ
イ
星かがりの
糸をすくう
ハ
ロ
ホ

中級／10等分の組み合わせ

花風車

カラー口絵11ページ

■材料
土台まり／円周29㎝　黒地巻き糸
地割り糸／金ラメ糸
かがり糸／DMC5番刺繍糸1本どり…淡グレー(762)、赤(666)

■作り方

1 金ラメ糸で10等分の組み合わせの地割りをします。

2 五角10等分の短い線の1/2より、赤で1段星かがり(1~5)をします。

3 五角10等分の長い線の1/2より、淡グレーで1段、星かがり(イ~ホ)をします。

4 2と3を交互に繰り返して10段ずつ、全体で12か所を同様にかがります。

5 地割り線の五角の金ラメ糸をはずして仕上げます。

(黒田幸子)

中級／10等分の組み合わせ

のうぜんかづら

カラー口絵5ページ

■材料
土台まり／円周35㎝　紺地巻き糸
地割り糸／細金ラメ糸
かがり糸／草木染風木 綿糸1本 どり…緑(515)、朱色濃淡(30・105)、黄色(8)、白(1)、細金ラメ糸

■作り方

1 細金ラメ糸で10等分の組み合わせの地割りをし、五角10等分を20等分する補助線と菱形4等分の中心を結ぶ補助線を入れます。

2 1でできた五角20等分の短い線の1/2 aより、星かがりで白2段、黄色5段かがります。

3 2でできた星かがりの角イより補助線上のロ、次にハと順に結んで山型に上掛けの葉を緑で6段かがります。

4 3の上に淡朱色3段、朱色7段でＡＢＣと順に結んで上掛けの花をかがり、4段目と5段目は、3の緑1本おきにくぐらせながらかがります(Ⅱ図)。

(大村富子)

中級／10等分の組み合わせ

亀甲交差

カラー口絵15ページ

■材料
土台まり／円周32㎝　白土台まり
地割り糸／銀ラメ糸
かがり糸／京てまり糸1本どり…黄色濃淡(8・7)、水色(526)、青濃淡(514・5)紫濃淡(17・16)、オレンジ濃淡(10・101)、緑濃淡(33・32)、ピンク濃淡(533・4・25)、トキ色濃(108・107)、赤濃淡(22・104)、細銀ラメ糸

■作り方

1 土台まりに土台が少し見える程度まで細銀ラメ糸を巻き、銀ラメ糸で10等分の組み合わせの地割りをします。

2 五角10等分の長い線の1/2と菱形4等分の中心を結ぶ補助線と、五角の1/2を結ぶ小さな五角の補助線を入れます。

3 2の補助線の1/2を結ぶ六角(Ａ)を濃青、細銀ラメ糸、水色計4段で1段ずつ交差させながらかがります(配色表)。

4 三角6等分に淡青、ピンク、淡赤、濃赤計4段で六角(Ｂ)をかがります(配色表)。

5 六角(Ａ)(Ｂ)の中を結び、大きな五角を

Ⅱ図 星のかがり方

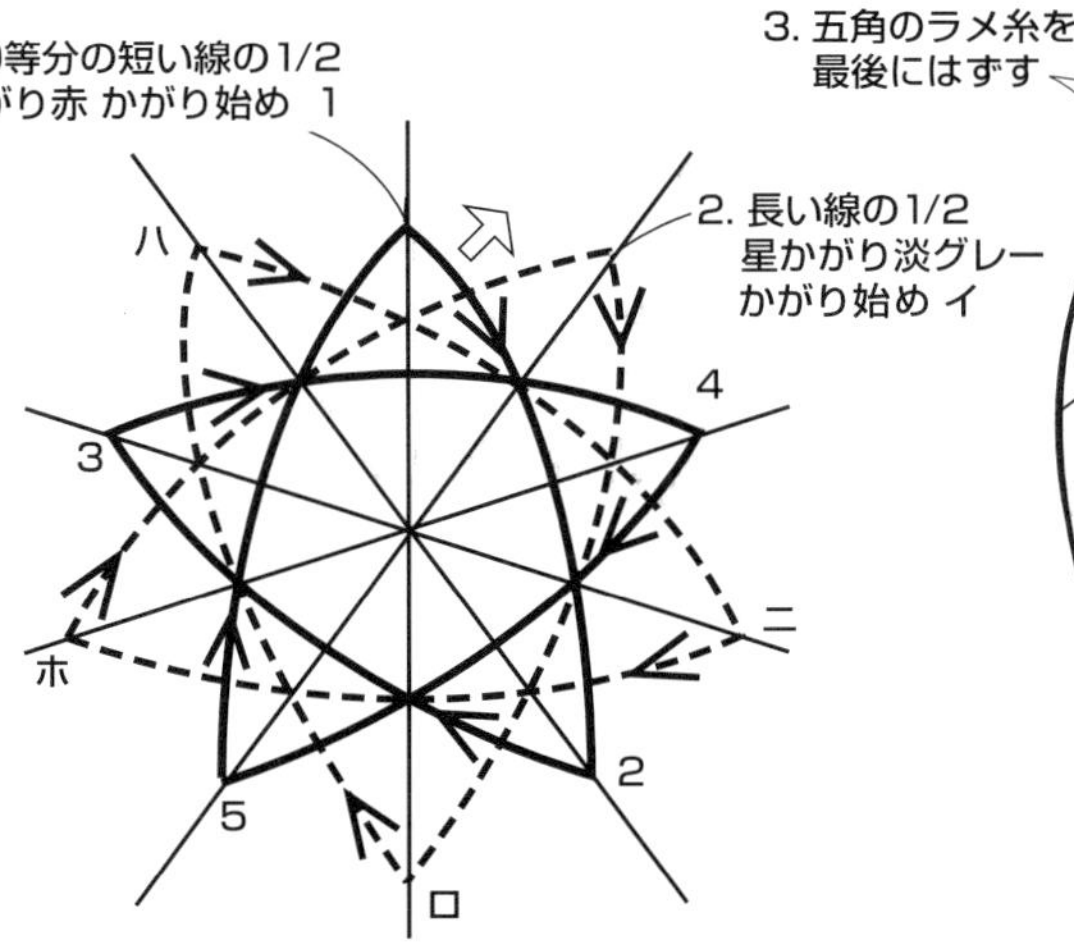
1. 五角10等分の短い線の1/2
星かがり赤 かがり始め 1
2. 長い線の1/2
星かがり淡グレー
かがり始め イ
ハ
4
3
ニ
ホ
2
5
ロ

Ⅰ図

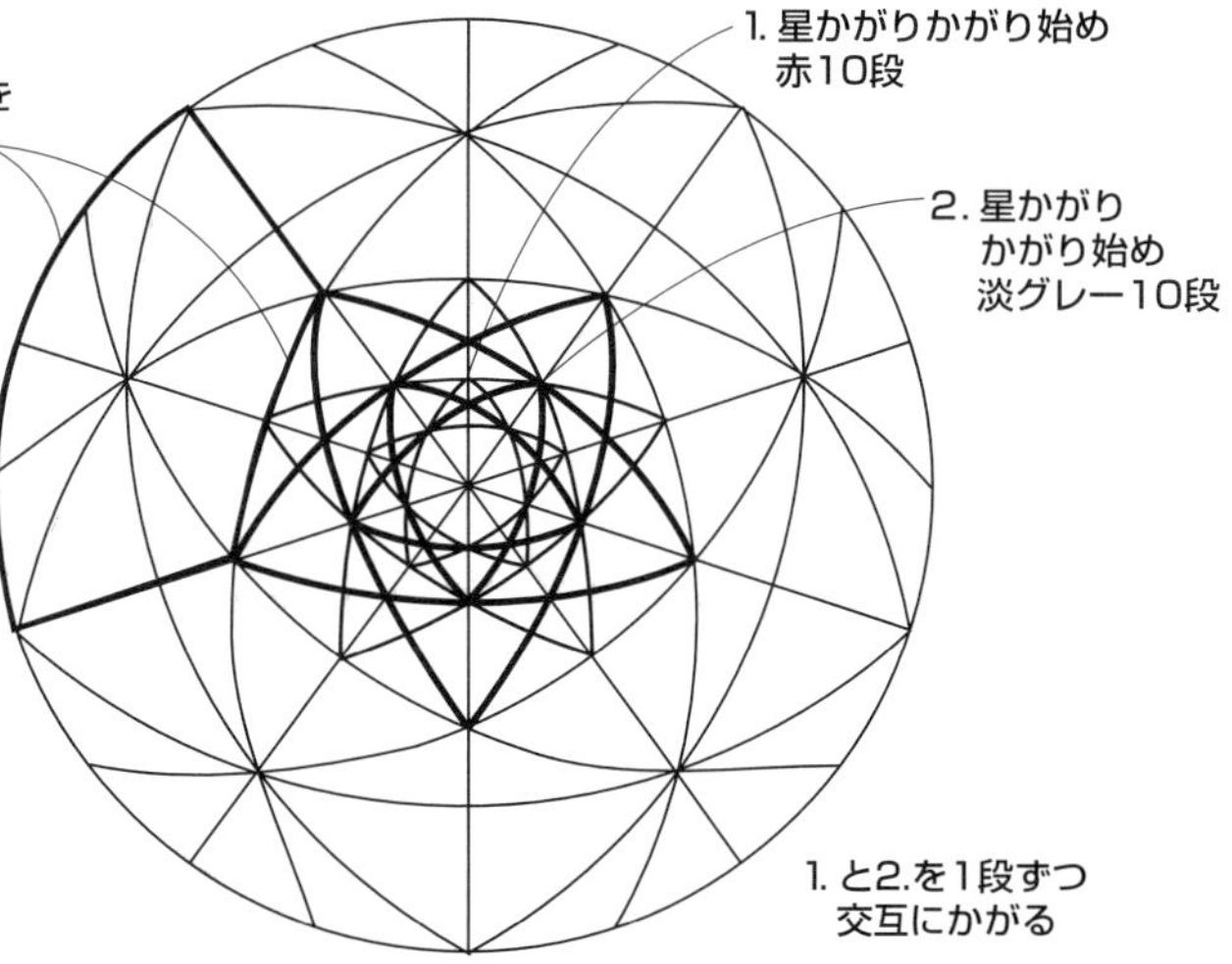
1. 星かがりかがり始め
赤10段
3. 五角のラメ糸を
最後にはずす
2. 星かがり
かがり始め
淡グレー10段
1. と2.を1段ずつ
交互にかがる

Ⅱ図

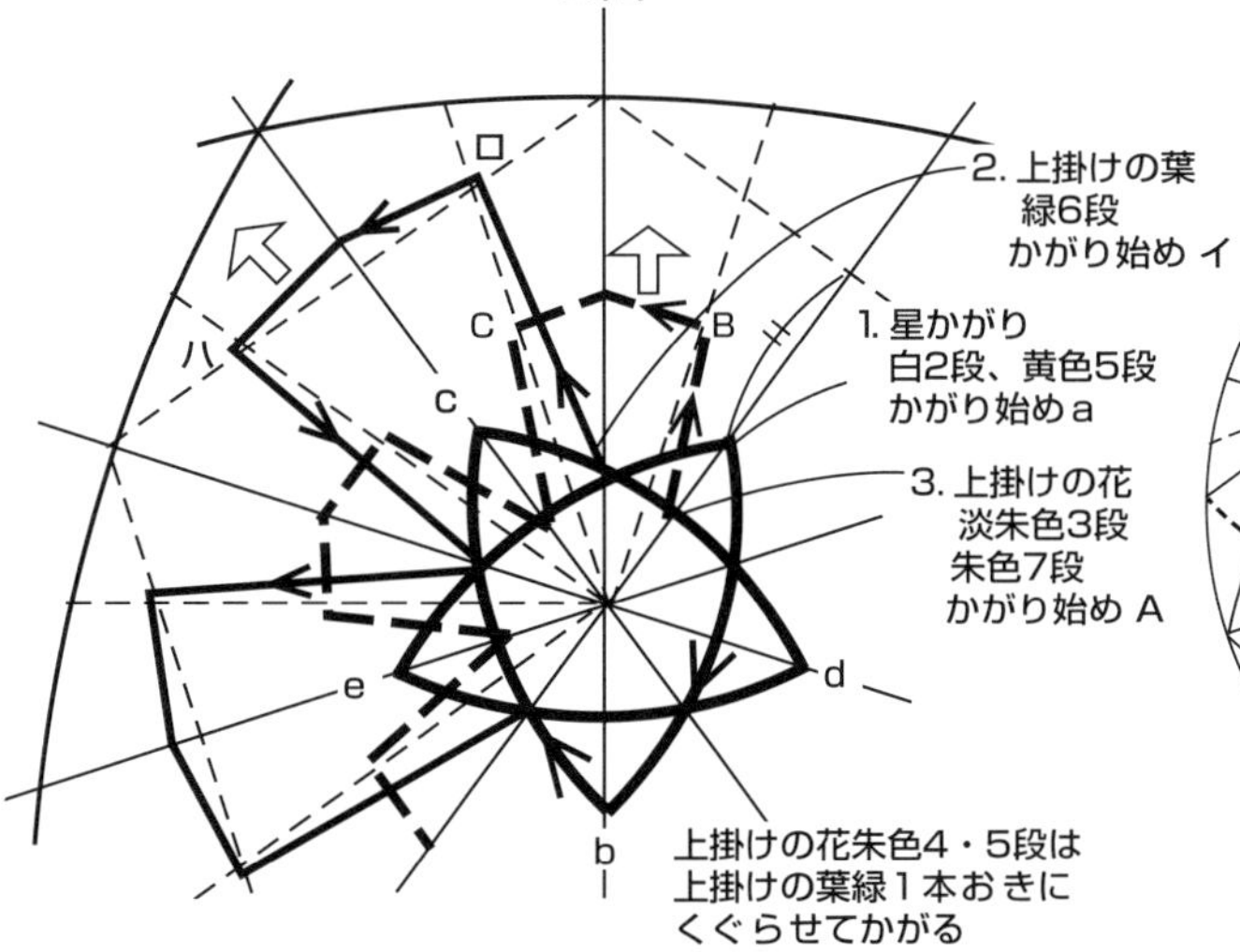
ロ
2. 上掛けの葉
緑6段
かがり始め イ
ハ
C
B
1. 星かがり
白2段、黄色5段
かがり始め a
c
3. 上掛けの花
淡朱色3段
朱色7段
かがり始め A
e
d
b
上掛けの花朱色4・5段は
上掛けの葉緑1本おきに
くぐらせてかがる

Ⅰ図

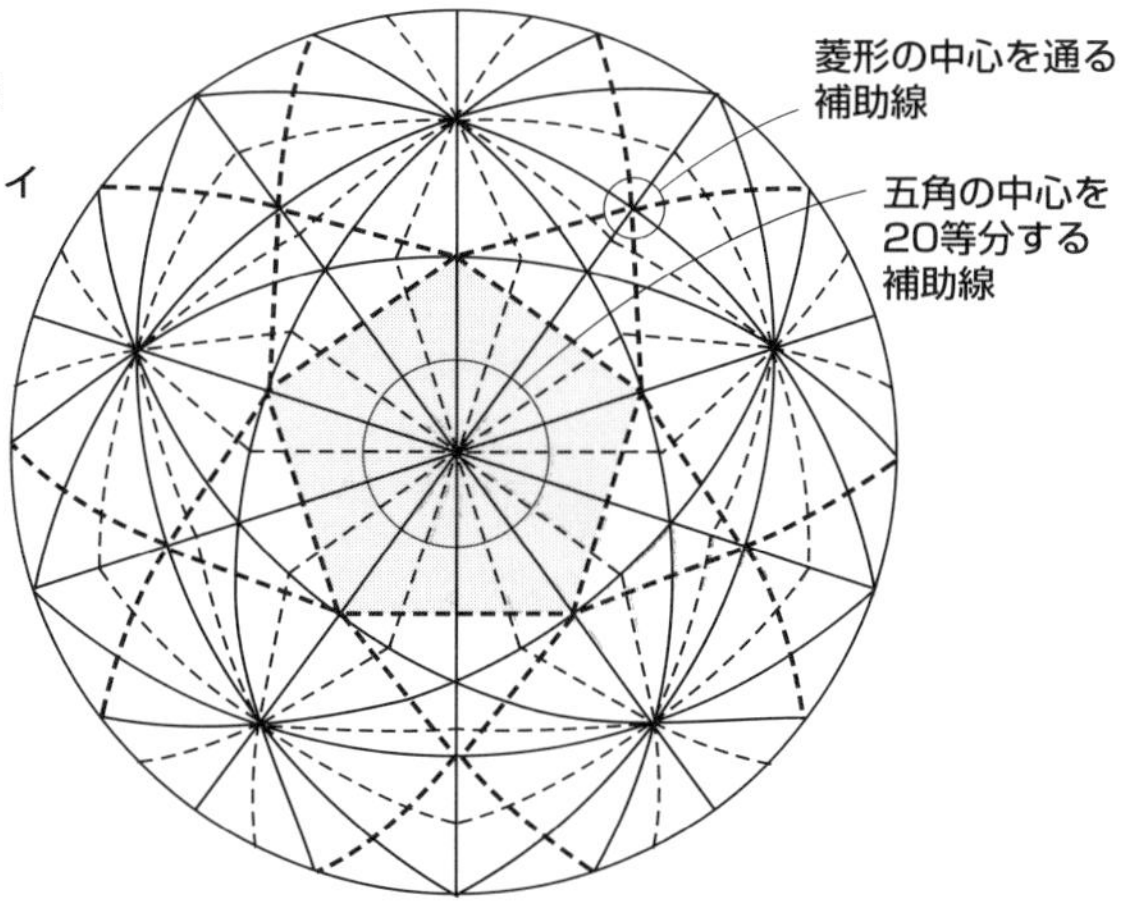
菱形の中心を通る
補助線
五角の中心を
20等分する
補助線

淡青で3段ずつ、全体で12か所にかがります。

6 六角(A)に、それぞれの淡色2段、濃色1段を交差させ、5の五角をくぐらせて六角(C)をかがります。向かい合う五角を同色にして全体で12か所かがります。

Ⅱ図

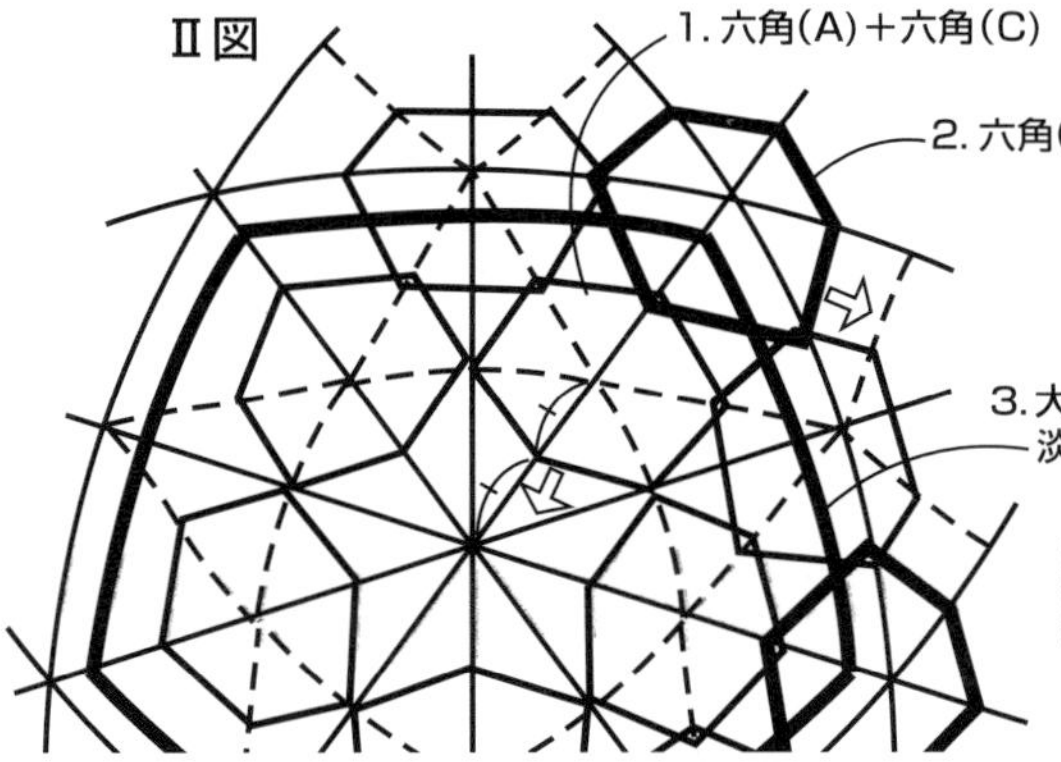
1. 六角(A)+六角(C)
2. 六角(B)
3. 大きな五角
淡青3段

◇六角(A)配色表(1本どり)

1	濃青(514)…2段
2	細銀ラメ糸…1段
3	水色(526)…1段
	計4段

Ⅰ図

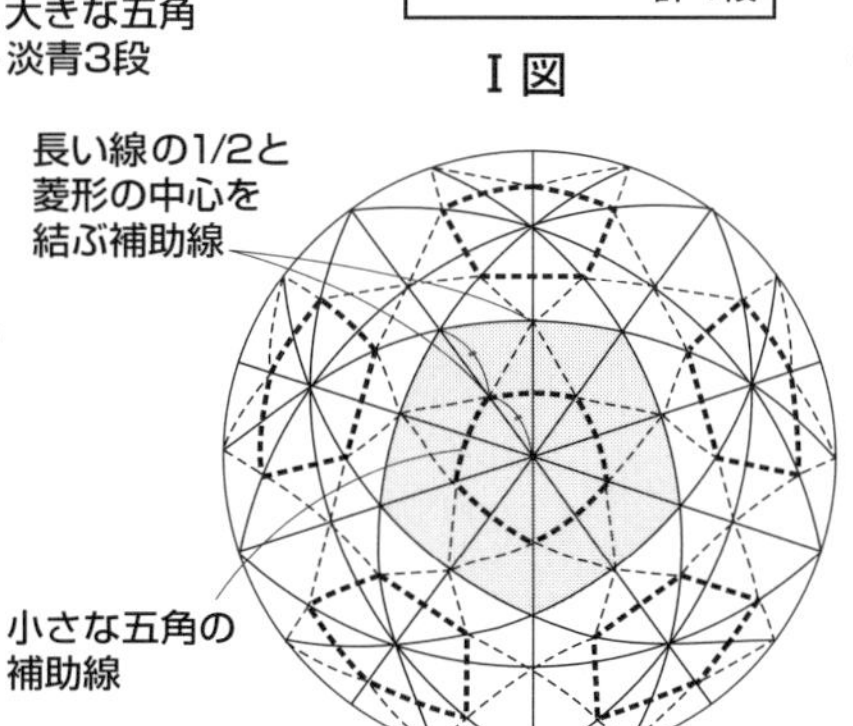
長い線の1/2と
菱形の中心を
結ぶ補助線
小さな五角の
補助線

◇六角(C)配色表
(1本どり)

1	淡色…2段
2	濃色…1段
	計3段

黄色、オレンジ、紫、緑、ピンク、トキ色各色の濃淡でかがる

◇六角(B)配色表(1本どり)

1	淡 青 (5)…2段
2	ピンク(25)…1段
3	淡 赤(104)…2段
4	濃 赤 (22)…1段
	計6段

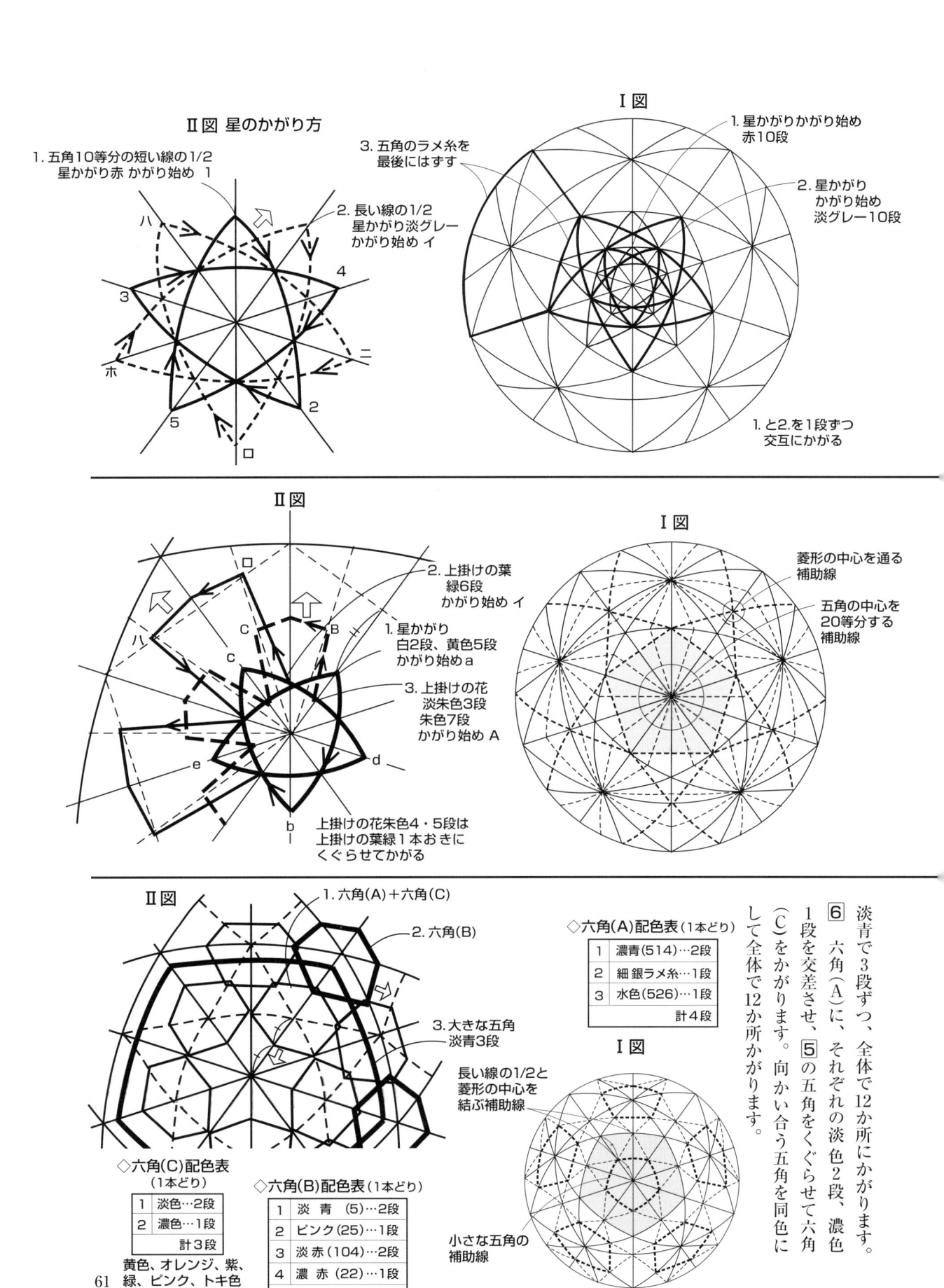

中級／10等分の組み合わせ

菱と五角の交差

カラー口絵4ページ

■材料
土台まり／円周34㎝　黒地巻き糸
地割り糸／細金ラメ糸
かがり糸／草木染風木綿糸1本どり…濃ピンク(26)、白(1)、緑(35)

■作り方

1 細金ラメ糸で10等分の組み合わせの地割りをします。

2 五角の短い線の1/2を結ぶ菱形abcdを濃ピンクで1段、全体で30個かがります。

3 菱形abcdの内側に、五角ABCDEを1段、全体で12個かがります。

4 菱形は濃ピンク2段、白1段を4回繰り返し、五角の緑と1段ずつ交互に12段かがり、最後は濃ピンクを1段かがります(配色表)。

中級／10等分の組み合わせ

蝶の群れ

カラー口絵2ページ

■材料
土台まり／円周31㎝　青地巻き糸
地割り糸／しつけ糸
かがり糸／DMC25番刺繍糸4本どり…ピンク濃淡(3326・963・819)、赤(606)、緑濃淡とぼかし糸(906・772 114)、オレンジ濃淡とぼかし糸(946・741・90)、藤色濃淡(209・211)、黄色濃淡(725・3078)、水色(828)、白

■作り方

1 しつけ糸で10等分の組み合わせの地割りをします。

2 三角6等分の中心に三枚の羽根が集まるように松葉かがりを7本入れて中心をチェーンステッチで止め、先を広げて触角を2本かがります(Ⅰ・Ⅱ図)。

3 同じ色が隣合わないように配置に気をつけながら、菱形30か所に16色で蝶をかがります(配色表)。

4 1のしつけ糸をはずします。

(金森てる)

中級／10等分の組み合わせ

日光きすげ

カラー口絵2ページ

■材料
土台まり／円周34㎝　白地巻き糸
地割り糸／金ラメ糸
かがり糸／DMC25番刺繍糸4本どり…淡緑(564)、絹糸…黄色濃淡

■作り方

1 金ラメ糸で10等分の地割りをし、五角10等分の短い線を結ぶ星型の補助線を入れます。

2 補助線に沿って両側に2段ずつ計4段、淡緑でかごめにしながら巻きます(Ⅰ図)。

3 2でできた六角の中に、絹糸黄色で小さな三角を5段かがります。

4 3の小さな三角の上に、大きな三角を絹糸黄色3段、濃黄色2本どりで1段を重ねてかがります(Ⅱ図)。

(金森てる)

Ⅱ図

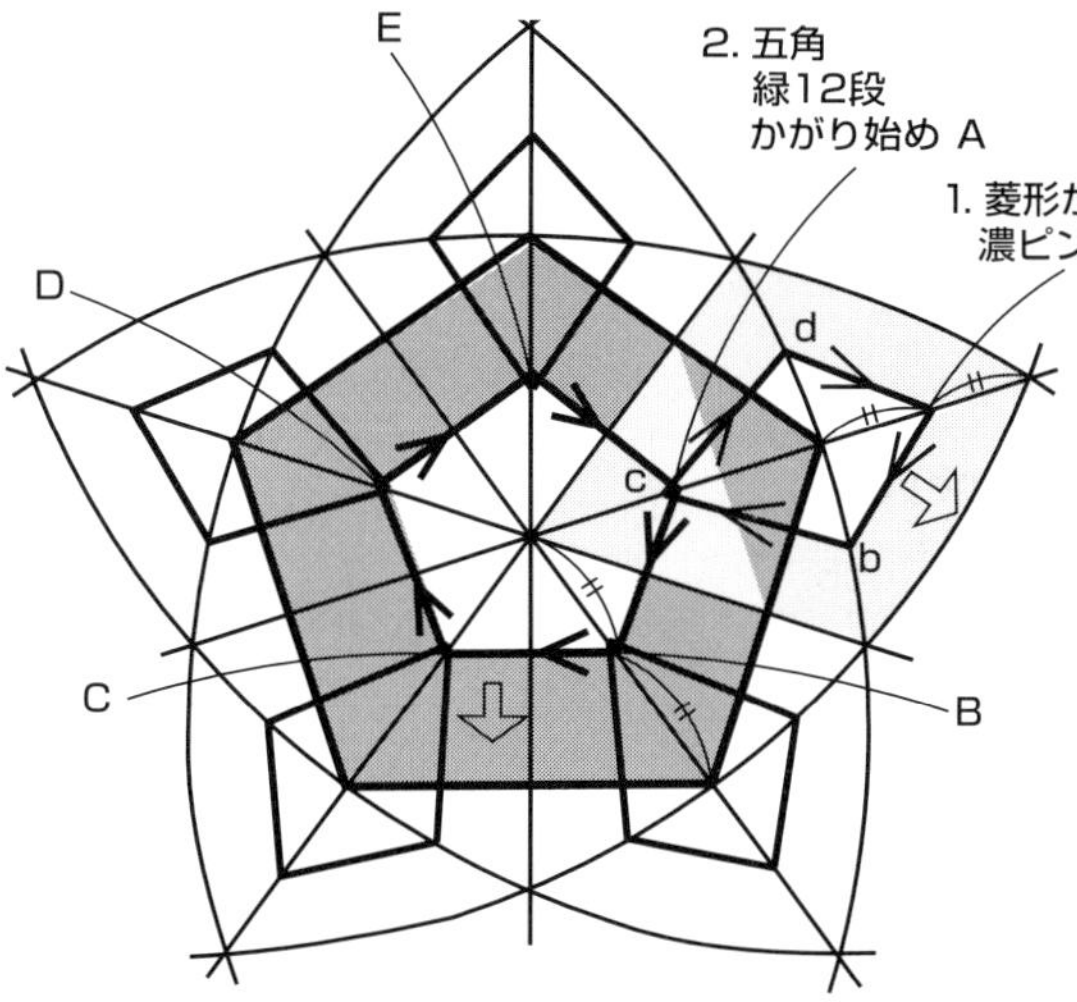
1. 菱形かがり始め
濃ピンク　a

◇菱形かがり配色表(1本どり)

1	3	5	7	濃ピンク(26)…2段
2	4	6	8	白　…1段
			9	濃ピンク(26)…1段
				計13段

五角12段と交互にかがる

Ⅰ図

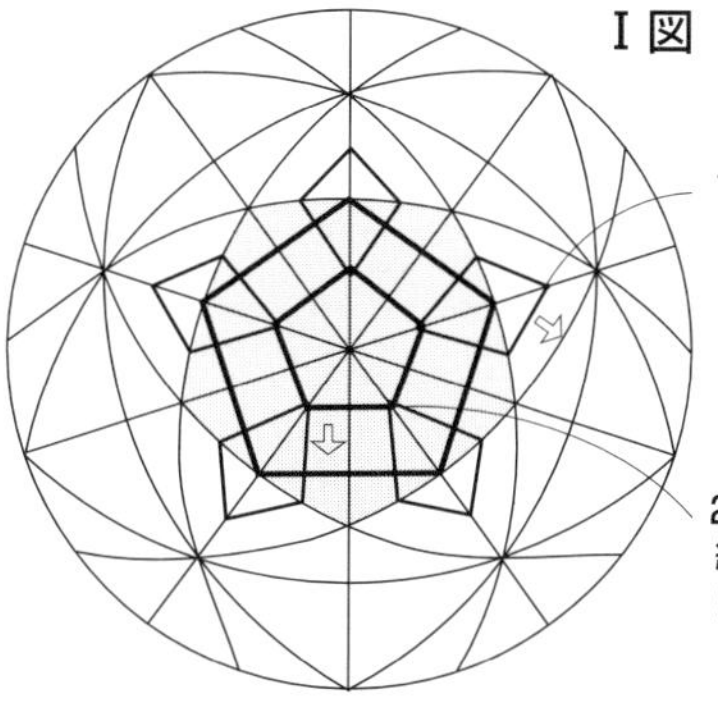
1. 菱形かがり始め
濃ピンク
2. 五角
緑12段
かがり始め

◇蝶の配色表(4本どり)

濃ピンク(3326)　ピンク(963) 濃緑(963)　緑ぼかし(114) 黄色(725)　淡黄色(725) 藤色(209)　淡藤色(211) オレンジ(741)	2か所
赤(606)　淡緑(772)　白 濃オレンジ(946) オレンジぼかし(90)	3か所
水色(725) 淡ピンク(819)	1か所

菱形30か所に
16色で蝶をかがる

Ⅰ図

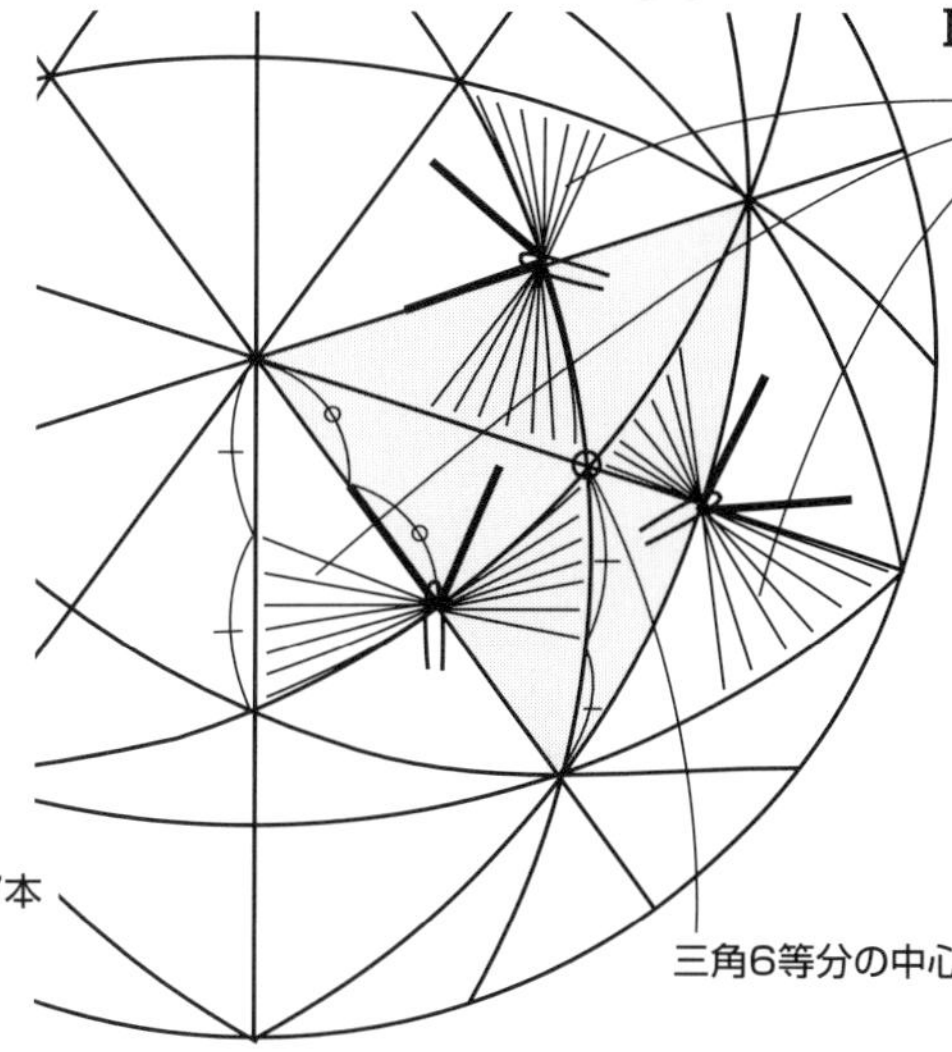
1. 松葉かがり

Ⅱ図

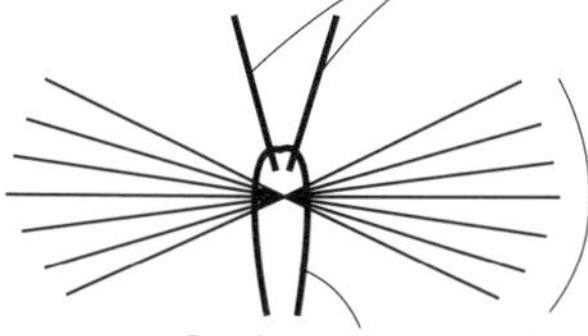
3. 触角
1. 4本どりで
松葉かがり7本
2. チェーンステッチ

Ⅱ図

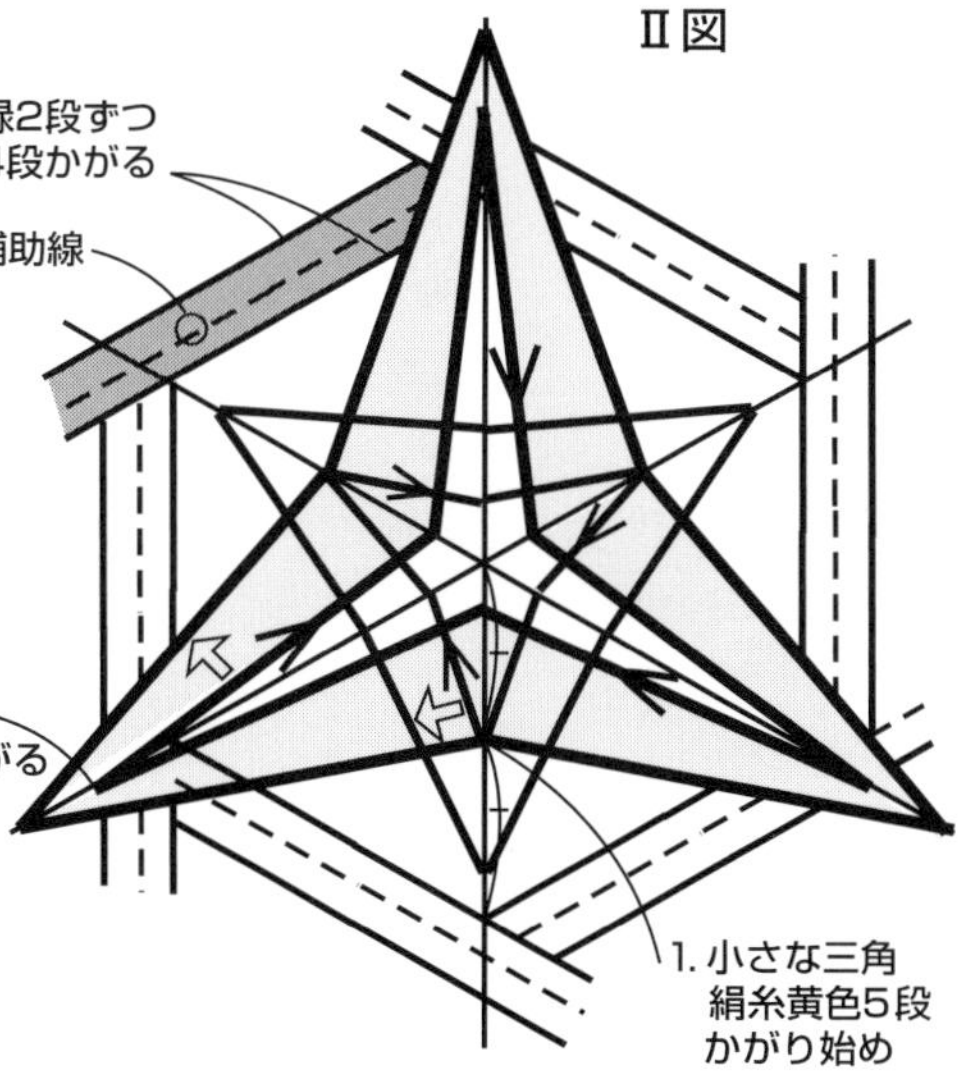
淡緑2段ずつ
計4段かがる
補助線
2. 大きな三角
濃黄色1段
絹糸 黄色3段
かがり始め
六角の外をかがる

Ⅰ図

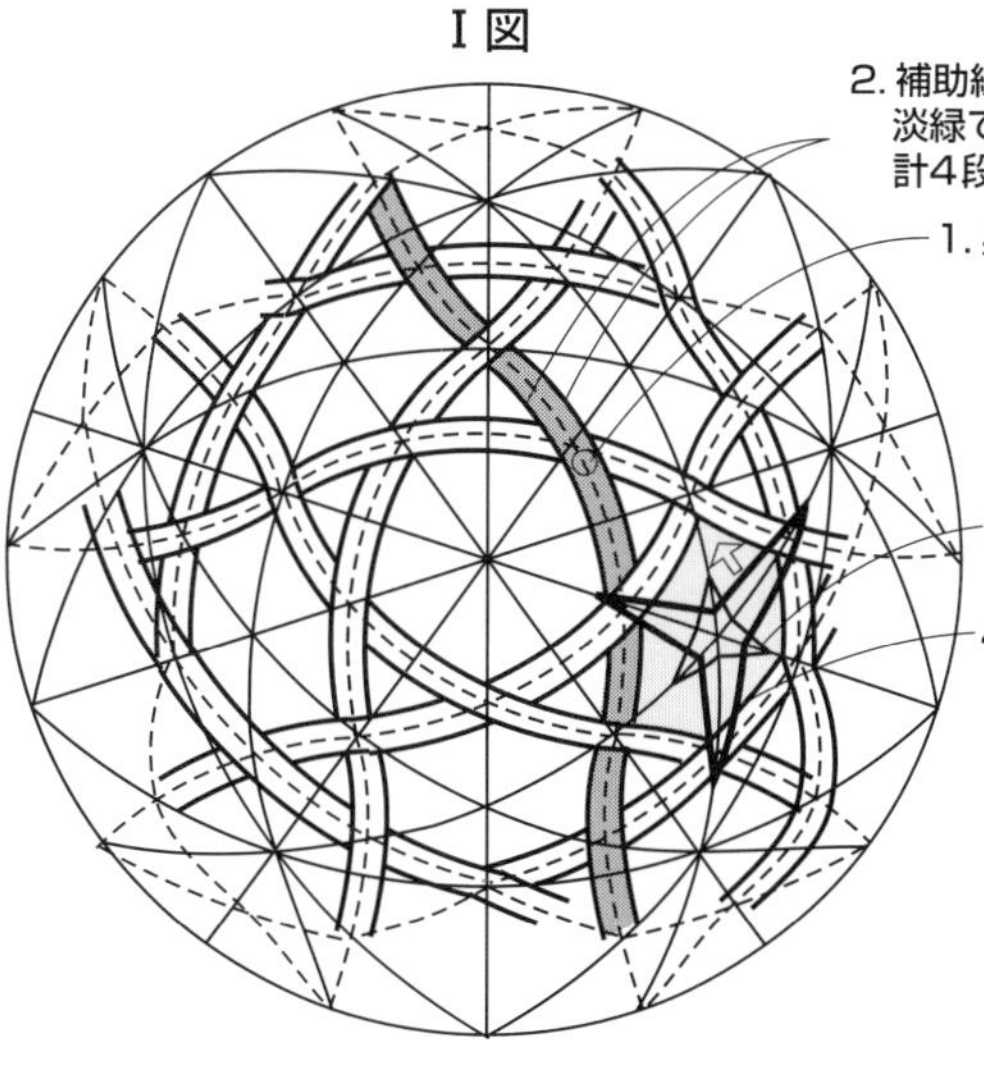
2. 補助線の両側に
淡緑で2段ずつ
計4段巻く
1. 星型の補助線
3. 小さな三角 を
かがる
4. 大きな三角 を
上に重ねて
かがる

中級／10等分の組み合わせ

菱のねじりと三つ叉

カラー口絵18ページ

■材料
土台まり／円周30cm　グレー地巻き糸
地割り糸／金ラメ糸
かがり糸／太めの絹糸1本どり…緑濃淡(84・39)、ベージュ(32)、淡オレンジ(73)、黒

■作り方

1 金ラメ糸で10等分の地割りの組合わせをします。

2 三角6等分の短い線の1/2を結ぶ三角20個を濃緑1段、ベージュ7段、濃緑1段でかがります。

3 2の三角をねじりながら、五角10等分の菱形の中心から淡オレンジで菱形を6段かがります。

4 三角の中心に緑1段、黒1段のレゼデージーステッチを重ねてかがります。

（第六回コンクール入賞作品／小木曽澄枝）

中級／10等分の組み合わせ

連続花と星

カラー口絵18ページ

■材料
土台まり／円周34cm　黒地巻き糸
地割り糸／細金ラメ糸
かがり糸／ＤＭＣ５番刺繍糸１本どり…緑濃淡(3346・989)、オレンジ濃淡(947・3341・742)、白、細金ラメ糸

■作り方

1 細金ラメ糸で10等分の組合わせの地割りをし、五角10等分の短い線の外側より1/3を通る星型の補助線を入れます。

2 両極を中心にして、連続で五弁の花を一筆描きの要領で白、緑濃淡、オレンジ濃淡で計11段かがります(配色表)。

3 2の花びらの上、五角の中心に淡緑、白、オレンジ濃淡で星をかがります(配色表)。

4 2の花びらの中に、2段から4段まで星かがりと交差させながら濃緑3段で紡錘型をかがり、両極の花の間にも紡錘型を10個かがります。

中級／10等分の組み合わせ

追い羽根

カラー口絵13ページ

■材料
土台まり／円周33cm　ベージュ地巻き糸
地割り糸／京てまり糸１本どり…白
かがり糸／ＤＭＣ５番刺繍糸１本どり…緑濃淡(890・906・472)、茶(434)
黒(310)、オレンジ(740)、淡黄色(745)
青濃淡(823・995・747)、えんじ濃淡(815・718)、ピンク(818)、トキ色濃淡(351・353)、金・細金ラメ糸、しつけ糸

■作り方

1 細銀ラメ糸を土台まりに粗く巻き、京てまり糸白で10等分の組み合わせの地割りをします。

2 しつけ糸で、五角10等分の中心から菱形4等分の1/4と五角10等分の長い線の1/2を結ぶ補助線を両極を除いた五角10か所に入れます。

3 2の五角10か所の中心に向かい合わせを同色にし、アウトラインステッチで半径0.5cmの渦巻きをかがります(I図・配色表)。

4 菱形4等分の長い線の1/6の寸法を、五角の中心AからC、E、F、Dにとり、A～C間のaとbを結んで紡錘型かがりを5段、淡

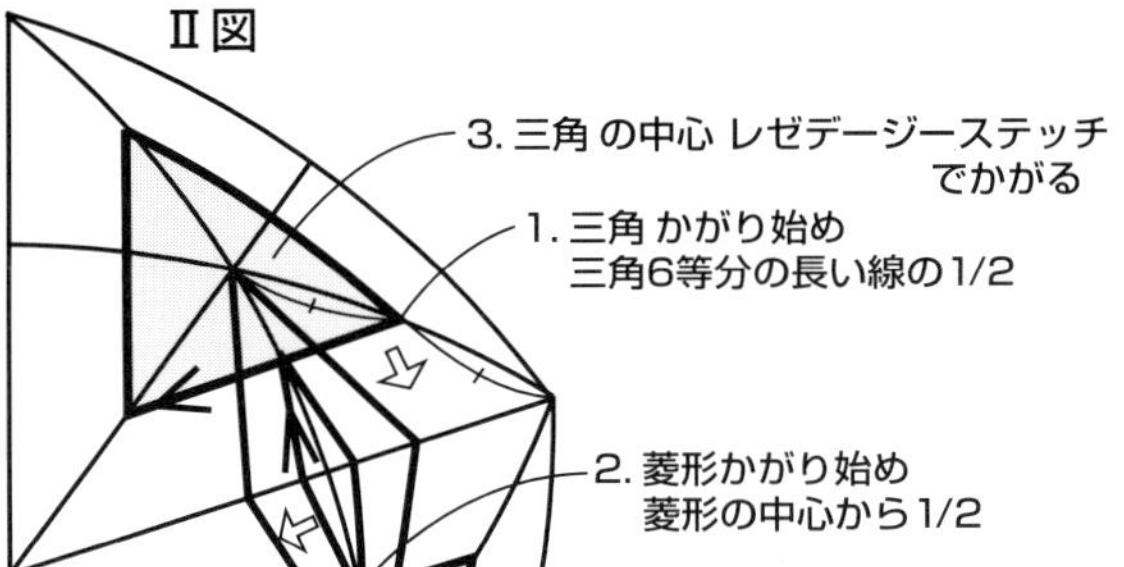
Ⅱ図
3. 三角 の中心 レゼデージーステッチ
でかがる
1. 三角 かがり始め
三角6等分の長い線の1/2
2. 菱形かがり始め
菱形の中心から1/2

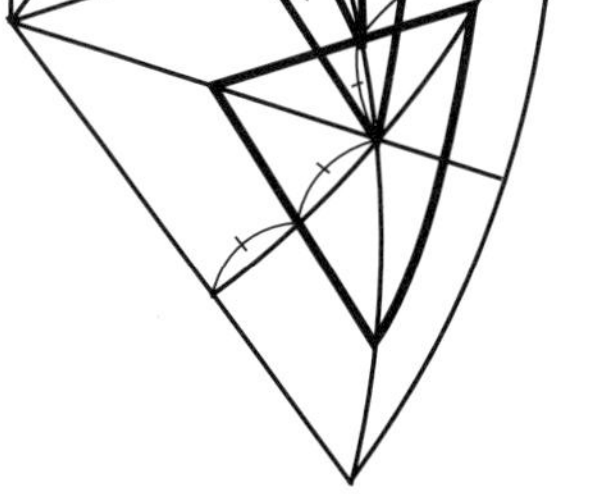

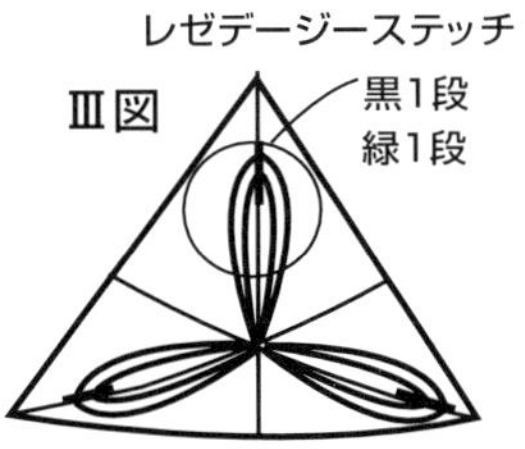
レゼデージーステッチ
Ⅲ図
黒1段
緑1段

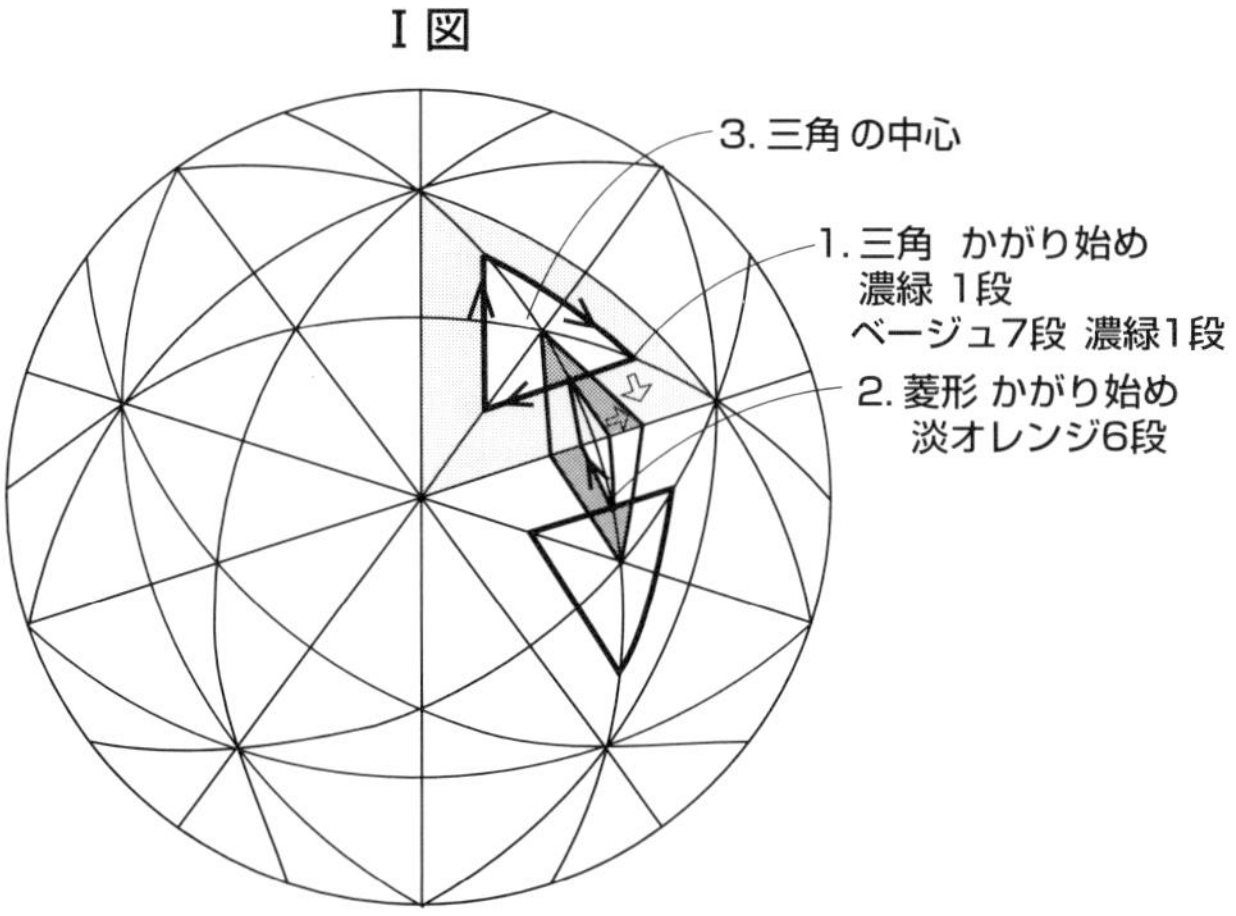
Ⅰ図
3. 三角 の中心
1. 三角 かがり始め
濃緑 1段
ベージュ7段 濃緑1段
2. 菱形 かがり始め
淡オレンジ6段

◇星かがり配色表（1本どり）

1	淡　緑　(989)…1段
2	白　…1段
3	淡オレンジ(742)…1段
4	オレンジ(3341)…2段
5	濃オレンジ(947)…1段
	計6段

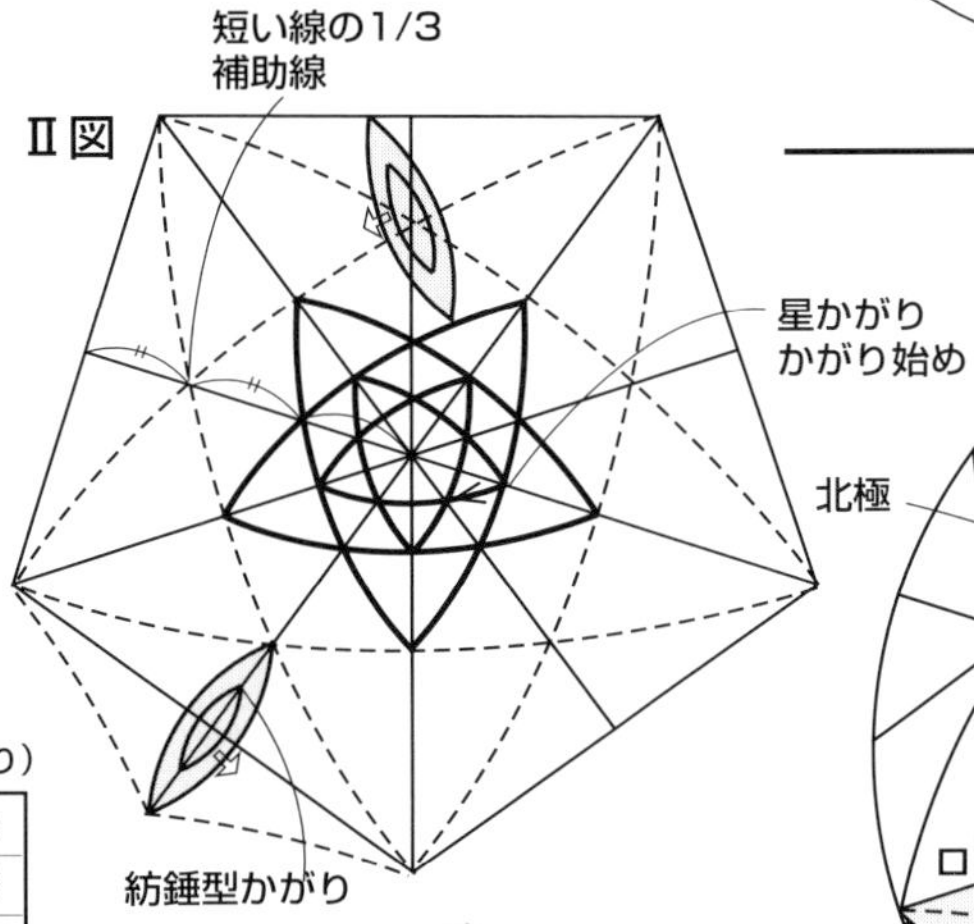
短い線の1/3
補助線
Ⅱ図
星かがり
かがり始め
紡錘型かがり

◇五弁の花配色表（1本どり）

1	白　…1段
2	淡緑　(989)…1段
3	緑　(3346)…1段
4	淡オレンジ(742)…5段
5	オレンジ(3341)…2段
6	濃オレンジ(947)…1段
	計11段

Ⅲ図
紡錘型かがり
かがり始め

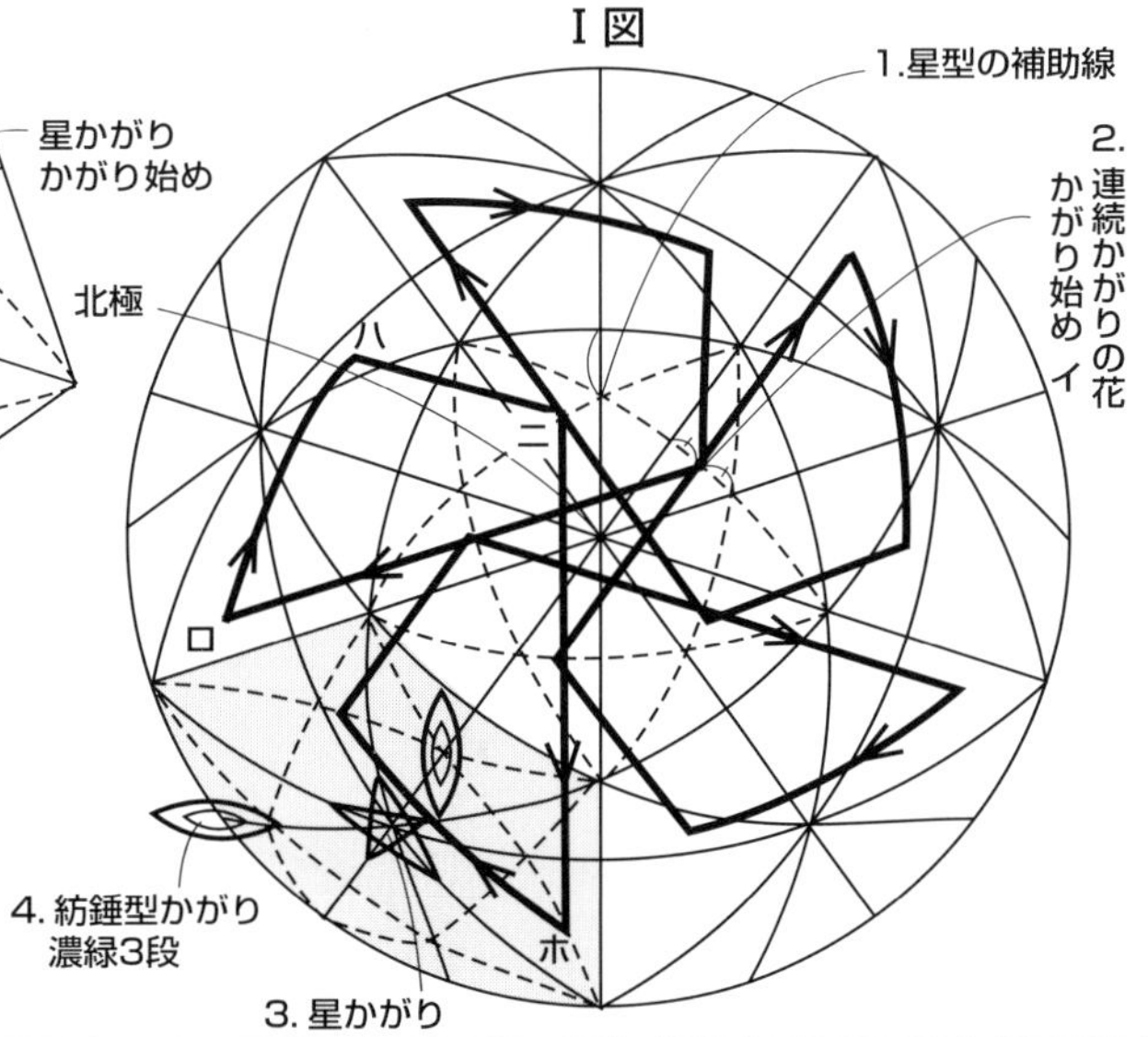
Ⅰ図
1.星型の補助線
2. 連続かがりの花 かがり始め イ
北極
ハ
ニ
ロ
ホ
4. 紡錘型かがり
濃緑3段
3. 星かがり

◇紡錘型5種の配色表

	中心の渦巻き	紡錘型1本どり5段	紡錘型2本どり1段
1	金ラメ糸	濃トキ色（351）	淡トキ色（353）
2	えんじ(815)	淡えんじ（718）	ピンク（818）
3	黒（310）	オレンジ（740）	淡黄色（745）
4	濃青（823）	青（995）	淡青（747）
5	濃緑（890）	緑（906）	淡緑（472）

1本どり
5段
2本どり
1段
Ⅲ図
渦巻きに
かがる

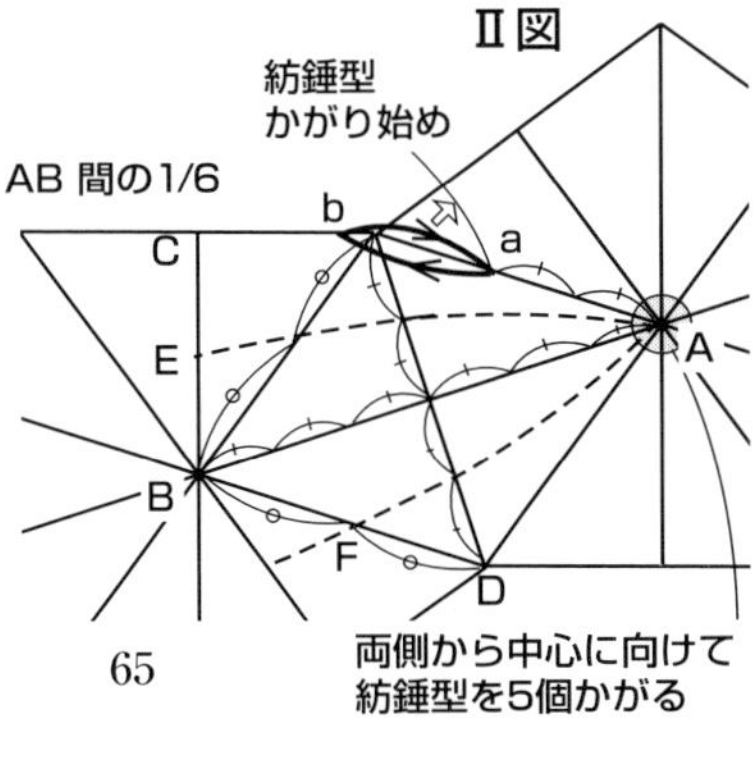
Ⅱ図
紡錘型
かがり始め
AB 間の1/6
b
a
C
E
A
B
F
D
両側から中心に向けて
紡錘型を5個かがる

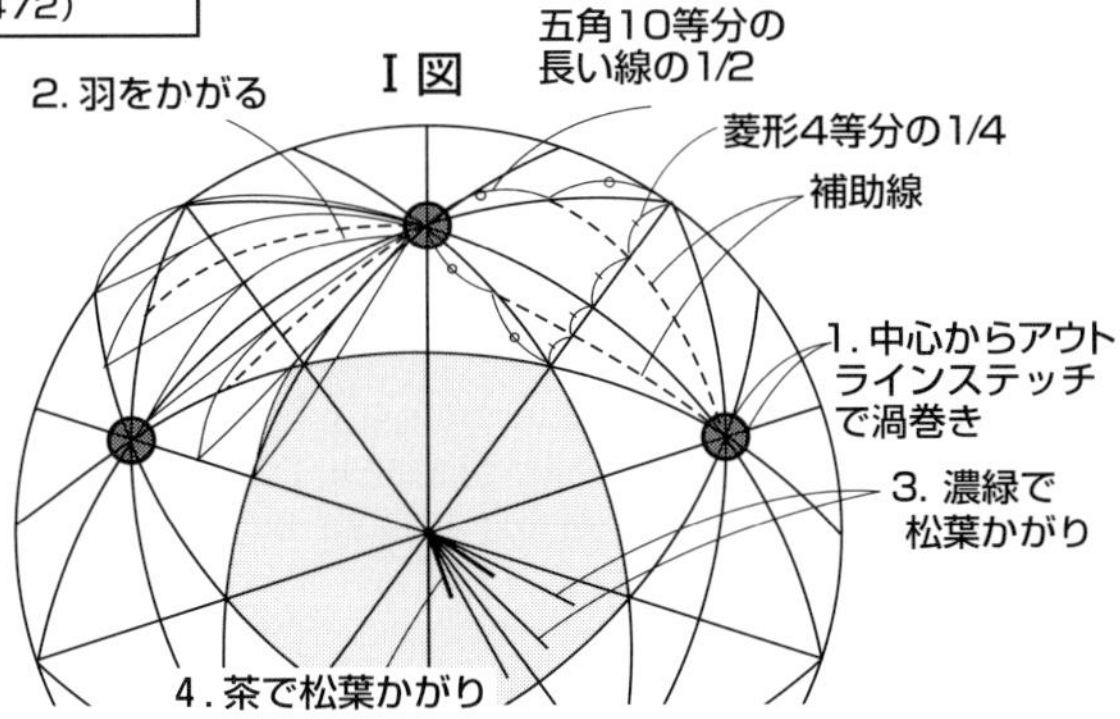
2. 羽をかがる
Ⅰ図
五角10等分の
長い線の1/2
菱形4等分の1/4
補助線
1. 中心からアウト
ラインステッチ
で渦巻き
3. 濃緑で
松葉かがり
4. 茶で松葉かがり

色2本どりで1段ずつかがります。同様にして、D、E、F、Bにもかがります（Ⅱ・Ⅲ図）。

5 向かい合わせを同色にして5色で羽根をかがります。両極に濃緑で松葉をかがり、その上に、2本おきに茶で短い松葉を入れます。

（第五回コンクール入賞作品／武久憲明）

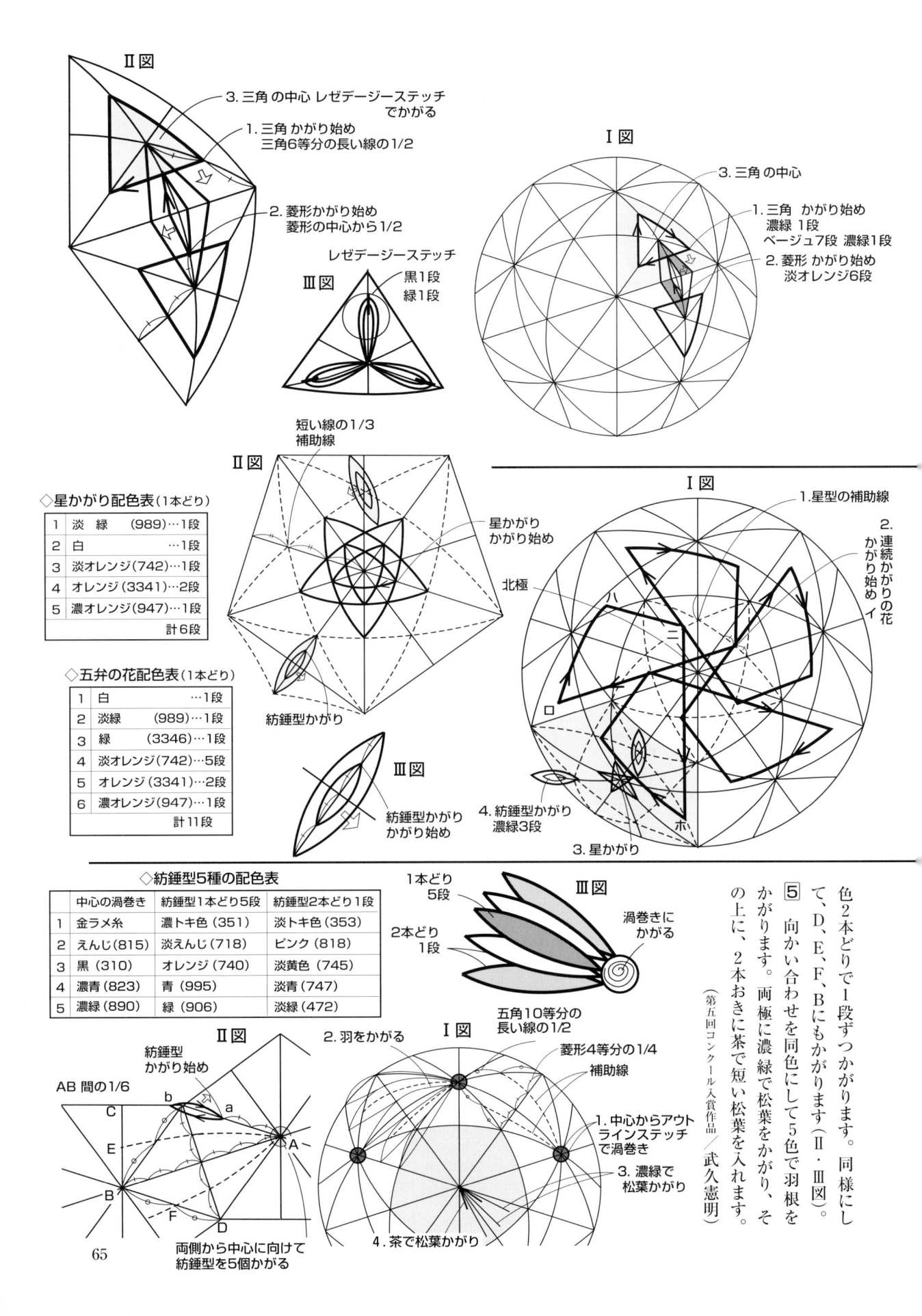

上級／12等分

水面の桜

カラー口絵2ページ

■材料

土台まり／円周32㎝　水色地巻き糸
地割り糸／金ラメ糸
かがり糸／DMC5番刺繍糸1本どり…青濃淡(798・799・800)、淡緑(368)、25番刺繍糸3本どり…ピンク(776)、細金ラメ糸

■作り方

1　金ラメ糸で12等分の地割りをします。

2　両極の地割り線1本おきに円周の1/12を結んで六角(A)を作り、赤道にも同寸法をとって六角(B)を6個作ります。

3　六角(A)と(B)の間にできた五角(A)の中心を10等分する補助線を入れます(Ⅰ図)。

4　六角(A)の長い線を結んで青で六角を4段、短い線を結んで淡青と淡緑を交互に1段ずつ4段かがります。交互に7回繰り返して最後は青を3段かがります(Ⅱ図・配色表)。

5　五角(A)の長い線を結んで濃青でかがり埋め、ピンク3本どりで花をかがります。

上級／10等分

巻き織り模様

カラー口絵8ページ

■材料

土台まり／円周30㎝　白地巻き糸
地割り糸／細金ラメ糸
かがり糸／DMC25番刺繍糸6本どり…緑(3364)、黄色(3822)、朱色(721)、紺(311)、白　3本どり…濃緑(3363)　2本どり…茶(680)　1本どり…黒(310)　絹糸…青

■作り方

1　細金ラメ糸で10等分の地割りをします。

2　地割り線に沿って両極で交差させながら緑、黄色、朱色、紺、白の5色で巻き埋めます(Ⅰ図)。

3　巻いた各色にそれぞれの模様をかがります(Ⅱ～Ⅵ図)。

4　各色の境を白10本どりで巻き、両極を止めます。

(菊池すみ子)

上級／8等分の組み合わせ

網代とつむ型の交差

カラー口絵18ページ

■材料

土台まり／円周35㎝　白地巻き糸
地割り糸／金ラメ糸
かがり糸／DMC5番刺繍糸1本どり…赤(349)、ピンク濃淡(352・819)、緑濃淡(469・472)、淡黄色(744)、金ラメ糸

■作り方

1　金ラメ糸で8等分の組み合わせの地割りをします。

2　三角6等分の中心から菱形4等分の短い線を10等分し、赤1段、濃ピンク2段、淡ピンク2段の順に4段ずつ11回繰り返してかがり埋めます(三角A・Ⅰ図)。

3　三角(A)と交差するように2の4段目から濃緑1段、淡緑2段、淡黄色1段を4段ずつくぐらせながら11回繰り返します(三角B)。

4　3でできた隙間に三角(B)の3段目より濃緑8段と赤9段を1段ずつ交差させながら紡錘型を9段かがります。他の5か所も同様

6 赤道の六角に山型と平らのかがりを交互に4段ずつ繰り返し、赤道を青でかがり埋めてつぼみをかがります(Ⅳ図)。（佐藤しづえ）

◇六角の配色表（1本どり）

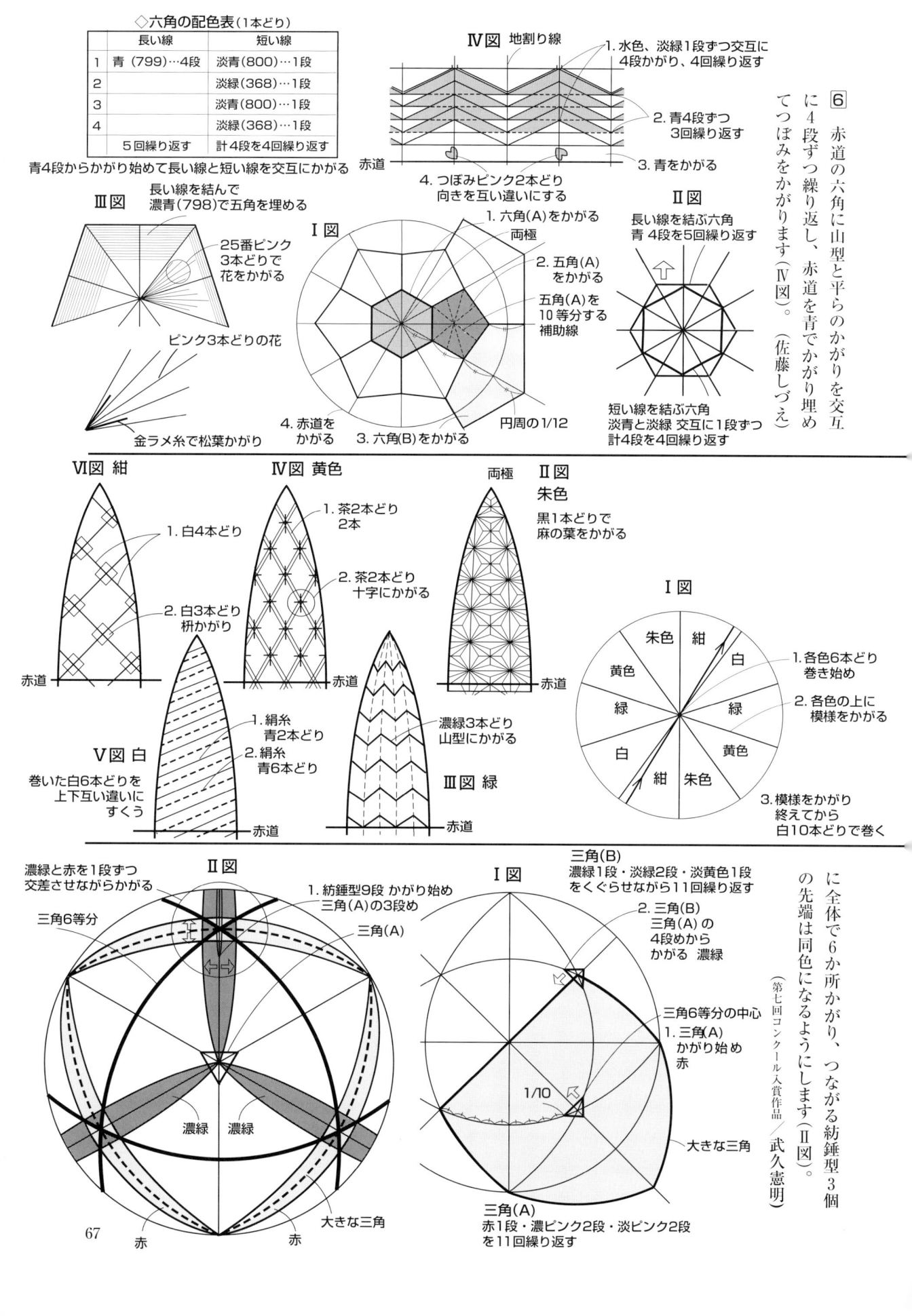

	長い線	短い線
1	青（799）…4段	淡青(800)…1段
2		淡緑(368)…1段
3		淡青(800)…1段
4		淡緑(368)…1段
	5回繰り返す	計4段を4回繰り返す

青4段からかがり始めて長い線と短い線を交互にかがる

Ⅳ図

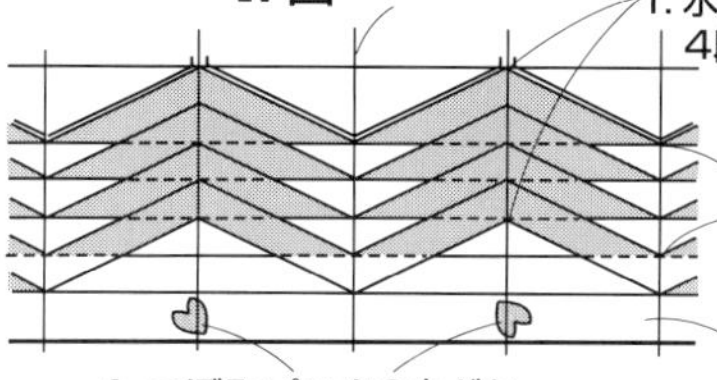
地割り線
1. 水色、淡緑1段ずつ交互に4段かがり、4回繰り返す
2. 青4段ずつ3回繰り返す
3. 青をかがる
赤道
4. つぼみピンク2本どり向きを互い違いにする

Ⅲ図

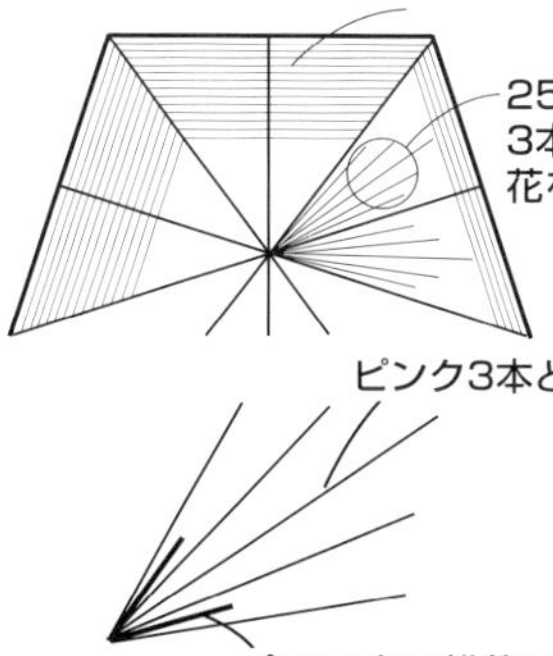
長い線を結んで濃青(798)で五角を埋める
25番ピンク3本どりで花をかがる
ピンク3本どりの花
金ラメ糸で松葉かがり

Ⅰ図

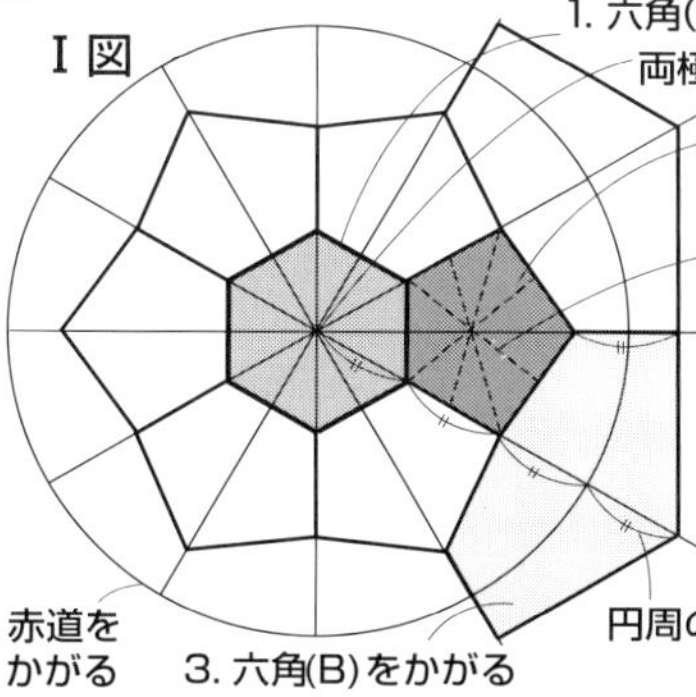
1. 六角(A)をかがる
両極
2. 五角(A)をかがる
五角(A)を10等分する補助線
円周の1/12

Ⅱ図

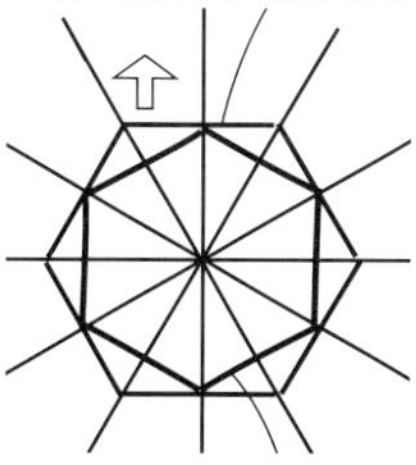
長い線を結ぶ六角
青 4段を5回繰り返す
短い線を結ぶ六角
淡青と淡緑 交互に1段ずつ

Ⅵ図 紺

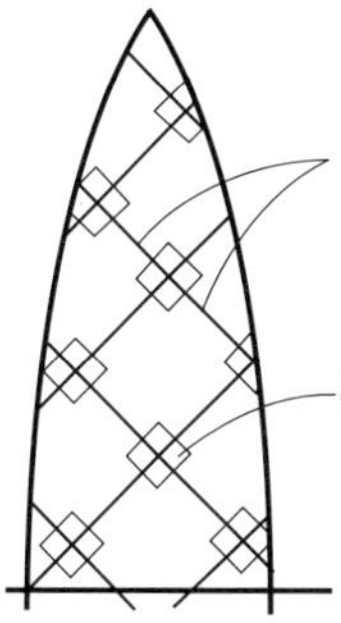
1. 白4本どり
2. 白3本どり
枡かがり
赤道

Ⅳ図 黄色

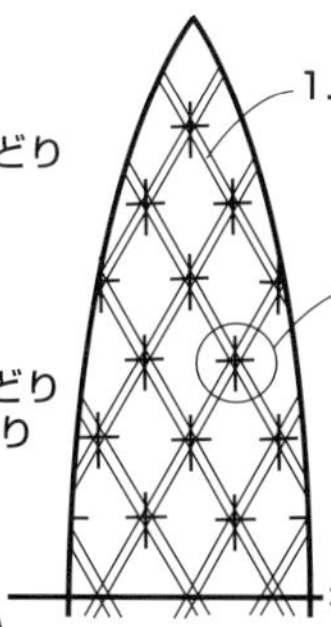
1. 茶2本どり
2本
2. 茶2本どり
十字にかがる

Ⅱ図 朱色

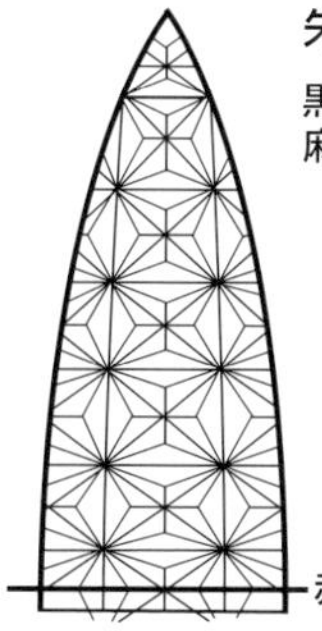
両極
黒1本どりで
麻の葉をかがる
赤道

Ⅰ図

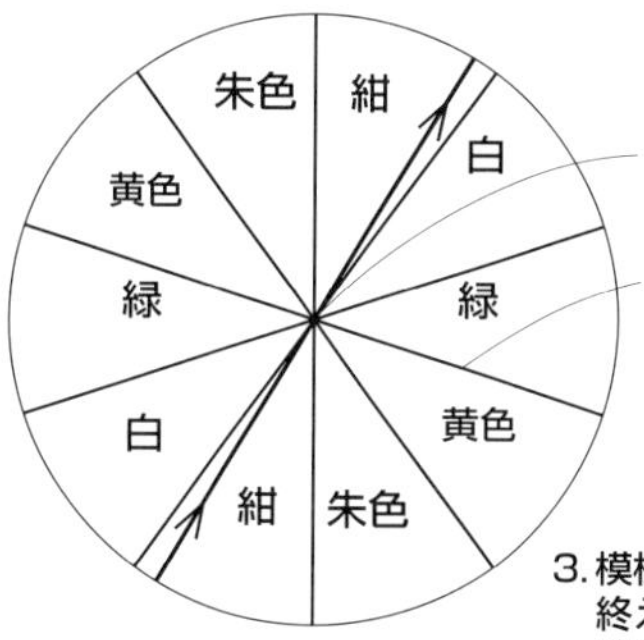
1. 各色6本どり
巻き始め
2. 各色の上に
模様をかがる
3. 模様をかがり
終えてから
白10本どりで巻く

Ⅴ図 白

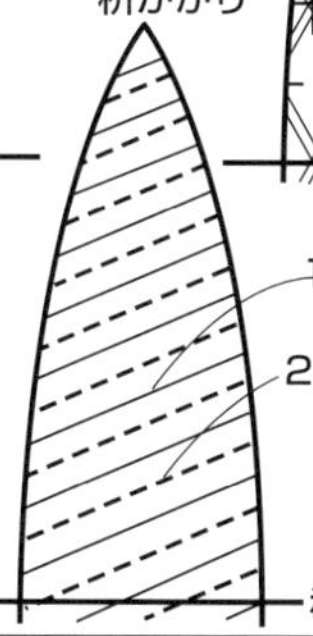
1. 絹糸
青2本どり
2. 絹糸
青6本どり
巻いた白6本どりを
上下互い違いに
すくう
赤道

Ⅲ図 緑

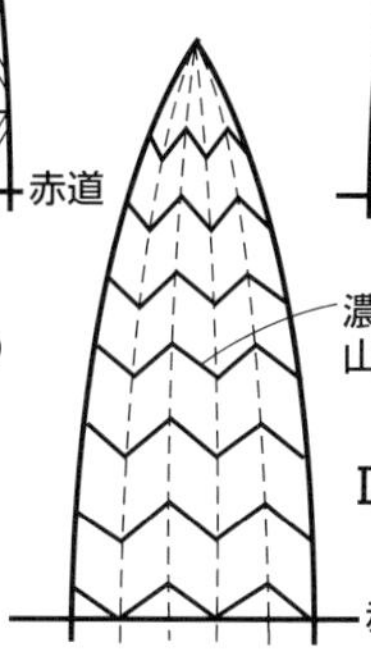
濃緑3本どり
山型にかがる
赤道

に全体で6か所かがり、つながる紡錘型3個の先端は同色になるようにします(Ⅱ図)。（第七回コンクール入賞作品／武久憲明）

Ⅱ図

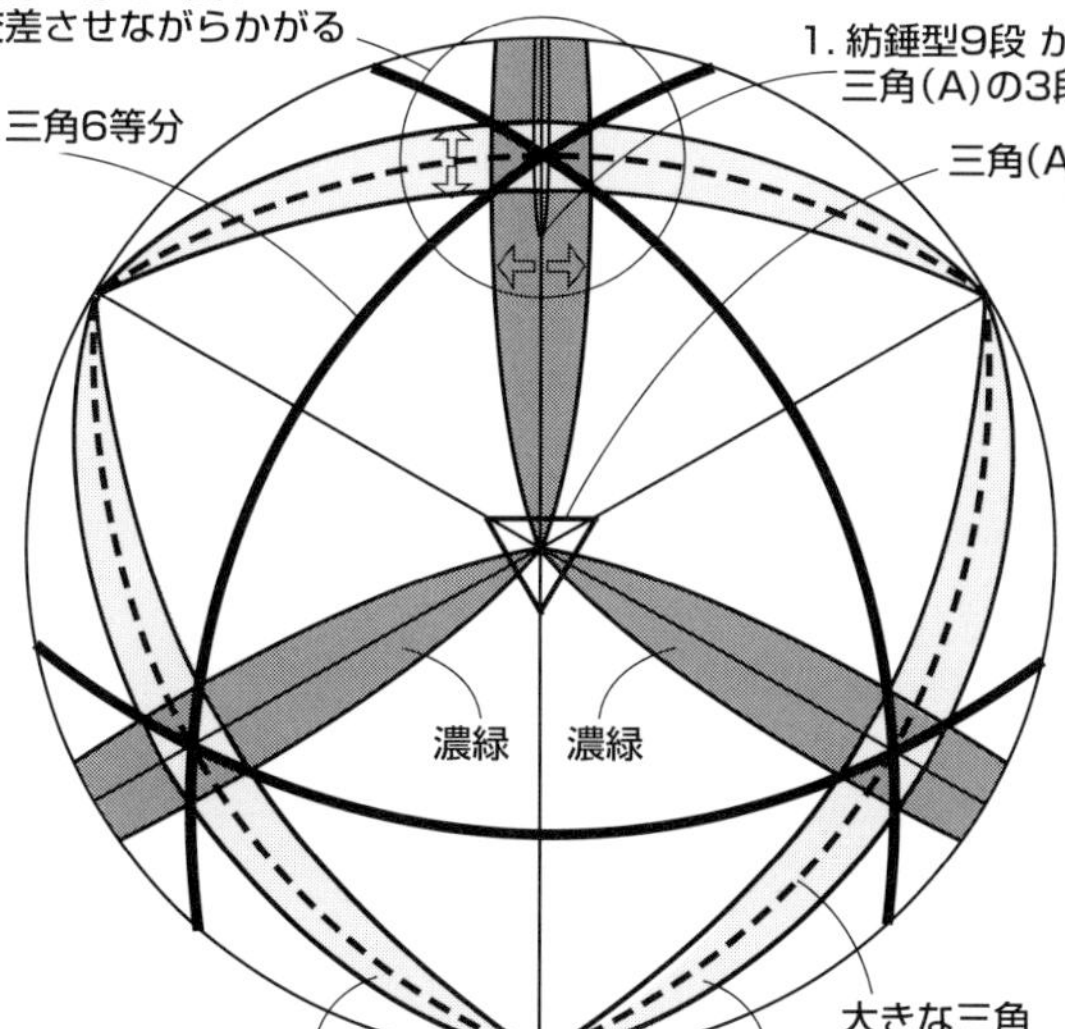
濃緑と赤を1段ずつ
1. 紡錘型9段 かがり始め
三角(A)の3段め
三角(A)
赤
赤

Ⅰ図

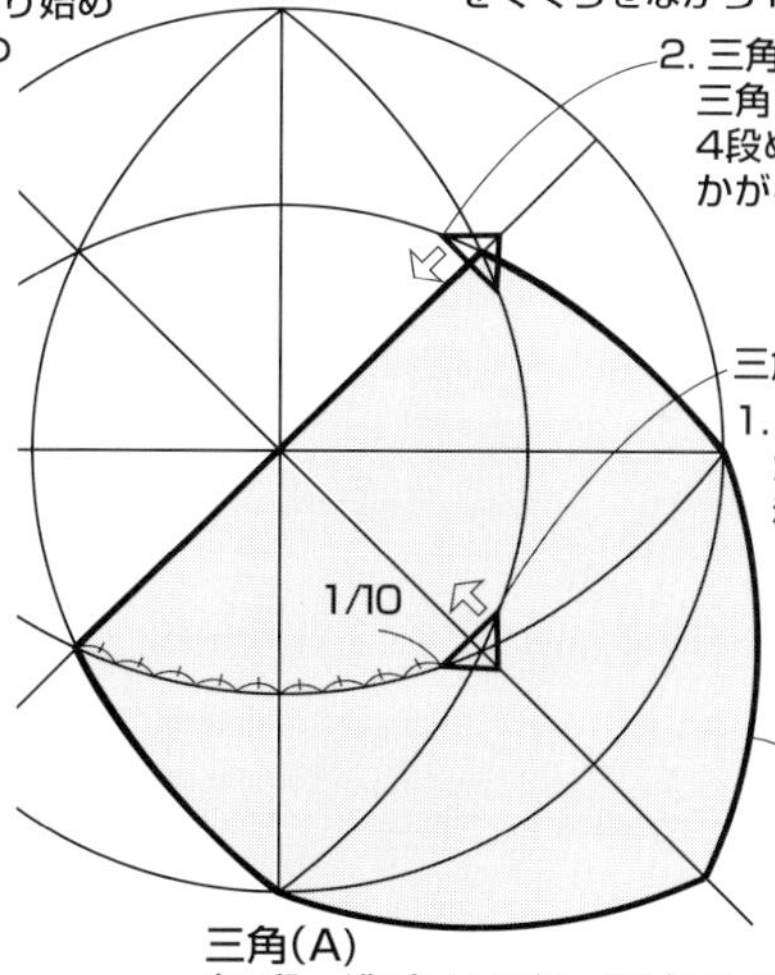
三角(B)
濃緑1段・淡緑2段・淡黄色1段
をくぐらせながら11回繰り返す
2. 三角(B)
三角(A)の
4段めから
かがる 濃緑
三角6等分の中心
1. 三角(A)
かがり始め
赤
大きな三角
赤1段・濃ピンク2段・淡ピンク2段
を11回繰り返す

上級／10等分の組み合わせ
虹　星
カラー口絵9ページ

■材料
土台まり／円周32cm　水色地巻き糸
地割り糸／DMC25番刺繍糸２本どり…水色(827)
かがり糸／DMC25番刺繍糸６本どり…赤(666)、オレンジ(971)、淡茶(945)、ベージュ(3770)、緑濃淡(702・704)、水色(827)、青(796)、藤色(554)、紫(552)、白、金ラメ糸

■作り方
1　25番刺繍糸水色(地巻き糸と同色)で10等分の組み合わせの地割りをします。
2　北極に1～21まで順に、一筆描きの要領で星型を赤で1段かがります(Ⅰ・Ⅱ図)。
3　同様に各色1段ずつ、最後は金ラメ糸1段で計13段かがります(配色表)。
4　南極も同様にして、星の先が互いに組み合わさるようにかがります。
5　赤道にできた星2個の先の間を、白6本どりで1段で山型にかがります。
(魚住実子)

上級／10等分の組み合わせ
舞《まい》いちょう
カラー口絵15ページ

■材料
土台まり／円周30cm　白地巻き糸
地割り糸／金ラメ糸
かがり糸／京てまり糸1本どり…緑濃淡(35・34)、紫(530)、ピンク濃淡(533・528)、淡茶(522)、黒(2)

■作り方
1　金ラメ糸で10等分の組み合わせの地割りをします。
2　五角10等分の短い線の中心から1.8cm ABCDEを結んで1段かがります(Ⅰ図)。ピンク濃淡、緑濃淡、紫、淡茶6色で、上下2個の五角を同色にして全体で12か所かがり、2段目からは、いちょうの葉の曲線が出るようにくぐらせながらかがり埋めます(Ⅱ図)。
3　五角最後の0.2cmを、黒2段ずつでかがり埋めます。
(高原暲子)

上級／10等分の組み合わせ
花と垣
カラー口絵15ページ

■材料
土台まり／円周30cm　黒地巻き糸
地割り糸／細金ラメ糸
かがり糸／京てまり糸１本どり…白、えんじ(24)、ピンク(528)、青(519)、緑(34)、黒(2)、細金ラメ糸、しつけ糸

■作り方
1　細金ラメ糸で10等分の組み合わせの地割りをし、五角10等分の短い線を6等分して鵜《う》かご地割りの補助線を入れます(Ⅰ図)。
2　三角6等分2か所を両極として赤道を6等分する線をしつけ糸で入れると、大きな紡錘型が6個できます(Ⅱ図)。
3　紡錘型(Ⅰ)3か所に緑と白で山型をかがり、上に青で山型を交差させます(Ⅲ図)。
4　残りの紡錘型(Ⅱ)3か所の三角6等分の中心2か所に六角(A)を4段、外側に小さな六角(B)を12個、その外側に六角(C)を12個かがります。その他の六角と五角はえんじと

◇星かがり配色表(6本どり)

1	赤(666)	8	青(796)
2	オレンジ(971)	9	藤色(554)
3	淡茶(945)	10	紫(552)
4	ベージュ(3770)	11	白
5	淡緑(704)	12	赤(666)
6	緑(702)	13	金ラメ糸
7	水色(827)		

各色1段ずつ計13段かがる

Ⅱ図 星型のかがる順序

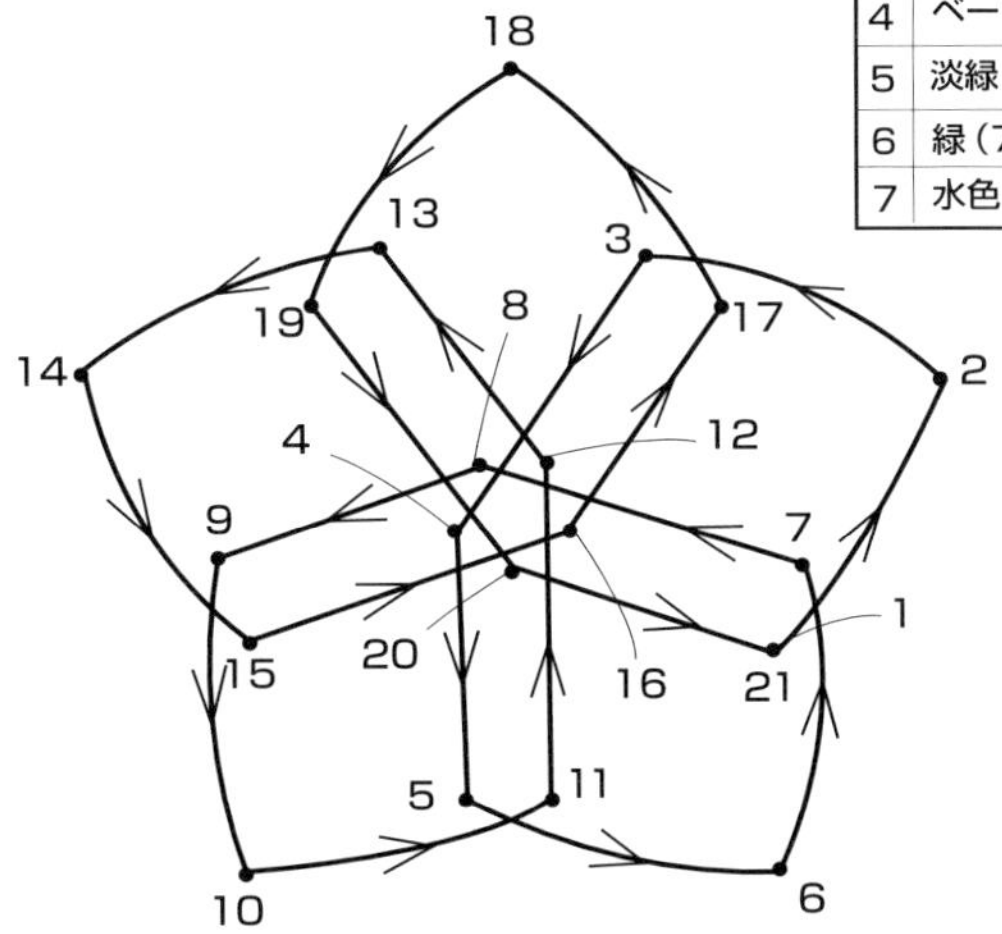

Ⅰ図

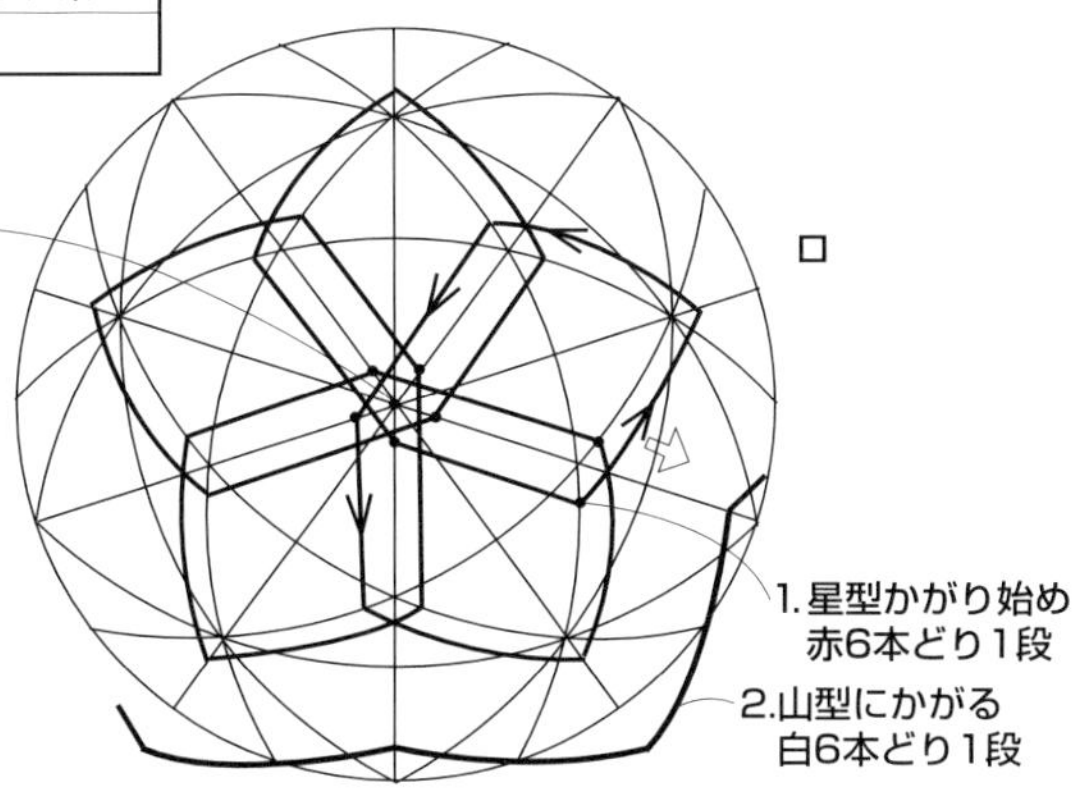
北極

Ⅱ図 いちょうの葉のくぐらせ方

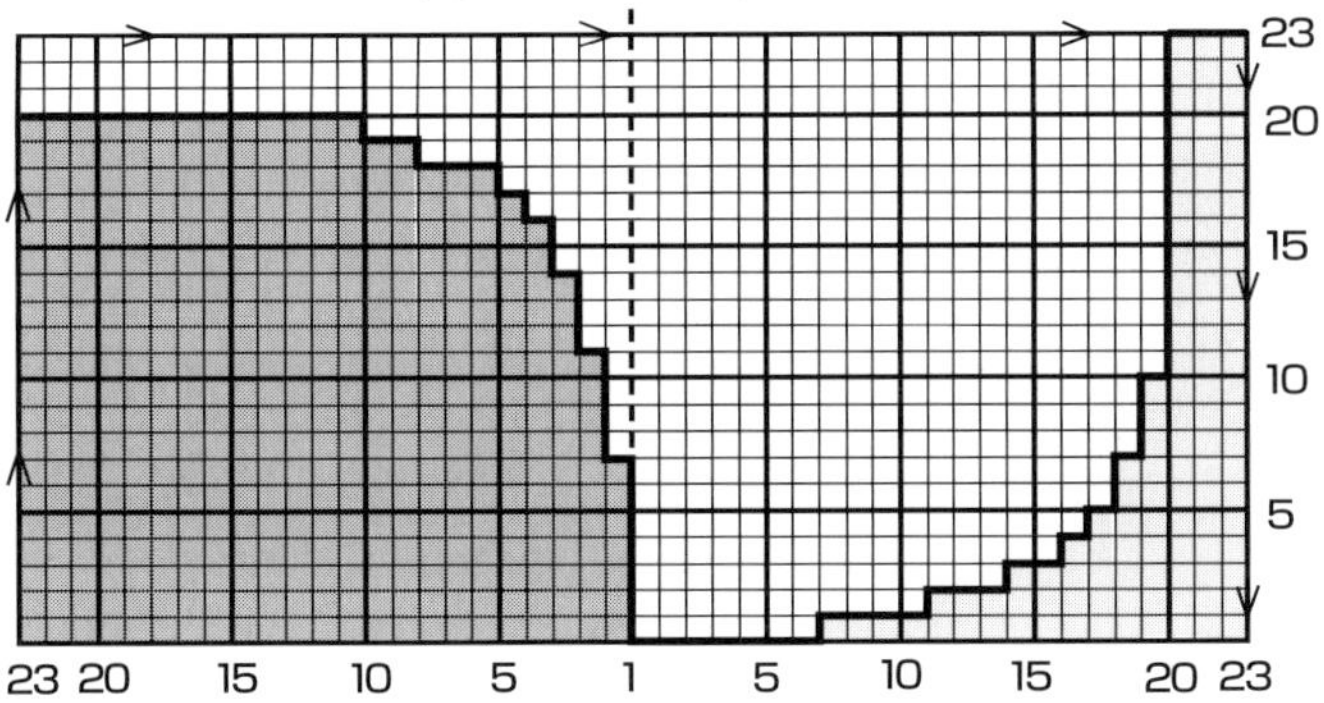

Ⅰ図

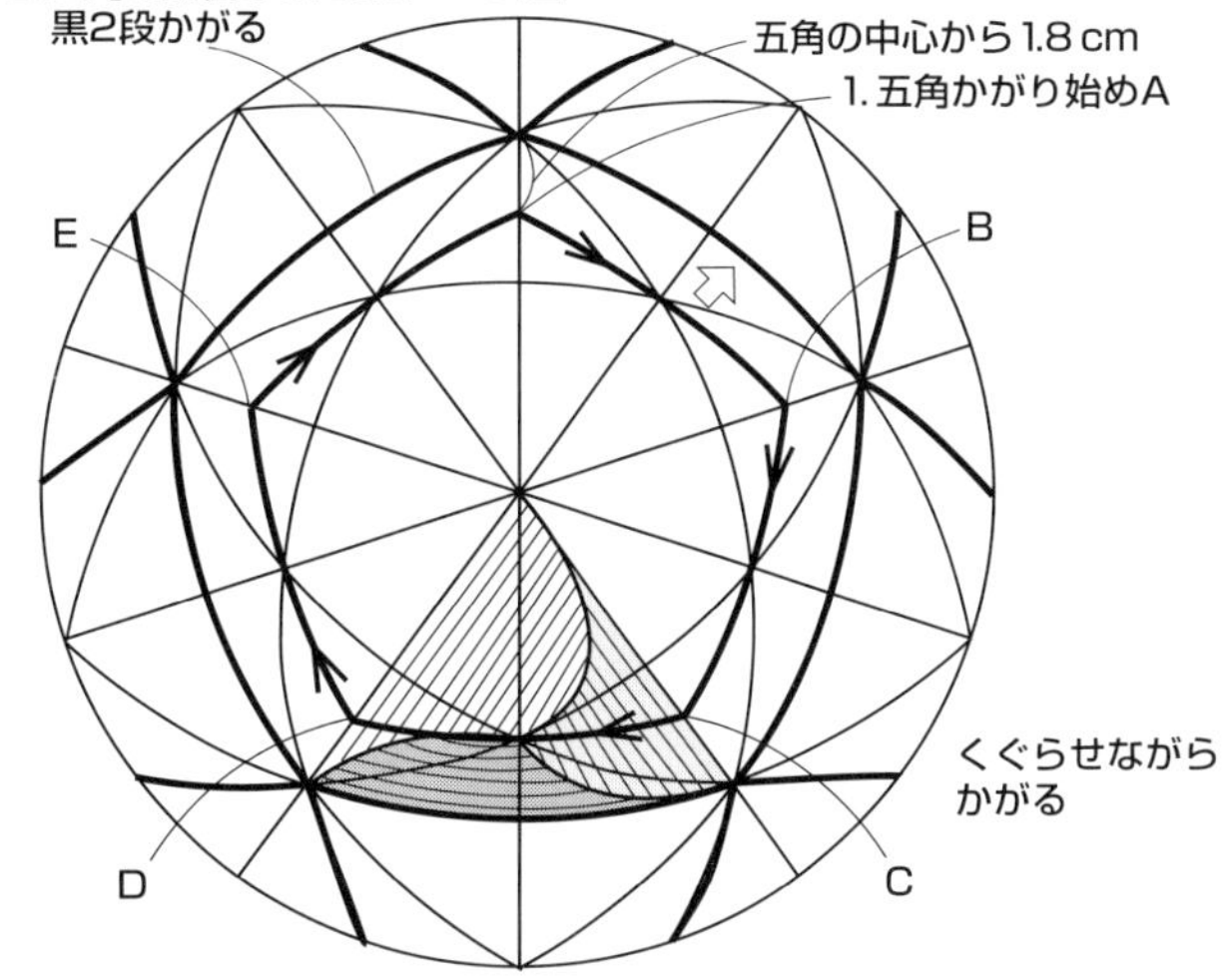
2.五角の最後の0.2cm
黒2段かがる

Ⅰ図 鵜かご地割り

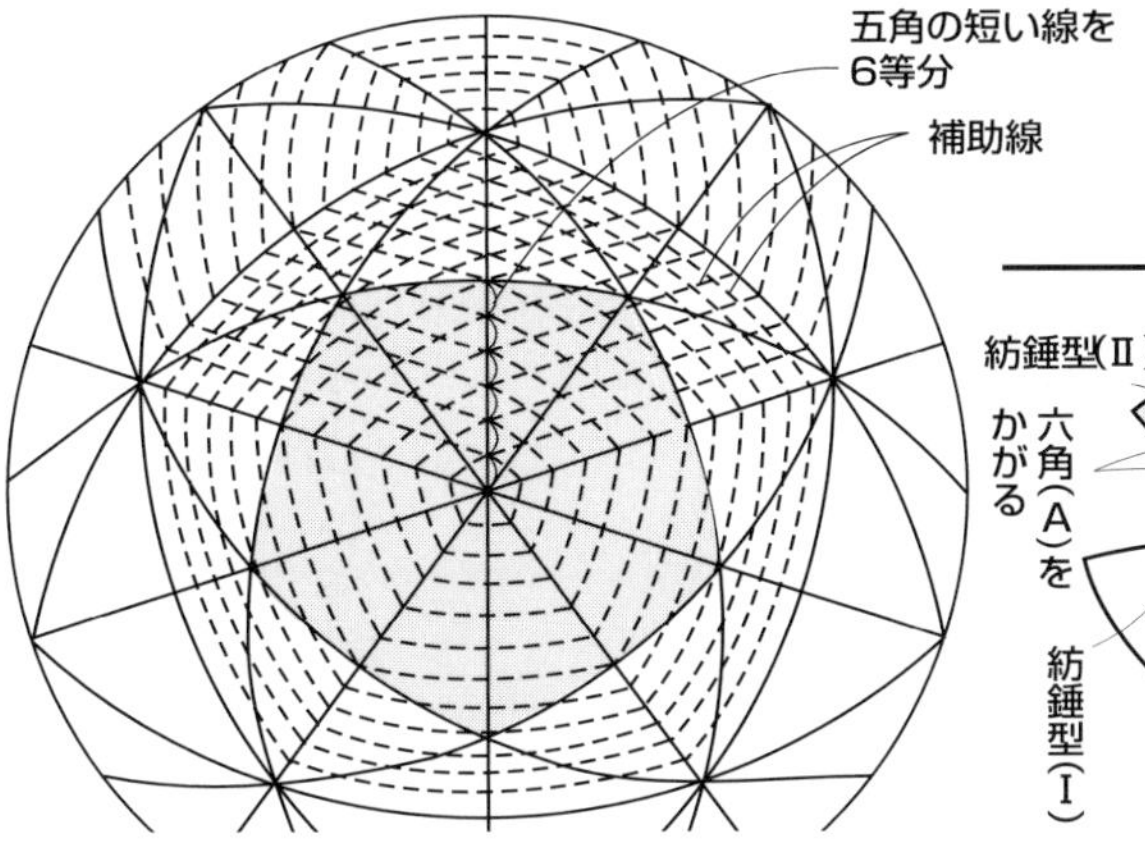

Ⅱ図

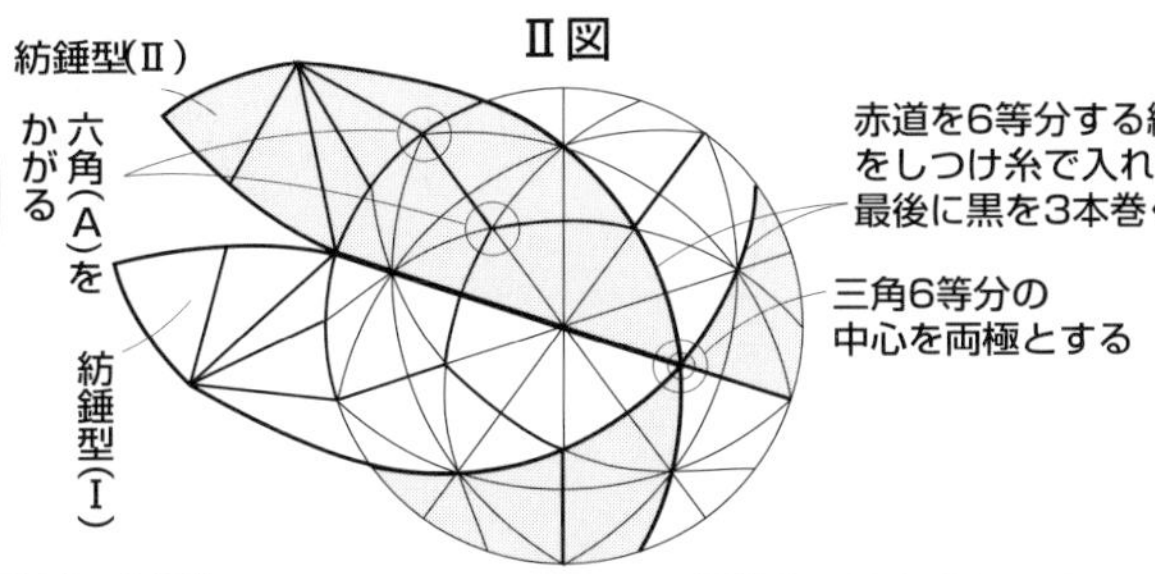

最後に黒を3本巻く

中心を両極とする

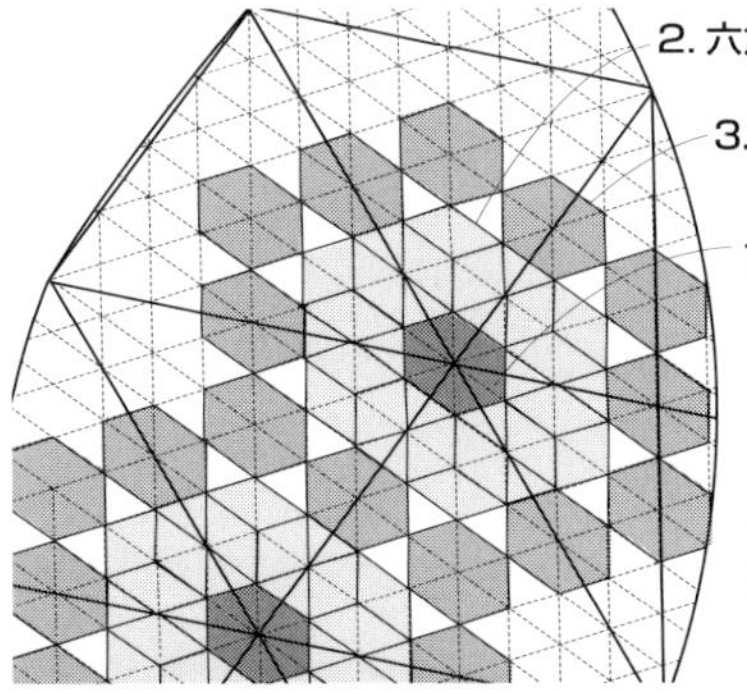
2.六角(B)ピンク1段
3.六角(C) えんじ、ピンク
白各1段ずつ計4段
1.六角(A) えんじ、ピンク
白、えんじ1段ずつ計4段
三角6等分の中心

Ⅳ図
紡錘型(Ⅱ図)

Ⅲ図 紡錘型(Ⅰ図)

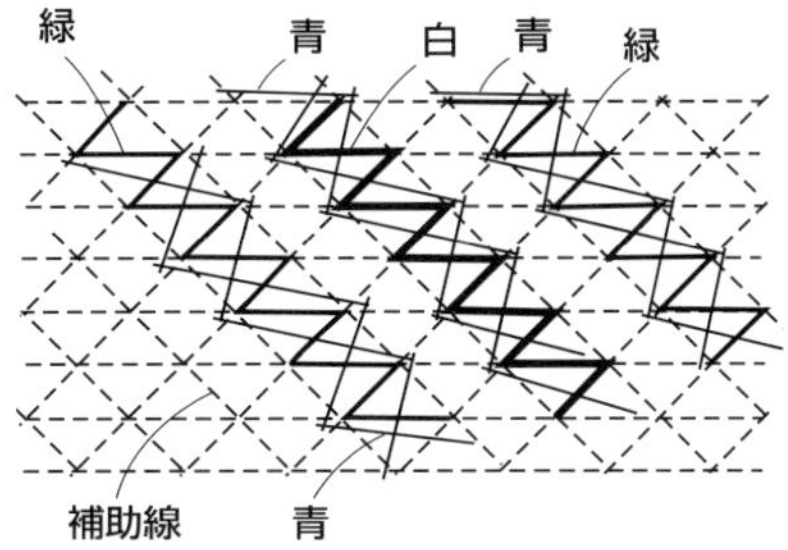

ピンク各1段かがります(Ⅳ図)。

5 紡錘型の境に黒を3段巻いて、しつけ糸をはずします。

上級／10等分の組み合わせ

十角星の交差

カラー口絵15ページ

■材料

土台まり／円周36㎝　黒地巻き糸
地割り糸／細金ラメ糸
かがり糸／京てまり糸２本どり…ピンク(25)、紫(27)、細金ラメ糸

■作り方

1 細金ラメ糸で10等分の組み合わせの地割りをします。

2 細金ラメ糸で五角10等分の中心を20等分する補助線を入れ、五角10等分の長い線の1/2A、B、Cと、補助線と地割り線の交点a、b、cを結ぶ六角AaBbCcを入れます。更に長い線の1/4イ・ロ・ハと交点a・b・cを結ぶ六角イaロbハcと三角イロハを入れます。

3 20等分した五角の周囲に、細金ラメ糸で十角の星1～10を連続でかがり、外側に角五か所1・5・9・3・7を交差させながら同様にかがります(Ⅱ・Ⅲ図・配色表)。(谷キヨ子)

上級／10等分の組み合わせ

バラとかごめ

カラー口絵15ページ

■材料

円周33㎝　黒地巻き糸
地割り糸／しつけ糸
かがり糸／京てまり糸１本どり…黄色(101)、ピンク濃淡(518・517・107・3)、緑(103)、水色(5)、茶濃淡(14・13)、細金ラメ糸

■作り方

1 しつけ糸で10等分の組み合わせの地割りをし、菱形4等分の中心を結んで五角12個と三角20個にする補助線を入れます。

2 補助線でできた五角10等分の短い線に、黄色で3段、五角をかがります(Ⅱ図)。

3 **2**の五角にずらしながら、バラかがりで計28段かがります(Ⅱ図・配色表)。

4 バラかがりの外側に、五角の角より渦かがりをずらしながら(渦かがり)緑で4段ずつかがります(Ⅱ図)。

5 三角20か所に水色で8本ずつかごめを組み(Ⅲ図)、補助線の上を淡茶で3段巻いて、

上級／10等分の組み合わせ

華燭

カラー口絵14ページ

■材料

土台まり／円周32㎝　黒地巻き糸
地割り糸／黒銀ラメ糸
かがり糸／京てまり糸２本どり…グレー濃淡(40・511・303)、ピンク濃淡(25・4・3)、青濃淡(527・106・526)、紫濃淡(525・16・524)、赤濃淡(22・109・108)緑濃淡(534・35・34)、黒、青ラメ糸

■作り方

1 黒銀ラメ糸で10等分の組み合わせの地割りをし、青ラメ糸で五角10等分の中心を20等分する補助線を入れます。

2 五角の中心から補助線上の1.5㎝の位置イより、地割り線から0.5㎝離して平行に各色の淡色でジグザグに一周し、地割り線を挟んで上下1段ずつ各色交互にかがります(Ⅰ図)。

3 **2**を6色の各色濃～淡で4段ずつ交互にかがり、最後は最初の1段と同色の1本どりで1段かがります(配色表)。

4 黒1本どりで菱の長い線に2本、短い線に1本、1段目の糸の上にかがります(Ⅲ図)。

◇十角の星配色表(2本どり)

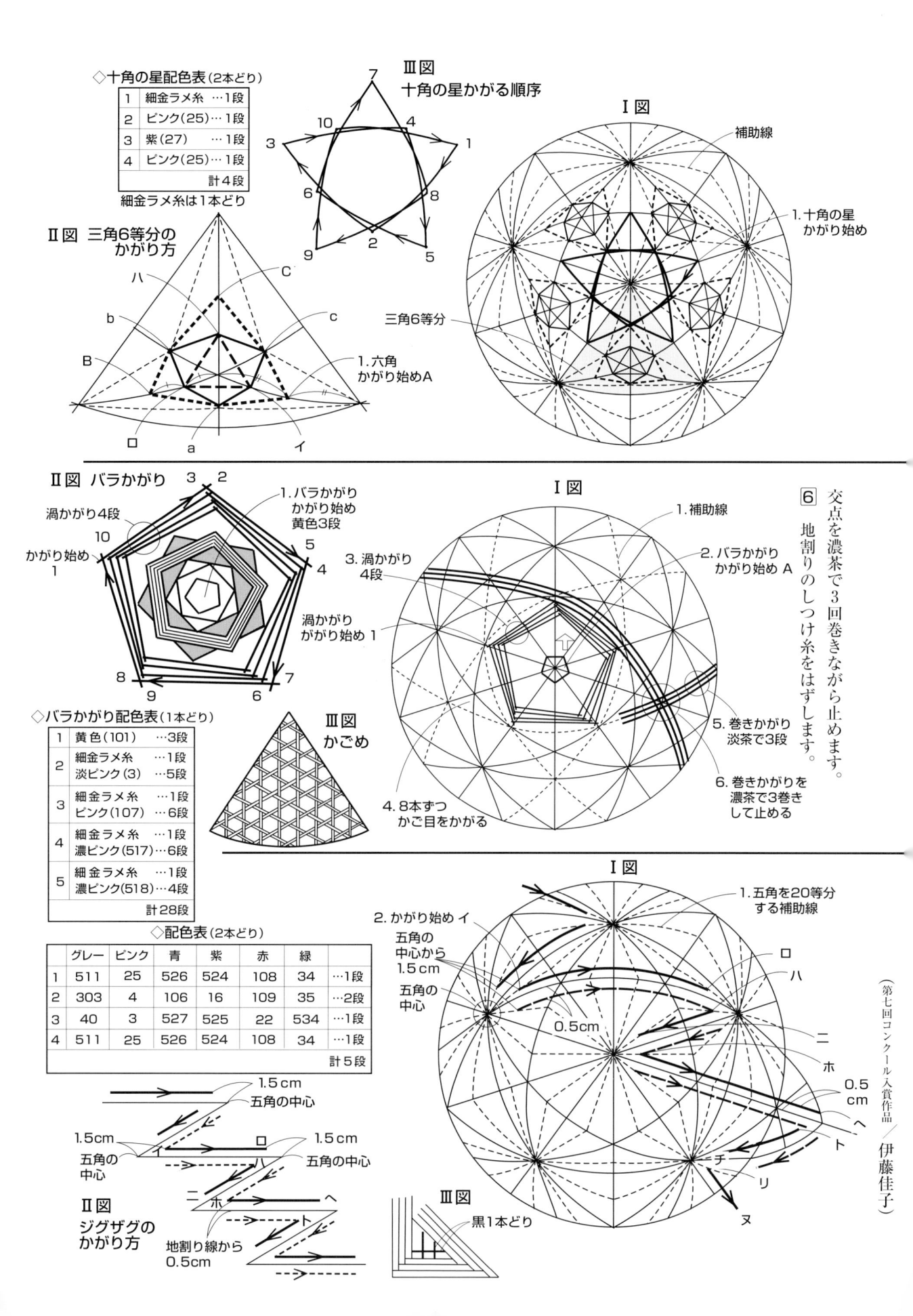

1	細金ラメ糸	…1段
2	ピンク(25)	…1段
3	紫(27)	…1段
4	ピンク(25)	…1段
		計4段

細金ラメ糸は1本どり

Ⅲ図
十角の星かがる順序

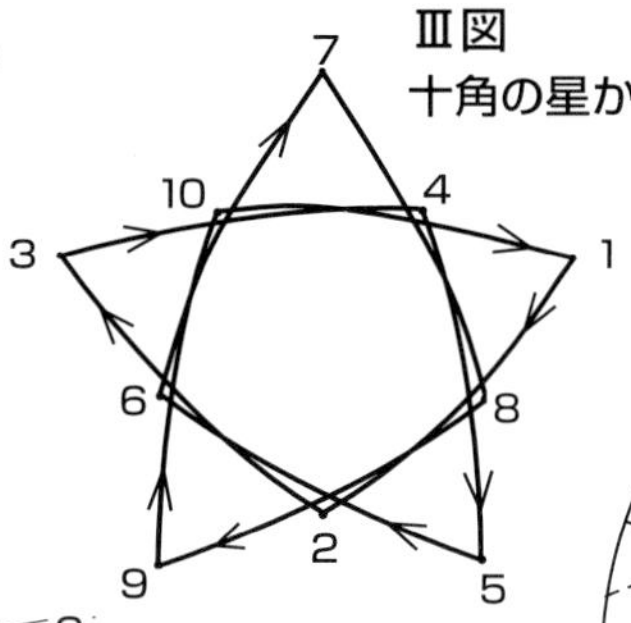

7
10
4
3
1
6
8
2
9
5

Ⅰ図

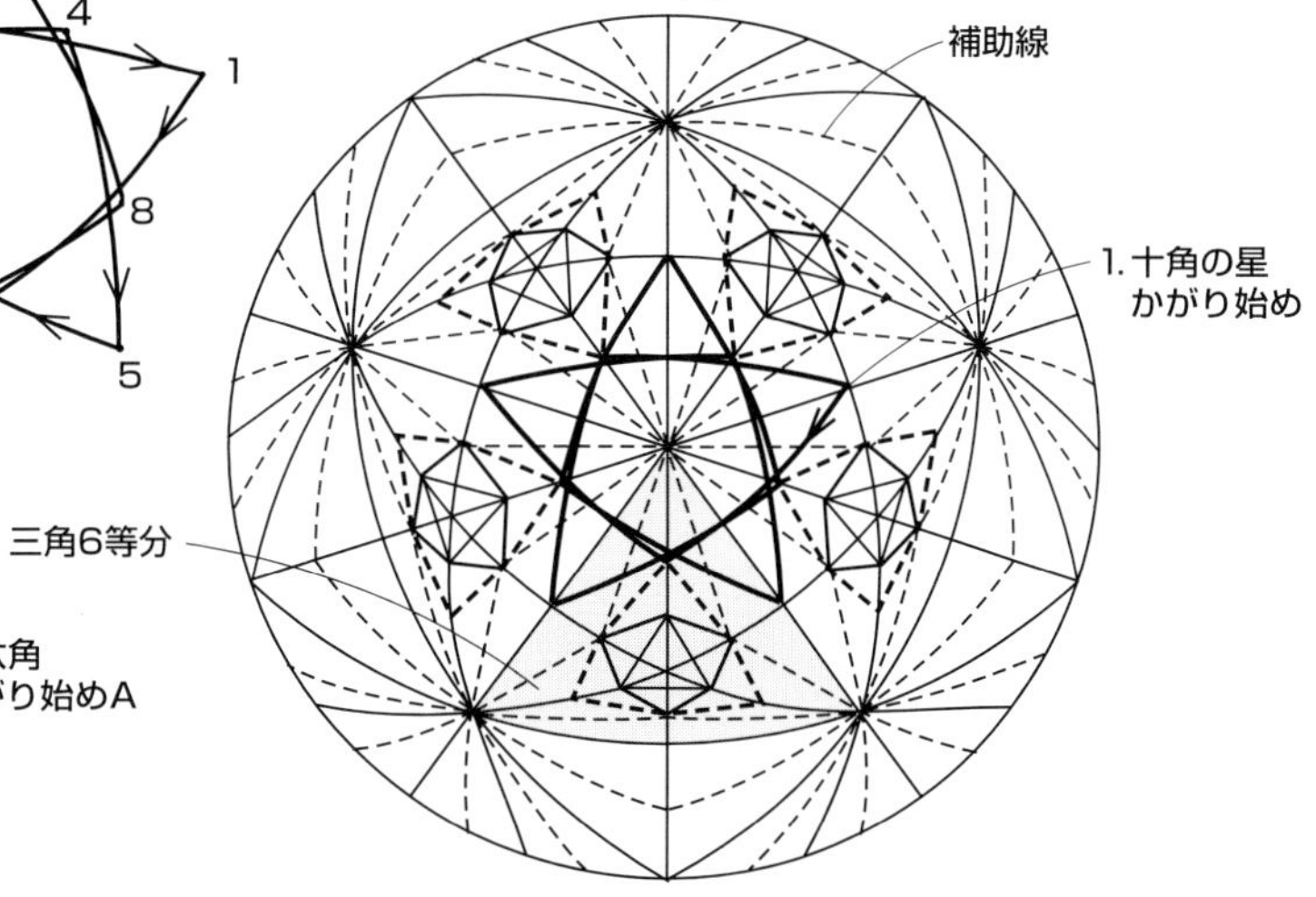

補助線
1. 十角の星
かがり始め
三角6等分

Ⅱ図 三角6等分の
かがり方

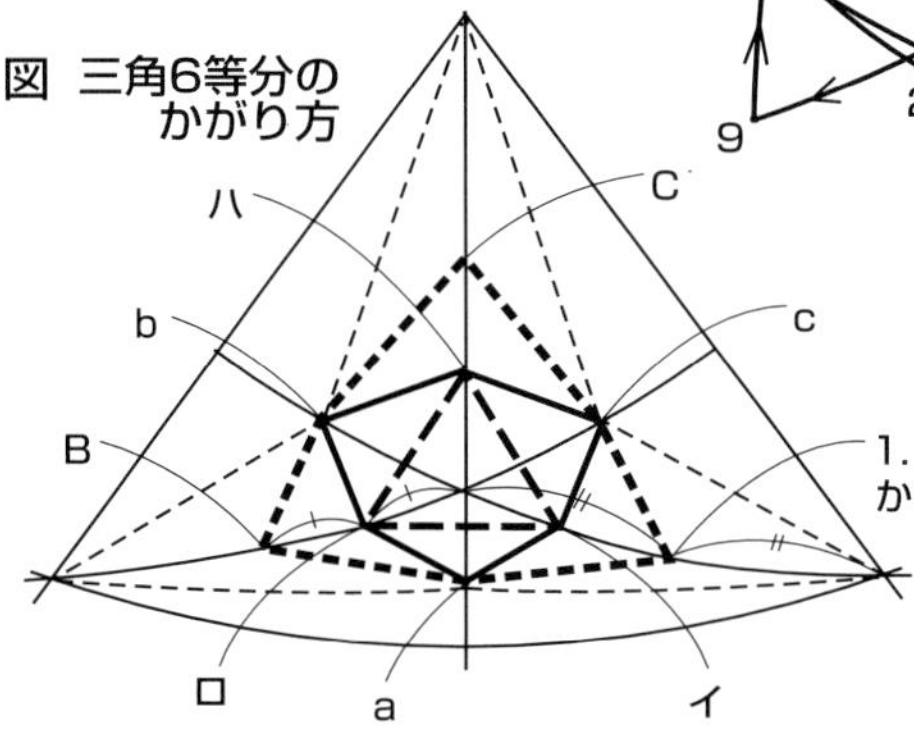

ハ
C
b
c
B
1. 六角
かがり始めA
ロ
a
イ

Ⅱ図 バラかがり

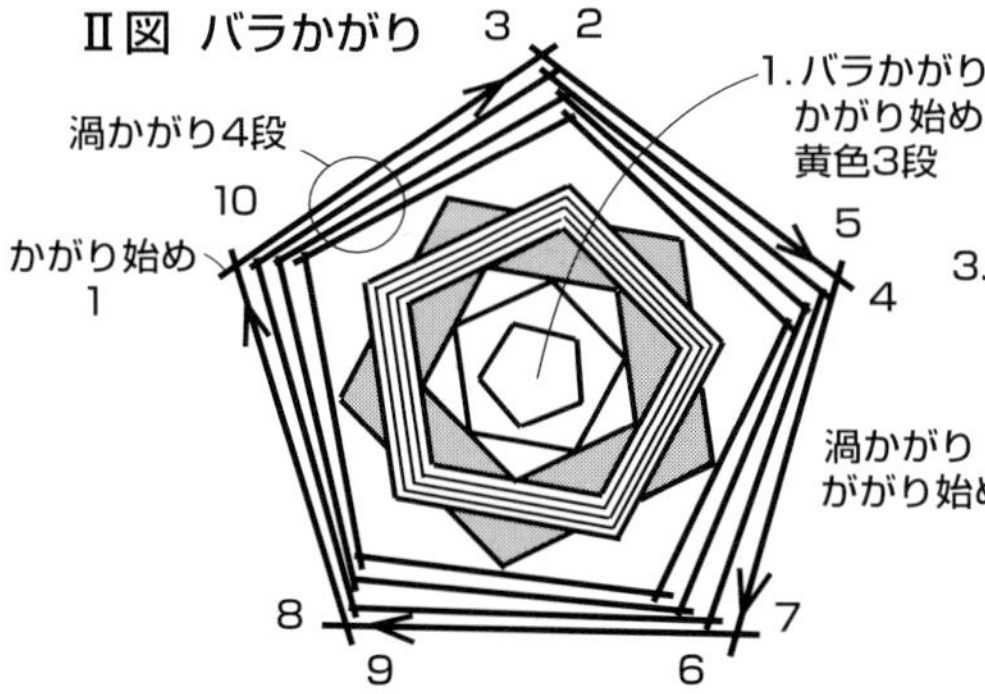

3
2
1. バラかがり
かがり始め
黄色3段
渦かがり4段
10
5
かがり始め
1
4
渦かがり
がかり始め 1
8
7
9
6

Ⅰ図

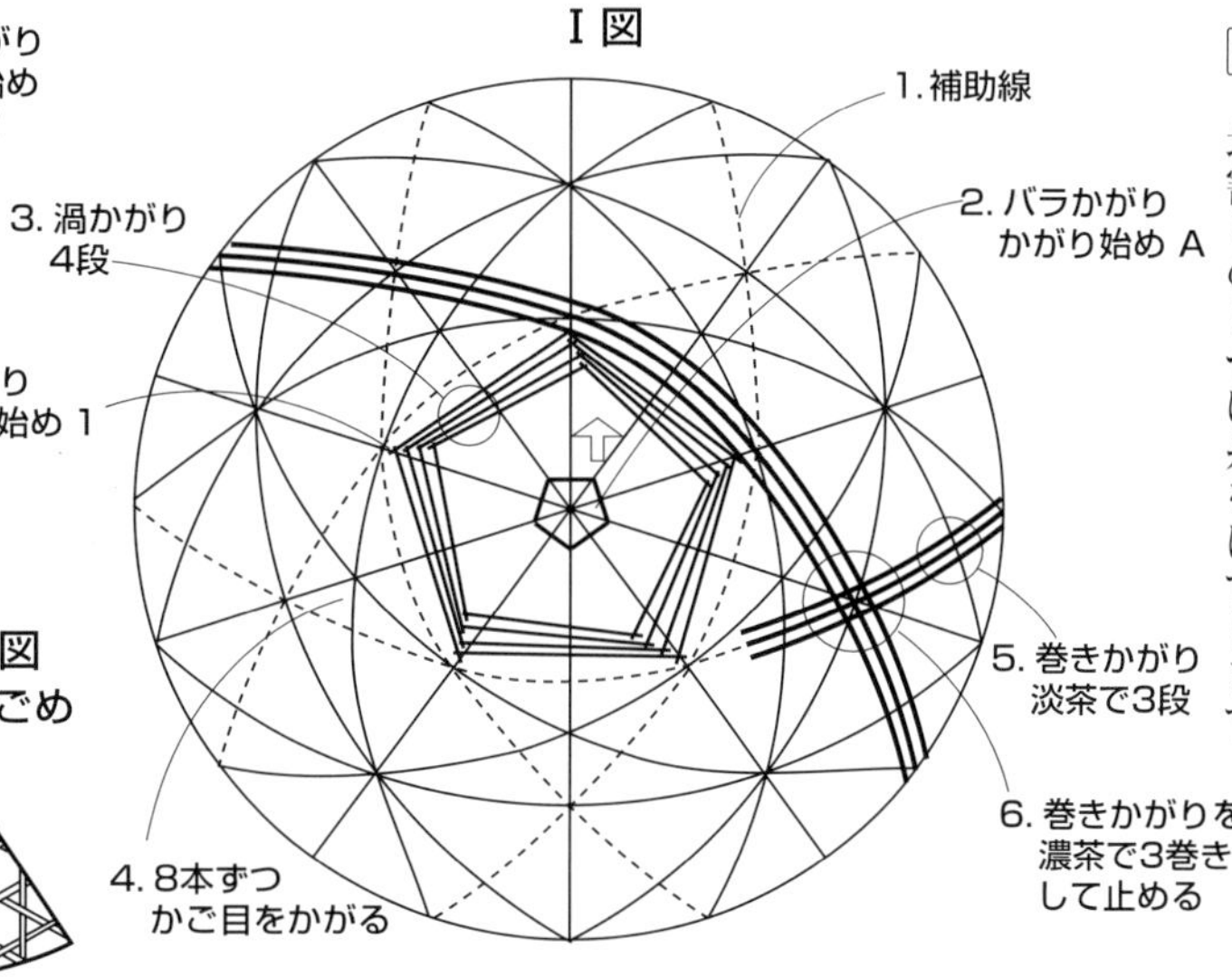

1. 補助線
2. バラかがり
かがり始め A
3. 渦かがり
4段
5. 巻きかがり
淡茶で3段
6. 巻きかがりを
濃茶で3巻き
して止める
4. 8本ずつ
かご目をかがる

6 交点を濃茶で3回巻きながら止めます。地割りのしつけ糸をはずします。

◇バラかがり配色表(1本どり)

1	黄色(101)	…3段
2	細金ラメ糸 淡ピンク(3)	…1段 …5段
3	細金ラメ糸 ピンク(107)	…1段 …6段
4	細金ラメ糸 濃ピンク(517)	…1段 …6段
5	細金ラメ糸 濃ピンク(518)	…1段 …4段
		計28段

Ⅲ図
かごめ

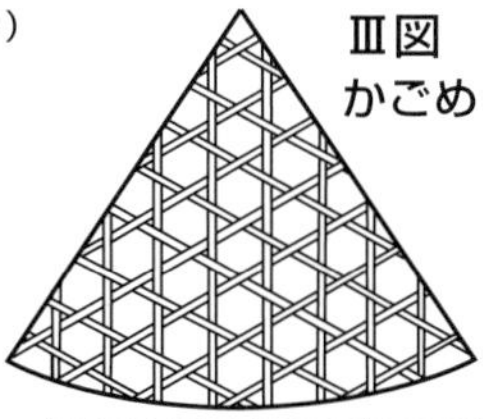

Ⅰ図

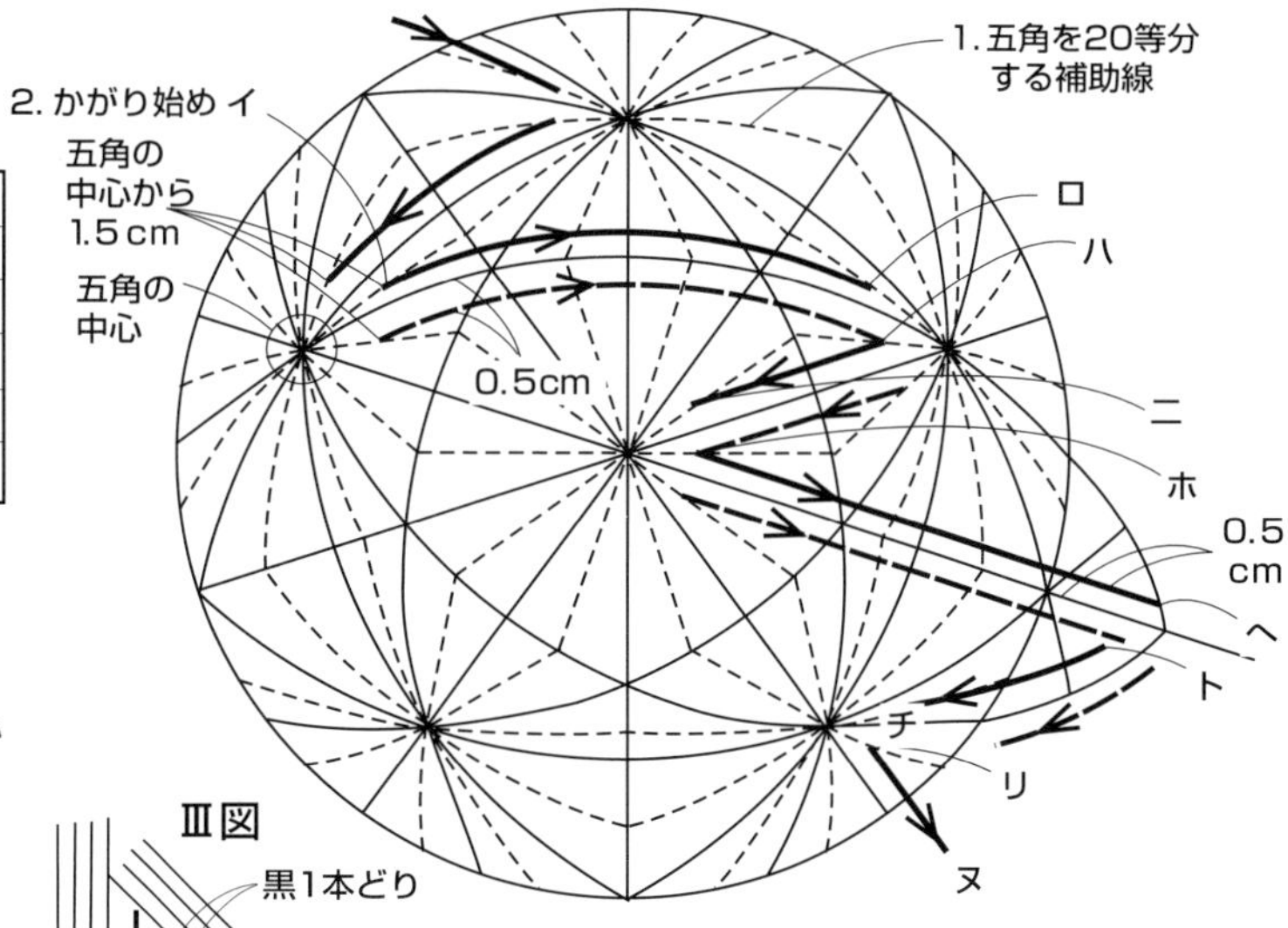

1. 五角を20等分
する補助線
2. かがり始め イ
五角の
中心から
1.5cm
五角の
中心
ロ
ハ
0.5cm
ニ
ホ
0.5
cm
ヘ
ト
チ
リ
ヌ

◇配色表(2本どり)

	グレー	ピンク	青	紫	赤	緑	
1	511	25	526	524	108	34	…1段
2	303	4	106	16	109	35	…2段
3	40	3	527	525	22	534	…1段
4	511	25	526	524	108	34	…1段
							計5段

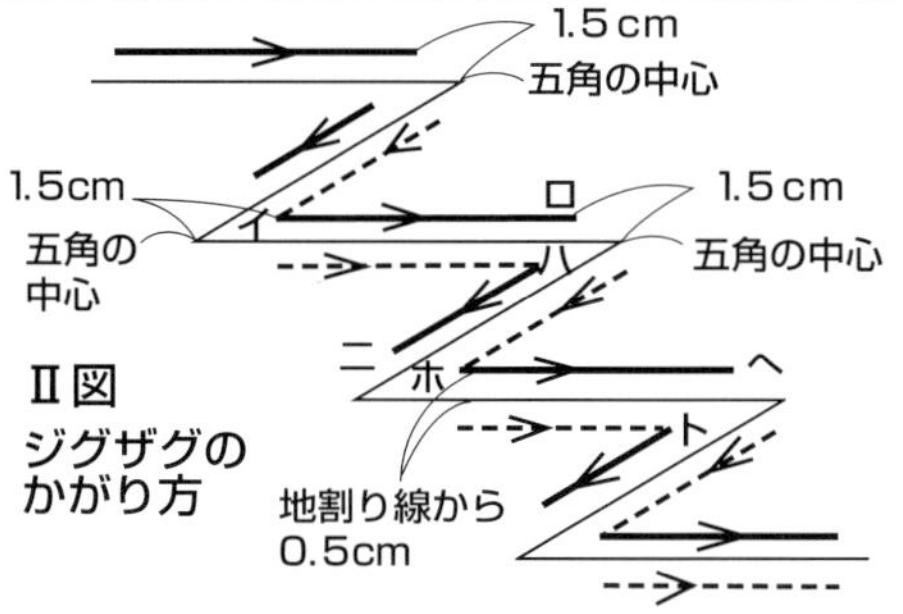

1.5cm
五角の中心
1.5cm
1.5cm
イ
ロ
五角の
中心
ハ
五角の中心
ニ
ホ
ヘ
ト
地割り線から
0.5cm

Ⅱ図
ジグザグの
かがり方

Ⅲ図

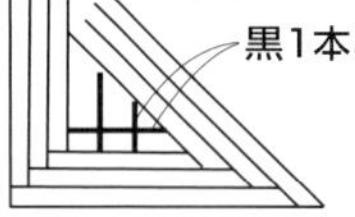

黒1本どり

(第七回コンクール入賞作品／伊藤佳子)

上級／10等分の組み合わせ

布と巻き星

カラー口絵4ページ

■材料

土台まり／円周28㎝　白地巻き糸
地割り糸／細金糸
かがり糸／草木染風木綿糸１本どり…
藤色(16)、青(6)、えんじ(24)、黄土色(28)、黄緑(531)、ピンク(107)

■作り方

1 細金糸で10等分の組み合わせの地割りをします。

2 五角10等分12か所に、五角に切った布を地割り線の際まで貼ります。

3 藤色、青、えんじ、黄土色、黄緑、ピンク6色を、菱形4等分の中心を結ぶ線から両側に向けて、順番に10段ずつ巻きます。

4 3でできた五角に、巻きかがりに使っていない6色の内の1色の色で、布の周りに星かがりを3段かがります。

（伊藤和江指導　牛来明子）

上級／10等分の組み合わせ

かごめと小花

カラー口絵4ページ

■材料

土台まり／円周34㎝　濃緑地巻き糸
地割り糸／細カラーラメ糸
かがり糸／草木染風木綿糸１本どり…
黄色(7)、緑(35)、赤(23)、えんじ(518)
朱色(30)、紺色(513)、白(1)、細カラーラメ糸

■作り方

1 細カラーラメ糸で10等分の組み合わせの地割りをします。

2 黄色3本どりで30本巻きかごめを巻き、間にえんじ3本どりで同様に巻きます（Ⅰ図）。

3 2のかごめの間に、三角6等分を朱色4段、紺2段でかがり、三角の上に紺1段、黄色1段、紺1段で斜めにかがります。五角10等分の中心は三角の角を結びながら松葉かがりを5本入れます（Ⅱ図）。

4 三角のかごめの交点に緑で松葉かがりを入れ、中心1か所は赤でかがります（Ⅲ図）。

上級／10等分の組み合わせ

巻きと重ね星花

カラー口絵5ページ

■材料

土台まり／円周37㎝　黒地巻き糸
地割り糸／細金ラメ糸
かがり糸／草木染風木綿糸１本どり…
水色(5)、青(106)、緑(35)、黄緑(33)、黄色(8)、濃青(527)、ピンク濃淡(12・520)

■作り方

1 細金ラメ糸で10等分の組み合わせの地割りをします。

2 五角10等分と菱形4等分の中心を結び、水色、青、緑、黄緑、黄色、濃青の6色で1段巻き、更に両側に順番に交差させながら14段ずつ、三角6等分の中心まで巻きます。

3 三角6等分に交差してできた菱形の周りを、交差している2色の中の1色で1段かがります（Ⅰ図）。

4 五角10等分の中心にできた小さな五角に、ピンク濃淡で星かがりを交互に6段ずつかがります（Ⅱ図）。

（黒田幸子）

◇巻きかがり配色表
（1本どり）

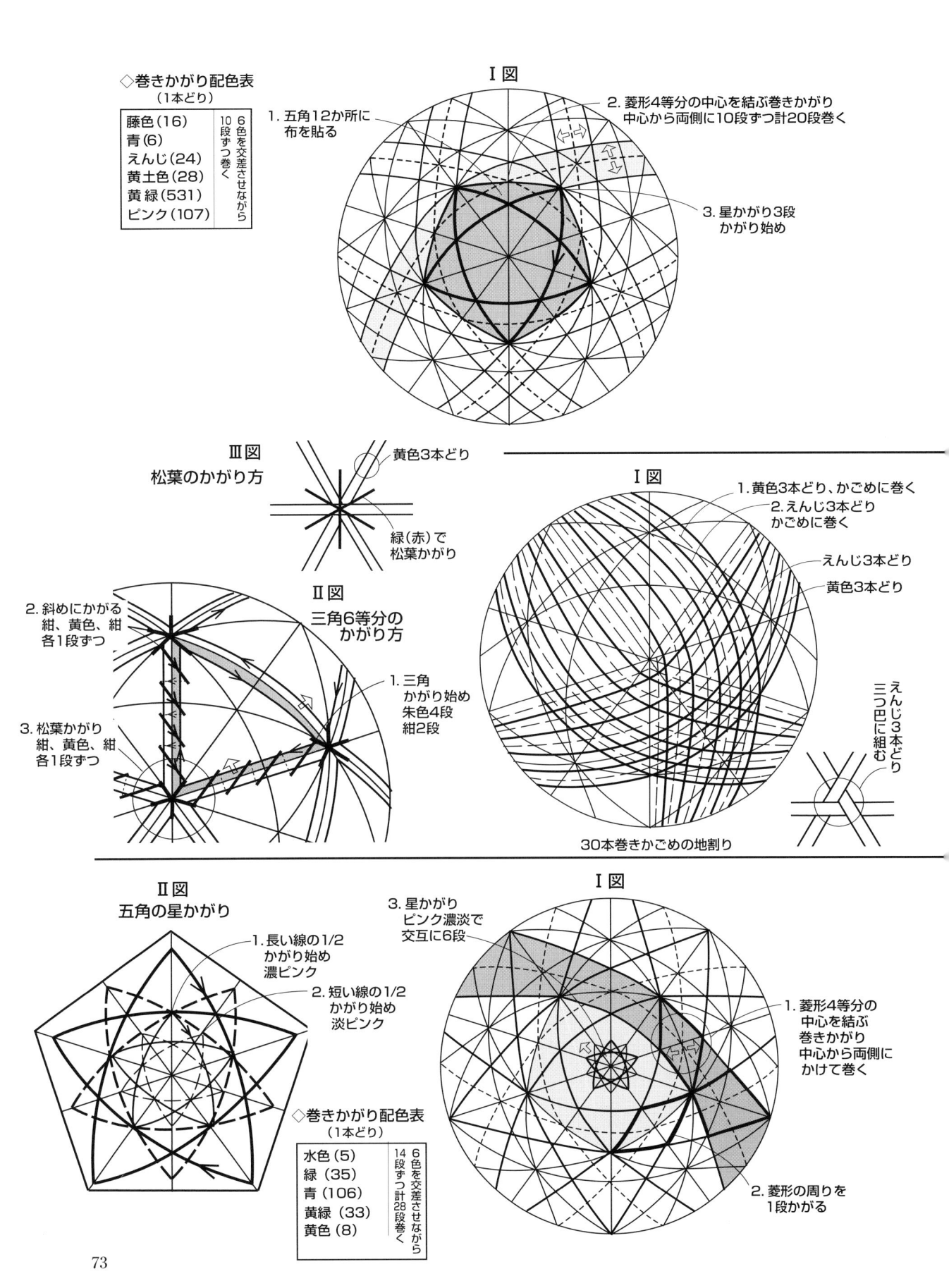

藤色（16）	6色を交差させながら10段ずつ巻く
青（6）	
えんじ（24）	
黄土色（28）	
黄緑（531）	
ピンク（107）	

Ⅰ図

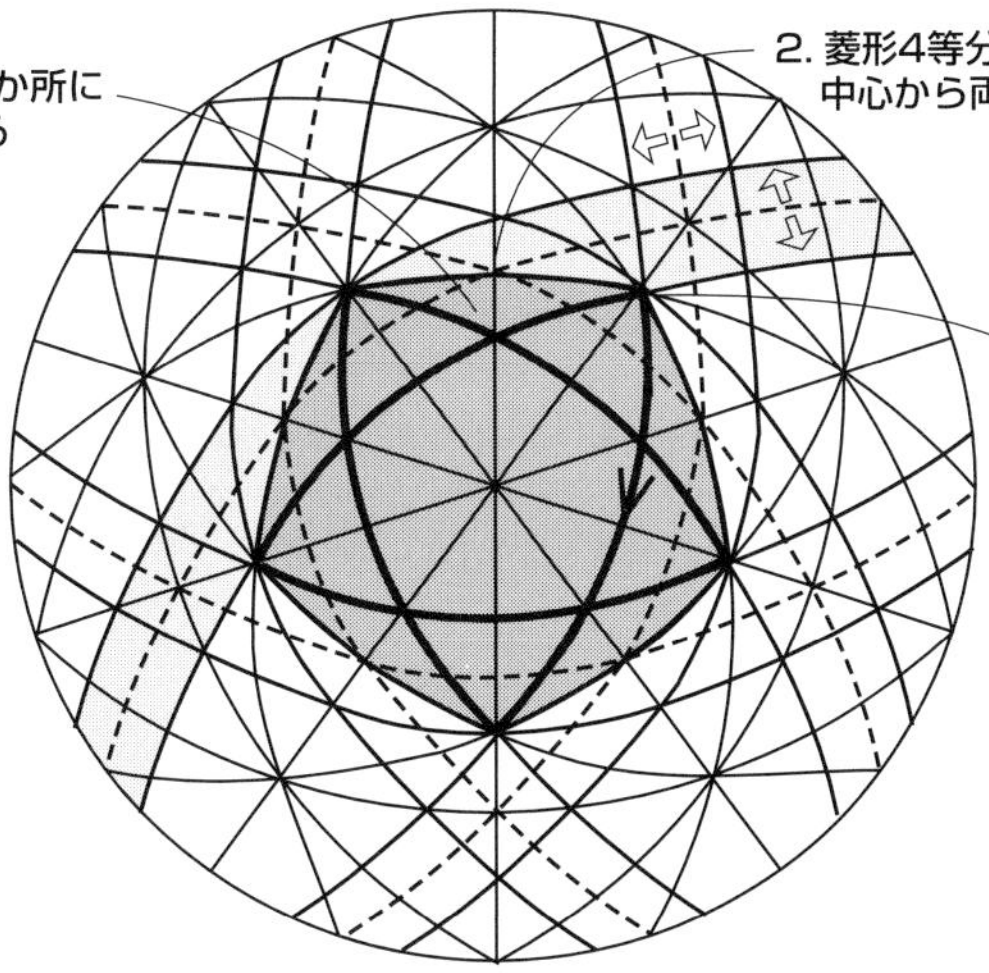

1. 五角12か所に
布を貼る
2. 菱形4等分の中心を結ぶ巻きかがり
中心から両側に10段ずつ計20段巻く
3. 星かがり3段
かがり始め

Ⅲ図
松葉のかがり方

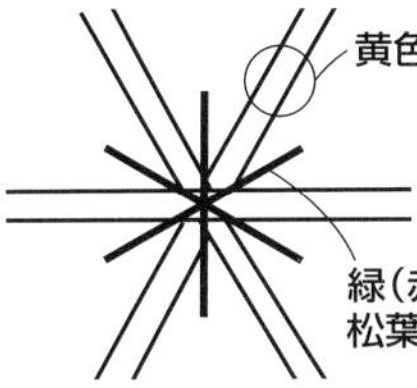

黄色3本どり
緑（赤）で
松葉かがり

Ⅱ図
三角6等分の
かがり方

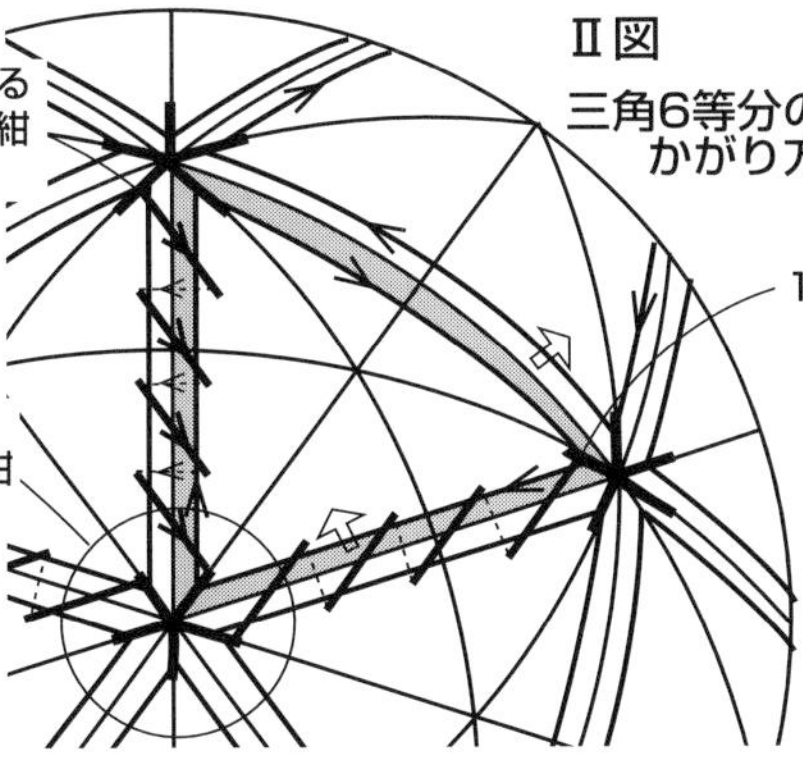

2. 斜めにかがる
紺、黄色、紺
各1段ずつ
1. 三角
かがり始め
朱色4段
紺2段
3. 松葉かがり
紺、黄色、紺
各1段ずつ

Ⅰ図

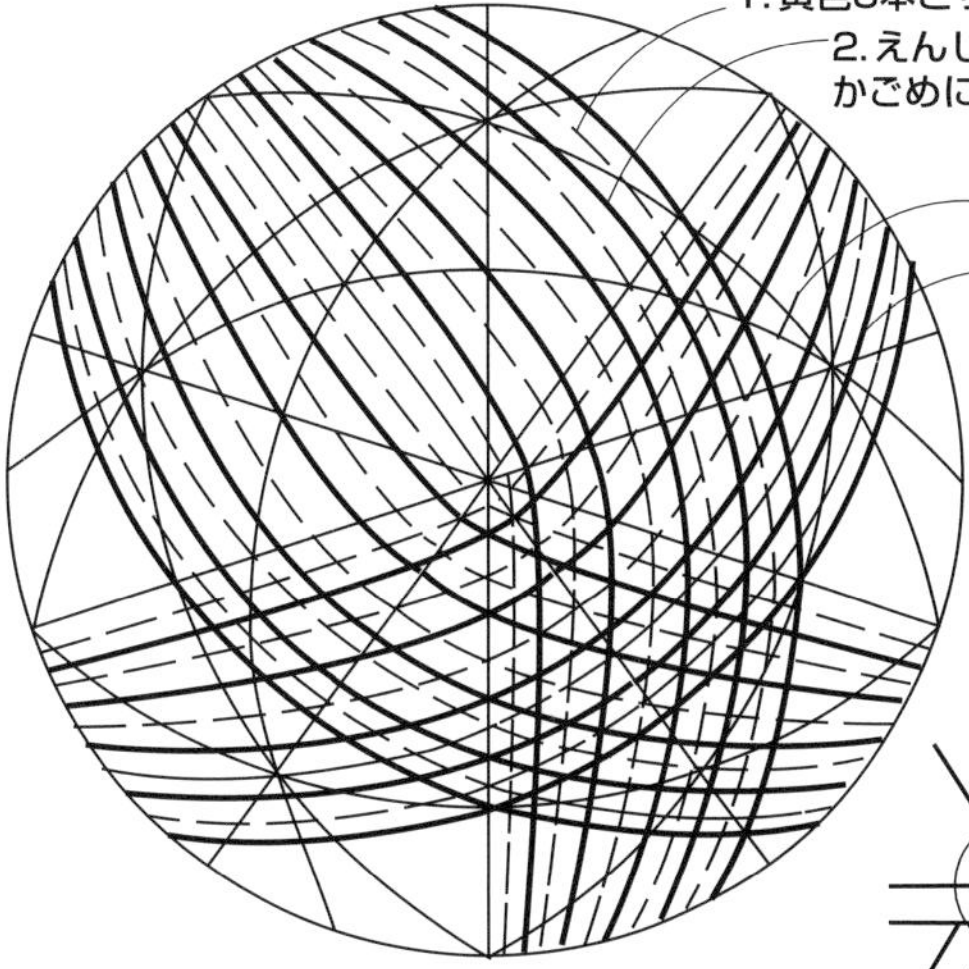

1. 黄色3本どり、かごめに巻く
2. えんじ3本どり
かごめに巻く
えんじ3本どり
黄色3本どり

30本巻きかごめの地割り

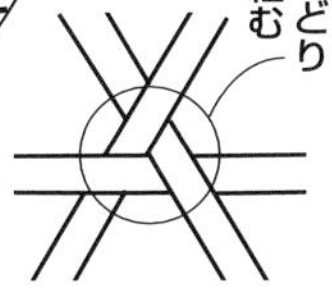

えんじ3本どり
三つ巴に組む

Ⅱ図
五角の星かがり

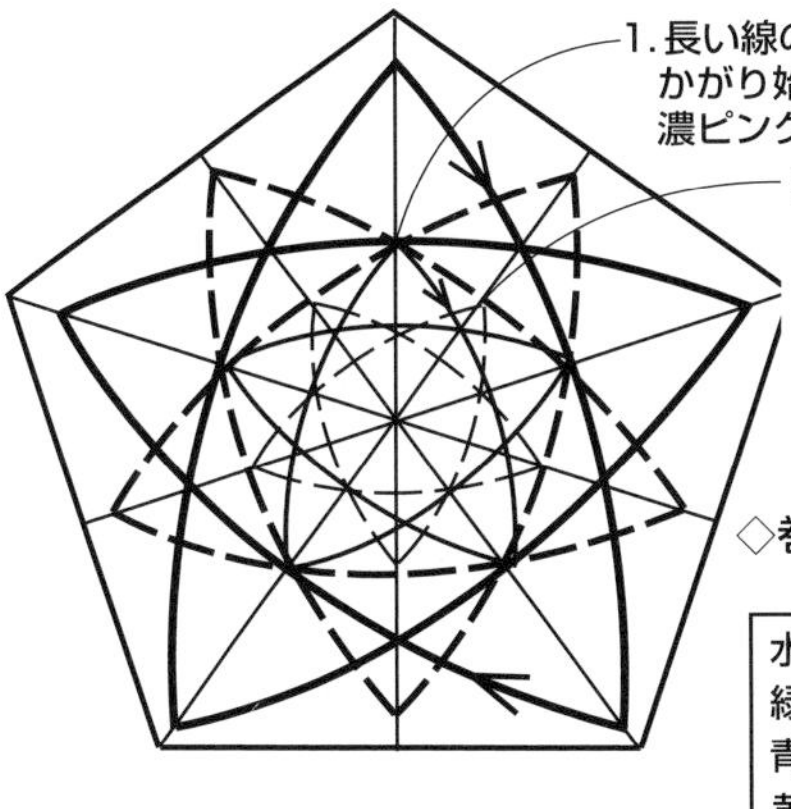

1. 長い線の1/2
かがり始め
濃ピンク
2. 短い線の1/2
かがり始め
淡ピンク

◇巻きかがり配色表
（1本どり）

水色（5）	6色を交差させながら14段ずつ計28段巻く
緑（35）	
青（106）	
黄緑（33）	
黄色（8）	

Ⅰ図

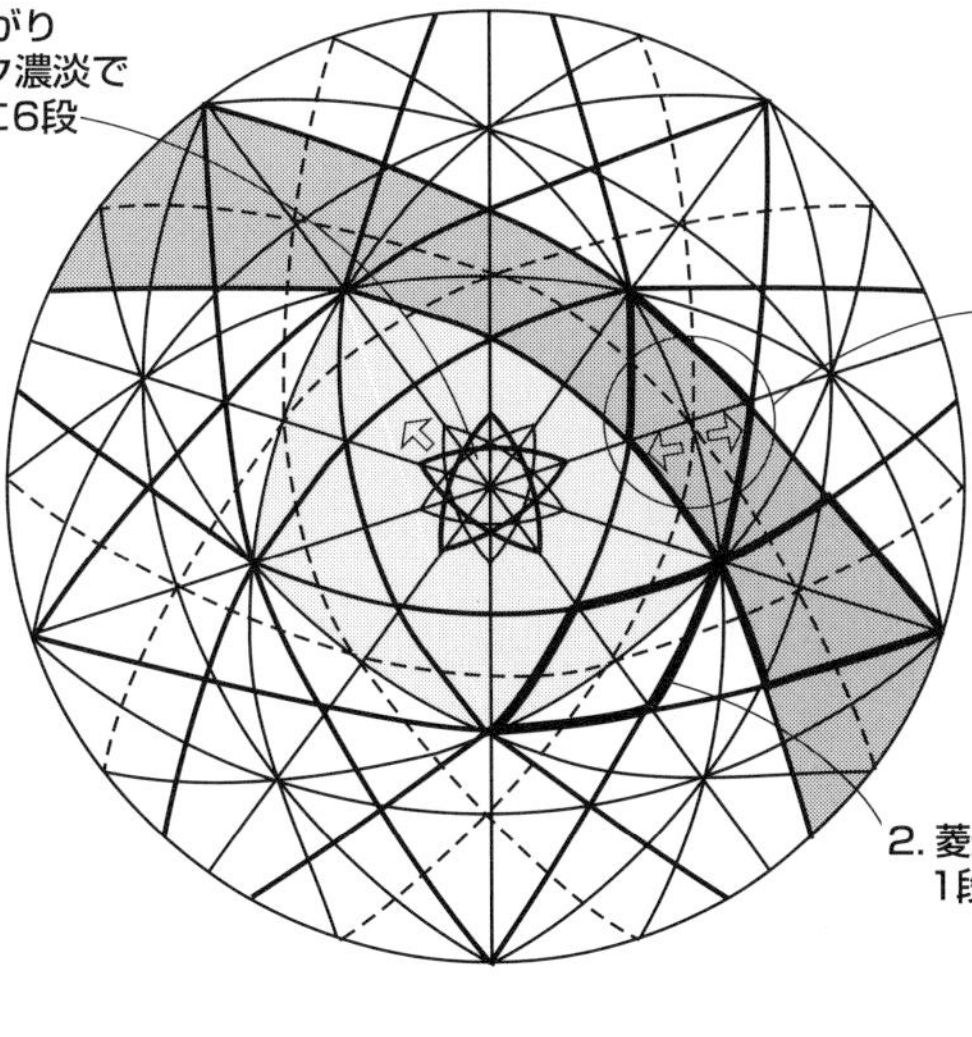

3. 星かがり
ピンク濃淡で
交互に6段
1. 菱形4等分の
中心を結ぶ
巻きかがり
中心から両側に
かけて巻く
2. 菱形の周りを
1段かがる

上級／10等分の組み合わせ
トルコ桔梗
カラー口絵2ページ

■材料
土台まり／円周31㎝　白地巻き糸
地割り糸／しつけ糸
かがり糸／DMC25番刺繍糸３本どり…紫濃～淡(208・209・210・211)、黄色濃淡(744・745・3823)、緑(913)、

■作り方
[1] しつけ糸で10等分の組み合わせの地割りをします。
[2] 五角10等分の長い線の1/2より淡紫(211)で三角(A)を1段、全体で20か所かがります。
[3] 五角10等分の長い線の1/4より緑で三角(B)を1段、20か所かがります。
[4] [3]の三角5か所を結んで淡黄色で五角を1段、12か所かがります(Ⅰ・Ⅱ・Ⅲ図)。
[5] [2][3][4]の順に、緑5段、紫濃淡7段、黄色濃淡6段でかがり埋めます(配色表)。
[6] 花の中心12か所に、淡黄色でフレンチナッツで花芯をかがります(Ⅱ図)。(金森てる)

上級／10等分の組み合わせ
垣根の梅
カラー口絵3ページ

■材料
土台まり／円周29㎝　緑地巻き糸
地割り糸／細金ラメ糸
かがり糸／DMC5番刺繍糸1本どり…紫濃淡(552・211)、ピンク(3354)
DMC25番刺繍糸2本どり…淡緑(472)、淡黄色(746)　1本どり…ピンク(3354)

■作り方
[1] 細金ラメ糸で、10等分の組み合わせをします。
[2] 中心に濃紫2段と両側に淡紫1段ずつ計4段、20本巻きかごめを巻きます(Ⅰ図)。
[3] [2]でできた五角12か所の中心にピンクで3段、ねじりながら花をかがります(Ⅱ図)。
[4] 花の中心に25番刺繍糸1本どりピンクで松葉を6本ずつかがり、中心に淡黄色でフレンチナッツステッチの花芯を6個かがります。
[5] [3]の花の周りにできた六角20か所に、淡緑2本どりで松葉かがりを入れます。

上級／10等分の組み合わせ
紫　蘭
カラー口絵2ページ

■材料
土台まり／円周37㎝　藤色地巻き糸
地割り糸／細銀ラメ糸
かがり糸／DMC5番刺繍糸1本どり…茶(976)、緑濃淡(905・503)、淡紫(3687)、ピンク濃淡(602・605)

■作り方
[1] 細金ラメ糸で10等分の組み合わせの地割りをし、濃緑1段、茶3段、濃緑1段で20本巻きかごめを巻きます(Ⅰ図)。
[2] [1]でできた五角12か所に、淡ピンクで2段、上掛け千鳥で五弁の花をかがります。
[3] 三角6等分の中にできた六角20か所に、淡紫で2段ずつ上掛け千鳥かがりで三角を2個重ねた花をかがり、1個の花だけは最後の段を濃ピンクで1段かがります。
[4] 五弁の花の周りに、淡緑で松葉かがりを5本かがります(Ⅱ図)。

(第五回コンクール入賞作品／大滝ハツエ)

Ⅱ図 三角(A)(B)と五角のかがり方

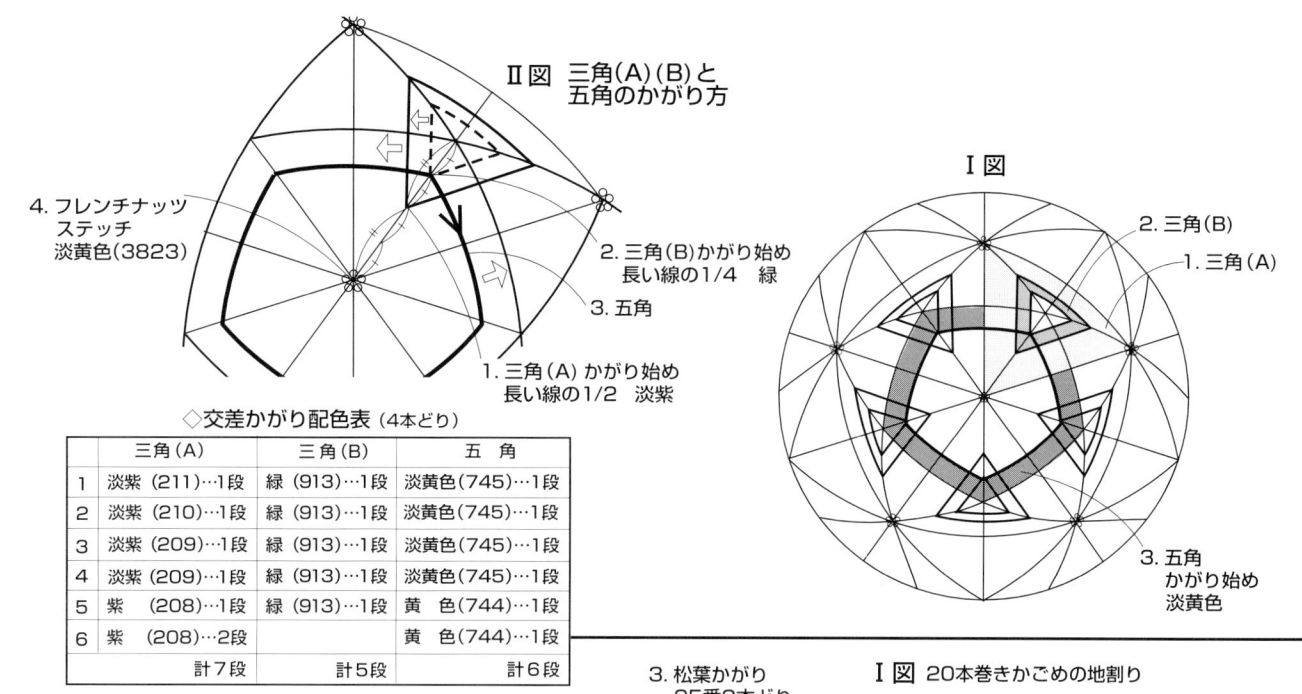

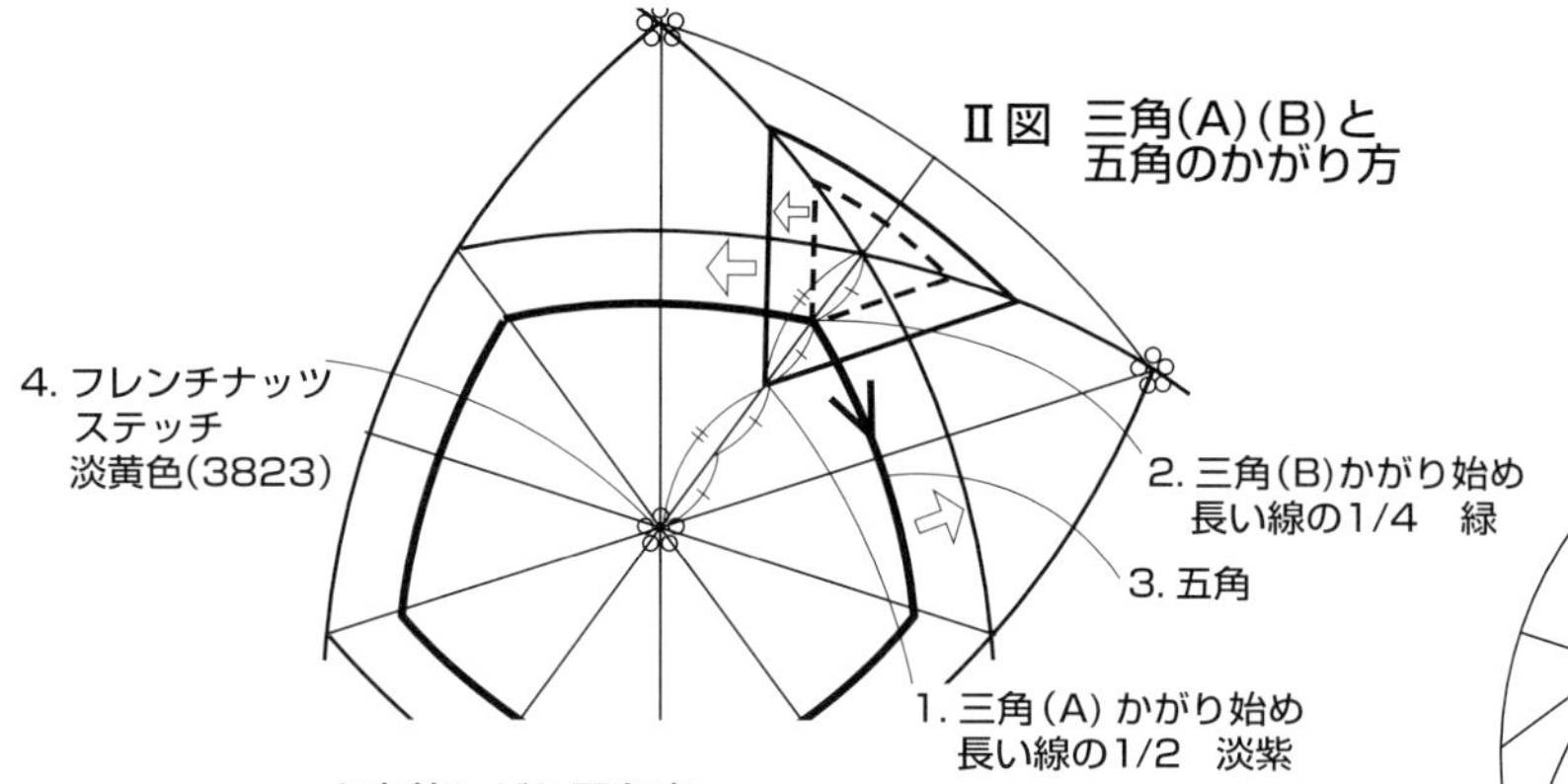
4. フレンチナッツステッチ 淡黄色(3823)
2. 三角(B)かがり始め 長い線の1/4 緑
3. 五角
1. 三角(A) かがり始め 長い線の1/2 淡紫

Ⅰ図

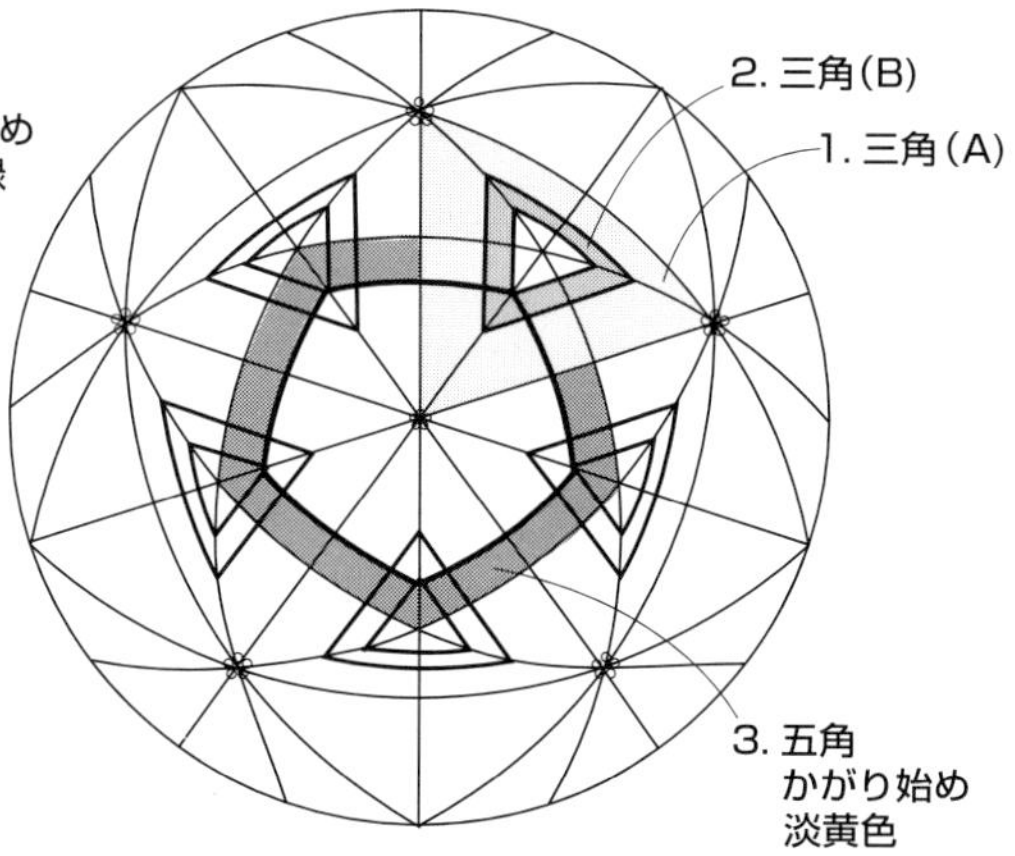
2. 三角(B)
1. 三角(A)
3. 五角 かがり始め 淡黄色

◇交差かがり配色表（4本どり）

	三角(A)	三角(B)	五 角
1	淡紫 (211)…1段	緑 (913)…1段	淡黄色(745)…1段
2	淡紫 (210)…1段	緑 (913)…1段	淡黄色(745)…1段
3	淡紫 (209)…1段	緑 (913)…1段	淡黄色(745)…1段
4	淡紫 (209)…1段	緑 (913)…1段	淡黄色(745)…1段
5	紫 (208)…1段	緑 (913)…1段	黄 色(744)…1段
6	紫 (208)…2段		黄 色(744)…1段
	計7段	計5段	計6段

Ⅱ図 ねじりの花のかがり方

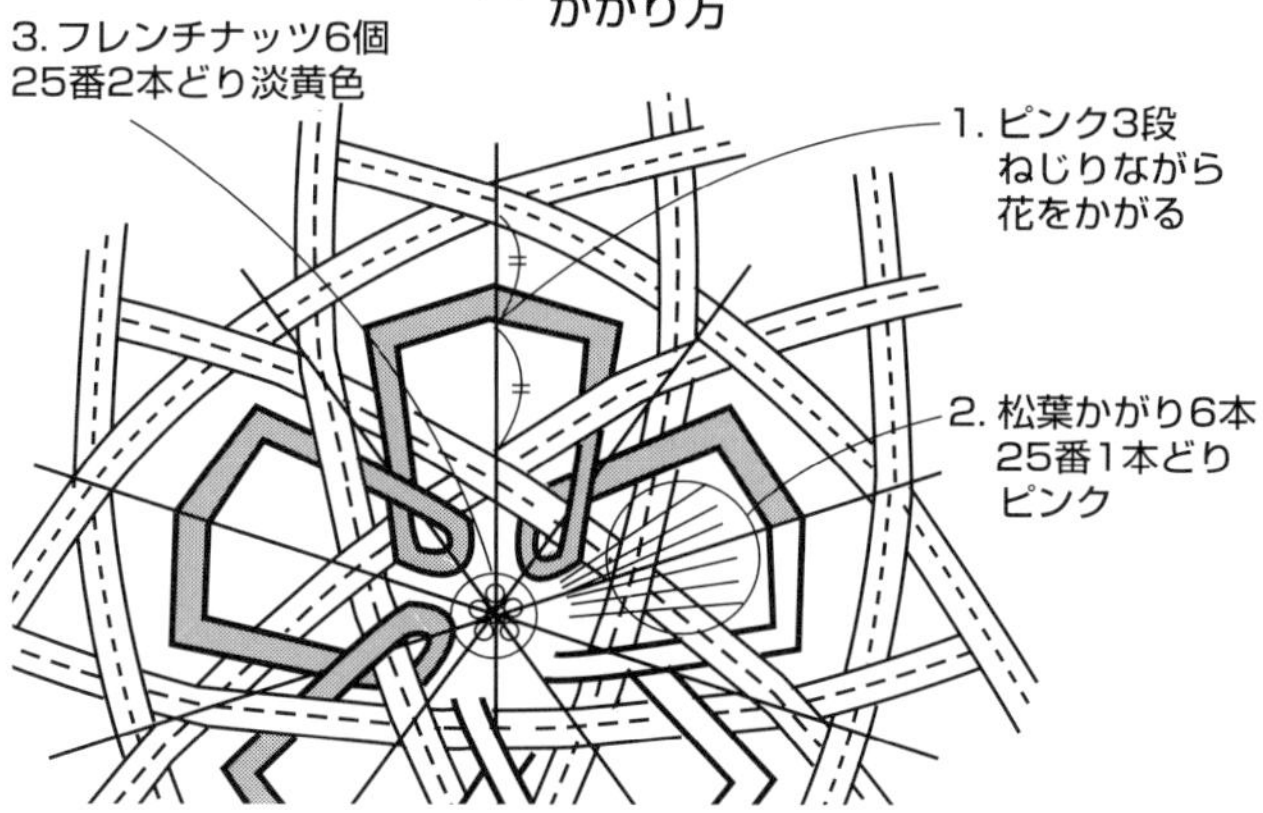
3. フレンチナッツ6個 25番2本どり淡黄色
1. ピンク3段 ねじりながら 花をかがる
2. 松葉かがり6本 25番1本どり ピンク

Ⅰ図 20本巻きかごめの地割り

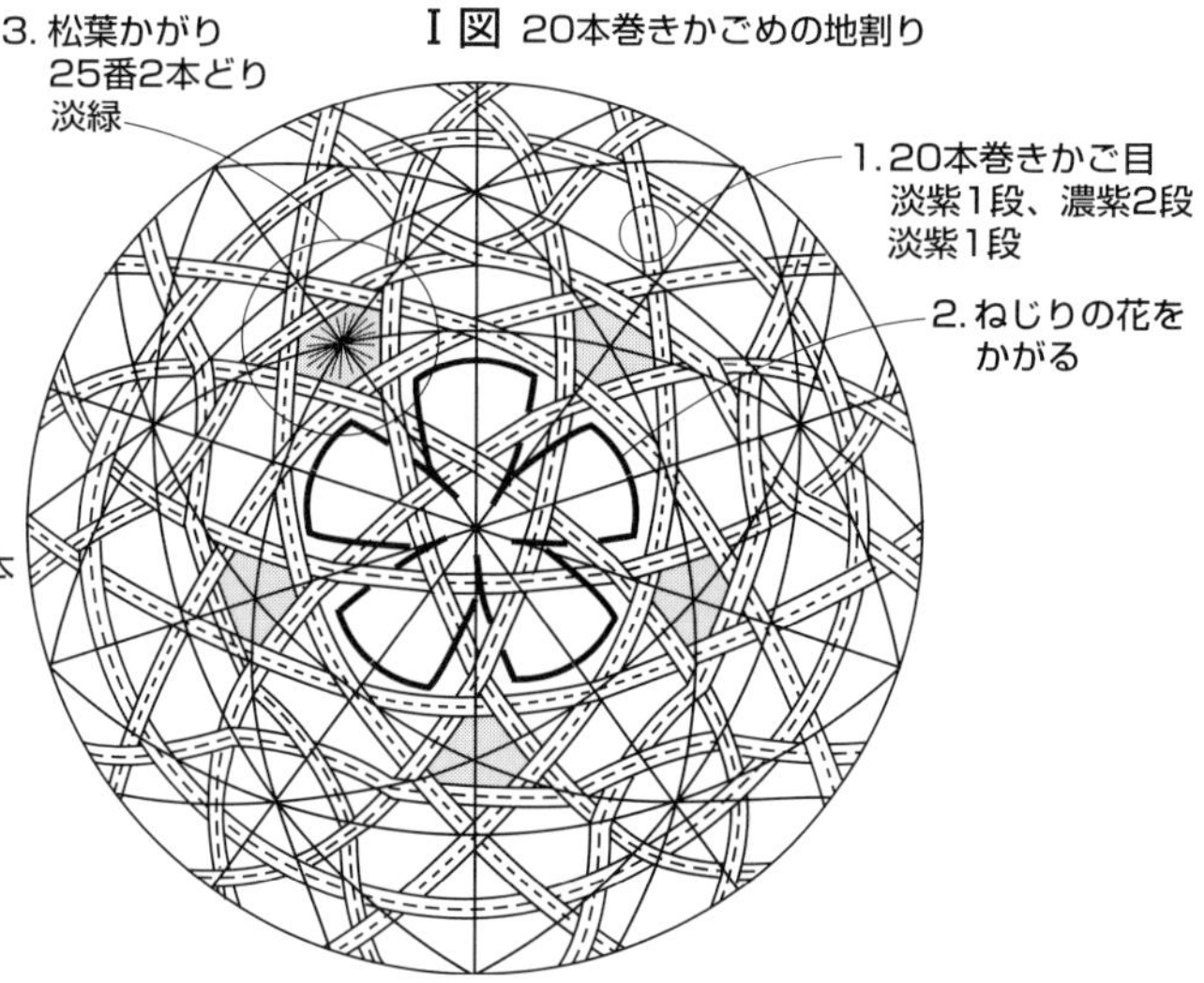
3. 松葉かがり 25番2本どり 淡緑
1. 20本巻きかご目 淡紫1段、濃紫2段 淡紫1段
2. ねじりの花を かがる

Ⅱ図 五角と六角のかがり方

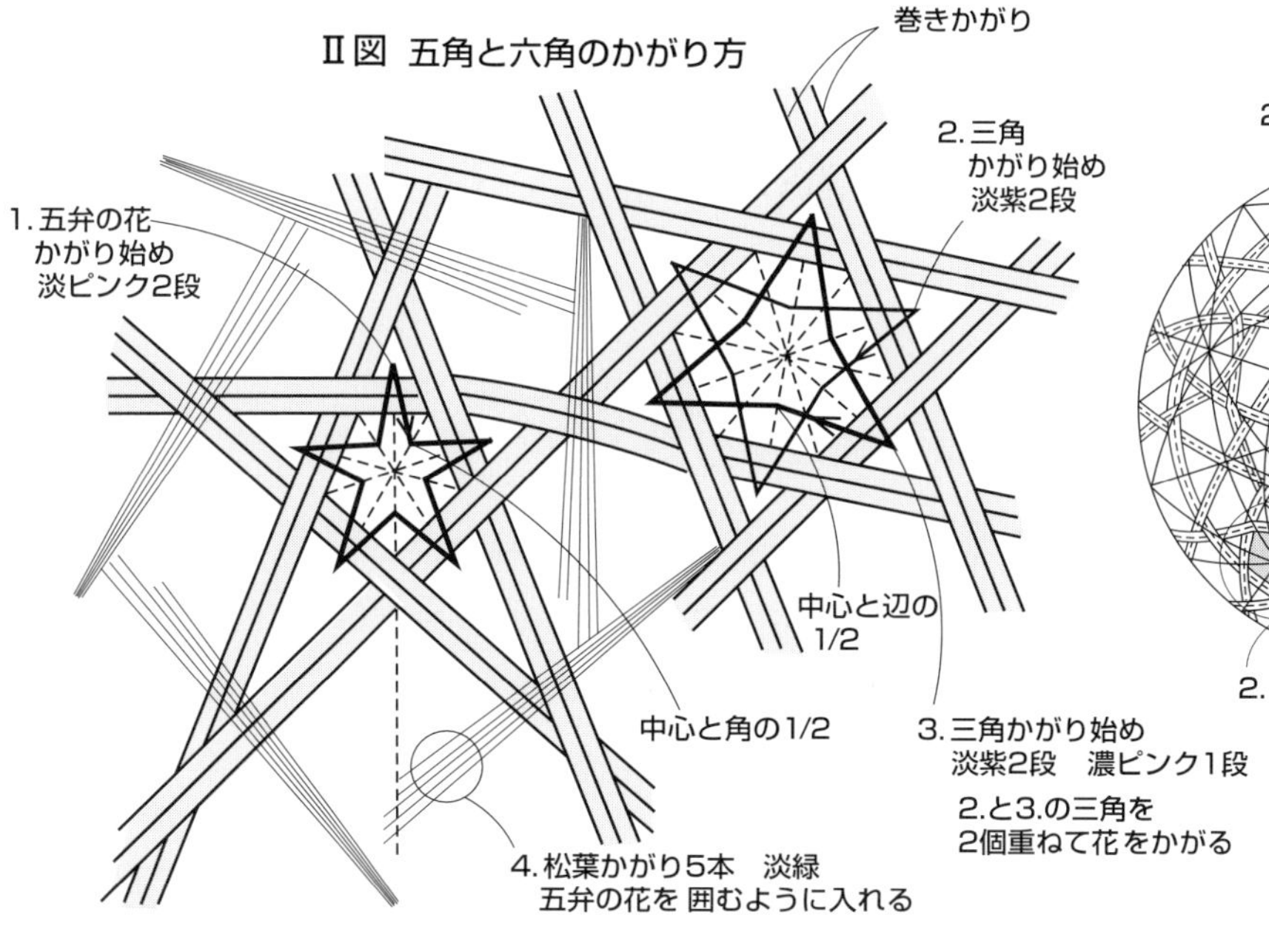
巻きかがり
2. 三角 かがり始め 淡紫2段
1. 五弁の花 かがり始め 淡ピンク2段
中心と辺の 1/2
中心と角の1/2
3. 三角かがり始め 淡紫2段 濃ピンク1段
2.と3.の三角を 2個重ねて花をかがる
4. 松葉かがり5本 淡緑 五弁の花を 囲むように入れる

Ⅰ図

20本巻きかごめの地割り

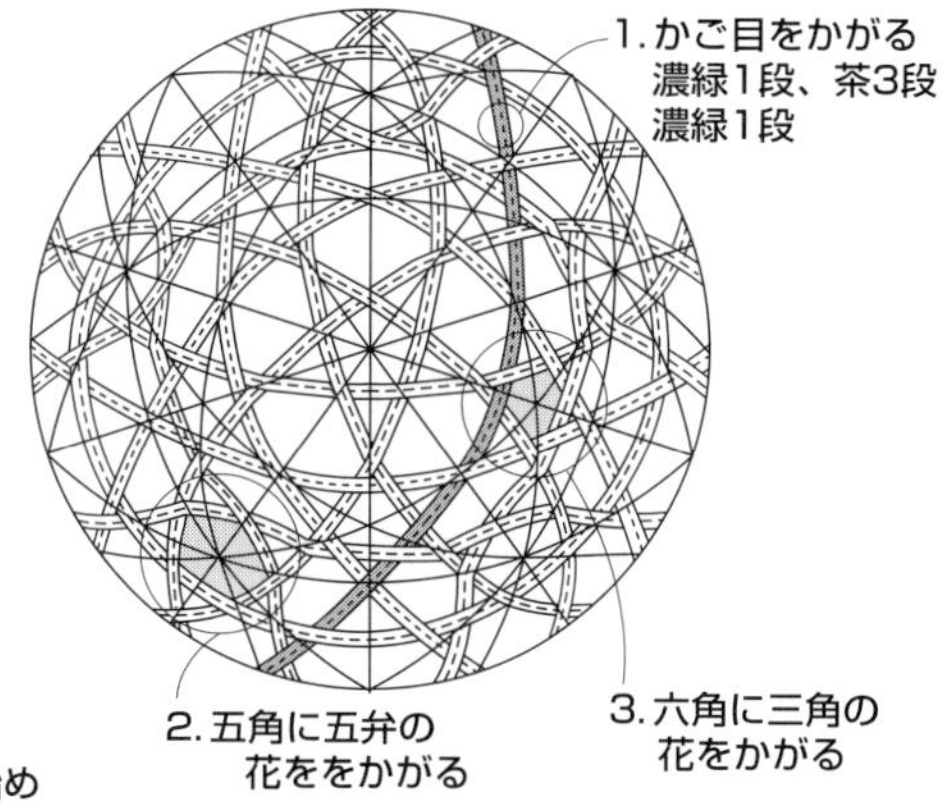
1. かご目をかがる 濃緑1段、茶3段 濃緑1段
2. 五角に五弁の 花ををかがる
3. 六角に三角の 花をかがる

上級／10等分の組み合わせ

黄水仙

カラー口絵2ページ

■材料
土台まり／円周29㎝　白地巻き糸
地割り糸／細金ラメ糸
かがり糸／DMC5番刺繍糸1本どり…緑(320)、ベージュ(ECRUT)、黄色濃淡(742・973・3823)、白

■作り方

1 細金ラメ糸で、10等分の組み合わせをします。

2 両極の五角2か所に五角10等分の長い線の1/2を結んで緑で五角を2段かがり、淡黄色で山型を1段かがります(Ⅰ図)。

3 五角と山型を交互にかがり埋め、五角の中心に白5段と濃黄色1段で小さな五角をかがります(Ⅱ図・配色表)。

4 五角の外側に、ベージュと緑で交互に12段ずつ星をかがって交差する部分は2本ずつ上下に組み、星かがりの先を差し込むようにかがり埋めます。（第六回コンクール入賞作品／河内房子）

上級／10等分の組み合わせ

ろうばい

カラー口絵3ページ

■材料
土台まり／円周31㎝　紺地巻き糸
地割り糸／京てまり糸1本どり…濃緑(910)
かがり糸／絹糸…ベージュ、淡グレー、茶　京てまり糸1本どり…黄緑（32）

■作り方

1 京てまり糸濃緑で10等分の組み合わせの地割りをし、菱形4等分の中心を通る補助線を入れます(Ⅰ図)。

2 絹糸ベージュで五角の長い線の1/2より三角を1段かがり、京てまり糸黄緑で五角と菱形を1段かがります(Ⅱ図)。

3 三角と五角・菱形を交互に1段ずつ8段かがり、最後に三角をベージュで1段、五角と菱形の最後を絹糸淡グレーで1段かがります(配色表)。

4 五角のベージュの花の中心に茶でフレンチナッツの花芯を入れます。

（金森てる）

上級／10等分の組み合わせ

舞千鳥

カラー口絵13ページ

■材料
土台まり／円周36㎝　グレー地巻き糸
地割り糸／細金ラメ糸
かがり糸／京てまり糸2本どり…ピンク(25)、紫(38)　リリアン…(赤)　細淡金ラメ糸

■作り方

1 細金ラメ糸で10等分の組み合わせの地割りをし、五角10等分の長い線の1/2を通る補助線を入れて五角12個と六角30個作ります。

2 補助線でできた五角と六角の角に、三つ巴になるようにピンクで1段、五角と六角をかがります(Ⅰ図)。

3 2の両側に3段ずつ交差させて、五角と六角の角をねじりながらかがります(Ⅱ図)。

4 五角と六角の外周りを三角の中心をくぐらせながら紫で1段、菱の中心を上下交互に通りながら、紫で1段かがります(Ⅱ図)。

5 六角の中心に、細淡金ラメ糸で松葉かが

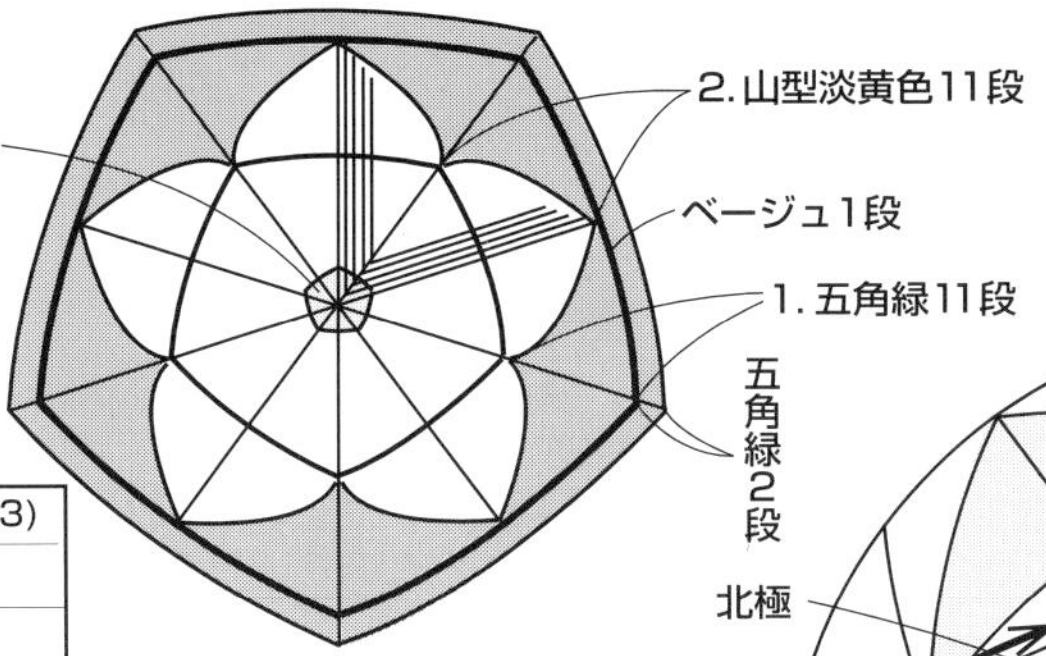

3. 小さな五角
白5段
濃黄色1段
2. 山型淡黄色11段
ベージュ1段
1. 五角緑11段
五角緑2段

Ⅱ図 五角と山型のかがり方

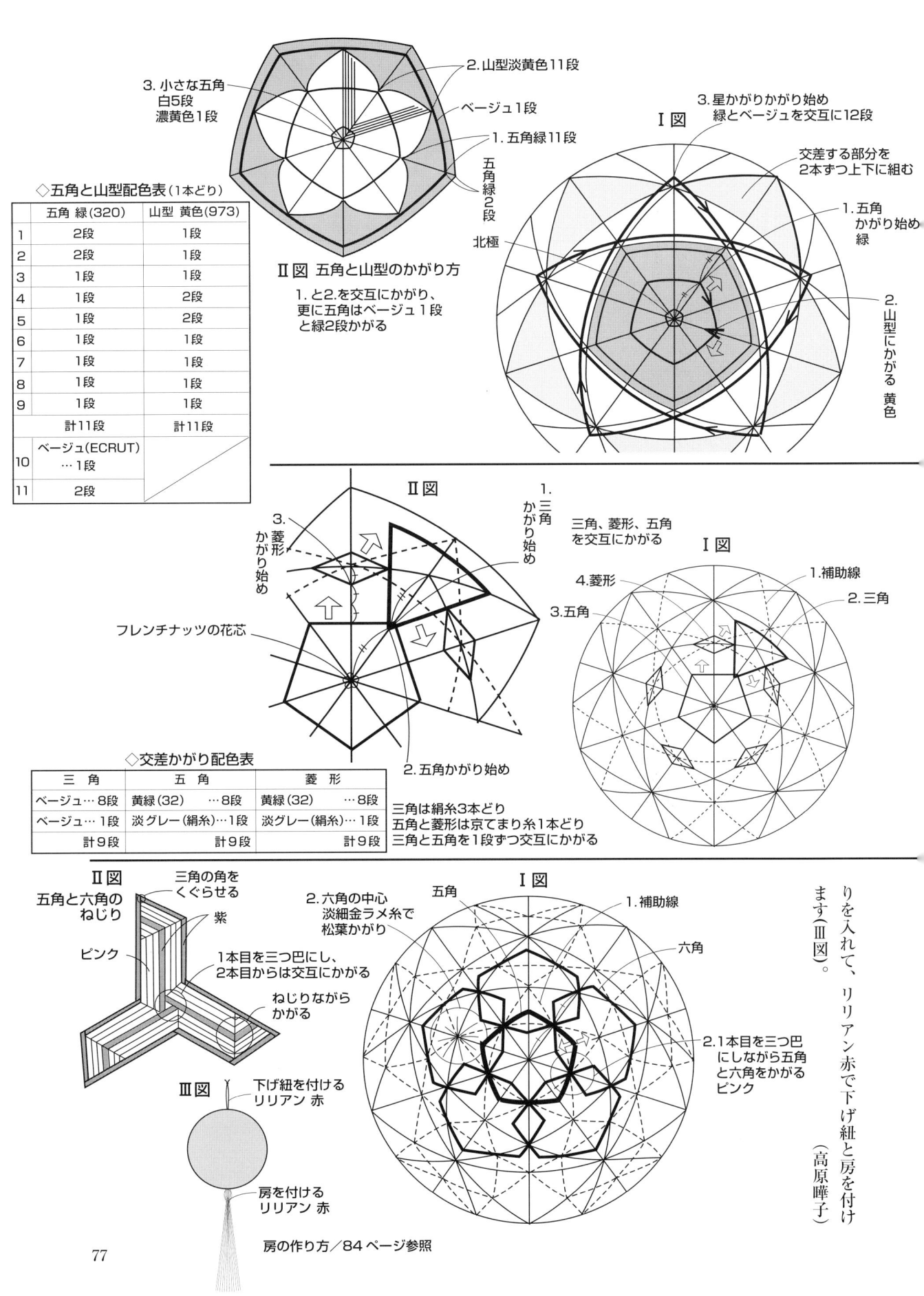

1. と2.を交互にかがり、
更に五角はベージュ1段
と緑2段かがる

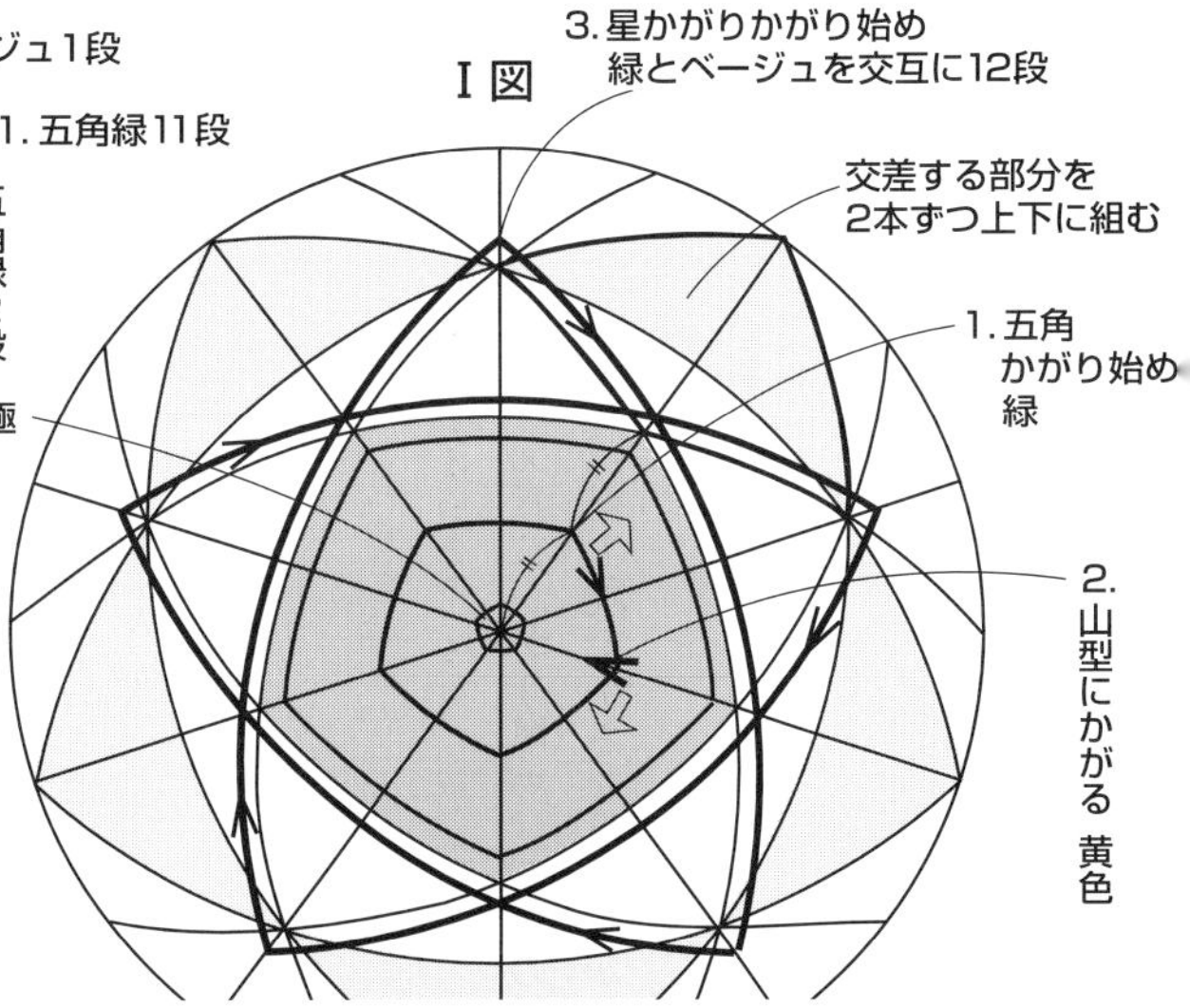

Ⅰ図
3. 星かがりかがり始め
緑とベージュを交互に12段
交差する部分を
2本ずつ上下に組む
1. 五角
かがり始め
緑
北極
2. 山型にかがる 黄色

◇五角と山型配色表（1本どり）

	五角 緑(320)	山型 黄色(973)
1	2段	1段
2	2段	1段
3	1段	1段
4	1段	2段
5	1段	2段
6	1段	1段
7	1段	1段
8	1段	1段
9	1段	1段
	計11段	計11段
10	ベージュ(ECRUT) …1段	
11	2段	

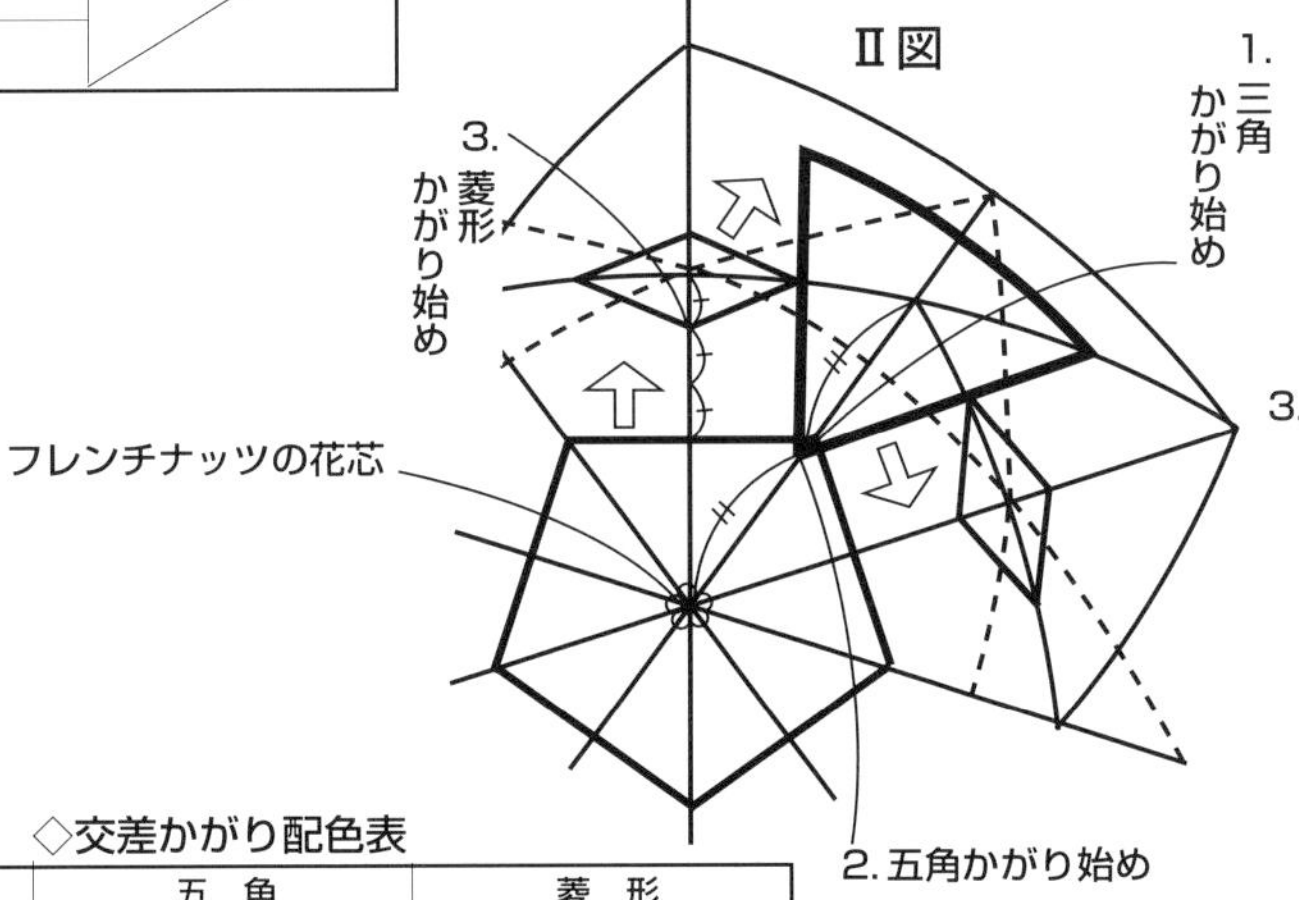

Ⅱ図
1. 三角かがり始め
3. 菱形かがり始め
フレンチナッツの花芯
2. 五角かがり始め

三角、菱形、五角
を交互にかがる

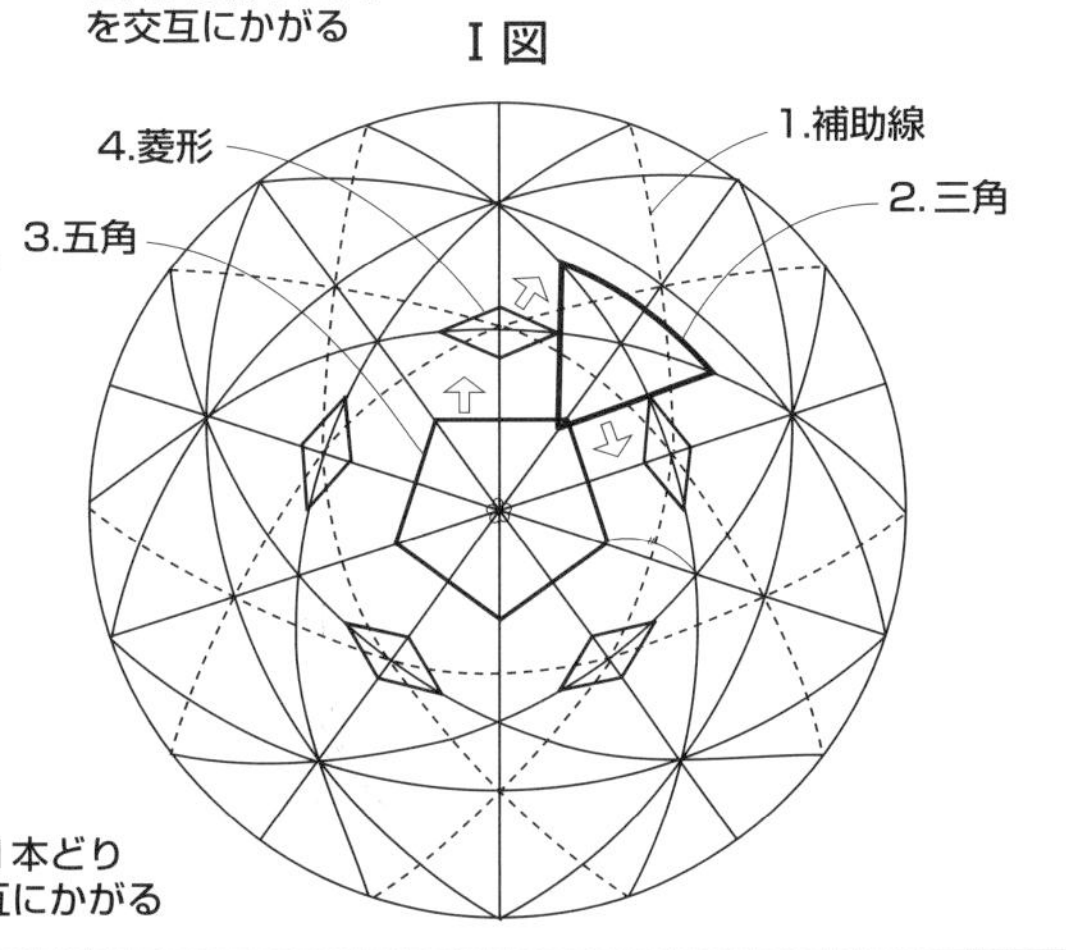

Ⅰ図
4.菱形
1.補助線
2. 三角
3.五角

◇交差かがり配色表

三　角	五　角	菱　形
ベージュ… 8段	黄緑(32) …8段	黄緑(32) …8段
ベージュ… 1段	淡グレー(絹糸)…1段	淡グレー(絹糸)… 1段
計9段	計9段	計9段

三角は絹糸3本どり
五角と菱形は京てまり糸1本どり
三角と五角を1段ずつ交互にかがる

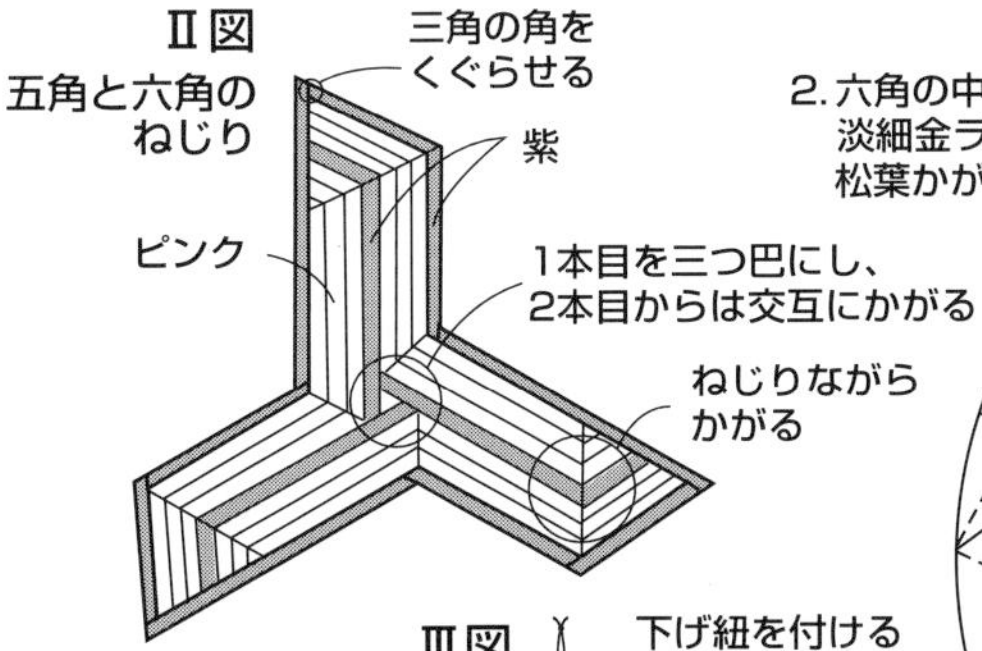

Ⅱ図
五角と六角の
ねじり
三角の角を
くぐらせる
紫
ピンク
1本目を三つ巴にし、
2本目からは交互にかがる
ねじりながら
かがる

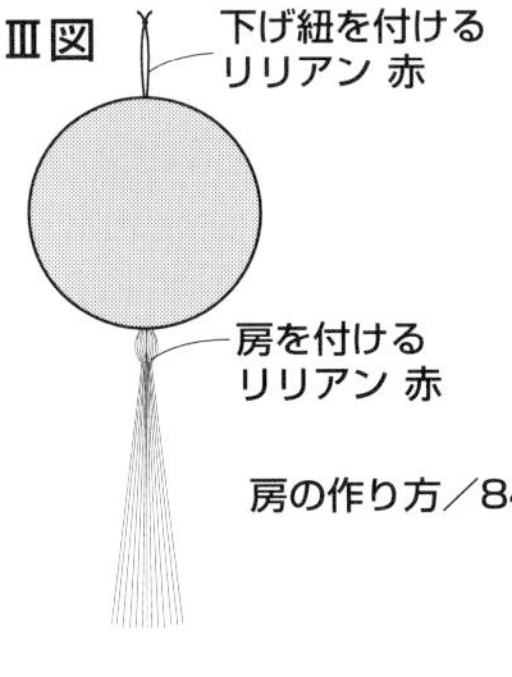

Ⅲ図
下げ紐を付ける
リリアン 赤
房を付ける
リリアン 赤

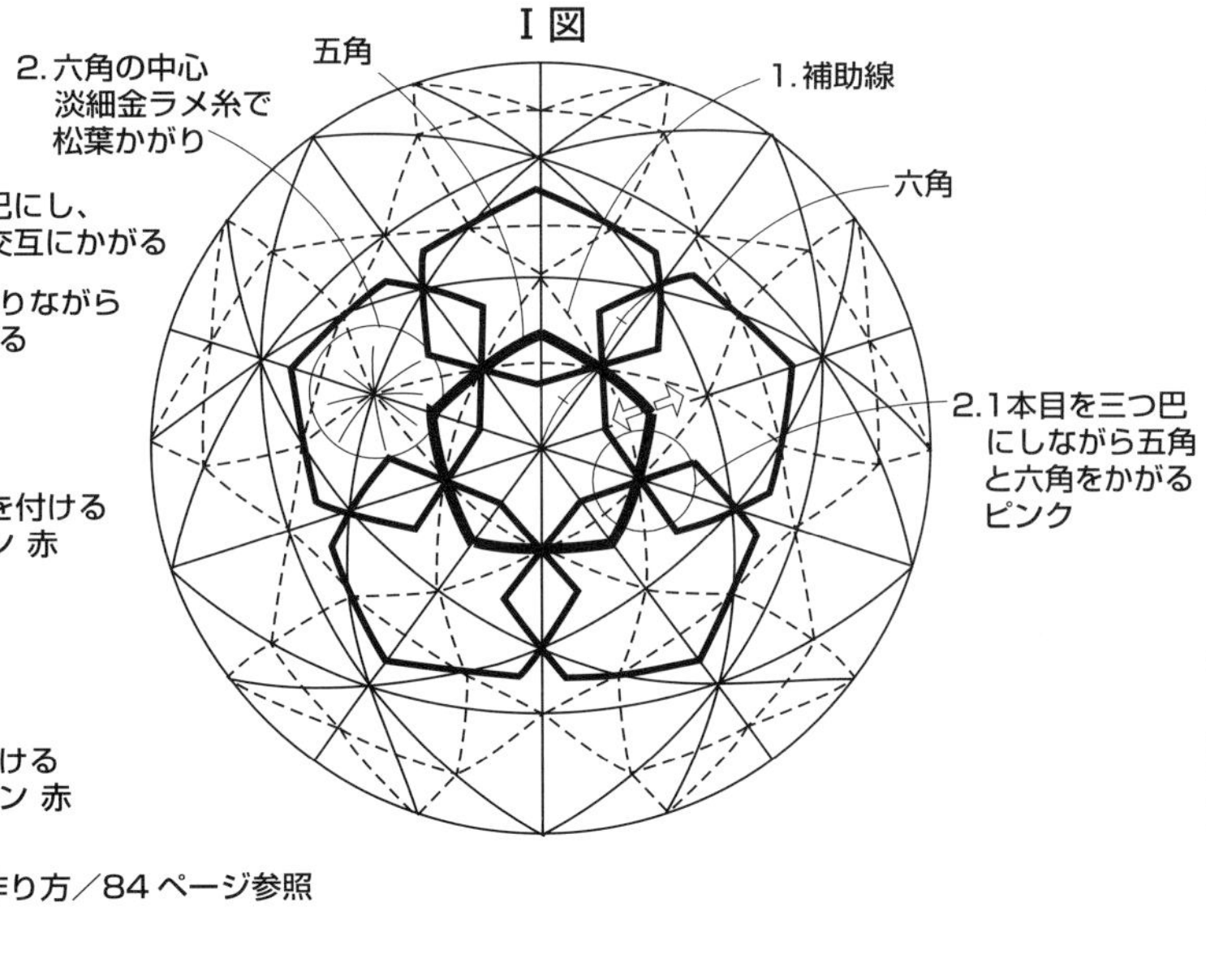

Ⅰ図
五角
1. 補助線
2. 六角の中心
淡細金ラメ糸で
松葉かがり
六角
2. 1本目を三つ巴
にしながら五角
と六角をかがる
ピンク

房の作り方／84ページ参照

りを入れて、リリアン赤で下げ紐と房を付けます(Ⅲ図)。

（高原曄子）

糸と布で楽しむ　てまりかがり

様々な糸や布を使って、趣の違うてまり作りを楽しんでみましょう。絵柄の美しい刺繍てまりや絹糸を使ったてまり、リリアン糸、ウール糸、リボン糸など糸の風合いが楽しい個性的なてまりなど。糸と布の意外なハーモニーで素敵なてまりができ上がりました。

刺繍てまり

上級

桜 Ⅰ

てまりの上に、艶やかな絹糸で桜の花を咲かせました。赤くて可愛いサクランボも一緒に‥‥

カラー口絵21ページ

■材料

土台まり／円周29㎝　白地巻き糸

かがり糸／絹糸…ピンク濃淡、緑濃淡、赤濃淡、茶濃淡、細金ラメ糸

■作り方

1 枝を茶濃淡で斜めのサテンステッチでかがります。

2 葉を緑濃淡と茶・緑を混ぜた糸でサテンステッチ、柄も同色の糸でアウトラインステッチでかがります。

3 花びらは1枚ずつサテンステッチでかがり、細金ラメ糸で花芯を2本ずつ入れます。

4 サクランボの実を赤濃淡で、葉を緑のサテンステッチでかがって仕上げます。

（滝本宏子）

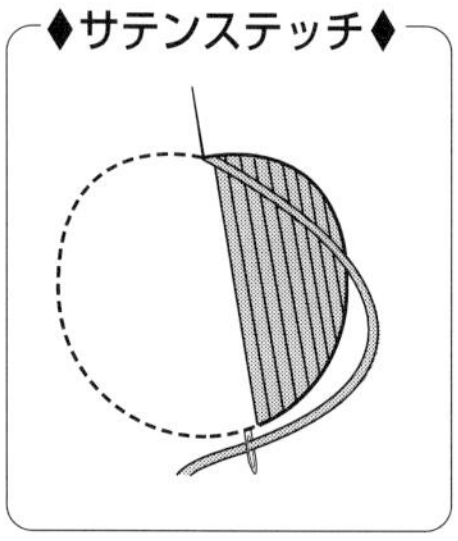
♦サテンステッチ♦

【サクランボ】

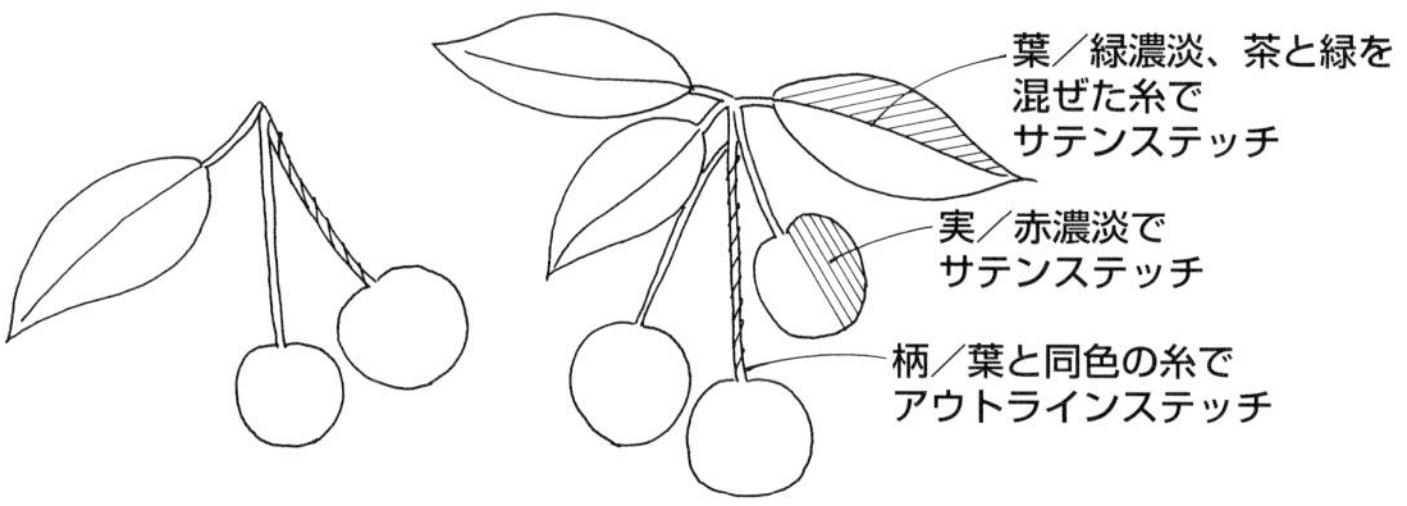
葉／緑濃淡、茶と緑を
混ぜた糸で
サテンステッチ
実／赤濃淡で
サテンステッチ
柄／葉と同色の糸で
アウトラインステッチ

【桜】

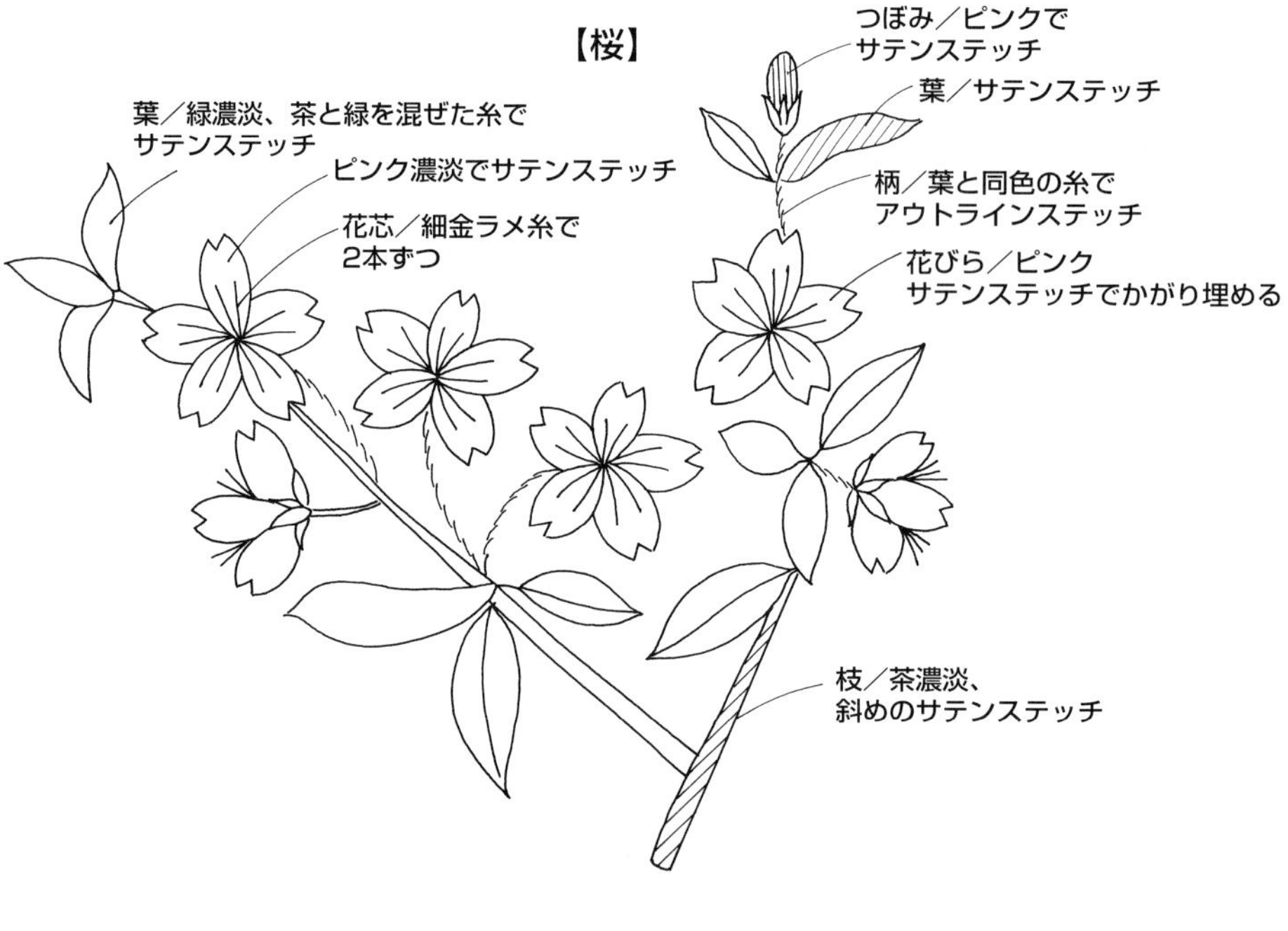
つぼみ／ピンクで
サテンステッチ
葉／サテンステッチ
葉／緑濃淡、茶と緑を混ぜた糸で
サテンステッチ
ピンク濃淡でサテンステッチ
花芯／細金ラメ糸で
2本ずつ
柄／葉と同色の糸で
アウトラインステッチ
花びら／ピンク
サテンステッチでかがり埋める
枝／茶濃淡、
斜めのサテンステッチ

刺繍てまり

上級

桜 Ⅱ

サテンステッチが絹糸の美しさを一段と引き立てています。ビーズで立体感と華やかさを表現・・・

カラー口絵21ページ

■材料
土台まり／円周25㎝　白地巻き糸
かがり糸／絹糸　ピンク濃淡、緑濃淡、
えんじ、細金ラメ糸、ピンクビーズ

■作り方

1 枝をえんじと緑を混ぜた糸のアウトラインステッチ、葉も同色の糸でサテンステッチでかがり埋めます。

2 花はピンクとピンク濃淡のサテンステッチでかがり埋め、細金ラメ糸で花芯を入れます。大きな花1か所は、花芯の先にピンクのビーズを付けて仕上げます。

（滝本宏子）

【大きな花】

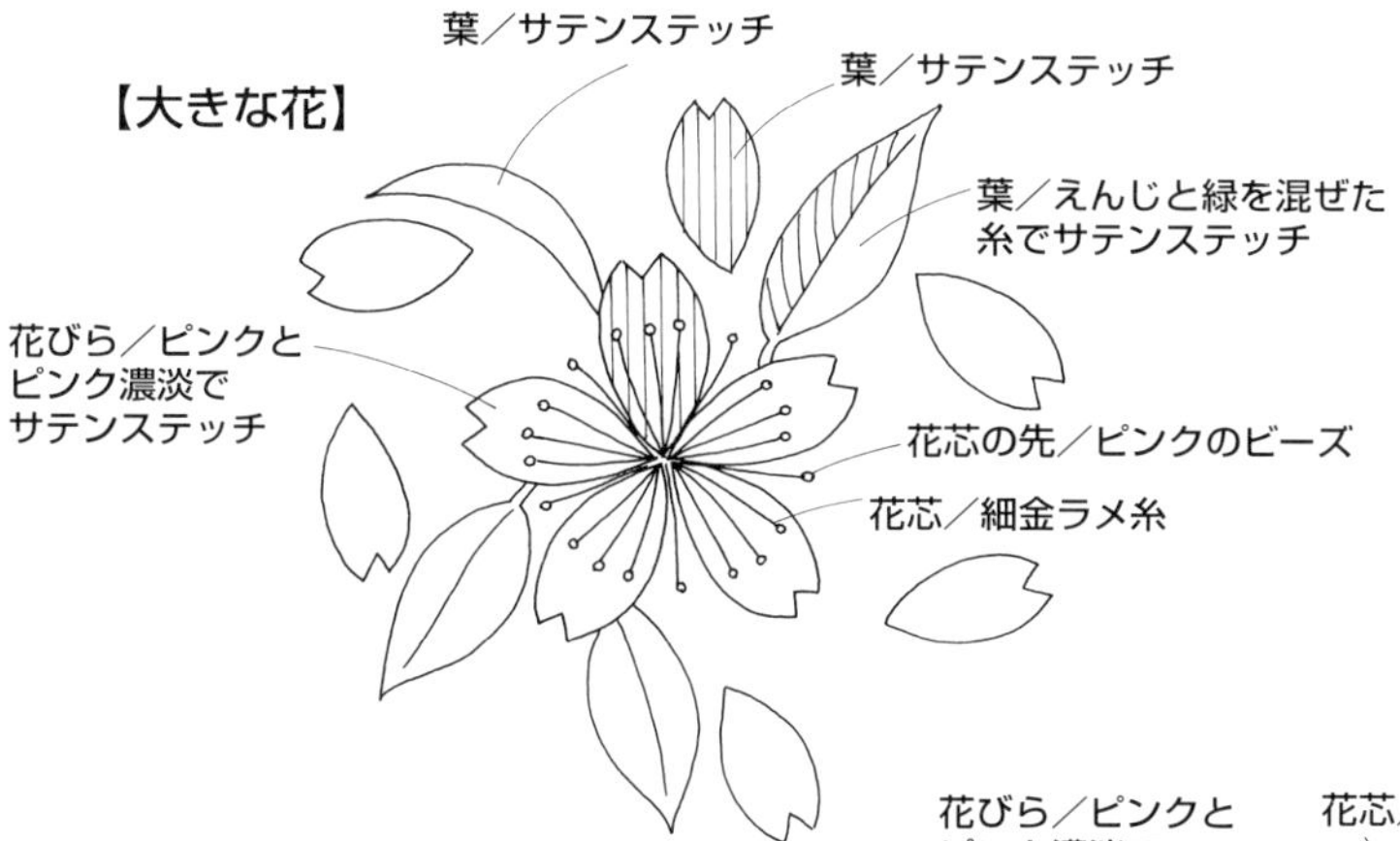
葉／サテンステッチ
葉／サテンステッチ
葉／えんじと緑を混ぜた糸でサテンステッチ
花びら／ピンクとピンク濃淡でサテンステッチ
花芯の先／ピンクのビーズ
花芯／細金ラメ糸

【ビーズを使った花びらの部分】

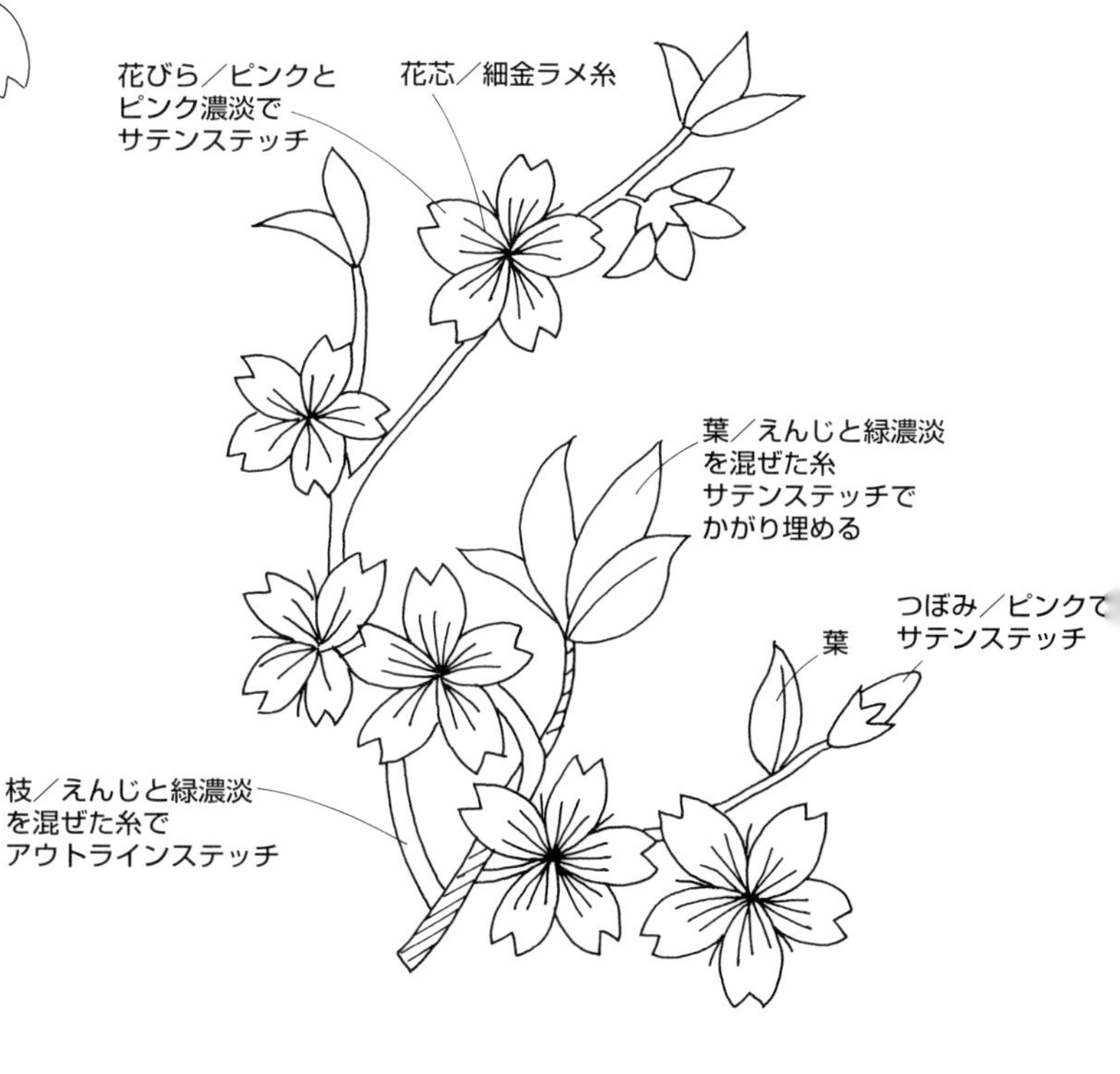
花びら／ピンクとピンク濃淡でサテンステッチ
花芯／細金ラメ糸
葉／えんじと緑濃淡を混ぜた糸サテンステッチでかがり埋める
つぼみ／ピンクでサテンステッチ
葉
枝／えんじと緑濃淡を混ぜた糸でアウトラインステッチ

◆アウトラインステッチ◆

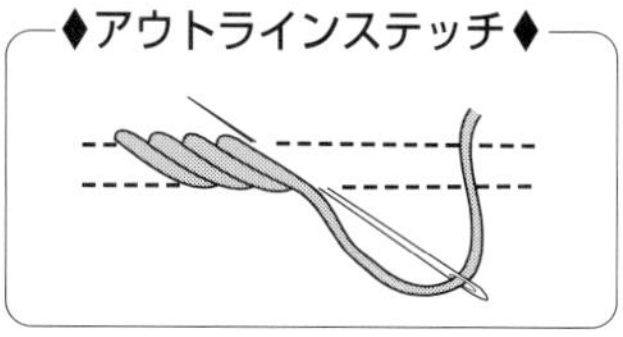

刺繍てまり――6等分

上級

松竹梅

色鮮やかな刺繍てまり。お目出度い松竹梅の模様と三つ羽根の組み合わせがとてもモダン。

カラー口絵21ページ

■材料

土台まり／円周46㎝　白地巻き糸
地割り糸／しつけ糸
かがり糸／絹糸…緑濃淡２色、青磁色、紫、茶濃淡２色、紺、えんじ、ピンク濃淡３色、黄土色、ベージュ、赤、細金糸
絹撚り糸２本どり…ピンク、青磁色
ちりめん布…朱色

■作り方

1 しつけ糸で6等分の地割りをします。

2 両極に六角の布を1枚ずつ計2枚と、赤道を3等分した布を3枚、突き合わせにして貼ります(81ページ・I図)。

3 それぞれの布に、松・竹・梅の刺繍をし、梅の金糸は駒取り繍いにします。

4 布の継ぎ目に両極から細金糸を巻き、両極に極と赤道間の1/2と、極から1.5㎝をかがる三つ羽根亀甲をピンクと青磁色で計26段、赤道までかがります(配色表)。

(高原曄子)

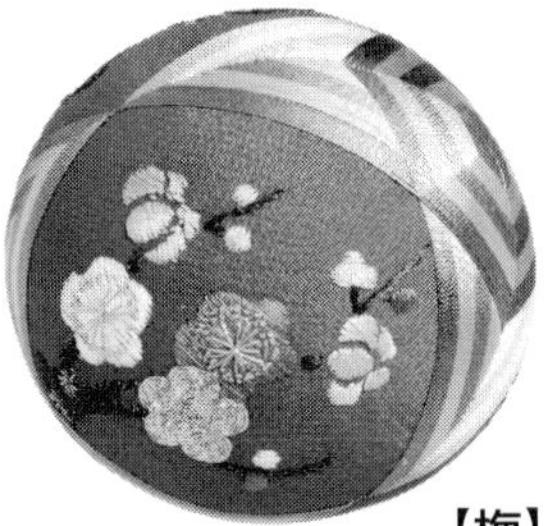

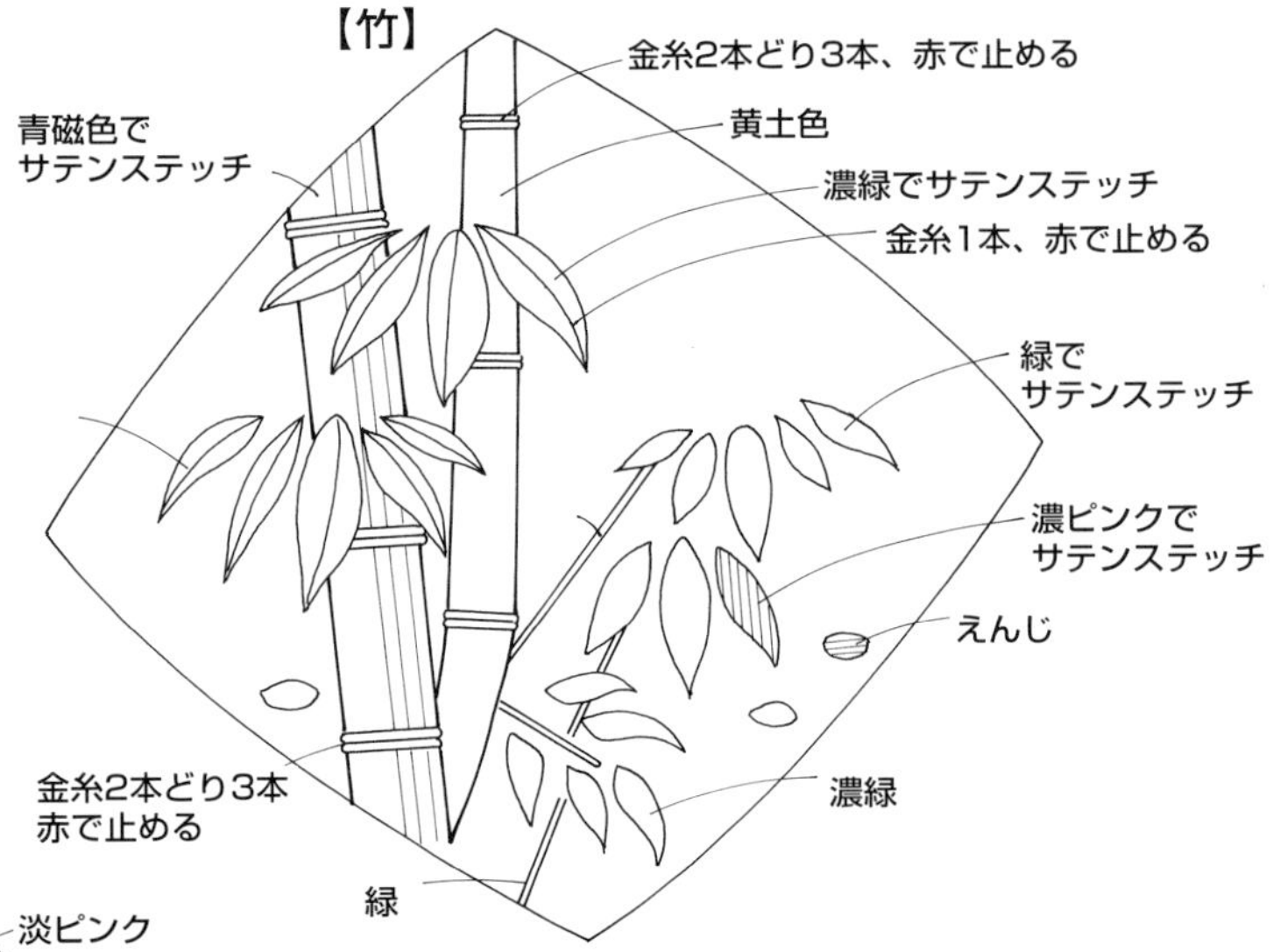
【竹】
金糸2本どり3本、赤で止める
黄土色
青磁色で
サテンステッチ
濃緑でサテンステッチ
金糸1本、赤で止める
緑で
サテンステッチ
濃ピンクで
サテンステッチ
えんじ
金糸2本どり3本
赤で止める
濃緑
緑

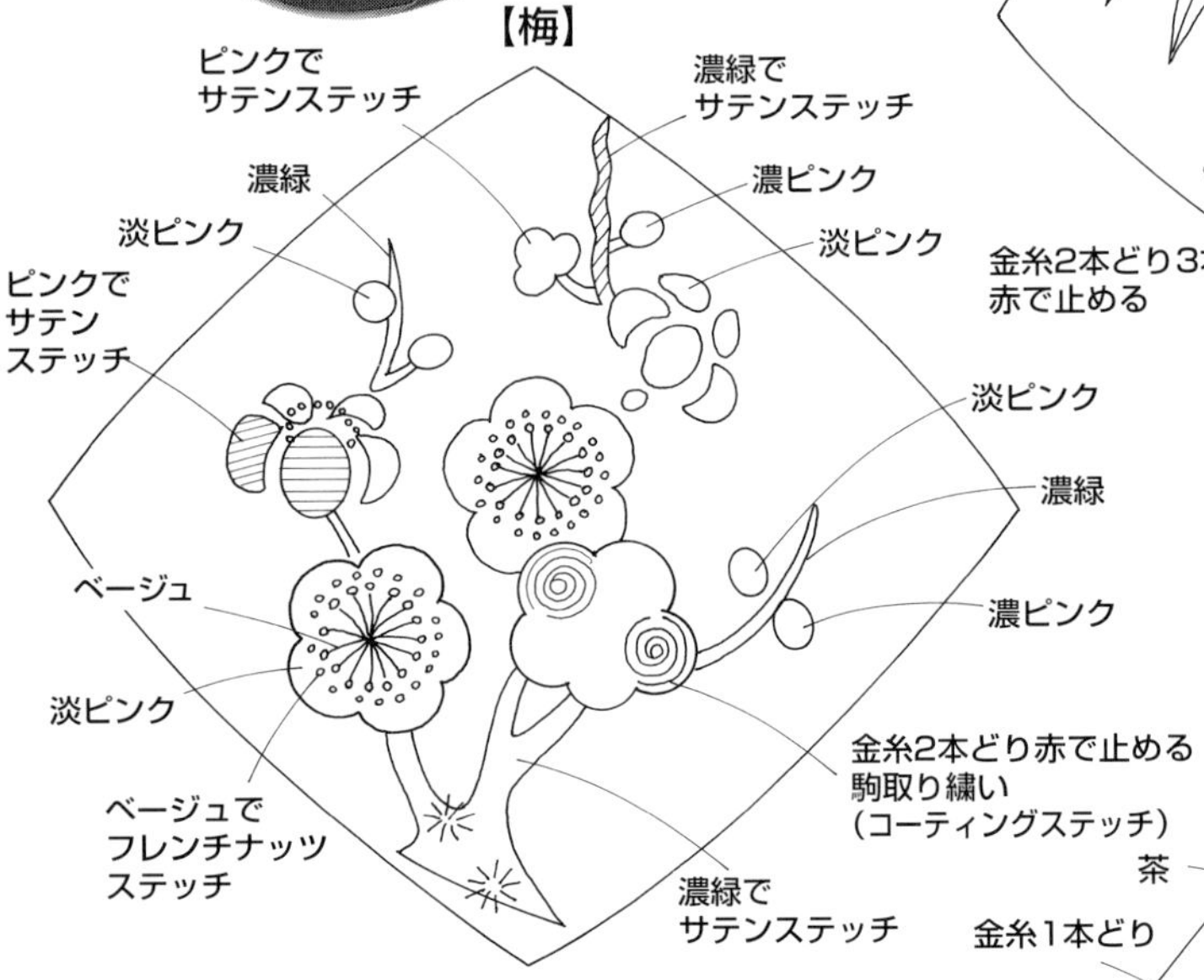
【梅】
ピンクで
サテンステッチ
濃緑で
サテンステッチ
濃緑
濃ピンク
淡ピンク
淡ピンク
ピンクで
サテン
ステッチ
淡ピンク
濃緑
ベージュ
濃ピンク
淡ピンク
金糸2本どり赤で止める
駒取り繍い
(コーティングステッチ)
ベージュで
フレンチナッツ
ステッチ
濃緑で
サテンステッチ

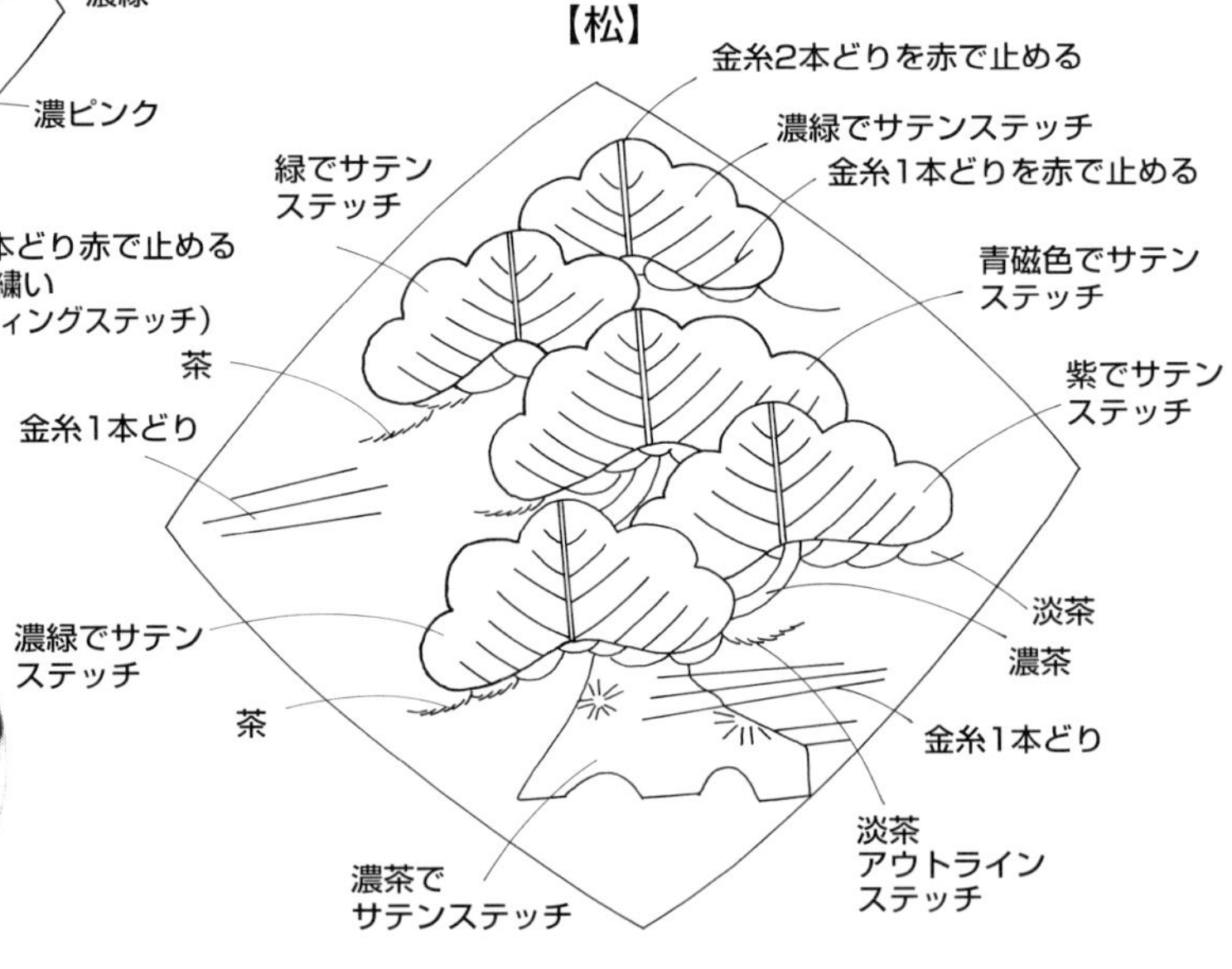
【松】
金糸2本どりを赤で止める
濃緑でサテンステッチ
緑でサテン
ステッチ
金糸1本どりを赤で止める
青磁色でサテン
ステッチ
茶
紫でサテン
ステッチ
金糸1本どり
淡茶
濃茶
濃緑でサテン
ステッチ
茶
金糸1本どり
淡茶
アウトライン
ステッチ
濃茶で
サテンステッチ

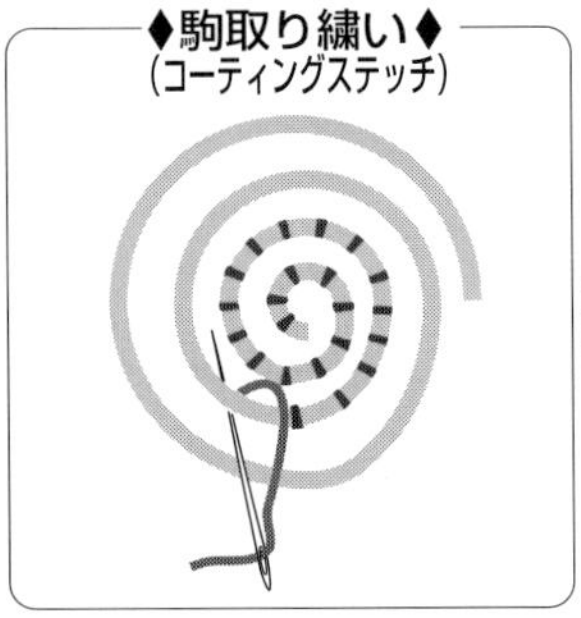
◆駒取り繍い◆
(コーティングステッチ)

刺繍てまり ——4等分の組み合わせ

上級

お月見

ウサギさんが眺めているのは、まあるいお月さま。仲間たちがお餅つきでもしているのでしょうか。

カラー口絵21ページ

■材料

土台まり／円周35㎝　白地巻き糸

地割り糸／しつけ糸

かがり糸／絹糸１本どり…白、茶濃淡２色、緑濃淡３色、鼠色濃淡２色、金糸、ちりめん布…鼠茶色

■作り方

1 しつけ糸で4等分の組み合わせをします。

2 両極に、しわの出ないようにちりめん布を、赤道まで貼ります(85ページ参照)。

3 布の上に月を金糸、うさぎを白でサテンステッチでかがり埋めます。

4 ススキはそれぞれの色で線かがり、柄は1.5～2㎝の間隔で同色の糸で止めておきます。

5 赤道の両側に、淡鼠色で10段ずつ帯を巻き、金糸で千鳥かがりをして止めます。

（樋口繁美）

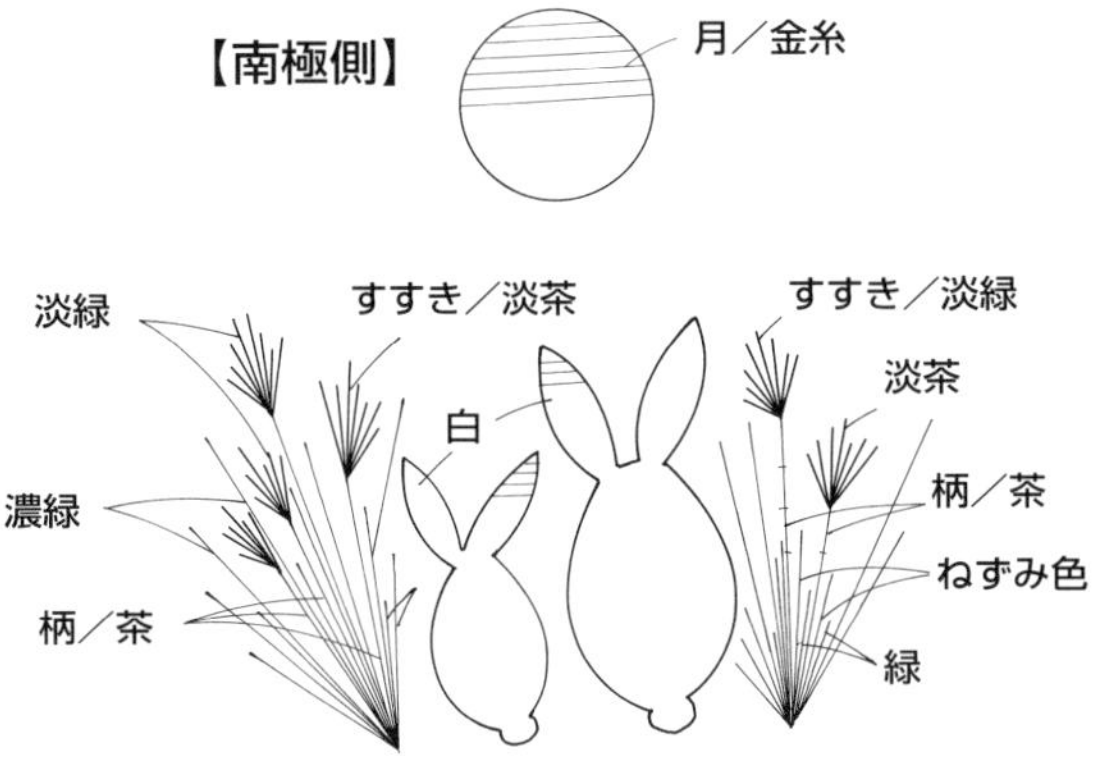
【南極側】
月／金糸
淡緑
すすき／淡茶
白
すすき／淡緑
淡茶
濃緑
柄／茶
ねずみ色
柄／茶
緑

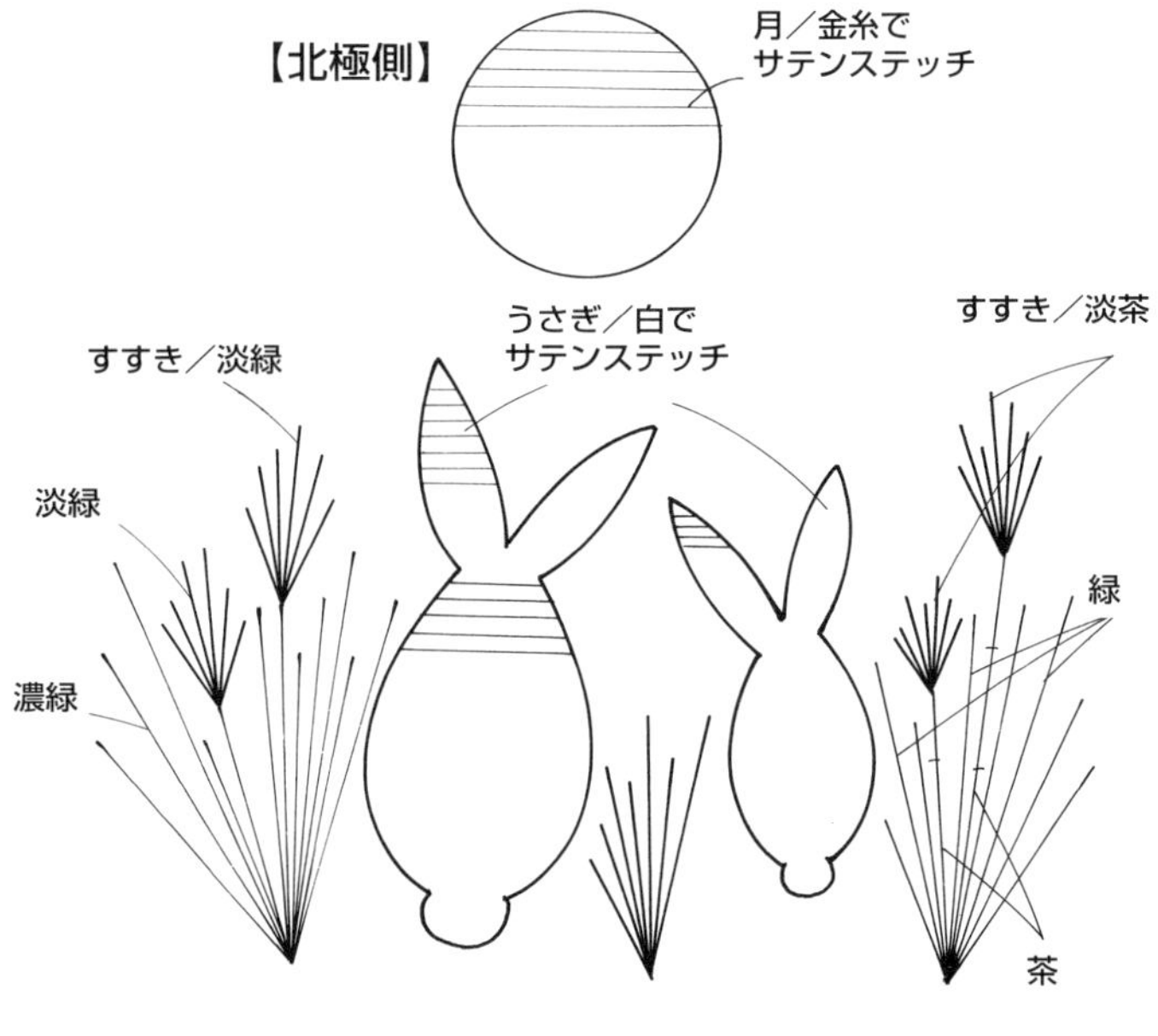
【北極側】
月／金糸で
サテンステッチ
うさぎ／白で
サテンステッチ
すすき／淡緑
すすき／淡茶
淡緑
濃緑
緑
茶

◆フレンチナッツステッチ◆

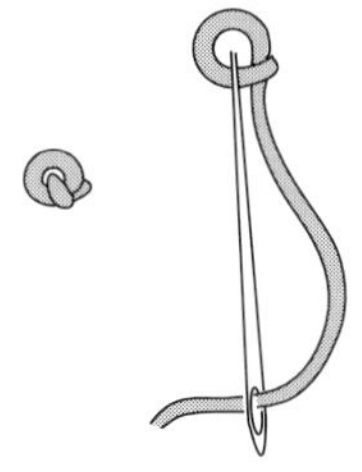

(83ページ参照)

◆レゼーデージーステッチ◆

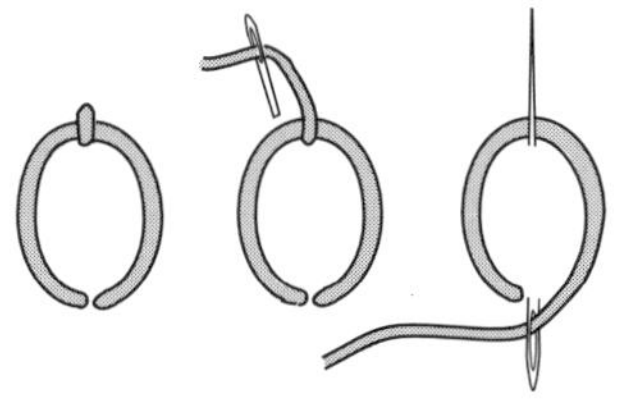

(82ページ参照)

I図

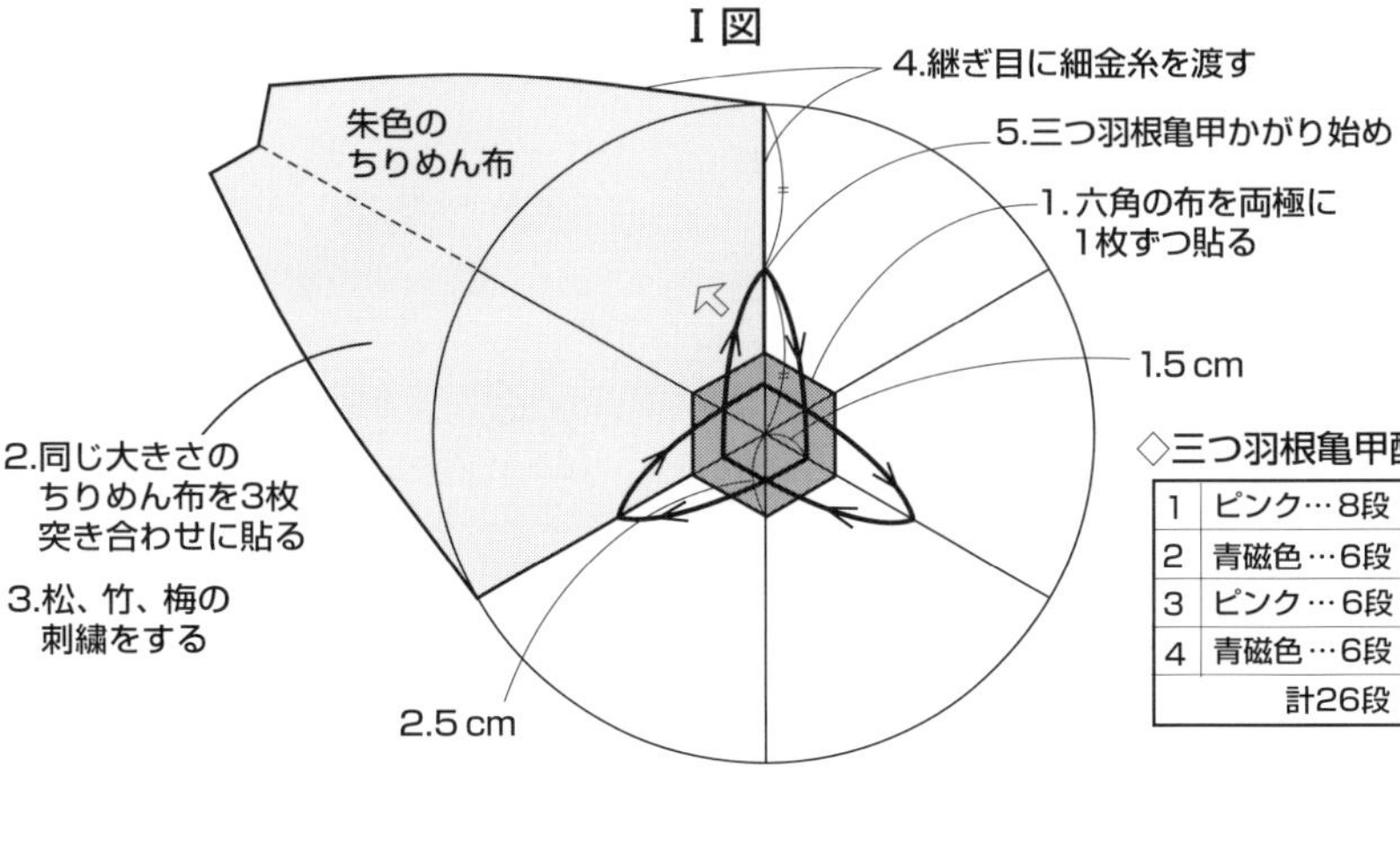
4.継ぎ目に細金糸を渡す
朱色の
ちりめん布
5.三つ羽根亀甲かがり始め
1.六角の布を両極に
1枚ずつ貼る
1.5cm
2.同じ大きさの
ちりめん布を3枚
突き合わせに貼る
3.松、竹、梅の
刺繍をする
2.5cm

◇三つ羽根亀甲配色表

1	ピンク…8段
2	青磁色…6段
3	ピンク…6段
4	青磁色…6段
	計26段

寿てまり――6等分

上級

お正月

羽子板・羽根・凧に松竹梅。小さなてまりにお正月の雰囲気がいっぱい。金ラメ糸で豪華さを…。

カラー口絵20ページ

■材料
土台まり／円周32㎝　黒地巻き糸
地割り糸／京てまり糸…赤(23)、黄色(7)、茶濃淡(102・520)、グレー(40)、緑濃～淡(18・35・34・32)、白、黒、緑ラメ糸、金ラメ糸、銀ラメ糸、細金ラメ糸

■作り方

1 しつけ糸で6等分の地割りをします。

2 図案を参照してそれぞれの糸で、梅・松・竹・凧・独楽・羽根・羽子板を刺繍します。

3 両極に、三つ羽根亀甲を淡緑2段、緑1段、白1段でくぐらせながらかがります。三つ羽根の間3か所にレゼーデージーステッチで松をかがり、淡緑1本どり5段とその間に緑ラメ糸4段を交互にかがります(Ⅰ図)。

4 細金ラメ糸で六角の角に5本ずつ掛けながら刺繍の上に巻きかがりをします(Ⅱ図)。

(レゼーデージーステッチ81ページ参照)

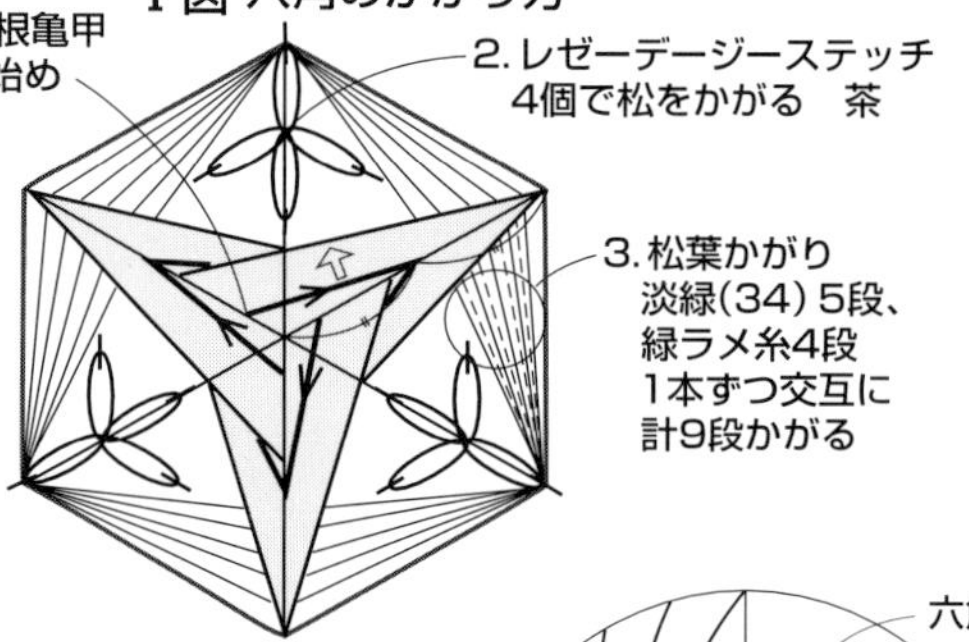
Ⅰ図 六角のかがり方
1.三つ羽根亀甲
かがり始め
淡緑
2.レゼーデージーステッチ
4個で松をかがる　茶
3.松葉かがり
淡緑(34) 5段、
緑ラメ糸4段
1本ずつ交互に
計9段かがる

◇三つ羽根亀甲配色表
(2本どり)

1	淡緑(32)…2段
2	緑　(35)…1段
3	白　　　…1段
	計4段

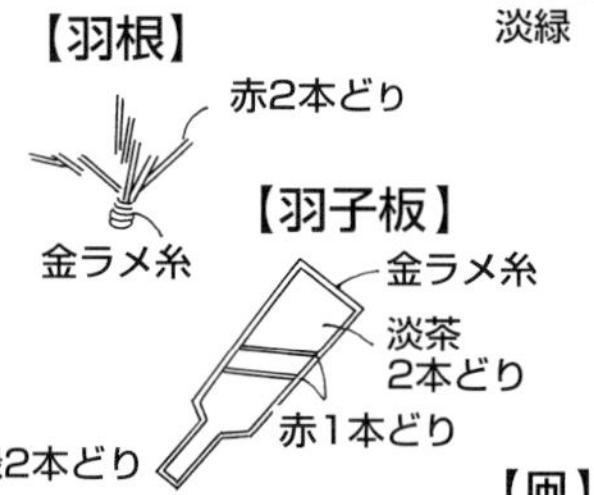
【羽根】
赤2本どり
金ラメ糸
【羽子板】
金ラメ糸
淡茶
2本どり
赤1本どり

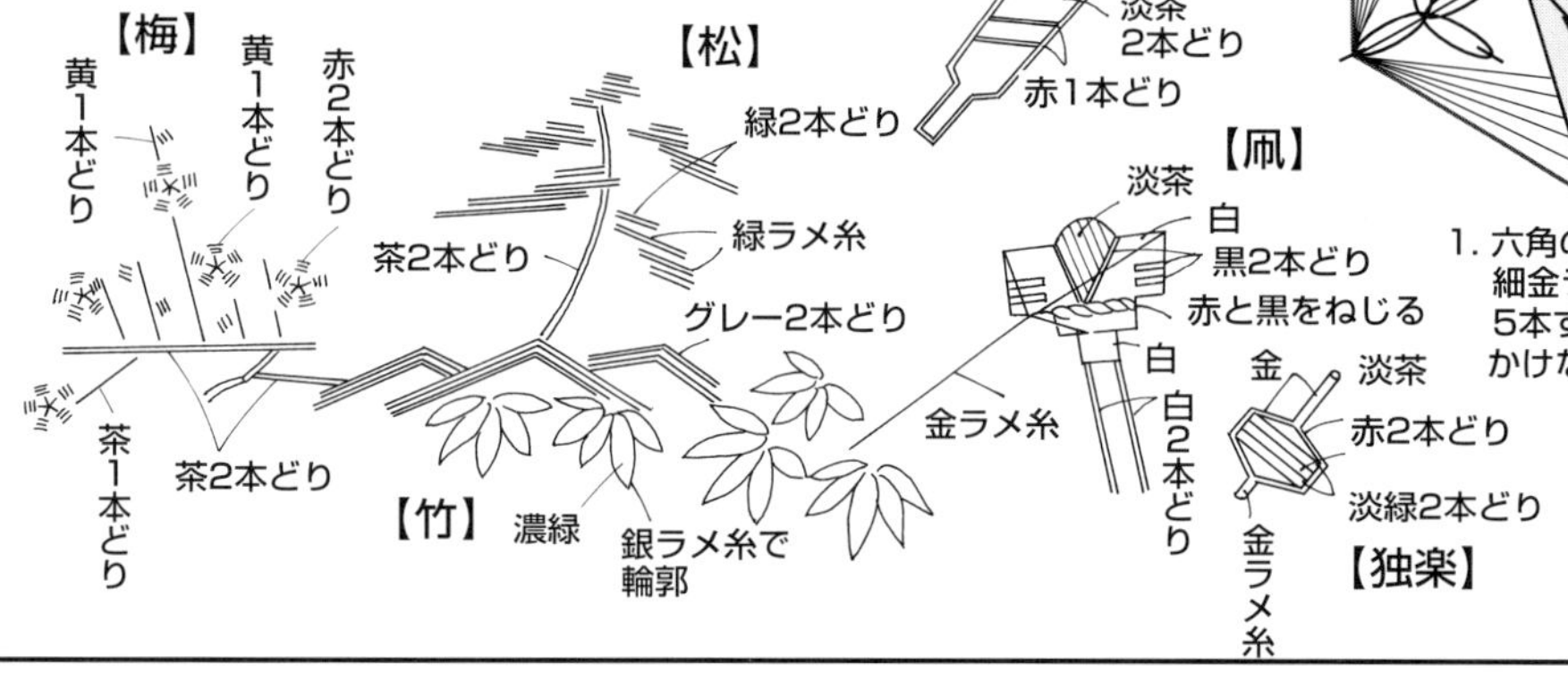
【梅】
黄1本どり
黄1本どり
赤2本どり
茶1本どり
茶2本どり
【松】
緑2本どり
緑ラメ糸
茶2本どり
グレー2本どり
【竹】
濃緑
銀ラメ糸で
輪郭
【凧】
淡茶
白
黒2本どり
赤と黒をねじる
白
白2本どり
金ラメ糸
金
淡茶
赤2本どり
淡緑2本どり
金ラメ糸
【独楽】

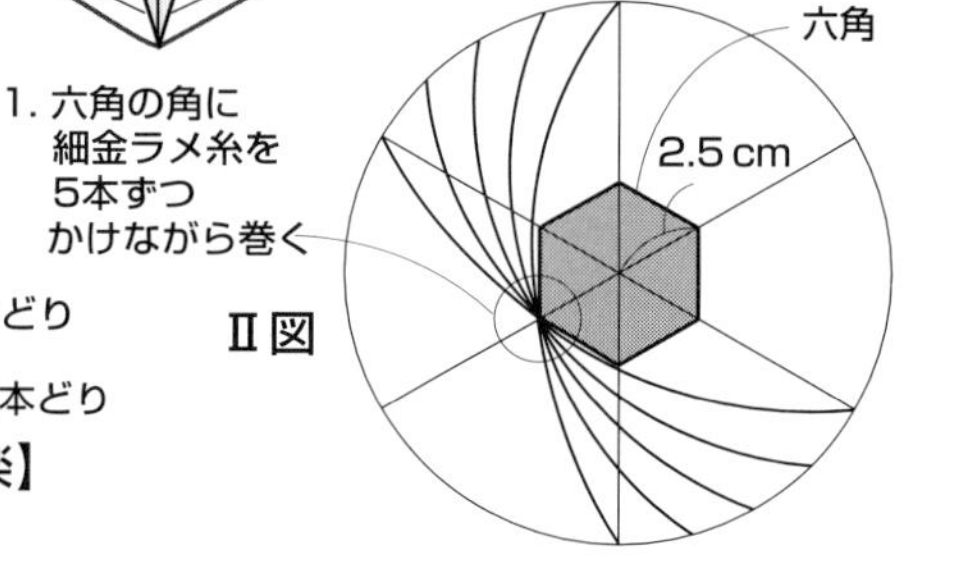
六角
2.5㎝
1.六角の角に
細金ラメ糸を
5本ずつ
かけながら巻く
Ⅱ図

寿てまり――5等分

上級

群れ鶴(赤)

冬空に舞う白鶴の群れに寿ぎを感じます。シンプルなかがりですが配置の面白さを楽しんで…。

カラー口絵20ページ

■材料
土台まり／円周30㎝　赤地巻き糸
地割り糸／しつけ糸
かがり糸／DMC5番刺繍糸1本どり…白、黒、赤(608)、緑 (991)、金ラメ糸

■作り方

1 しつけ糸で5等分の地割りをします。

2 赤道より1㎝と更に4㎝上に、しつけ糸で補助線を入れます。補助線の0.5㎝上に、白で円周の1/5の長さをかがり、2本目からはずらしながら10段かがります。白の間をやや短めに黒でかがって埋め、鶴を1羽かがります。

3 くちばしの下に白で短く1段かがり、目を黒で1段、頭に赤で2段かがります。

4 赤道の上下に、5羽ずつ、つながるように鶴をかがり、両極に緑で松葉かがりを入れ

寿てまり——8等分

上級

鶴と亀

鶴が今にも飛び立ちそう…。金ラメ糸でかがった万年の亀も加えました。松葉かがりがアクセント。

カラー口絵20ページ

■材料
土台まり／円周30㎝　赤地巻き糸
地割り糸／しつけ糸
かがり糸／ＤＭＣ25番刺繍糸 … 白、黒、グレー(3752)、黄色(307)、朱色(741)、青(996)、緑濃淡(910・989)
細金ラメ糸、金ラメ糸

■作り方

1 しつけ糸で8等分の地割りをします。

2 北極側に白と黒で鶴をかがります。

3 南極側に亀をかがります。甲羅は緑と金ラメ糸で交差かがりをして縁どり、足は松葉をかがって、根元を2回巻きます。頭は枡かがりを7段、目はフレンチナッツステッチ2個、尾は金ラメ糸を束ねて、根元を巻きます。

4 赤道は緑で幅1㎝、両側を細金ラメ糸で4段巻き、松葉を8か所かがって中心を止め、しつけ糸をはずします。

（本村和子）

（フレンチナッツステッチ81ページ参照）

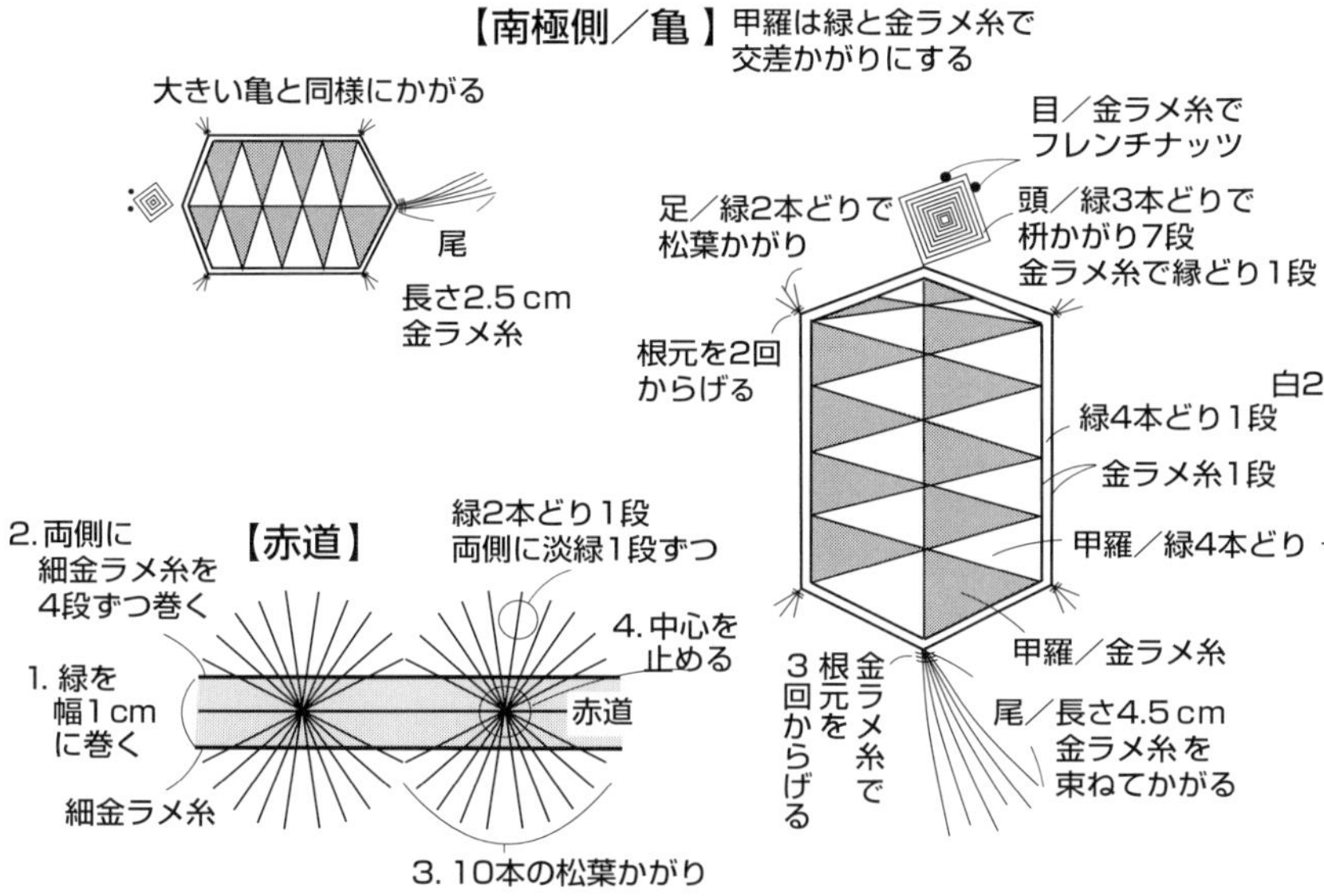

【南極側／亀】甲羅は緑と金ラメ糸で交差かがりにする
大きい亀と同様にかがる
尾
長さ2.5cm
金ラメ糸
目／金ラメ糸でフレンチナッツ
足／緑2本どりで松葉かがり
頭／緑3本どりで枡かがり7段
金ラメ糸で縁どり1段
根元を2回からげる
緑4本どり1段
金ラメ糸1段
甲羅／緑4本どり
甲羅／金ラメ糸
金ラメ糸で根元を3回からげる
尾／長さ4.5cm
金ラメ糸を束ねてかがる
【赤道】
2. 両側に細金ラメ糸を4段ずつ巻く
緑2本どり1段
両側に淡緑1段ずつ
4. 中心を止める
1. 緑を幅1cmに巻く
赤道
細金ラメ糸
3. 10本の松葉かがり

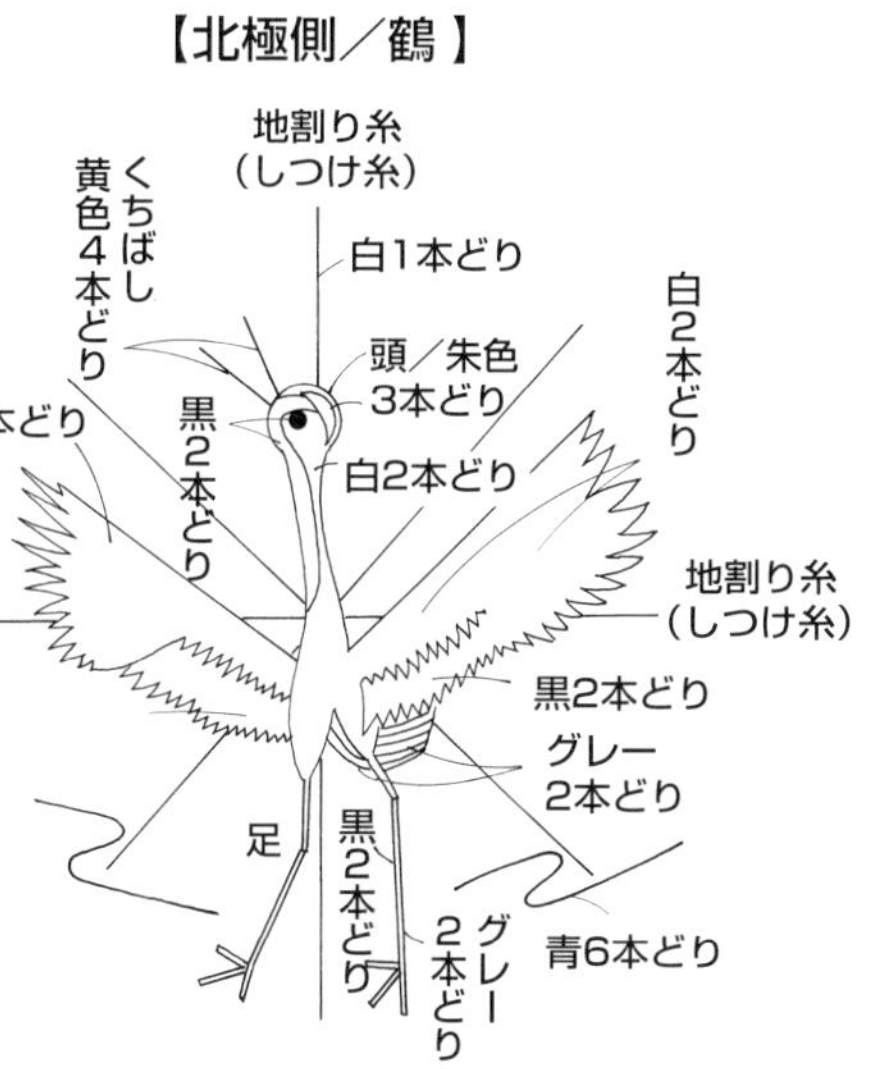

【北極側／鶴】
地割り糸（しつけ糸）
くちばし
黄色4本どり
白1本どり
白2本どり
頭／朱色3本どり
黒2本どり
白2本どり
白2本どり
地割り糸（しつけ糸）
黒2本どり
グレー2本どり
足
黒2本どり
グレー2本どり
青6本どり

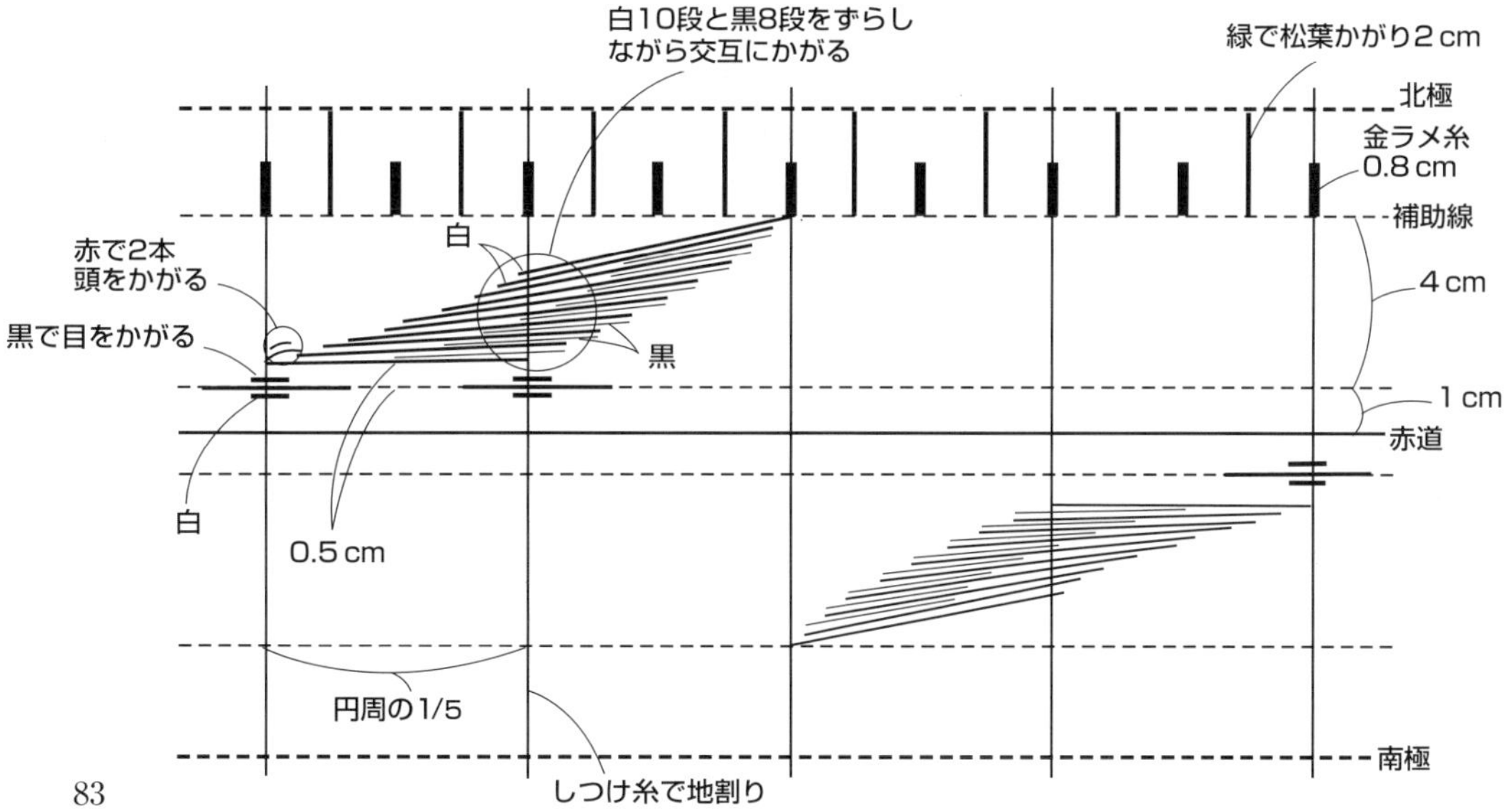

白10段と黒8段をずらしながら交互にかがる
緑で松葉かがり2cm
北極
金ラメ糸0.8cm
補助線
白
赤で2本頭をかがる
黒で目をかがる
黒
4cm
1cm
赤道
白
0.5cm
円周の1/5
しつけ糸で地割り
南極

5 て、間に金ラメ糸を短くかがります。地割り糸と補助線をはずします。

（前田玉江）

布貼りてまり――8等分の組み合わせ

中級

大島と三角交差

懐かしい想い出のある古裂をてまりの上にのせてみました。太めの甘撚りの絹糸でかがります。

カラー口絵7ページ

■材料
土台まり／円周29㎝　茶地巻き糸
地割り糸／細金ラメ糸
かがり糸／太めの絹糸１本どり…朱色(76)、黄土色(32)、黒、細金ラメ糸、大島織布、

■作り方

1 細金ラメ糸で8等分の組み合わせの地割りをします。

2 四角8等分の短い線と赤道に黄土色と黒で計6段、それぞれの線の0.5㎝外側から中心に向かって両側を交互に巻きます(配色表)。

3 2でできた三角の中心8か所に、大島織布を全体で8か所貼ります。

4 3の三角の布の上に、細金ラメ糸で三角の中心を通り、6等分する線を入れます。

5 布の外周りに、イ～トと三角を交差させながら朱色、黄土色、黒の3色で計11段かがります(配色表)。(伊藤和江指導／染谷とみ)

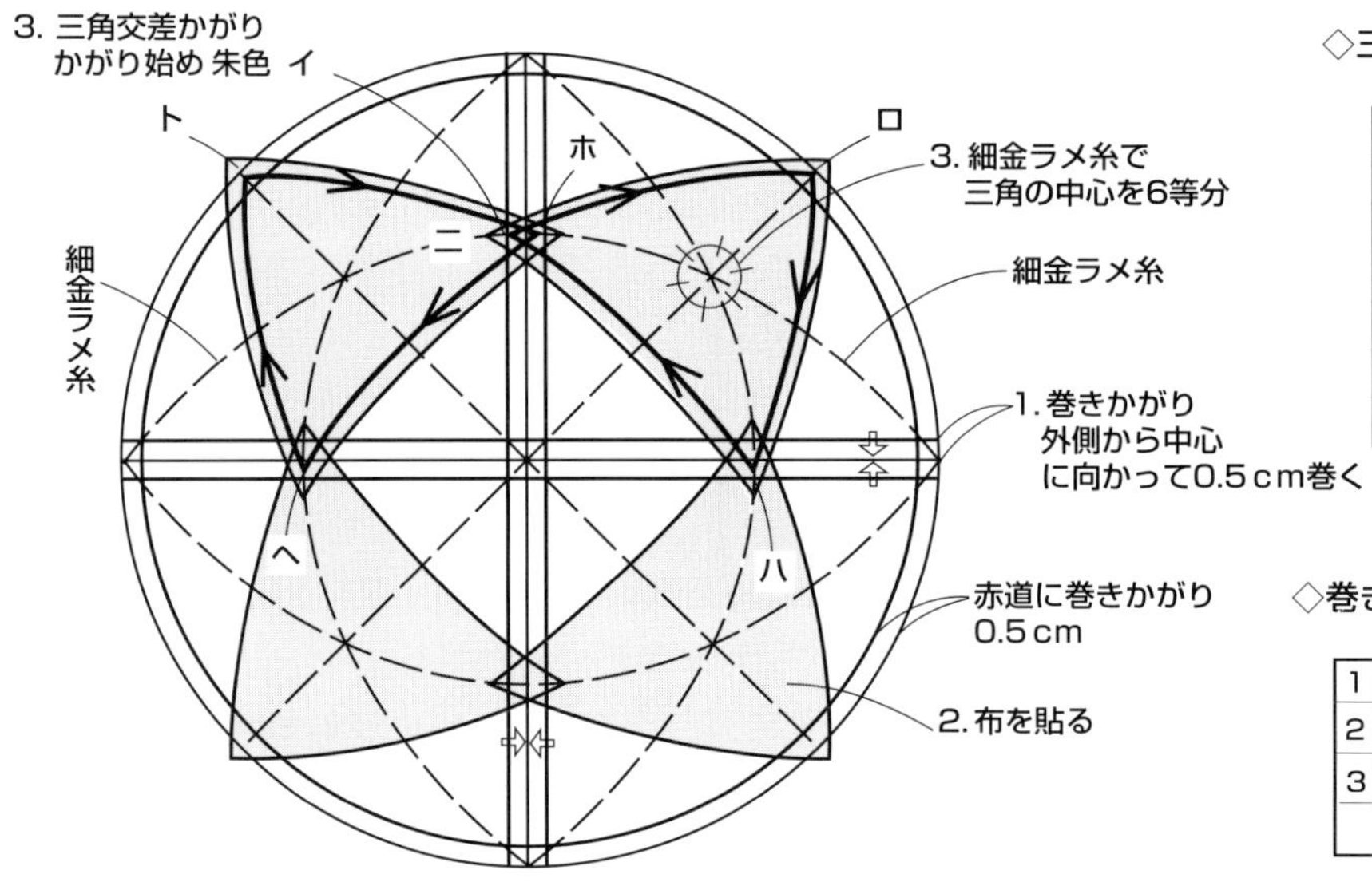

3. 三角交差かがり
かがり始め 朱色 イ
ト
ロ
ホ
ニ
3. 細金ラメ糸で
三角の中心を6等分
細金ラメ糸
細金ラメ糸
1. 巻きかがり
外側から中心
に向かって0.5cm巻く
ヘ
ハ
赤道に巻きかがり
0.5cm
2. 布を貼る

◇三角の交差配色表
(1本どり)

1	朱色　…2段
2	黄土色…1段
3	朱色　…3段
4	黄土色…2段
5	黒　　…1段
6	黄土色…2段
	計11段

◇巻きかがり配色表
(1本どり)

1	黄土色…2段
2	黒　　…1段
3	黄土色…3段
	計6段

房の作り方

でき上がったてまりを房で飾ってみましょう。プレゼントにしたり、吊るしてお部屋に飾っても楽しいものです。リリアン糸を使うと糸の重みできれいに下がります。

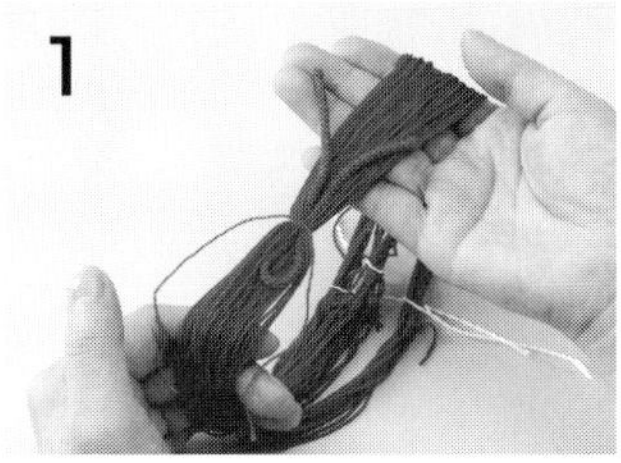
1

綛が輪になっているので、打ち紐を輪にしたものと一緒に1か所を糸で結ぶ

2

ふくらみをつけるために、紙または、綿を房の大きさに合わせて1～1.5㎝幅に折り、巻く

3

紙、または綿にかぶせるように、リリアン糸を下に下ろす

4

糸をきれいに並べて房の下を糸でしっかり巻きしばり、長さを決めて切り揃える

布貼りてまり——10等分の組み合わせ

中級

インドネシアの印象

旅の想い出をてまりに。現地での思いがさらに深まります。てまりはどんな布とも相性抜群です。

カラー口絵7ページ

■材料

土台まり／円周30cm　黒地巻き糸
地割り糸／細金ラメ糸
かがり糸／太めの絹糸…淡茶、黒、赤
DMC25番刺繍糸2本どり…赤(666)
インドネシアのバティック布

■作り方

1　細金ラメ糸で10等分の組み合わせの地割りをします。

2　三角6等分の中心に、長い線の1/2を結ぶ大きさの三角布を全体で20か所貼り付けます。

3　五角10等分の中心から1.3cmの位置より、布の周りを通りながら淡茶と黒でコの字の連続でかがり、交差した中心を絹糸赤で2回巻きます。

4　五角10等分の中心を25番刺繍糸赤で十字にかがります。

（伊藤和江指導／染谷とみ）

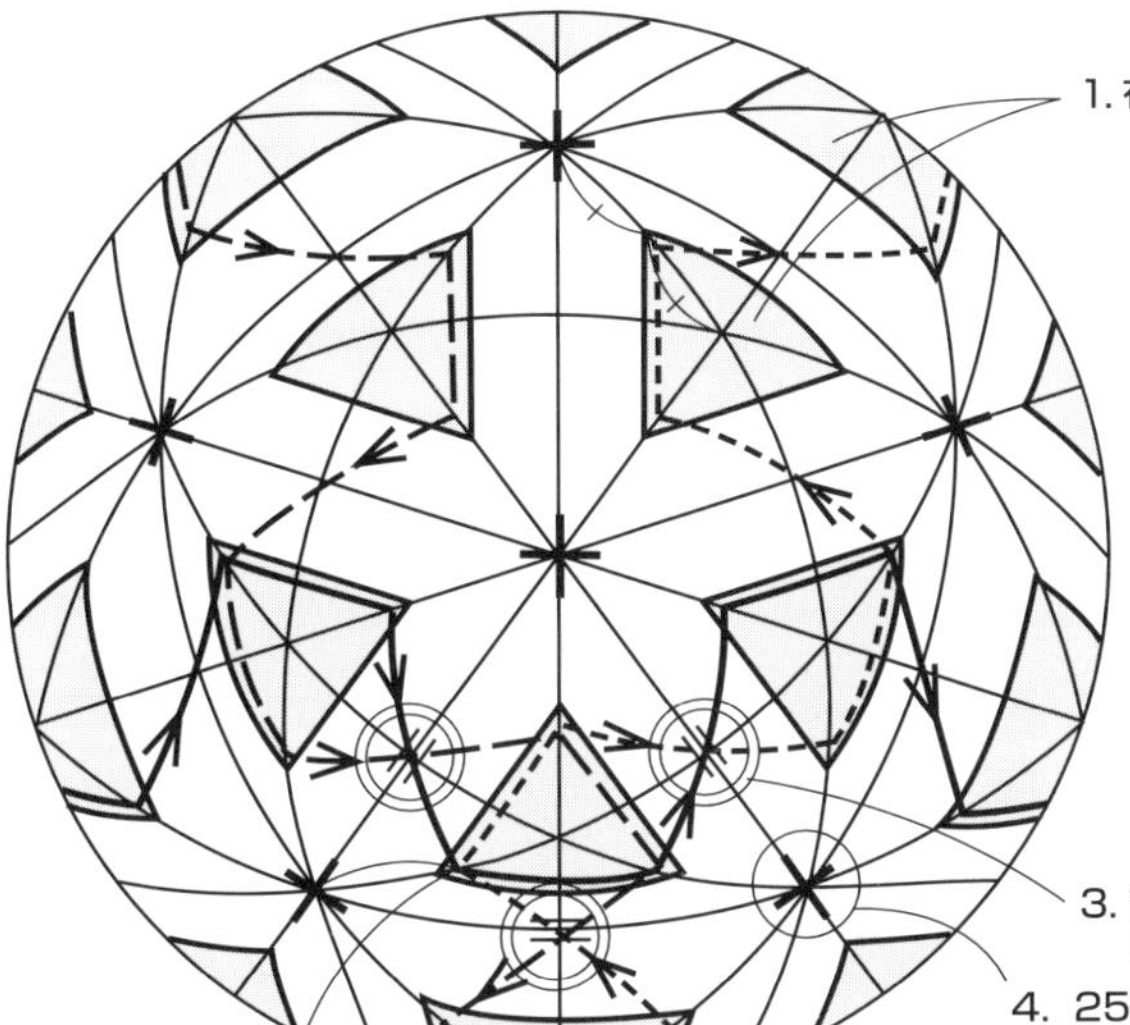
1. 布を貼る
3. 交差した中心を
2回巻く
4. 25番糸 赤で十字に
止める
2. 五角の中心から1.3cm
連続かがりかがり始め
淡茶1段、黒2段、淡茶1段　計4段

布貼りてまり

布を使ったてまりは、いろいろあります
が部分的に貼ったり、てまり全体を包んで
刺繍をしたりしたものがあります。

◆布の貼り方

・地割りをした土台まりに、地割りに合わせて布を貼ってゆく。
・球体にのせやすくするために、バイアスにして使う。
・ちりめんはしぼがあるので霧を吹いて湿らせて使い、しわを出さないようにして使う。

◆布の種類

・木綿
・ちりめん
・化繊布など

布の厚さや堅さなどの特長を考えて、貼る部分の面積を決めるとよいでしょう。

絹糸てまり——6等分

中級

巻きと亀甲

日本刺繍に使う絹糸で扱いが少し難しいのですが、交差かがりの美しさがきれいに表現されています。

カラー口絵16ページ

■材料
土台まり／円周30cm　紺地巻き糸
地割り糸／金ラメ糸
かがり糸／絹糸…青、白、えんじ、藤色、黄色濃淡、青濃淡、ピンク濃淡、赤、細金ラメ糸

【巻きと亀甲／紺】

■作り方

1 金ラメ糸で6等分の地割りをします。

2 両極より3cmの位置を結んで、細金ラメ糸2本どりで六角をかがります(I図)。

3 極より0.3cm離れた位置に三角A（1~3）を青、三角B(イ~ハ)を白で11段ずつ、交互にかがり、それぞれ色を替えながら細金ラメ糸の位置までかがります(II図・配色表)。

4 赤道から細金ラメ糸に沿って、ピンク、青、黄色の濃淡で巻きかがりを交互に5段ずつ、計10段、最後に各色の濃色で1段かがります(配色表)。

5 赤道に赤、青、ピンクで0.8cmの帯を巻き、金ラメ糸で千鳥かがりをします。

（金森てる 他）

I図

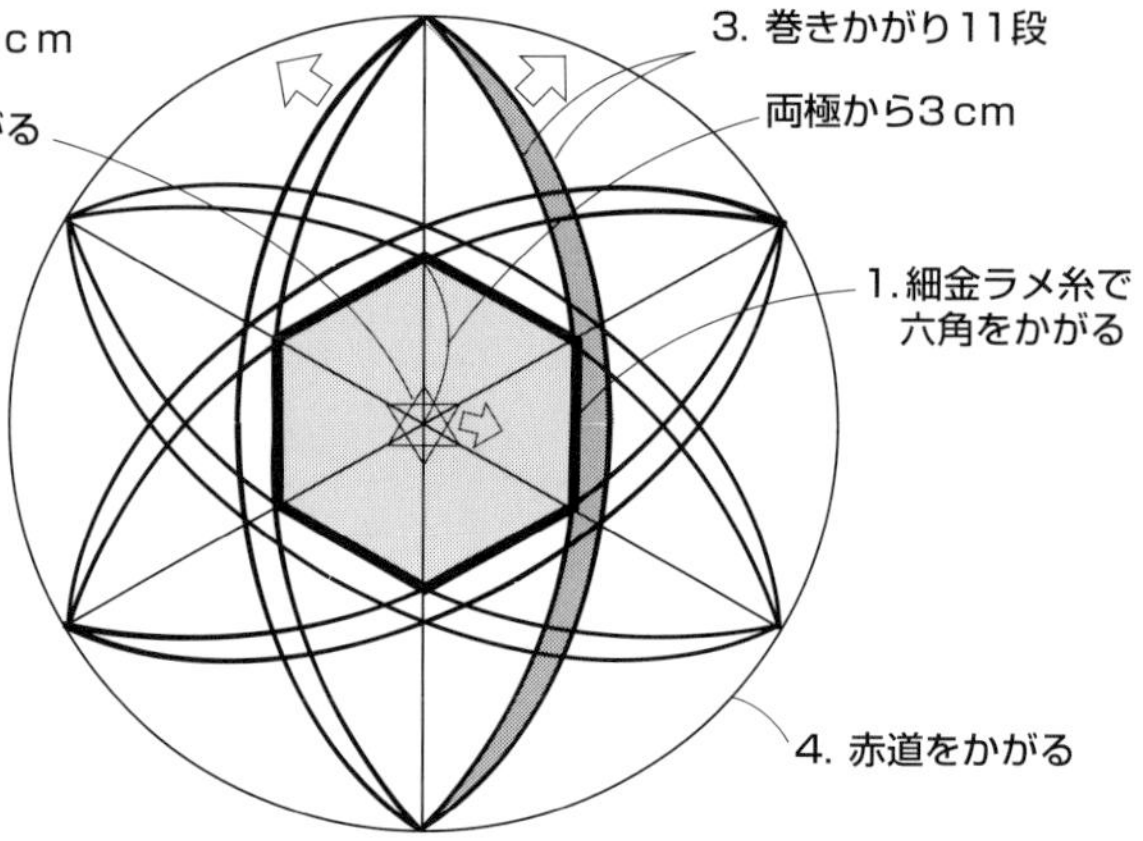
2. 極から0.3cm
三角を2個
重ねてかがる

◇六角の配色表(紺)

	三角(A)	三角(B)	
1	青	白	…11段
2	白	えんじ	… 9段
3	藤色	白	…10段
			計30段

◇巻きかがり配色表(紺)

1	淡ピンク	淡青	淡黄色	…5段
2	ピンク	青	黄色	…5段
3	濃ピンク	濃青	濃黄色	…1段
				計11段

II図　三角2個のかがり方

三角(A)と三角(B)を交互にかがる

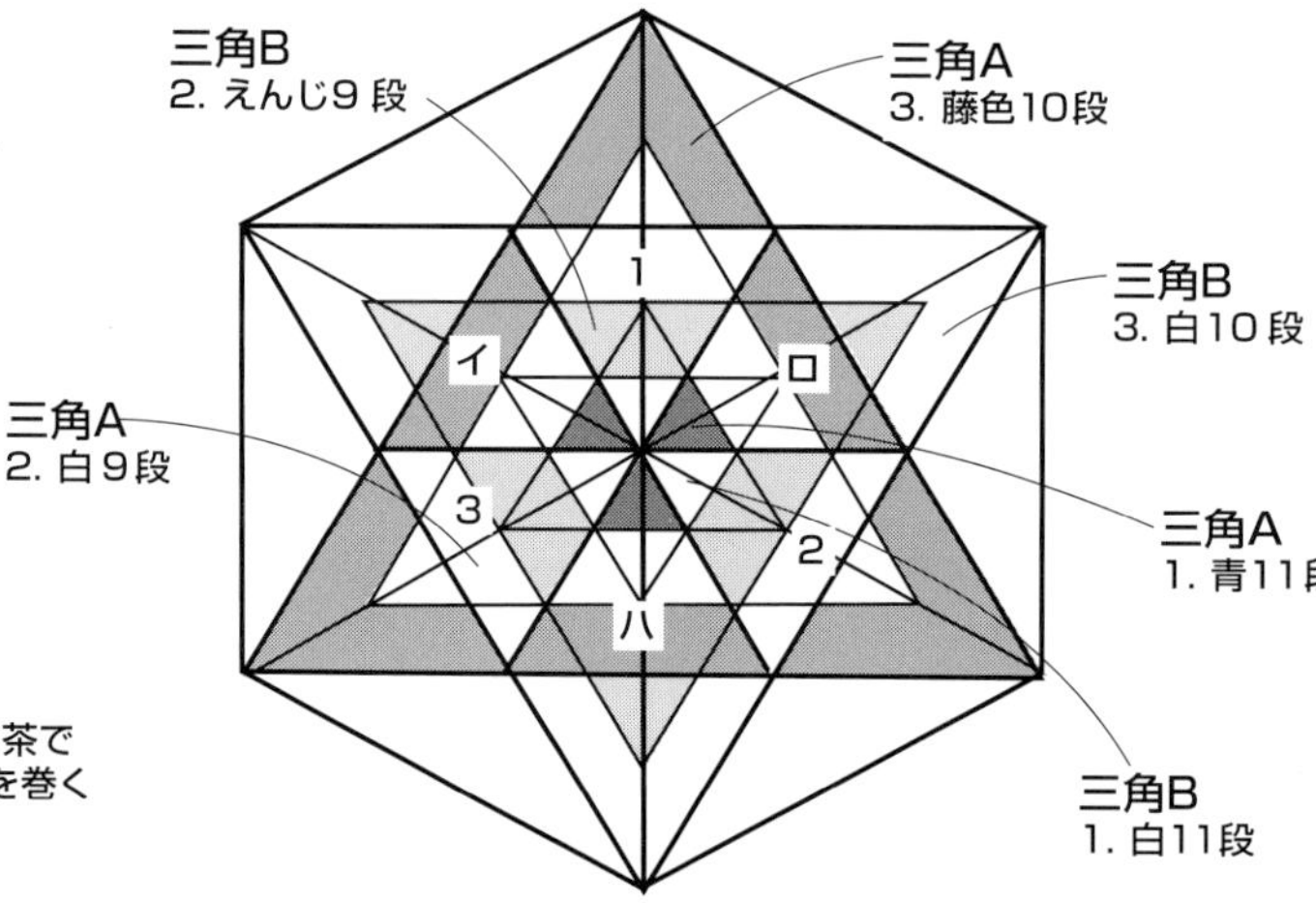

III図

ベージュ土台／赤道のかがり方

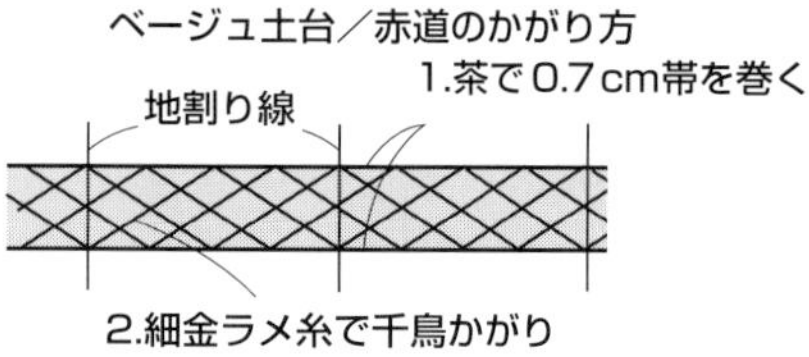

IV図

紺・緑土台／赤道のかがり方

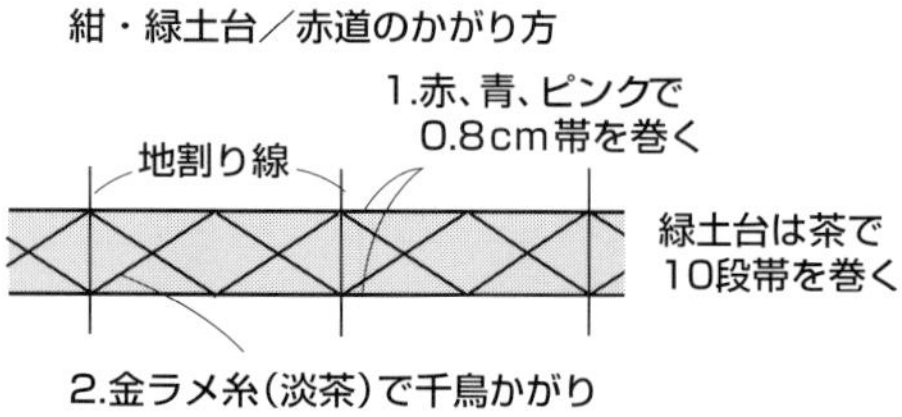

絹糸てまり——10等分の組み合わせ

中級

渦巻き五角

撚りのある2色の絹糸をシンプルな線かがりにしてみました。土台まりの色との配色も大切です。

カラー口絵16ページ

■材料
土台まり／円周25㎝　紫地巻き糸
地割り糸／しつけ糸
かがり糸／絹糸２本どり…えんじ、白

【渦巻き五角／紫】

■作り方

1 しつけ糸で10等分の組み合わせの地割りをします。

2 両極を上下として、赤道側の五角10等分5か所に、五角の短い線の中心より1/3から順に、白でまで渦巻きにかがり、外側に、えんじで2段交互にかがります。

3 両極の中心に白1段、白に添わせてえんじを2段、5本の松葉をかがります。

4 地割り線のしつけ糸をはずします。

【渦巻き五角／ピンク】

■作り方は紫の土台まりと同様にします。渦巻きと松葉かがりは、配色表を参照してかがります。

◇渦巻きかがりと松葉かがり配色表（2本どり）（紫）

1	白	…1段
2	えんじ	…2段
		計3段

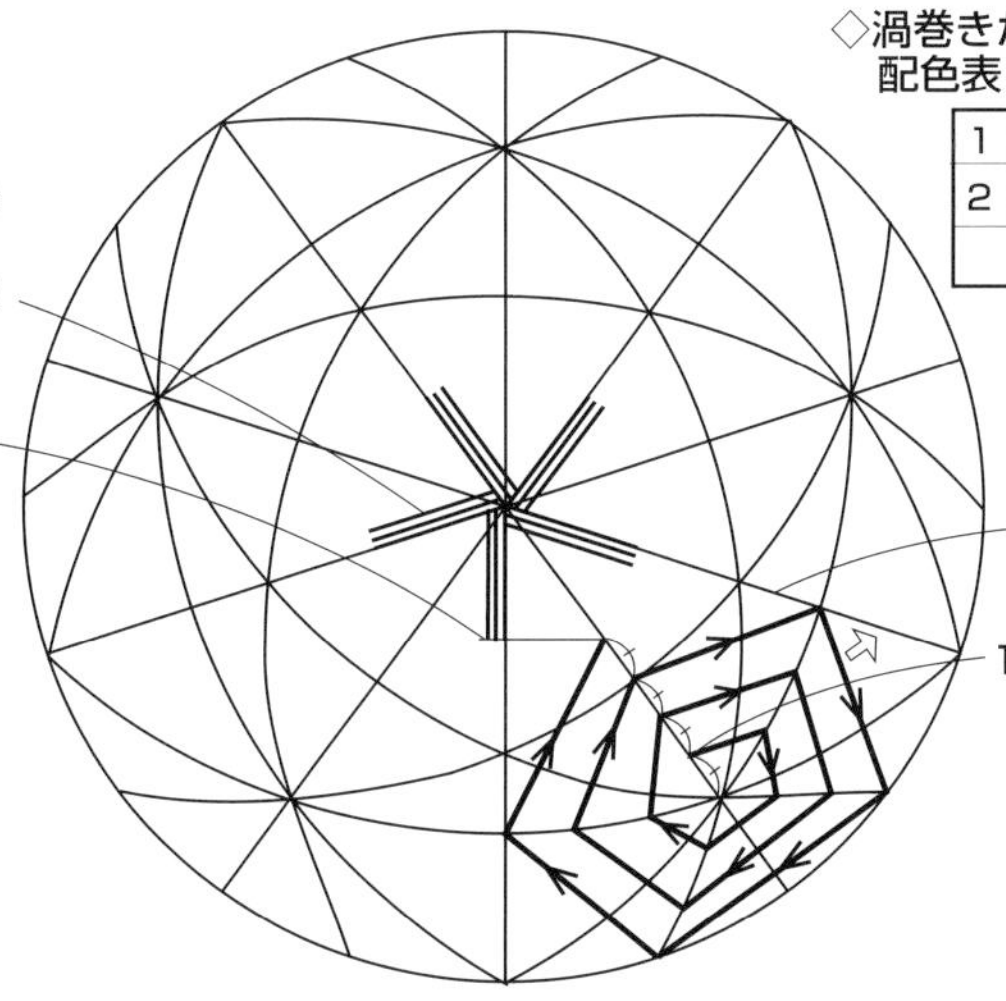

2. 松葉かがり
白1段、
えんじ 2 段
渦巻きの先
を結んだ線
3. 地割り線の
しつけ糸をとる
1. 渦巻き
白1段、えんじ2段
かがり始め

◇渦巻きかがりと松葉かがり配色表（2本どり）（ピンク）

1	大島織り糸	…1段
2	濃ピンク	…1段
3	白	…1段
		計３段

■材料
土台まり／円周22㎝　ピンク地巻き糸
地割り糸／しつけ糸
かがり糸／絹糸…白、濃ピンク、大島織り糸

【巻きと亀甲／緑・ベージュ】

作り方は紺の土台まりと同様にします。六角と巻きかがりは、それぞれ配色表を参照してかがります。

■材料
土台まり／円周27㎝　緑地巻き糸
地割り糸／金ラメ糸
かがり糸／絹糸…緑濃淡、黄色濃淡、ピンク濃淡、れんが色、茶濃淡、細ラメ糸

◇六角の配色表（緑）

	三角(A)1～3	三角(B)イ～ハ	
1	濃緑	淡黄色	…11段
2	淡黄色	れんが色	…9段
3	淡緑	淡黄色	… 8段
4	緑	淡黄色	… 4段
			計32段

◇巻きかがり配色表（緑）

1	淡緑… 1段	淡黄色… 7段	淡ピンク…7段
2	緑　…2段	黄色　…4段	ピンク　…4段
3	淡緑…4段		
4	緑　…4段		
	計11段	計11段	計11段

■材料
土台まり／円周26.5㎝　ベージュ地巻き糸
地割り糸／金ラメ糸
かがり糸／絹糸…緑濃淡３色、黄色濃淡２色、ピンク濃淡３色、白、茶、細ラメ糸、細金ラメ糸

◇巻きかがり配色表（ベージュ）

1	濃ピンク	…7段
2	ピンク	…4段
3	淡ピンク	…7段
4	白	…4段
		計22段

◇六角の配色表（ベージュ）

	三角(A)1～3	三角(B)い～は	
1	濃緑	淡緑	…7段
2	淡緑	淡ピンク	…7段
3	淡黄色	淡緑	…6段
4	黄色	緑	…1段
			計21段

お洒落な糸てまり——8等分の組み合わせ

初級

三つ羽根

よく使われるリリアン糸ですが、ほどいて、糸のくせを伸ばして使うとなめらかさを表現できます。

カラー口絵6ページ

■材料
土台まり／円周25㎝　白土台まり
地割り糸／リリアン１回ほどき糸２本どり…クリーム色
かがり糸／リリアン１回ほどき糸…紫、黄色、赤、白、銀ラメ糸

■作り方

1 リリアン糸のクリーム色で、8等分の組み合わせの地割りをします。

2 四角8等分の長い線の1/2を結んで、紫で三角ＡＢＣを全体で8個かがります。

3 三角6等分の短い線と三角ＡＢＣの交点イより四角の中心ロを通り、連続かがりで三角の中心までかがります。中心ロはそれぞれの色が十字に交差するようにかがります。

4 3の交差した部分6か所を銀ラメ糸で2回巻きます。

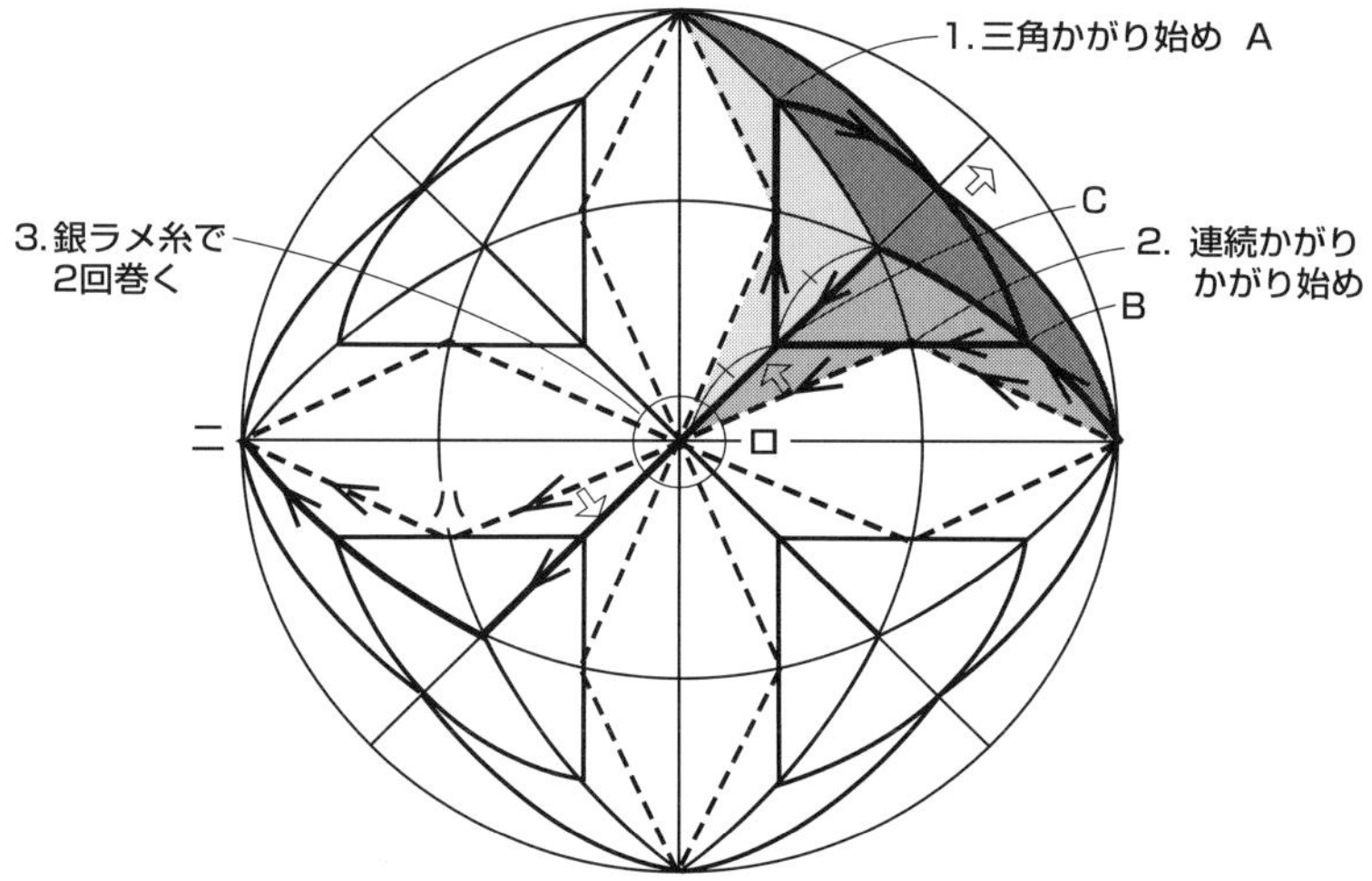

1.三角かがり始め　A
C
2. 連続かがり
かがり始め　イ
B
3.銀ラメ糸で
2回巻く
ニ
ロ
ハ

◆リリアン糸の扱い方◆

糸の先端を引き出すとチェーン型の太めの糸になります（一回ほどき）。さらに糸を引くと1本の糸になります（二回ほどき）。ほどいたままで使う場合もありますが、糸巻きに巻いて数日置くか、湯気を当ててくせを伸ばすと、なめらかできれいになります。

お洒落な糸てまり——10等分の組み合わせ

中級

リボンと小花

糸そのものに素材感のあるリボン糸で、可愛くてお洒落なてまりを。繰り返し模様が生きています。

カラー口絵6ページ

■材料
土台まり／円周29㎝　赤地巻き糸
地割り糸／しつけ糸
かがり糸／リボン糸…白、ＤＭＣ５番刺繡糸２本どり…青(996)、細金ラメ糸

■作り方

1 しつけ糸で10等分の組み合わせの地割りをします。

2 リボン糸白で、菱形4等分の短い線の1/3から、三菱をかがります。菱形の1/2に一個、全体で60個かがります（Ⅰ・Ⅱ図）。

3 五角10等分と、五角の角にできた六角の中心に松葉をかがり、間に細金ラメ糸2本どりで松葉を入れます。

4 地割りのしつけ糸をはずします。

（佐藤しづえ）

お洒落な糸てまり——4等分の組み合わせ

中級

枡椿

極細のウール糸を重ねて巻いた、温もりのあるてまり。素材の持つ温かさが伝わってきます。

カラー口絵1ページ

■材料

土台まり／円周28㎝　ベージュ土台まり
地割り糸／細金ラメ糸
かがり糸／ウール極細糸２本どり…黄色、赤、緑、黒、藤色、白

■作り方

1 細金ラメ糸で４等分の地割りの組み合わせをします。

2 両極と赤道の1/3の位置に中心から両側に向けて黄色で5段ずつ巻きかがりをします。

3 2の外側に赤で16段ずつ井桁に組みながら巻き、更に緑で7段ずつ交互に巻きます。

4 周りの大きな四角は黒1段、緑1段、黒1段、最後に緑を2段巻きます。

5 3の赤の内側を黒で1段、井桁に組んで境を入れます。

6 赤道に藤色と白で計8段帯を巻き、藤色1本どりで千鳥かがりをします(配色表)。

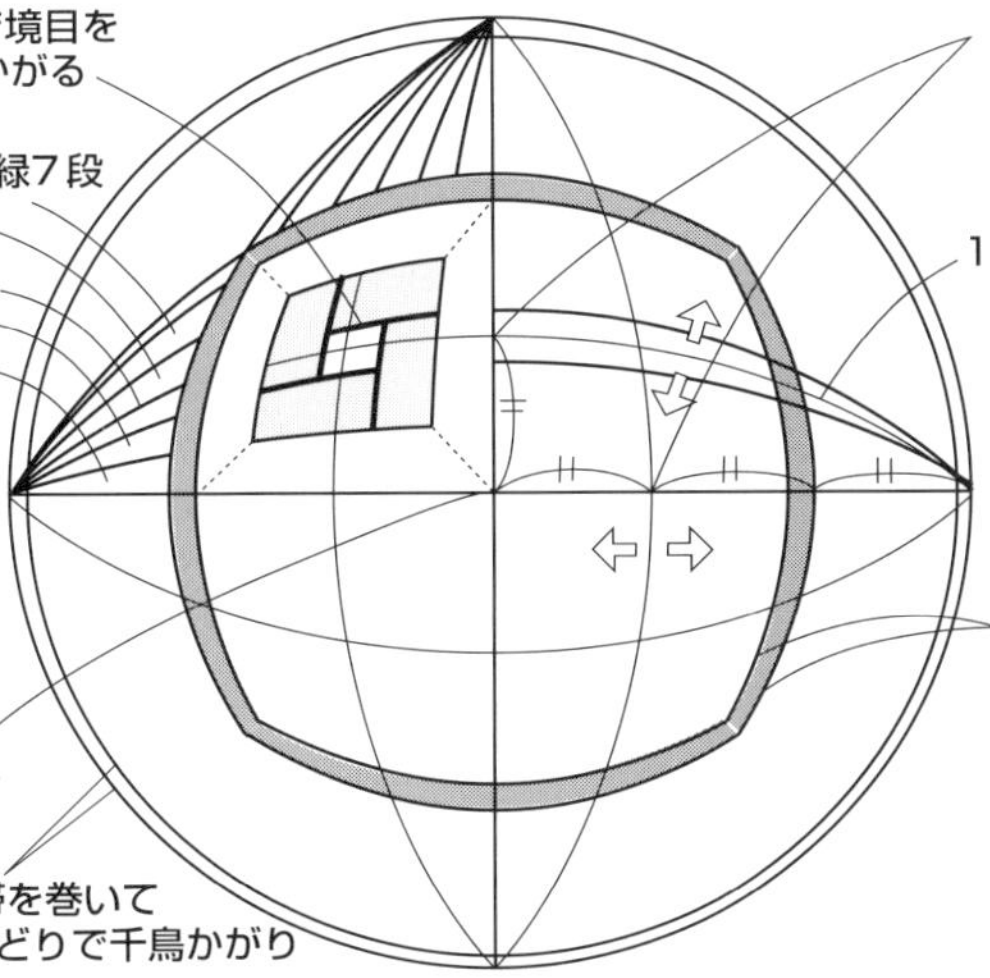
4. 黒1段で境目を
井桁にかがる
北極と赤道の1/3
2. 巻きかがりの
外側に赤は井桁
緑は交互にかがる
赤16段
黄色10段
赤16段
1. 中心から両側に向けて
5段ずつ巻く
3. 大きな四角
黒1段、緑1段
黒1段、緑2段
計5段かがる
北極
5. 赤道に帯を巻いて

◇赤道配色表
（2本どり）

1	藤色…3段
2	白　…1段
3	藤色…3段
	計7段

3の藤色は1本どり

I図

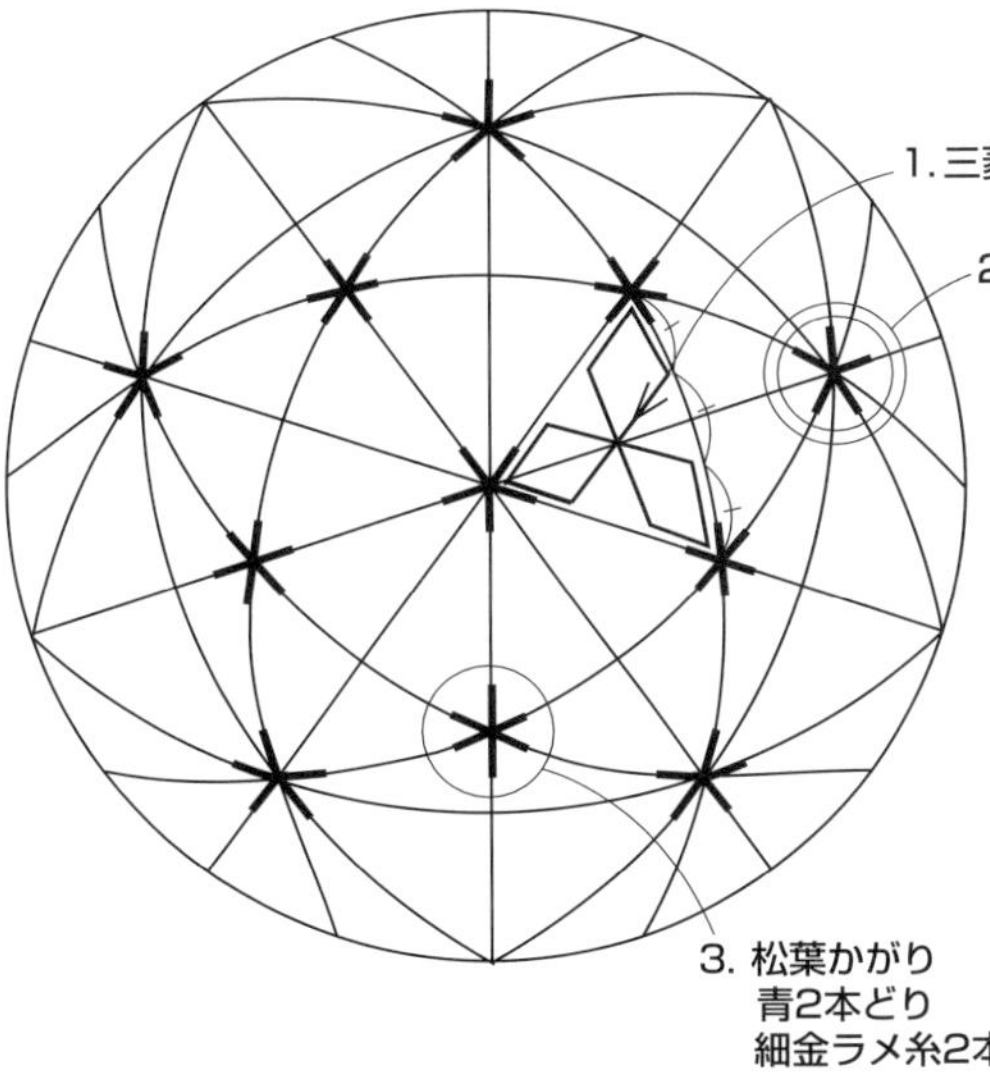
1. 三菱かがり始め　白
2. 松葉かがり
青2本どり
細金ラメ糸2本どり
細金ラメ糸2本どり

II図

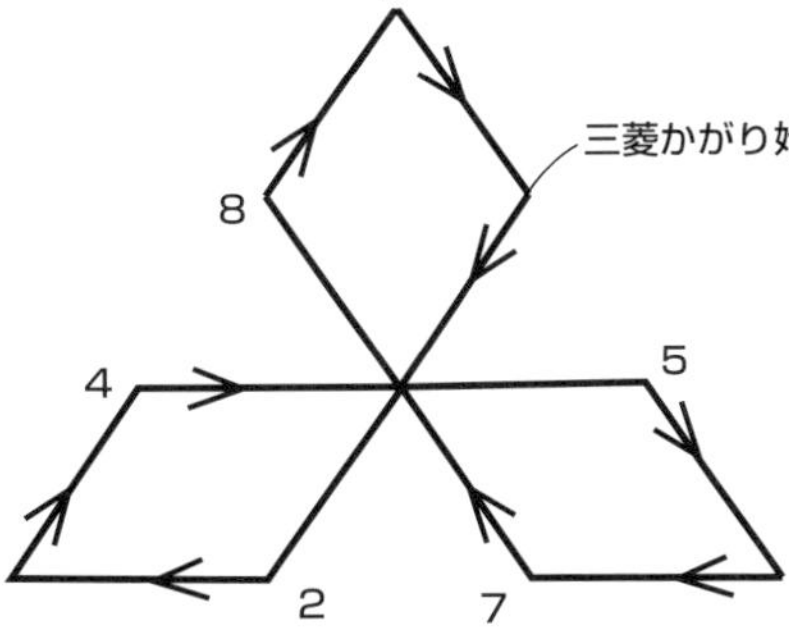
9
三菱かがり始め１
3
6

てまりかがりで作る小物

てまりかがりを身近に使えるものに応用して楽しんでみましょう。配色や模様を工夫するとお洒落でモダンな小物ができあがります。

カラー口絵17ページ

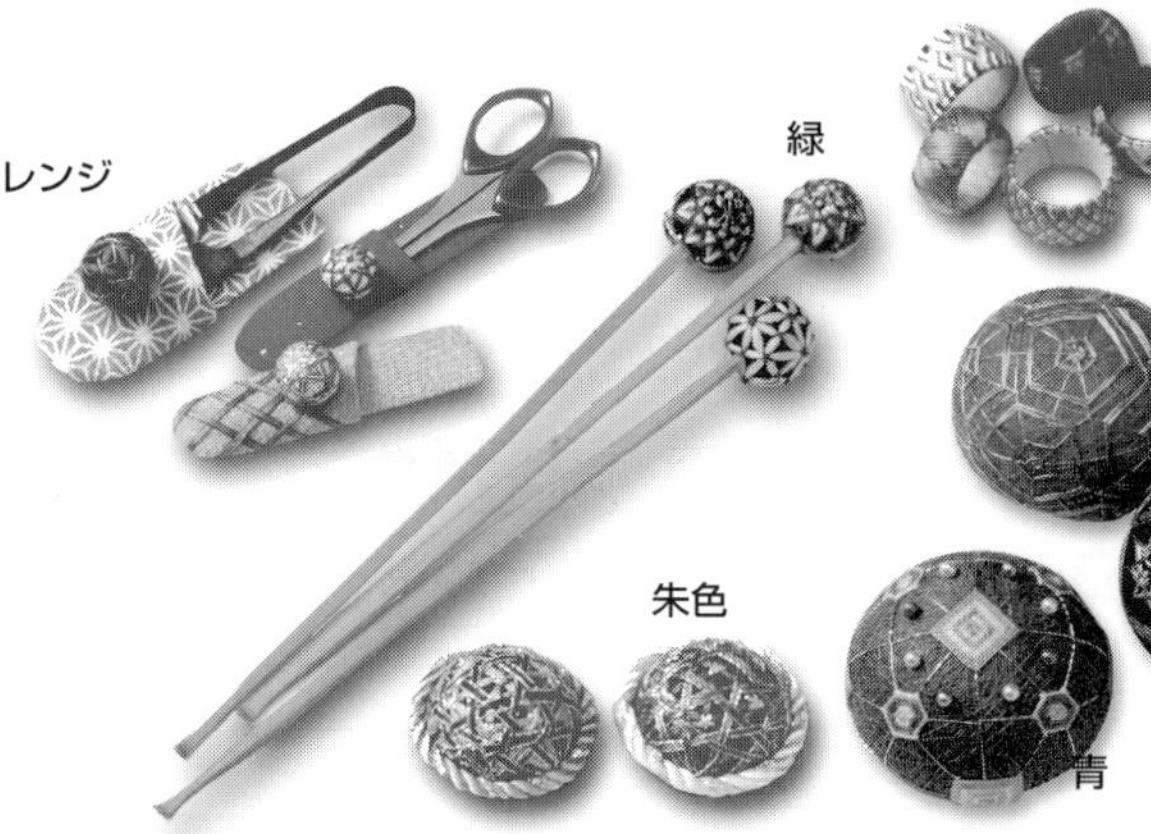

オレンジ
緑
朱色
青

【針山／青】

球ではないので、高さと周囲の寸法が違いますが、てまりに見立てて、それぞれの寸法を等分にします。地割りでできる四角や五角の大きさはそれぞれ違いますが、地割りに合わせてかがります。

（菊池すみ子）

■材料
周囲21㎝、高さ18.5㎝の青土台まり
細金糸で地割り糸
かがり糸／DMC5番刺繍糸1本どり…水色(775)、青(813)、濃ピンク(962)、オレンジ(741)、黄色(977)

1 綿を巻く

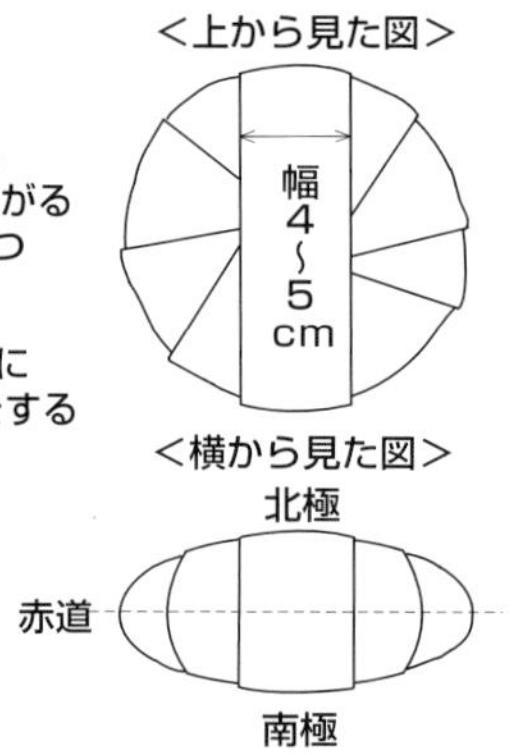

＜上から見た図＞
幅4～5cm
＜横から見た図＞
北極
赤道
南極

2 地割りをしてかがる

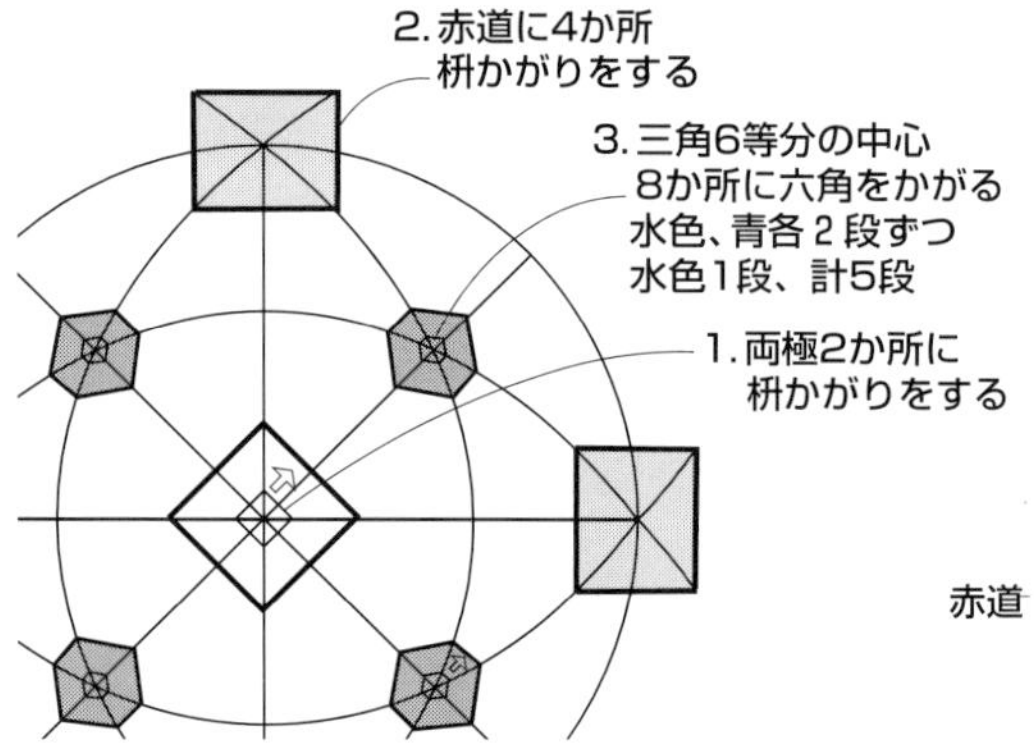

2. 赤道に4か所
枡かがりをする
3. 三角6等分の中心
8か所に六角をかがる
水色、青各2段ずつ
水色1段、計5段
1. 両極2か所に
枡かがりをする

◇赤道の枡かがり配色表

	2か所	2か所	
1	濃ピンク(962)	オレンジ(741)	…2段
2	水色(775)	水色(775)	…1段
3	濃ピンク(962)	オレンジ(741)	…2段
4	水色(775)	水色(775)	…2段
5	濃ピンク(962)	オレンジ(741)	…3段
			計10段

◇両極の枡かがり配色表

1	黄色(977)	…2段
2	水色(775)	…1段
3	黄色(977)	…2段
4	水色(775)	…2段
5	黄色(977)	…3段
		計10段

作り方

1 幅4～5cmの綿を厚さを薄くしながら巻き円にする。毛糸を巻き、同色の地巻き糸を巻く。

2 細金糸で8等分の組み合わせをする

3 枡と六角をかがる

【ブローチ／朱色】

発泡スチロールの芯にてまりかがりをしたブローチ。金糸が入った撚り糸がアクセントになりました。

（谷　キヨ子）

■材料
円周9.5㎝黒土台まりの1/2
京てまり糸朱色2本どりで地割り
かがり糸／京てまり糸2本どり…朱色(15)、緑(18)、銀糸、細金糸、より紐、布、安全ピン

1 芯を作る

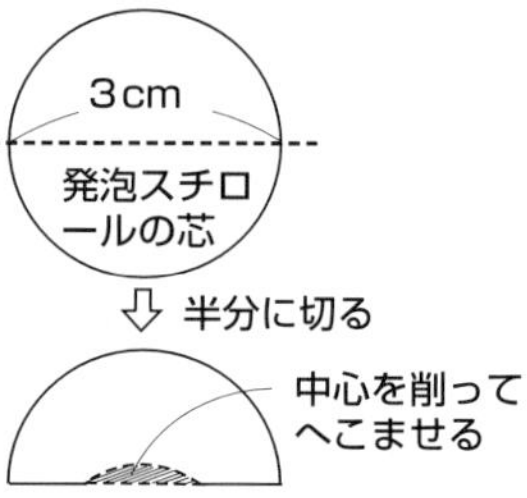

3cm
発泡スチロールの芯
半分に切る
中心を削ってへこませる

2 地割りをしてかがる

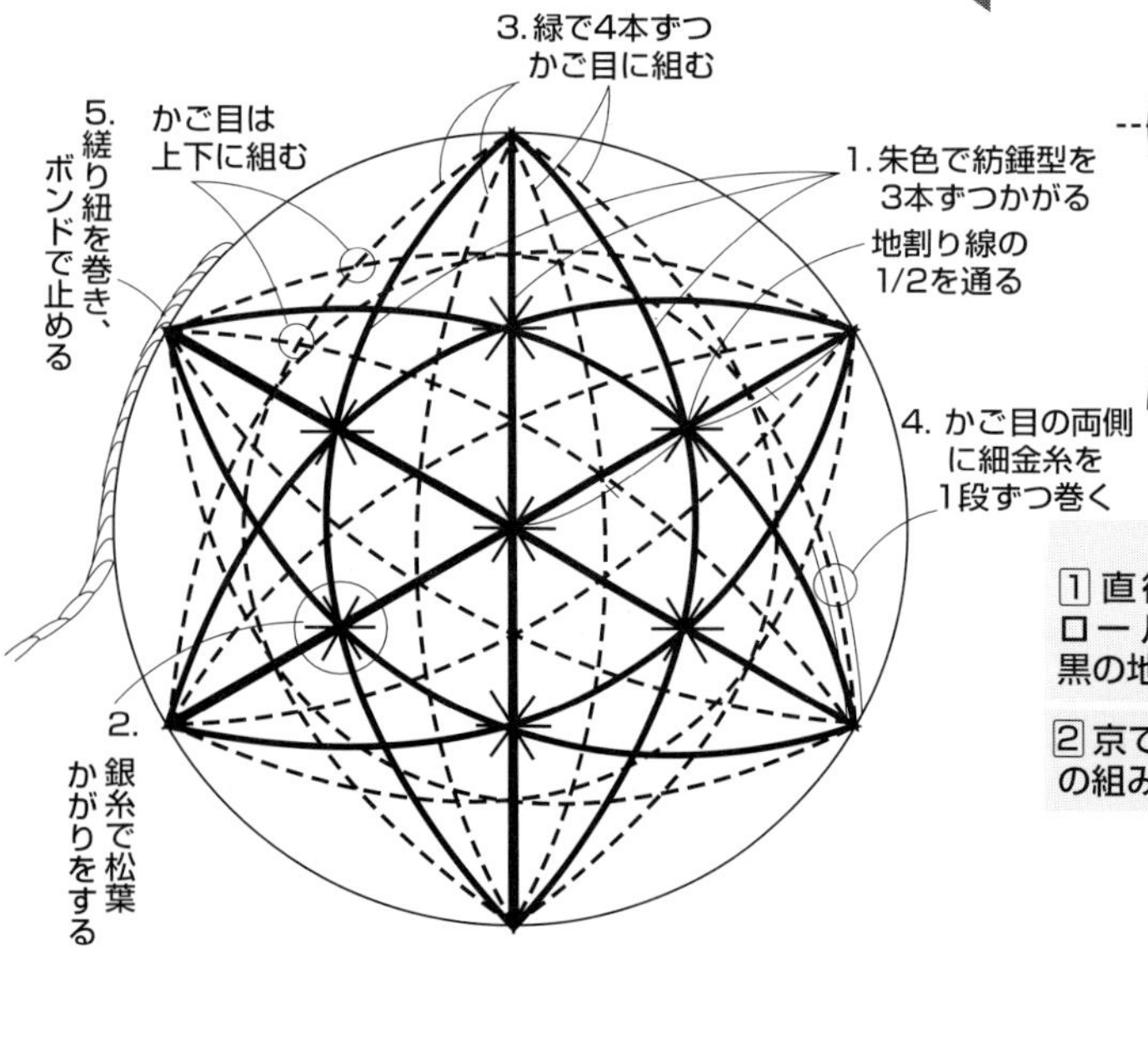

3. 緑で4本ずつ
かご目に組む
5. 縫り紐を巻き、ボンドで止める
かご目は
上下に組む
1. 朱色で紡錘型を
3本ずつかがる
地割り線の
1/2を通る
4. かご目の両側
に細金糸を
1段ずつ巻く
2. 銀糸で松葉かがりをする

作り方

1 直径3cmの発泡スチロールの芯を1/2に切り、黒の地巻き糸を巻く

2 京てまり糸朱色で8等分の組み合わせをしてかがる

【ハサミケース／オレンジ】

可愛いてまりが付いた、押し絵の手法で作ったハサミケースです。ボール紙に布を貼って形作り、裏布を貼ります。

（菊池すみ子）

作り方

1 ボール紙に布を貼ってハサミケースを作る

2 穴糸赤で6等分の組み合わせをしてかがる

3 ケースの中心にてまりを取り付ける

■材料
円周６㎝の黒土台まり、
赤穴糸で地割り
かがり糸／穴糸１本どり…赤、細金糸、
麻の葉模様の布…オレンジ、
ちりめん布…オレンジ、ボール紙

1 ケースを作る

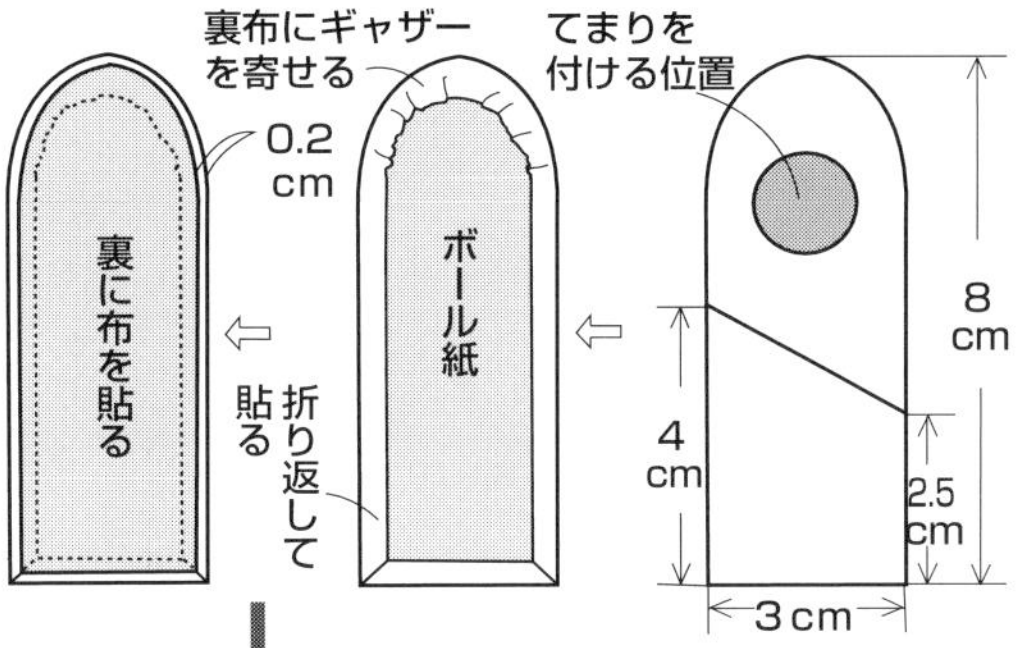

裏布にギャザーを寄せる
てまりを付ける位置
0.2cm
裏に布を貼る
ボール紙
折り返して貼る
8cm
4cm
2.5cm
3cm

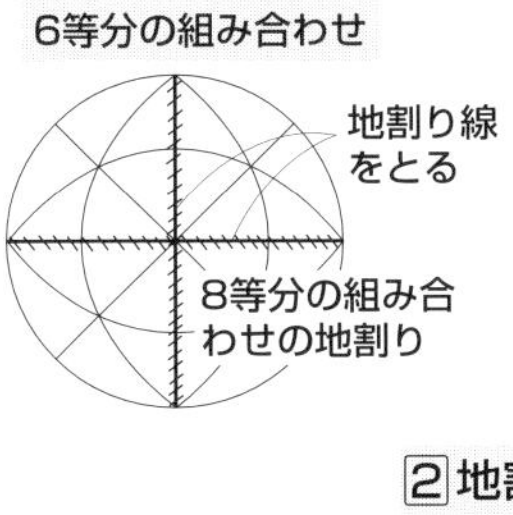

6等分の組み合わせ
地割り線をとる
8等分の組み合わせの地割り

2 地割りをしてかがる

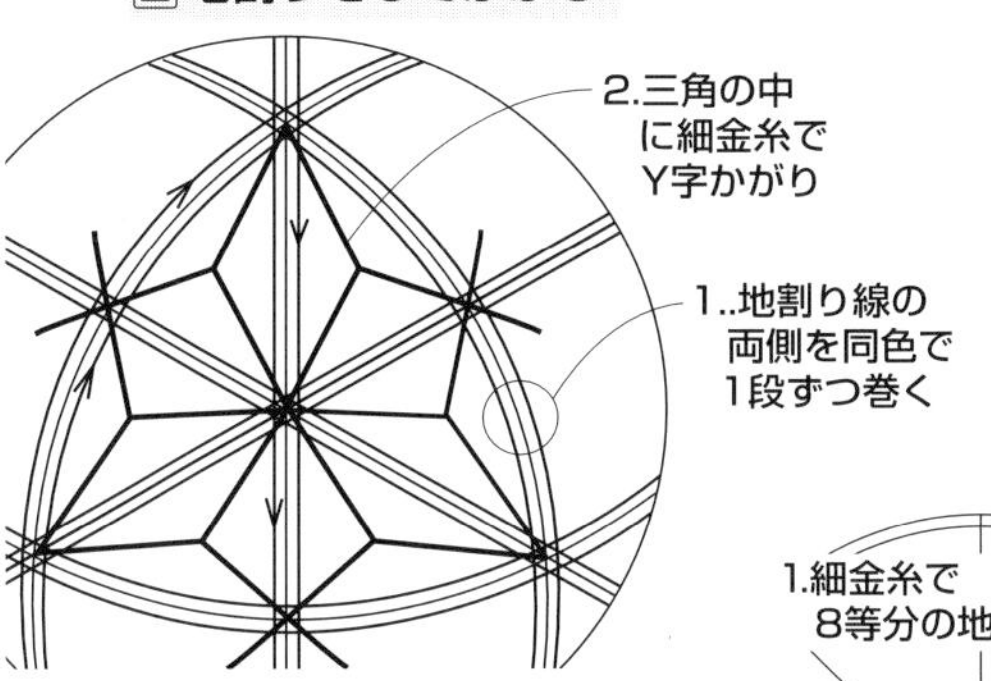

2.三角の中に細金糸でY字かがり
1..地割り線の両側を同色で1段ずつ巻く

【耳かき／緑】

小さくて可愛いてまりを耳かきの竹棒の先に付けました。かがり終えたてまりの赤道に目打ちで穴を開け、耳かきの先にボンドをつけて差し込みます。カラフルに仕上げると素敵です。

（雨宮恵美子）

1 地割りをしてかがる

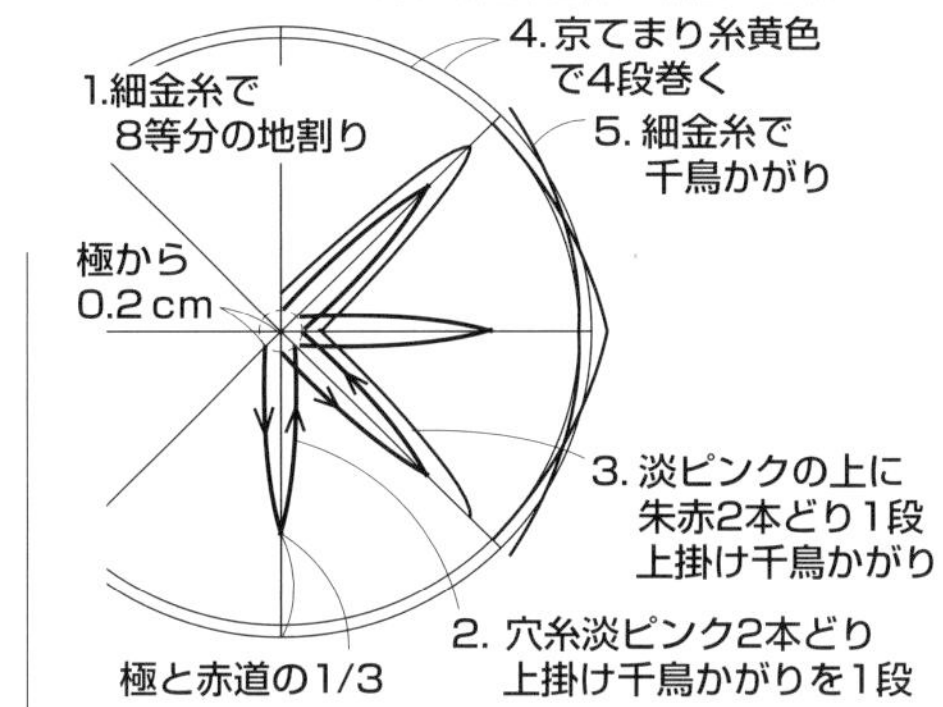

1.細金糸で8等分の地割り
4.京てまり糸黄色で4段巻く
5.細金糸で千鳥かがり
極から0.2cm
3.淡ピンクの上に朱赤2本どり1段上掛け千鳥かがり
2.穴糸淡ピンク2本どり上掛け千鳥かがりを1段
極と赤道の1/3

■材料
円周5.5㎝の緑土台まり、細金糸で地割り
かがり糸／穴糸２本どり…朱赤、淡ピンク
京てまり糸１本どり…黄色(101)、細金糸

【指抜き／5点】

昔、和裁をするとき、指抜きは欠かせないものでした。指輪やスカーフリングとして使ってみてもよいでしょう。

（小出つや子）

作り方

1 ハガキを寸法通りに切って輪にし、正バイアス布でくるんで千鳥かがりで止める

2 外側中心を高くして薄く綿を巻き、上に和紙を貼る

3 和紙に等分と模様の印を書き入れ、模様をかがる

◆寸法の決め方
長さ＝指周り寸法＋ゆとり分
幅＝1cm ～1.2cm
◆かがり方
土台の両端の際に針を入れ布を縦にすくって模様をかがる

■材料
土台／ハガキ、正バイアス布、綿、和紙
かがり糸／DMC25番刺繍糸1本どり

【赤かえで】 ピンクと白チェックバイアス布

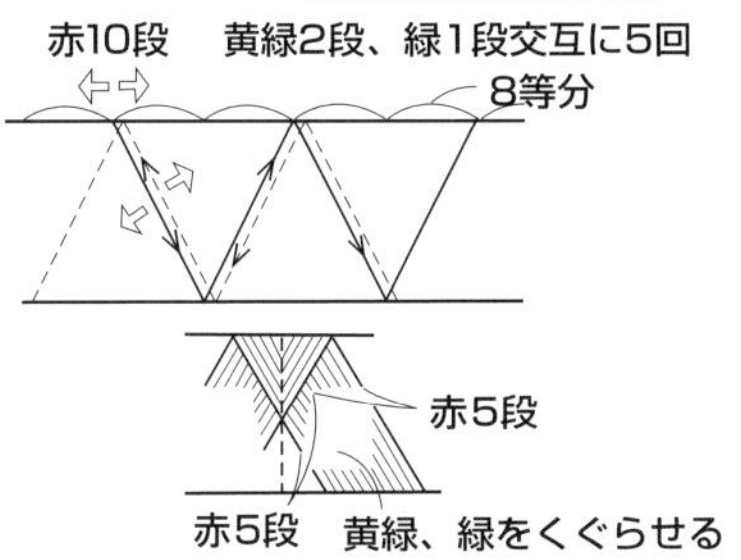

赤10段
黄緑2段、緑1段交互に5回
8等分
赤5段
赤5段
黄緑、緑をくぐらせる

【市松格子かがり】 赤バイアス布

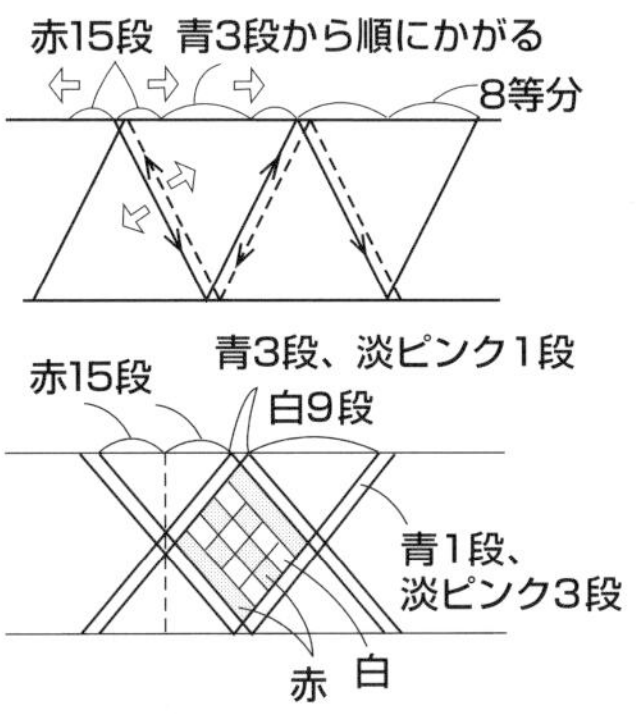

赤15段
青3段から順にかがる
8等分
赤15段
青3段、淡ピンク1段
白9段
青1段、淡ピンク3段
赤
白

【うろこかがり】 赤バイアス布

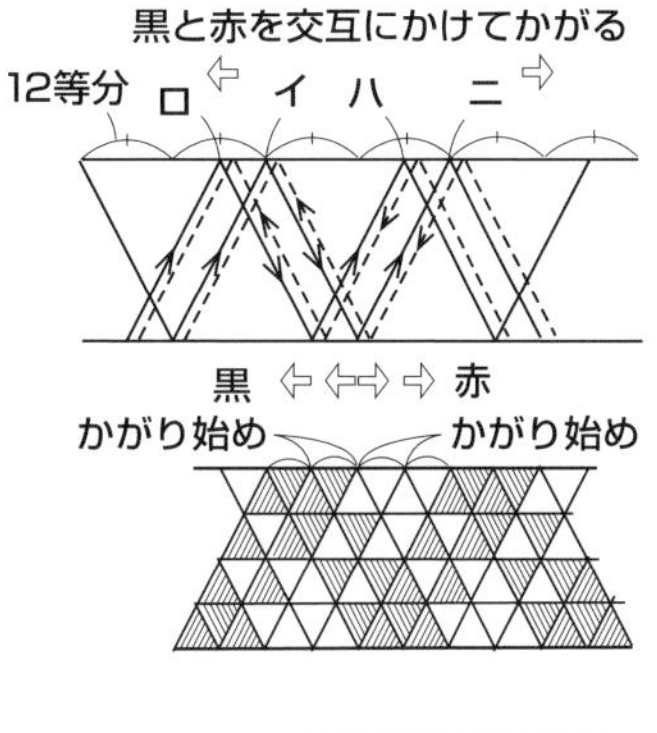

黒と赤を交互にかけてかがる
12等分
ロ
イ
ハ
ニ
黒
かがり始め
赤
かがり始め

【山路かがりⅡ】 ピンクバイアス布

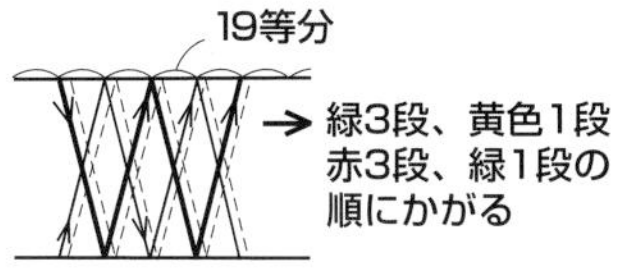

19等分
緑3段、黄色1段
赤3段、緑1段の
順にかがる

【山路かがりⅠ】 ピンクバイアス布

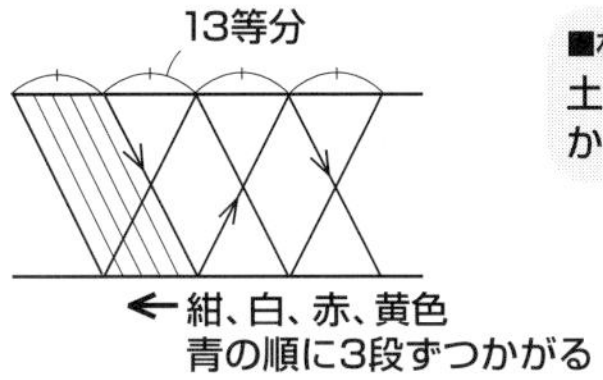

13等分
紺、白、赤、黄色
青の順に3段ずつかがる

◆作品解説◆

◆結び三つ羽根亀甲

円周32㎝の紺土台まり
しつけ糸で10等分の組み合わせ
京てまり糸1本どり

カラー口絵1ページ

■しつけ糸で菱形4等分の長い線を9等分して272面体にします。五角の中心にピンを打ち、水色で花型を1段、連続で12か所かがります。小さい五角の長い線より花型の上に六角をかがり、三つ羽根亀甲になるように五角、六角の中心を赤で1段かがります。

（伊藤和江指導　染谷とみ）

◆連続レースかがり

円周42㎝の紺土台まり
しつけ糸で8等分の組み合わせ
25番刺繍糸2本どり

カラー口絵8ページ

■四角8等分の中心を12等分する補助線を入れ、水色と青2本どり、5番刺繍糸白1本どりで4本おきに連続で花型にかがります。四角の周り4か所に、大小の四つ葉を紺と水色で連続でかがり、三角6等分に四角8等分の花の先3か所をねじりながら、連続で小さな花と同じ花を入れます。

◆ボヘミアングラス

円周35㎝の紺土台まり
25番刺繍糸1本どり白で16等分
25番刺繍糸2・3・6本どり

カラー口絵9ページ

■地割り線上の赤道から両極へ2.3㎝の点を1本おきに結んで線を入れて16等分、4㎝上の線も同様に12等分します。16等分を5本おき、12等分を4本おきに花型をかがります。赤道を3本どり、上下の線は2本どりで帯3段を巻き、千鳥かがりをして6本どりで両極を結びます。（黒田幸子）

◆紡錘菊

円周28㎝の白土台まり
金ラメ糸で14等分
5番刺繍糸1本どり

カラー口絵11ページ

■地割り糸の両側を赤と朱色で1段ずつ巻きます。赤道寄りの3㎝下から極を通って3㎝上まで、淡黄色、淡緑、緑、水色、青、淡紫、紫、白で紡錘型を各色1段ずつかがり、最後に金ラメ糸を1段かがります。

（東出澄子）

◆ちぢみ花と紡錘型菊

円周34㎝の白土台まり
細銀ラメ糸で10等分の組み合わせ
5番刺繍糸1本どり

カラー口絵11ページ

■三角6等分を12等分する補助線を入れ、菱形4等分の一辺を8等分する山型を白で入れます。交差する部分を上下くぐらせながら緑で同様にかがり、6等分の中心に、えんじで紡錘型をねじりながら3段、紺1段をかがります。五角の中心に赤で松葉を入れます。

◆流れ

円周25㎝のベージュ土台まり
細金ラメ糸で45等分
京てまり糸1本どり

カラー口絵15ページ

■両極より1㎝離れた位置から地割り線4本おきに朱色で一周し、2段目からは一つ戻して2本ずつすくってかがり、3本おき2か所と6本おき1か所を交互に24段、順にずらしながらかがります。赤道の両側に緑で6本ずつ帯を巻き、細金ラメ糸で斜めに止めます。

（菊池すみ子）

◆大正ロマン矢絣

円周37㎝の白土台まり
細金ラメ糸で36等分
京てまり糸2本どり

カラー口絵15ページ

■北極から1.5㎝の位置より地割り線6本おきに紺で上下同時かがりをし、間に緑と朱色を交互に入れます。2段目からは北極側は上掛け、南極側は3㎝上から下へかがり、最後に紺で北極には1㎝、南極には2㎝の千鳥を1段かがり境目を紺1本どりで巻きます。（コンクール入賞作品／中村佳子）

◆桜花菊

円周21㎝の白土台まり
細金ラメ糸で20等分
絹糸

カラー口絵16ページ

■絹糸グレーで極の0.5㎝よりかがり始め、極と赤道間の1/2と1.5㎝を交互に上掛けでかがります。ぼかし糸でグレーの短い線と同じ線を3㎝と1/2にして、交互に5段ずつ同様にかがります。赤道にピンクで4本おきの千鳥かがりを1.5㎝幅にずらしながらかがります。

◆麻とバラ

円周30㎝の朱色土台まり
しつけ糸で8等分の組み合わせ
絹糸

カラー口絵16ページ

■絹糸淡黄色で四角8等分の一辺を4等分する三角を作って麻の葉をかがり、中心を朱赤で止めます。四角8等分の中心に黄色、淡ピンク、ピンク、淡朱色、淡茶で2～10段、順に四角のバラかがりをします。最後に、地割り線のしつけ糸をはずします。

（大熊行江）

◆かまわぬ

円周32㎝の茶土台まり
金ラメ糸で10等分の組み合わせ
5番刺繡糸1本どり

カラー口絵7ページ

■菱形4等分の中心を結ぶ補助線を入れて五角の浴衣地を貼り、布の周りにえんじ4段、両側にピンク2段で6本巻きかごめを巻きます。三角にピンク1本どりで麻の葉をかがり、中心を25番刺繡糸1本どりの赤で止めます。

（伊藤和江指導／牛来明子）

◆枡と菱

円周30㎝の水色土台まり
金ラメ糸入り緑リリアン糸で8等分の組み合わせ
リリアン糸1回ほどき糸

カラー口絵6ページ

■好みの色のリリアン糸で、四角8等分の中心より長い線の1/2まで同色で2段ずつ枡かがりをします。地割り糸で、短い線の1/2から三角6等分の中心を通る大きな四角を入れ、できた菱形の中心にオレンジと黒で菱かがりを1/2までかがります。三角6等分に地割り糸で松葉かがりをします。

◆白梅

円周25㎝の濃緑土台まり
淡緑リリアン糸で10等分
リリアン2回ほどき糸

カラー口絵6ページ

■リリアン糸黄色で両極に五角をかがります。地割り線の1/2より緑で1段片方をくぐらせる星かがりをし、続けて白で同様にかがります。花びらの先をずらして両極に梅の花を2個かがります。花びらの先にかけて、赤道に紫で2㎝くらい帯を巻き、金ラメ糸で千鳥かがりをします。

◆連続三つ羽根

円周25㎝の紺土台まり
金ラメ糸で8等分の組み合わせ
リボン糸

カラー口絵6ページ

■三角6等分の中心2か所を両極とします。三角6等分の短い線の中心から1㎝に待針を3本打ち、針の内側を通りながら四角の中心寄りの長い線3か所を結んでリボン糸で連続で8段かがります。両極にできた三角の外側を25番刺繍糸3本どりで2段かがって止めます。（山本佳寿子）

◆雪花と星

円周27㎝の青緑土台まり
しつけ糸で10等分の組み合わせ
ぼかし糸

カラー口絵6ページ

■地巻き糸の下に黒ラメ糸を巻き、五角の短い線の1/2より青濃淡で6段、濃青1段で星かがりをします。3・8段目に1段ずつ銀ラメ糸を入れ、撚り糸で巻きかがりをして、交差した部分を濃青で巻きます。六角20か所にベージュと淡緑ラメ糸で連続の花をかがり、中心を止めます。（増田綾子）

◆鉄 線

円周38㎝の紺土台まり
（細毛糸のみ）
織り糸で4等分
混じり糸

カラー口絵6ページ

■赤道を12等分する補助線を両極の1㎝下から入れ、赤道6か所に混じり糸、茶、えんじで1㎝の枡かがりを3段かがります。2.5㎝上より茶と混じり糸で交互に8段、グレーと淡黄色で8段、上下同時にかがりをして交点を止め、両極の四角をずらしてかがり、四角を十字で止めます。（増田綾子）

◆しだれ桜

円周32㎝の白土台まり
金ラメ糸で4等分
絹糸

カラー口絵21ページ

■4等分の三角8か所にグレーの縮緬布8枚を貼ってまつります。両極と赤道4か所、地割り線上12か所に、接着芯を貼ったピンクの桜の花をスカラップステッチでかがり、蕾を付けます。布の継ぎ目と柄・萼を茶、葉を緑のアウトラインステッチ、花芯を細金ラメ糸でかがります。（富田さと）

◆樹 氷

円周38㎝の青土台まり
青ラメ糸で10等分の組み合わせ
京てまり糸2本どり

カラー口絵1ページ

■五角12個と六角60個の三角の中心を結ぶ補助線を入れ、白で三角を4段かがります。三角の内側より白3段をくぐらせて淡青2段、白を2段くぐらせて濃青1段、白1段くぐらせて濃青1段で五角と六角をかがり、中心に濃青で松葉、三角にビーズを付けます。（コンクール入賞作品／伊藤佳子）

◆寄木細工

円周54㎝のベージュ土台まり
金ラメ糸で10等分の組み合わせ
5番刺繍糸

カラー口絵18ページ

■赤道寄りの五角5個の中心を結ぶ大きな五角を両極に2個取り、黒、茶、ベージュで交互に10段で三角を五個、黒と淡茶5段で交互に組みながら五角を6個かがります。大きな五角の間に斜めに5か所菱形を入れ、5種類の模様をかがります。（コンクール入賞作品／池田明子）

◆なでしこ

円周44㎝の紫土台まり
細金ラメ糸で10等分の組み合わせ
5番刺繍糸

カラー口絵12ページ

■五角の短い線の1/2を結ぶ五角を4段かがり、菱形5か所をピンクで交互に2段、黒で4段かがり埋めます。菱形の中心を結ぶ三角を黒とピンクで交互に6段、ピンク1段でかがり、花の中心にチェーンステッチを2段重ねて、黒のビーズを1個止めます。（コンクール入賞作品／初山かつ子）

◆紅葉

円周40㎝の黒土台まり
（下地に細金ラメ糸を巻く）
黒ラメ糸で10等分の組み合わせ
25番刺繍糸

カラー口絵13ページ

■両極の五角の短い線から斜めに樽型をとり、白、淡緑、白各1段ずつ交差させてかがり、樽型にオレンジ濃淡で半紡錘型と紡錘型を重ねます。中心に紅葉と松葉をかがり、両極に淡緑と黄土色で8本ずつ組んで緑と白で1段縁取りをし、菱形を5個ずつかがります。（コンクール入賞作品／金森てる）

◆連続渦

円周27㎝の紫土台まり
しつけ糸で8等分の組み合わせ
草木染風木綿糸2本どり

カラー口絵12ページ

■菱形4等分に外回りと平行に1/2の補助線を入れます。三角6等分の中心から補助線、次に四角8等分でねじりながら菱形の補助線をかがり、三角6等分の中心を結んで白1段、ピンク5段、白1段でかがり、四角の中心を白で十字にかがります。

◆亀甲麻となでしこ

円周32㎝の白土台まり
しつけ糸で10等分の組み合わせ
絹糸

カラー口絵12ページ

■五角の三角5個の一辺を4等分する補助線を入れ、五角の中を16個の三角に分けます。15個の三角の中に六角を重ねながらY字を入れる麻の葉を緑ぼかしでかがり、大きな六角の中心をからし色で止めます。五角の中心にピンク濃淡と淡黄色で花をかがり、黄色で花芯を入れます。（大熊行江）

◆ねじり五角

円周27㎝の白土台まり
絹糸白で10等分の組み合わせ
25番刺繍糸3本どり

カラー口絵12ページ

■五角の長い線の角から1/3・菱形の中心を通る補助線と、五角に平行に小さな五角を入れます。水色で3段ずつねじりながら五角をかがり、小さな五角の角に四角を作りながら連続で3段、えんじで五角をかがります。ねじらせながら黒3段と中心に淡茶で松葉をかがります。（村田富美江）

◆大輪菊（赤）

円周46㎝の白土台まり
金ラメ糸で18等分
25番刺繍糸6本どり

カバー裏

■赤道上下に紫7段と淡紫を4段巻き、北極の1.5㎝下から次の地割り線を通って南極までかがり、地割り線を1本戻りながら一周します。間の地割り線も同様にし、2段目から両極は中心に向かってかがり、緑濃淡、オレンジ濃淡、淡黄色で計9段かがり、赤道の交点を巻きます。（山鹿和子）

著者紹介

尾崎 敬子
（おざき・としこ）

○昭和6年、東京に生まれる
○実母・故尾崎千代子より、てまり・マクラメの指導を受け、現在、てまり文庫、お茶の水教室、よみうり日本テレビ文化センター、産経学園、東船橋・ユニオン教会にて指導
○毎年、外国各地で展示・指導
○日本てまりの会会長
○（財）日本手工芸指導協会評議員
○水心会主宰
○著書「私の手まり入門」　「江戸てまり」
〒158−0095　東京都世田谷区瀬田1−5−12

♦制作協力者一覧♦

雨宮恵美子	池田 明子	伊藤 佳子	魚住 実子	牛来 明子
大熊 行江	大滝ハツエ	大村 富子	金森 てる	川合 政子
河内 房子	菊池すみ子	木越 秀子	黒田 幸子	小出つや子
小木曽澄枝	小嶋つた子	斉藤 正子	佐藤しづえ	重松 あや
清水みち子	高原 曄子	滝本 宏子	武久 憲明	田中 久子
谷 キヨ子	谷家 雅子	富田 さと	中野 照子	中村 佳子
服部クニ子	初山かつ子	花岡 美子	東出 澄子	前田 玉江
増田 綾子	村田富美江	山鹿 和子	山本佳寿子	山崎 博子
和田トミ江	染谷 とみ	樋口 繁美	本村 和子	

♦教室案内♦

てまり文庫	初級コース　第1・3・4水曜日 上級コース　第1・3月曜日
お茶の水教室	第1・3土曜日

上記の他によみうり文化センター（10か所）、産経学園（2か所）などの教室があります。詳細は下記にお問い合わせください。
日本てまりの会本部／東京都世田谷区瀬田1−5−12
TEL　03−3700−4630

基礎からはじめる　**楽しいてまり遊び**

著　者　尾《お》崎《ざき》敬《とし》子《こ》

発行者　田波清治
発行所　株式会社 マコー社
〒113-0033　東京都文京区本郷4−13−7
TEL　東京（03）3813−8331
FAX　東京（03）3813−8333
郵便振替／00190−9−78826
印刷所　大日本印刷株式会社

平成15年3月6日 初版発行

定価はカバーに表示してあります。落丁・乱丁その他不良の品は弊社でお取替えいたします。ISBN4−8377−0103−5